प्रस्तावना

भारत में 'दलित' रूपी सामाजिक समूहों के निर्माण व इन समूहों में जातिगत आधार पर उत्पीड़ित लोगों के शामिल होने व सदियों से इनका शोषण व उत्पीड़न के प्रतिरोध की जानकारी के बाद 'दलित साहित्य' की अवधारणा को स्पष्ट रूप से निर्धारित किया जा सकता है। 'दलित साहित्य' वह साहित्य है, जो दलितों के जीवन, उनके सुख-दु:ख, उनकी सामाजिक-राजनीतिक स्थितियों, उनकी संस्कृति, उनकी आस्थाओं-अनास्थाओं, उनके शोषण व उत्पीड़न तथा इस उत्पीड़न-शोषण के दलितों द्वारा प्रतिरोध की परिस्थितियों को व्यापकता तथा गहराई के साथ, कलात्मकता से प्रस्तुत करता है।

आज देश की प्राय: सभी भाषाओं में दलित साहित्य की रचनाएँ हो रही हैं। हिंदी में इस साहित्य के आने से इसकी लोकप्रियता और प्रसार क्षेत्र में विस्तार हुआ है। लेकिन कलात्मक ऊँचाई और समाजशास्त्रीय दृष्टि से मराठी के बाद मलयाली, तेलुगू, कन्नड़ और पंजाबी दलित साहित्य को ही दर्जा दिया जाता है। उसके बाद बांग्ला, गुजराती, उड़िया आदि दलित साहित्य की बारी आती है। लेकिन ऐसा वर्गीकरण उचित नहीं होगा। आज हर भाषा में दलित साहित्य में अच्छी रचनाएँ हो रही हैं। हिंदी दलित साहित्य की लोकप्रियता को देखकर अन्य भाषाओं के दलित रचनाकार भी या तो हिंदी में लिख रहे हैं या उनकी दलित रचनाओं का हिंदी में अनुवाद हो रहा है।

भारतीय भाषाओं में दलित साहित्य भारतीय वर्ण-व्यवस्था की त्रासदी और वेदना के गहरे साक्षात्कार से प्रकट हुआ है जिसमें विद्रोह का स्वर मुखर और तीव्र है।

प्रस्तुत जी.पी.एच. की पुस्तक '**भारतीय भाषाओं में दलित साहित्य (एम.एच.डी.-20)**' में विभिन्न भाषाओं की दलित कविताओं, कहानियों एवं साहित्यों का अवलोकन किया गया है। इसके अध्ययन के उपरांत छात्र दलित कविताओं, कहानियों एवं साहित्यों के सामाजिक-सांस्कृतिक सरोकार, वैचारिकी, रचनाकारों की प्रतिबद्धता आदि पहलुओं से परिचित होंगे।

यह पुस्तक विशेष रूप से प्रश्न पत्र की तैयारी के लिए सारगर्भित एवं परीक्षोपयोगी प्रश्नोत्तर के रूप में लिखी गई है। इसके अध्ययन से न केवल अल्प समयावधि में छात्रों को अपना पाठ्यक्रम पूर्ण कर पाने में मदद मिल सकेगी बल्कि प्रश्नों के उत्तरों को हल करने में भी सरलता होगी।

प्रस्तुत पुस्तक की विषय-सामग्री के विस्तृत एवं जटिल उपबंधों को तर्कपूर्ण एवं संप्रभावी ढंग से संक्षेप में प्रस्तुत किया गया है। पुस्तक की भाषा उपयुक्त, सरल एवं प्रवाहपूर्ण रखने का प्रयत्न किया गया है। पुस्तक के प्रत्येक अध्याय के प्रारंभ में अध्याय की भूमिका दी गई है जिससे छात्रों को अध्याय को समझने में सरलता होगी।

हमारी पुस्तक की सबसे बड़ी और महत्त्वपूर्ण विशेषता यह है कि इसके अंतर्गत आपको गत वर्षों के प्रश्न पत्र हल सहित दिए जाते हैं जो आपकी परीक्षा को न केवल सरल बनाते हैं अपितु आपको परीक्षा में अच्छे अंक प्राप्त करने में भी सहायक होते हैं। पुस्तक में प्रश्न पत्रों के प्रारूप को आपके सामने बिल्कुल उसी प्रकार प्रस्तुत किया गया है जैसा आपके सामने परीक्षा केंद्र में प्रस्तुत होता है, जो आपको अपने आप में एक अलग प्रकार का आत्मविश्वास बढ़ाने में सहायक होगा।

आगामी संस्करण में आपके सुझावों को यथास्थान साभार सम्मिलित किया जाएगा। अत: अपने सुझाव नि:संकोच हमें हमारी **Email : feedback@gullybaba.com** पर या सीधे प्रकाशन के पते पर लिखें और हमें अपने सुझावों से अनुग्रहित करें।

प्रकाशक (GPH) अपने कार्यरत सहायकों व लेखकों का सहृदय आभार प्रकट करता है, जिनके सहयोग और प्रयासों के कारण ही इस पुस्तक का प्रकाशन संभव हो पाया है।

हम आपकी सफलता की कामना करते हैं।

Topics Covered

अध्याय–1 : भारतीय दलित कविता

1. मराठी दलित कविता : 'वृक्ष' और 'माँ'
2. तेलुगू दलित कविता : 'गौरेया' और 'खून का सवाल'
3. पंजाबी दलित कविता : 'घोड़ा' और 'आज का एकलव्य'
4. गुजराती दलित कविता : 'माँ! मैं भला कि मेरा भाई', 'पड़ और 'व्यथा'

अध्याय–2 : भारतीय दलित कहानी-I

5. जब मैंने जाति छुपाई
6. बुद्ध ही मरा पड़ा है
7. कवच
8. रोटले को नजर लग गई
9. गिद्धानुभूति

अध्याय–3 : भारतीय दलित कहानी-II

10. 'वर्णबोध और मधुबाबू की कहानी' और 'उम्मीद अब भी बाकी है'
11. 'गाँव का कुआँ' और 'परती जमीन'
12. 'अमावस' और 'मोची की गंगा'
13. 'हड्डा रोडी और रेहडी' और 'बिच्छू'

अध्याय–4 : भारतीय दलित आत्मकथन

14. अक्करमाशी-I
15. अक्करमाशी-II

| 16. | जीवन हमारा-I |
| 17. | जीवन हमारा-II |

अध्याय–5	**भारतीय दलित उपन्यास**
18.	'मशालची' उपन्यास की कथावस्तु
19.	'मशालची' में चित्रित दलित जीवन
20.	'अस्पृश्य वसंत' उपन्यास की कथावस्तु
21.	'अस्पृश्य वसंत' में चरित्र चित्रण

विषय-सूची

1. भारतीय दलित कविता..1
2. भारतीय दलित कहानी-I..47
3. भारतीय दलित कहानी-II..101
4. भारतीय दलित आत्मकथन...147
5. भारतीय दलित उपन्यास..179

प्रश्न पत्र

(1) जून, 2015 (हल सहित)..219
(2) दिसम्बर, 2015 (हल सहित)...222
(3) जून, 2016..224
(4) दिसम्बर, 2016..225
(5) जून, 2017..226
(6) दिसम्बर, 2017 (हल सहित)...227
(7) जून, 2018 (हल सहित)...228
(8) दिसम्बर, 2018..230
(9) जून, 2019 (हल सहित)...231
(10) दिसम्बर, 2019 (हल सहित)..233

भारतीय भाषाओं में दलित साहित्य

(एम.एच.डी.-20)

हिंदी में स्नातकोत्तर उपाधि (एम.ए.) हेतु

For Master of Arts in Hindi [M.A.]

विशेष विश्वविद्यालयों के लिए महत्वपूर्ण अध्ययन सामग्री

इंदिरा गाँधी राष्ट्रीय मुक्त विश्वविद्यालय (इग्नू), के.एस.ओ.यू. (कर्नाटका), बिहार विश्वविद्यालय (मुजफ्फरपुर), नालंदा विश्वविद्यालय, सेंटर फॉर डिस्टेंस एंड ओपन लर्निंग, जामिया मिलिया इस्लामिया, वर्धमान महावीर मुक्त विश्वविद्यालय (कोटा), उत्तराखंड मुक्त विश्वविद्यालय, कुरुक्षेत्र विश्वविद्यालय, सेवा सदन कॉलेज ऑफ एजुकेशन (महाराष्ट्र), मिथिला विश्वविद्यालय, आंध्रा विश्वविद्यालय, अन्नामलाई विश्वविद्यालय, बैंगलोर विश्वविद्यालय, भारतीयर विश्वविद्यालय, भारतीदशन विश्वविद्यालय, हिमाचल प्रदेश विश्वविद्यालय, काकाटिया विश्वविद्यालय (आंध्र प्रदेश), के.ओ.यू. (राजस्थान), एम.पी.बी.ओ.यू. (एम.पी.), एम.डी.यू. (हरियाणा), पंजाब विश्वविद्यालय, तमिलनाडु मुक्त विश्वविद्यालय, श्री पद्मावती महिला विश्वविद्यालयम् (आंध्र प्रदेश), जम्मू विश्वविद्यालय, वाई. सी.एम.ओ.यू., राजस्थान विश्वविद्यालय, उत्तर प्रदेश राजर्षि टण्डन मुक्त विश्वविद्यालय, कल्याणी विश्वविद्यालय, बनारस हिंदू विश्वविद्यालय (बी.एच.यू.), और अन्य भारतीय विश्वविद्यालय।

Closer to Nature We use Recycled Paper

GPH BOOK®

गुल्लीबाबा पब्लिशिंग हाउस प्रा. लि.

आई.एस.ओ. 9001 एवं आई.एस.ओ. 14001 प्रमाणित कं.

Published by:
GullyBaba Publishing House Pvt. Ltd.

Regd. Office:	**Branch Office:**
2525/193, 1st Floor, Onkar Nagar-A, Tri Nagar, Delhi-110035 (From Kanhaiya Nagar Metro Station Towards Old Bus Stand) Ph. 011-27387998, 27384836, 27385249	1A/2A, 20, Hari Sadan, Ansari Road, Daryaganj, New Delhi-110002 Ph. 011-23289034 011-45794768

E-mail: hello@gullybaba.com, Website: GullyBaba.com

New Edition

Author: GullyBaba.Com Panel
ISBN: 978-93-85533-41-9
Copyright© with Publisher
All rights are reserved. No part of this publication may be reproduced or stored in a retrieval system or transmitted in any form or by any means; electronic, mechanical, photocopying, recording or otherwise, without the written permission of the copyright holder.
Disclaimer: This book is based on syllabus of IGNOU. This is only a sample. The book/author/publisher does not impose any guarantee or claim for full marks or to be pass in exam. You are advised only to understand the contents with the help of this book and answer in your words.
Gullybaba Publishing House Pvt. Ltd. is not connected to any university/board/institution in any way.
All disputes with respect to this publication shall be subject to the jurisdiction of the Courts, Tribunals and Forums of New Delhi, India only.

FREE HOME DELIVERY of GPH Books

You can get GPH books by VPP/COD/Speed Post/Courier.
You can order books by Email/SMS/WhatsApp/Call.
For more details, visit gullybaba.com/faq-books.html

Note : Selling this book on any online platform like Amazon, Flipkart, Shopclues, Rediff, etc. without prior written permission of the publisher is prohibited and hence any sales by the SELLER will be termed as ILLEGAL SALE of GPH Books which will attract strict legal action against the offender.

अध्याय 1

भारतीय दलित कविता

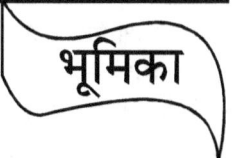

भूमिका

प्रत्येक दलित कविता में दलित जीवन के कठोर अनुभव, वेदना, पीड़ा संघर्ष और जीवन परिवर्तन के स्वर मुखर हुए हैं। दलित कविता मानवीय पक्षों को उजागर करते हुए मनुष्यता के सरोकारों और मनुष्यता के पक्ष में खड़ी रहती है। इसमें वैचारिकता, जीवन-संघर्ष, विद्रोह, आक्रोश, नकार, प्रेम, सांस्कृतिक छदम, राजनीतिक प्रपंच, वर्ण-विद्वेष, जाति के सवाल, साहित्यिक छल जैसे विषय बार-बार दस्तक देते हैं, जो दलित कविता की विकास यात्रा के विभिन्न पड़ाव से होकर गुजरते हैं। दलित कविता निजता से ज्यादा सामाजिकता को महत्त्व देती है। दलित कविता का सामाजिक यथार्थ जीवन संघर्ष और उसकी चेतना की आँच पर तपकर पारंपरिक मान्यताओं के विरुद्ध विद्रोह और नकार के रूप में अभिव्यक्त होता है। यही उसका केंद्रीय भाव भी है, जो आक्रोश के रूप में दिखाई देता है। प्रत्येक दलित कवि ने दलित जीवन के संघर्ष-यथार्थ को उजागर कर शोषण से मुक्ति की इच्छा जताई है।

प्रश्न 1. मराठी दलित साहित्य की पृष्ठभूमि पर प्रकाश डालिए।

उत्तर— आधुनिक संदर्भों में भारतीय दलित साहित्य का आरंभ महाराष्ट्र में मराठी भाषा में पाया जाता है। 1960 के आस-पास मराठी में दलित शब्द ने अपनी विशिष्ट पहचान बनाई। 'अस्मिता' व 'अस्मितादर्श' पत्रिकाएँ व 'औरंगाबाद नगर' दलित साहित्य की आधारभूमि बनकर उभरते हैं।

दलित साहित्य आज केवल मराठी का साहित्य नहीं रह सकता, अपितु भारत की अपमानित, पीड़ित, दलित, शोषित, बहिष्कृत, उपेक्षित और प्रताड़ित जनता का साहित्य बन रहा है। इसे मराठी साहित्य लेखक और समीक्षक मराठी भाषा की सीमा में किसी भी परिस्थिति में कैद नहीं रख सकते। मराठी दलित साहित्य – यह आज केवल महाराष्ट्र की सृजनात्मक संपत्ति ही नहीं अपितु संपूर्ण भारतीय साहित्य सृजन की संपत्ति बन चुका है। इस दलित साहित्य ने अपनी वर्णवादी-हीनता का त्याग करके संपूर्ण भारत के दलित और वंचित मनुष्यों को गौरव व सम्मान प्रदान किया है। यह साहित्य सच्चे अर्थों में भारतीय अपमानित और वंचित मानवता की अस्मिता की स्वाभाविक आवाज है।

दलित कविता का उद्भव स्वातंत्र्योत्तर समय में हुआ लेकिन इसकी मूल प्रेरणा शक्ति डॉ. बाबासाहेब अम्बेडकर के वृत्तपत्रीय लेखन और विचार में निहित है। डॉ. अम्बेडकर की वैचारिकी दलित साहित्य का प्रेरणास्रोत है। समाज परिवर्तन की माँग को लेकर चले विश्व के इस क्रांतिकारी आंदोलन ने सदियों से मूक रहे समाज में स्वतंत्रता, समता और न्याय की आकांक्षा को जन्म दिया। डॉ. अम्बेडकर द्वारा निर्मित भारत देश के संविधान के घोषणापत्र में इन मानवीय मूल्यों को अंकित करके समतावादी, स्वतंत्रतावादी और न्यायवादी बराबरी के व्यवहार का आश्वासन दिया गया है। लेकिन स्वतंत्रता के बाद भी दलितों को गुलामी से मुक्ति नहीं मिल पाई और सभी संवैधानिक प्रावधान धरे-के-धरे रह गए। दलित साहित्य परिवर्तन की माँग लेकर समतामूलक समाज निर्माण के लिए प्रतिबद्ध साहित्य है। अत: दलित जीवन में व्याप्त अभाव, अपमान, उत्पीड़न, शोषण के खिलाफ एक हिरावल दस्ते के रूप में दलित रचनाकार मुक्ति के साहित्यिक आंदोलन में शामिल है। इस परिवर्तनवादी वैचारिकी ने जगाए आत्मभान से ही अपने जीवन में व्याप्त वंचना, अभाव, अवमानना और समाज से बहिष्कृत किए जाने की वेदना को शब्दबद्ध किया जाना अनिवार्य हुआ। समाज और संस्कृति ने दिए जाति दंश, अलगाव की अवहेलना से विद्रोही मन विद्रोही स्वर और तेवर लेकर मराठी दलित कविता में आविष्कृत हुआ। व्यवस्था के विरोध और नई मूल्य व्यवस्था की निर्मिति के लिए विद्रोही चेतना ही अनिवार्य पर्याय बन जाती है। विश्व के अनेक राष्ट्रों में हुई क्रांति में वहाँ की विद्रोही रचनात्मक अभिव्यक्ति का बड़ा योगदान रहा है।

दलित साहित्य के केंद्र में वह मानव है, जिसे प्रस्थापित समाज व्यवस्था ने हजारों वर्षों तक उत्पीड़ित किया। इसकी मुक्ति के लिए अम्बेडकर ने सामाजिक संरचना के परिवर्तन की माँग के साथ देशव्यापी आंदोलन छेड़ा था। डॉ. अम्बेडकर ने दलित, शोषितों को नई पहचान मिले, व्यक्ति के रूप में सम्मान और अधिकार मिले इसलिए लंबे समय (सन् 1920 से 1945) तक सुनियोजित रूप में दलित मुक्ति संघर्ष के सामाजिक, सांस्कृतिक, आर्थिक एवं राजनीतिक कार्यक्रम चलाए। मानव अधिकारों को हासिल करने की प्रतिबद्धता के साथ यह संघर्ष मानव मुक्ति के लिए सामाजिक, राजनीतिक, आर्थिक, शैक्षणिक अधिकार हासिल होने तक निरंतर जारी रहा। महात्मा गाँधीजी के नेतृत्व में देश की आजादी का आंदोलन छेड़ा गया था, तभी न्यायमूर्ति रानाडे, आगरकर,

गोखले द्वारा देश की आजादी के साथ-साथ आंतरिक सामाजिक-सांस्कृतिक सुधार तथा आर्थिक परिवर्तन का आंदोलन जोर पकड़ चुका था। इन सभी समाज सुधारकों की मान्यता थी कि सामाजिक-सांस्कृतिक सुधार बिना आजादी आधी-अधूरी रहेगी। लेकिन राजनीतिक आजादी के सामने परिवर्तन की माँग कमजोर पड़ी क्योंकि इसमें समानता का पक्ष मुख्य था। डॉ. अम्बेडकर द्वारा यही प्रयास सामाजिक मुक्ति आंदोलन के द्वारा किया गया उनका मुख्य हेतु था ताकि देश की स्वतंत्रता के साथ-साथ सदियों से अस्पृश्यता का अभिशाप झेल रहा दलित (अस्पृश्य) समुदाय सर्वप्रथम जाति-वर्ण की गुलामी से मुक्त हो सके। देश की आजादी उन्हें राजनीतिक आर्थिक स्वतंत्रता का हकदार तो बनाएगी ही। इसलिए अस्पृश्यता निर्मूलन के प्रश्न पर और राष्ट्रीय स्तर पर आंदोलन चलाए जाने के आग्रह को लेकर महात्मा गाँधी से लगातार उनकी चर्चा एवं वैचारिक संघर्ष चलता रहा। वे इस बात को जानते थे कि सामाजिक संरचना में स्वतंत्रता से पूर्व ही परिवर्तन होना जरूरी है अन्यथा शोषण-उत्पीड़न-गुलामी की परंपरा का अंत नहीं हो पाएगा। डॉ. अम्बेडकर के नेतृत्व में सन् 1920 से 1945 तक चलाए गए दलित मुक्ति आंदोलन के बावजूद भारतीय जनमानस से जाति का प्रभाव, जाति विशेष से तिरस्कार, दलितों को हीन कोटि समझने और उत्पीड़न की प्रवृत्ति में बदलाव नहीं आया। परिणाम हमारे सामने है कि देश की संपदा को समान रूप में अभी भी नहीं बाँटा गया। श्रेष्ठता के दंभ ने और राजनीतिक वर्चस्व ने विशेष रूप से दलितों की हिस्सेदारी को दरकिनार कर दिया। तमाम जमीनों के मालिक आज सवर्ण ही हैं। खेत-खलिहान, खनिज, पानी के स्रोतों पर मात्र कुछ ही लोगों का कब्जा क्यों है, इसे समझना जरूरी है। परिणाम हमारे सामने एकदम साफ है। सदियों तक यह समाज मूक बनकर हो रहे उत्पीड़न, अवहेलना, अवमानना को भाग्य मानकर चुपचाप सहता रहा। मनुष्य ने मनुष्य को गुलाम बनाने के लिए रचे गए षड्यंत्र को वे कर्मफल के रूप में स्वीकारते आ रहे थे। जब-जब उसकी चेतना में अपनी स्थिति के प्रति प्रश्न जन्म लेते तब-तब प्रस्थापित व्यवस्था द्वारा हिंसात्मक कार्यवाही से उन्हें चुप कराया गया। धीरे-धीरे ब्राह्मणवाद के रचाए गए इस जाल में फँसकर दलित (अछूत) समायोजित होकर भाग्यवादी बने रहे।

दलित समुदाय के समायोजन द्वारा उनके श्रम का दोहन भी सहज साध्य हो गया। जातिगत आधार पर निम्न श्रेणी के कारण पहले से ही निम्नताबोध से ग्रस्त यह समुदाय श्रम विभाजन के कारण अनेक जातियों में बँटता चला गया और उनके पेशे उनकी पहचान बन कर रह गए। चमड़े से वस्तु बनाने वाले चर्मकार (जाटव), स्वच्छकार समुदाय वाल्मीकि, बुनाई-कताई करने वाले बुनकर-जुलाहे, कपड़े धोने वाले धोबी, बाल काटने वाले नाई, खेत जोतने वाले किसान-हलवाहे, माँस बेचने वाले खटिक और इस तरह श्रम से जुड़े व्यवसायों से व्यक्ति की पहचान और श्रमिकों का विभाजन बढ़ता गया। इन्हें हीन-तुच्छ तथा हेय घोषित कर उनके श्रम पर आराम-तलब जिंदगी जीने वाले परजीवी श्रेष्ठता का दंभ पालने लगे।

यह द्विज संस्कृति का निर्णय था। सभी श्रमिक वर्ण जातियाँ अछूत, कमीन कही जाने लगीं और परजीवी वरिष्ठता के नशे में हिंसात्मक होकर अत्याचार को अंजाम देते रहे। कनिष्ठ, हेय माना गया समुदाय सदैव मालिकों के गुलाम बने रह नहीं सकते। स्वतंत्रता की चाहत उनमें भीतर-ही-भीतर जीवित होने लगती है। हरपाल का कथन विचारणीय है—"हेय घोषित कर दिए गए समाज में 'स्व' का उद्भव एवं विकास स्वघोषित उत्कृष्टता के विरुद्ध उठ खड़े होने की इच्छा

से सराबोर होने लगता है। यह एक समानांतरता की भावना है जो पहचान के लिए भीतर-ही-भीतर कसमसाती है।" भारतीय होने के बावजूद अपनी पहचान बनाने के लिए समुदाय विशेष को संघर्ष करने पड़े, हीनताबोध से मुक्ति के लिए अस्तित्व को प्रतिष्ठापित करने की निरंतर कोशिश, संघर्ष, आंदोलन का सहारा लिया जाने लगा। मराठी कविता एक विरोधी काव्य समुदाय की सृष्टि करती है। यहाँ पिछली तीस शताब्दियों से जाति व्यवस्था के निचले पायदान पर खड़े अछूतों का मौन और मुखर प्रतिरोध ध्वनित होता है।

प्रश्न 2. मराठी दलित कविता की वैचारिक प्रतिबद्धता पर प्रकाश डालिए।

उत्तर– दलित साहित्य की सबसे क्रांतिकारी अभिव्यक्ति मराठी दलित कविता में हुई है। समाज की परंपरागत ब्राह्मणवादी रूढ़ियों-रीतियों एवं मान्यताओं को तोड़ते हुए नए मूल्यों की स्थापना और वंचितों की काव्यभाषा लेकर झंझावात की तरह दलित कविता ने मराठी साहित्य में प्रवेश किया जो स्वाधीनता के बाद के मराठी साहित्य में समर्थ धारा मानी गई है। अनुभव, अनुभूति और अभिव्यक्ति के स्तर पर दलित कविता ने मराठी साहित्य में अपनी नई पहचान बनाई।

मराठी साहित्य में दलित चेतना का उदय सामाजिक दायित्व और प्रतिबद्धता के साथ हुआ। दलित साहित्य अपनी मूल प्रकृति में मानव मुक्ति का साहित्य है और मानवीय मूल्य प्रणीत जीवनवादी कला मूल्यों की स्थापना के लिए प्रतिबद्ध है। दलित साहित्य के केंद्र में वह इंसान है जिसे जाति व्यवस्था के कठोर बंधनकारी रूढ़ि-परंपराओं ने बहिष्कृतों का जीवन जीने को बाध्य किया। यह बाध्यता स्वयं अपनाई नहीं थी, इसे वर्ण-जातिप्रधान सामाजिक संरचना का निर्माता ब्राह्मणवाद ने सोचे-समझे षड्यंत्र द्वारा उन पर लाद दी थी जिससे शोषित-वंचित समुदाय ऊपर उठ न सका। धर्म के सहारे और ईश्वरीय संरचना के मिथ्या प्रचार-प्रसार से जाति व्यवस्था को अपरिवर्तनीय घोषित कर दिया गया। जातिनिहाय भारतीय सामाजिक संरचना द्वारा बनाए जाति के दायरों को तोड़कर एक समूह दूसरी जाति में प्रवेश नहीं कर सकता। जाति आधारित पुश्तैनी धंधे, पेशे करने को बाध्य करके जीवन को असहनीय बना दिया। ईश्वर, आत्मा, कर्मफल, भाग्यवाद, वर्ण जाति के संजाल रचकर जाति व्यवस्था का निर्माण किया गया। ईश्वर द्वारा इसकी निर्मिति का झूठ, सच में बदलने के लिए षड्यंत्र रचा गया तथा जाति व्यवस्था की अपरिवर्तनीयता को धार्मिक भय दिखाकर तीन हजार वर्षों तक दलितों को दास बनाए रखने में सफलता हासिल की। इस गुलामी के विरोध में उठा प्रतिरोध का स्वर ही दलित साहित्य है। दलित साहित्य इंसान की स्वतंत्रता, समता और न्याय के प्रति समर्पित है, वह इंसान की महानता के गीत रचता और गाता है। वह इंसान को बहिष्कृत, गुलाम एवं उपेक्षित बनाने वाले धर्म, ईश्वर, वर्ण को नहीं मानता। जन्म और कर्मफल, भाग्यवाद जैसे अंधविश्वासों को जन्म देने वाली उन धार्मिक संस्थाओं को नकारता है। हिंदू धर्म के खोखलेपन, अवैज्ञानिकता और कर्मठता को चुनौती देता है। मराठी दलित कवि शोषित-उत्पीड़ितों की वेदना-पीड़ा तथा आशा-आकांक्षाओं को शब्दबद्ध करके मानवीय संवेदनाओं को अभिव्यक्ति देने की ईमानदार कोशिश करते हैं।

इसका लक्ष्य था सदियों से चली आ रही अस्पृश्यता की परंपरा, दासता, मूलभूत अधिकारों से वंचित रखने वाली धर्माधिष्ठित रूढ़ियों का विरोध करके, दलितों को मानवीय मूलभूत अधिकारों को दिलाना तथा उसमें अपने अस्तित्व, अस्मिता के प्रति चेतना जगाना था। दलित साहित्य मुक्ति

आंदोलन द्वारा जगाई गई चेतना की ही साहित्यिक अभिव्यक्ति है, जो प्रतिबद्धता के साथ सड़ी-गली सनातनी परंपराओं का विरोध करती है। दलित मुक्ति आंदोलन ही साहित्य का प्रेरणास्रोत है। दलित साहित्य की सबसे क्रांतिकारी अभिव्यक्ति मराठी दलित कविता में हुई है। समाज की परंपरागत ब्राह्मणवादी रूढ़ियों-रीतियों एवं मान्यताओं को तोड़ते हुए नए मूल्यों की स्थापना और वंचितों की काव्यभाषा लेकर झंझावात की तरह दलित कविता ने मराठी साहित्य में प्रवेश किया जो स्वाधीनता के बाद के मराठी साहित्य में समर्थ धारा मानी गई है। अनुभव, अनुभूति और अभिव्यक्ति के स्तर पर दलित कविता ने मराठी साहित्य में अपनी नई पहचान बनाई। दलितों के शोषित, पीड़ित, अपमानित, प्रताड़ित जीवन की कहानी को पहली बार रेखांकित किया गया। इसकी नींव दलित मुक्ति आंदोलन की सैद्धांतिकी पर रखी गई थी।

दलित कविता में अभिव्यक्त संघर्ष एक व्यक्ति का दूसरे व्यक्ति से नहीं बल्कि एक समाज का दूसरे समाज से है। इसीलिए 'दलित कविता' घोषणा करती है कि इस कविता का नायक व्यक्ति नहीं, समाज है। दलित, शोषित समाज के मन की हलचल इस कविता में हिल्लोल और लय बन जाती है। सामाजिक बदलाव तथा मानवीय मूल्यों की स्थापना की माँग करने वाली दलित कविता साहित्य के क्षेत्र में भी बदलाव लाना चाहती है क्योंकि यह कविता जीवन की तलहटी में संचित विषमता और सांस्कृतिक भ्रष्टता की जड़ों को हिलाना चाहती है। इस कविता की अभिव्यक्ति मराठी भाषा में होते हुए भी इसका अनुभव क्षेत्र बहुत विशाल है, इसलिए देश के कोने-कोने में हो रहे अत्याचारों को यह कविता चिह्नित करके उसके प्रति आक्रोश व्यक्त करती है। अतीत में घटित बेरहमियों को ही नहीं, यह वर्तमान की अमानवीय घटनाओं की पड़ताल करती है।

दलित कवि अब डॉ. अम्बेडकर के विचारों के तेज से प्रज्जवलित होकर इस जाति प्रणीत समाज व्यवस्था को नष्ट करने की अंतिम कार्यवाही के लिए प्रतिबद्ध हैं। मराठी के वरिष्ठ कवि नामदेव ढसाल भारतीय समाज व्यवस्था को बदलकर नए समाजवादी समाज की निर्मिति का स्वप्न देख रहे हैं–

मेरे लहू में प्रज्वलित अगणित सूर्य
कितने दिन सहोगे यह घोर बंदीवास
क्या बने रहोगे ऐसे ही युद्धबंदी?
देखो रे साथियों मिट्टी की अस्मिता
आकाश भर में फैल चुकी
मेरी आत्मा ने जिंदाबाद की घोषणा कर दी
मेरे रक्त में प्रज्वलित अगणित सूर्य
अब इस नगर-नगर को चिंगारी से भर दो।
(नामदेव ढसाल:गोलपीठा)

कवि दलित चेतना के विकास की ओर इशारा करके कहता है कि अब इस पुरातन यथास्थितिवादी संस्कृति की जो धर्म और कर्मकांड से जर्जर हुई है और उससे उपजी इस अमानवीय सभ्यता को जलाकर एक नई व्यवस्था के निर्माण की आवश्यकता है।

दलित कविता में अभिव्यक्त मुक्ति का विचार समाजवादी जनतंत्र को सही मायने में लागू करने की प्रेरणा देता है।

मराठी की 'दलित कविता' दलित समाज की वेदना की साहित्यिक अभिव्यक्ति है। वह स्वतंत्रता, बंधुत्व और न्याय की स्थापना के लिए प्रतिबद्ध है। यह उस समाज के प्रति अपना विद्रोह प्रकट कर रही है जिसने मनुष्य को मनुष्य मानने से इंकार किया और उनकी जिंदगी को अन्याय, अपमान, अत्याचार, बेबसी, लाचारी, गरीबी और गुलामी का पर्याय बना दिया था। दलित कविता इस विषमतापूर्ण समाज व्यवस्था, जाति व्यवस्था, वर्ण व्यवस्था के प्रति विद्रोह कर उठी है। जन्मना निश्चित जाति के कारण मनुष्य को तुच्छ समझने वाली परंपरावादी शक्तियों के खोखले दावों को नकारती है। अतीत की यातना को वर्तमान में झेलने को न केवल नकारती है बल्कि यातना, पीड़ा, उत्पीड़न के उस स्रोत को जड़ से उखाड़कर मानव के लिए समतामूलक समाज व्यवस्था को बनाने का स्वप्न देखती है। डॉ. बाबा साहेब अम्बेडकर के विचारधन को आत्मसात कर दलित समाज में आत्मसम्मान, आत्मबल, आत्मविश्वास पैदा करने का काम मराठी में पहले दलित जनकवियों ने किया।

प्रश्न 3. मराठी साहित्य के प्रमुख रचनाकार दया पवार के व्यक्तित्व एवं उनकी रचनाबोध के बारे में बताइए।

अथवा

दया पवार के व्यक्तित्व पर टिप्पणी लिखिए।

उत्तर— दया पवार मराठी साहित्य के एक महान लेखक के रूप में आज संपूर्ण देश में जाने जाते हैं। सन् 1990 में भारत सरकार ने 'पद्मश्री' की उपाधि से उनकी साहित्यिक सेवाओं को नवाजा था। दया उनके आत्मकथन बलूत के माध्यम से मराठी साहित्य से इतर भाषा समाज में भी लोकप्रिय है, बलूत का अनुवाद कन्नड़, गुजराती और हिंदी (अछूत) के अलावा जापानी, जर्मन, इटालियन आदि विदेशी भाषाओं में भी हो चुका है। मराठी साहित्य में आत्मकथनात्मक शैली को प्रतिष्ठित करने का श्रेय दया पवार को ही है।

इनकी रचनाओं में मराठी साहित्य को न केवल समृद्ध किया बल्कि नए सौंदर्यशास्त्र का निर्माण भी किया। संवेदनशील प्रतिबद्ध रचनाकार की बहुमुखी प्रतिभा ने दलित साहित्य को अमूल्य रचनाएँ दी हैं। उनकी कविता, कहानी, आत्मकथन और निबंध आदि दलित साहित्य की अमूल्य धरोहर हैं। इनके प्रमुख कविता संग्रहों में 'कोंडवाडा' (कांजी घर) 1974 और 'पाणी कुठवर आलंग बाई!' (सखी, पानी कहाँ तक आया?) शामिल हैं।

'कोंडवाडा' कविता संग्रह बहुचर्चित काव्य संग्रह है, जिसने पहली बार दलित जीवन की तल्ख सच्चाई से भारतीय समाज को परिचित किया। दलित जीवनानुभव और संघर्ष को काव्यात्मक अभिव्यक्ति द्वारा मुखर स्वर दिया। इस अनोखी अभिव्यक्ति से मराठी के अभिजात्य लेखक, आलोचक तथा वाचक वर्ग चकित हो गया। दया अतिशय संवेदनशील सार्थक शब्दों में प्रस्थापित समाज के अमानुष शोषण, उत्पीड़न को मर्मांतक आक्रोश और विद्रोही अभिव्यक्ति द्वारा सदियों के संताप को उजागर करके भारतीय समाज को अंतर्मुख करते हैं। सदियों के संचित संताप को दया की कविता समाज के समक्ष रखती है। वे दलितों का आह्वान करते नजर आते हैं—"तुम ही प्रकाशमान होकर क्रांति का जयघोष करो।"

'बलुतं' (अछूत) दया पवार का आत्मकथन; भारतीय दलित साहित्य में प्रकाशित प्रथम आत्मकथन है। 'विटाळ' (छुआछूत), 'चावडी' (चौपाल) उनके दो कहानी संग्रह हैं। कहानी संग्रह

में संकलित कहानियाँ दलित जीवन के पीड़ादायी यातनापूर्ण और अवमानना के दर्दनाक अनुभवों की अभिव्यक्ति दलित जीवन के सद्यस्थिति यथार्थ से रू-ब-रू कराती हैं। इनकी कहानियाँ दलित जीवन के बहुआयामी उत्पीड़न, बहिष्करण और वंचितता में जीने की त्रासदी को नया अर्थबोध प्रदान करती हैं। दया पवार द्वारा रचित गीत संग्रहों के गीतों को अनेक प्रतिष्ठित गायकों ने स्वर देकर महाराष्ट्र में इन गीतों को बेहद लोकप्रिय बना दिया। 'बाई मी धरणं बांधते' (सखी, मैं बाँध बनाती हूँ) की कविताएँ गीतों के रूप में श्रमिक-मजदूर संगठनों, ट्रेड यूनियन के कार्यक्रमों में गाई जाती हैं। अब ये मजदूर संघर्ष और आंदोलन के गीत बन चुके हैं। कवि के रूप में प्रतिष्ठित दया पवार का काव्यलेखन श्रमिक-मजदूरों की समस्याओं को उजागर करके उनकी सामाजिक-आर्थिक स्थिति पर प्रकाश डालता है। उनकी महत्त्वपूर्ण रचनाएँ 'बलुतं', 'कोंडवाडा', 'विटाळ' आदि देश के अनेक विश्वविद्यालयों के पाठ्यक्रमों में शामिल हैं तथा अनेक भाषाओं में इनके अनुवाद हो चुके हैं तथा उनकी रचनाओं पर अनेक विश्वविद्यालयों में शोधकार्य भी हो चुके हैं। उनकी कविताएँ परंपरागत विचारों, रूढ़ियों, धार्मिक आडंबरों, कट्टर धर्मावलंबियों के ठकोसलों का पर्दाफाश करती हैं।

प्रश्न 4. मराठी कवयित्री ज्योति लांजेवार पर टिप्पणी लिखिए।

उत्तर– ज्योति लांजेवार मराठी दलित साहित्य की वरिष्ठ और प्रमुख कवयित्रियों में से एक हैं। मराठी में सशक्त लेखन के लिए ज्योति लांजेवार का नाम पहली पंक्ति की रचनाकारों में शामिल है। ज्योति लांजेवार वरिष्ठ कवयित्री ही नहीं बल्कि एक लब्ध प्रतिष्ठित समीक्षक भी हैं। उनके कई कविता संग्रह प्रकाशित हैं जिनमें क्रमशः 'दिशा', 'अजून वादळ उठले नाही' (तूफान अभी उठा नहीं), भाब्द 'निळे आभाळ' (नीले आकाश के भाब्द) आदि चर्चित रहे हैं। समीक्षात्मक ग्रंथ संपदा में 'दलित साहित्य समीक्षा', 'फुले अम्बेडकर स्त्री मुक्ति चळवळ' (फुले अम्बेडकर: स्त्री मुक्ति आंदोलन) उल्लेखनीय हैं।

दलित स्त्री दिन-रात श्रम करने की क्षमता रखती है। वह अपने बच्चों को शिक्षित करने की अभिलाषा जताती है। श्रम की कठोर साधना से जीवन की प्रगति को साकार करना चाहती है। ज्योति लांजेवार 'माँ' कविता में डॉ. अम्बेडकर के आंदोलन में सक्रिय हैं। वे दलित मुक्ति हेतु अम्बेडकर के विचारों पर कार्य करने तथा अपने आत्मसम्मान की खातिर संघर्ष की प्रेरणा देती हैं। एक दलित स्त्री द्वारा सामाजिक परिवर्तन एवं न्याय के लिए दिए जा रहे योगदान को कविता में मुखर किया गया है। कविता के द्वारा कवयित्री प्रतिबद्धता से जीवन को गरिमामय बनाने की कोशिश करती है।

प्रश्न 5. दया पवार की 'वृक्ष' कविता वर्ण व्यवस्था को प्रश्नांकित करती है। इस कथन को उदाहरण सहित विश्लेषित कीजिए।

अथवा

'वृक्ष' कविता में अभिव्यक्त दलित संवेदना की व्याख्या कीजिए।

[जून-2015, प्रश्न सं.-1]

उत्तर– मराठी दलित कविता अस्पृश्यता, अंधविश्वास, कर्मकांड, सामाजिक-धार्मिक विषमता आदि को नष्ट करके समतावादी समाज की निर्मिति चाहती है।

(1) जाति दंश की मर्मांतक वेदना–दलित कविता की अभिव्यक्ति समूह मन की अभिव्यक्ति है। इसी कारण कविता में समूह के सामाजिक, सांस्कृतिक, धार्मिक, आर्थिक जीवन संदर्भ की परत-दर-परत खुलती जाती है। दया पवार की कविता 'वृक्ष' दलित जीवन के सामूहिक दु:ख, वेदना, विवंचना, आर्थिक अभाव, जाति विरोध, क्षोभ, आक्रोश को अभिव्यक्त करती है। भारतीय सामाजिक संरचना की सबसे निचली पायदान पर खड़े वंचित-शोषित पहचानहीन हाशिए के समूह मन की व्यथा को अत्यंत प्रखर भाषा में अभिव्यक्ति ही है। दलित कविता की मूल प्रवृत्ति विद्रोह, निषेध और संघर्ष के तीखे तेवर की है। यह विद्रोहात्मक तेवर उस व्यवस्था के विरोध में अपनाया गया, जिसकी बुनियाद अतार्किक, अविज्ञानी, अंधविश्वासों पर आधारित है। इस पुरोहिती अवधारणा का जन्म ही अवैज्ञानिक झूठ से हुआ। ब्रह्मा के शरीर के विभिन्न अंगों से चार वर्णों की उत्पत्ति मानी गई। इसे विश्वास में बदलने के लिए स्वयं को श्रेष्ठ घोषित करने वाले ब्राह्मण वर्ण ने अन्यों को निम्नतर रखने के लिए धर्म की निर्मिति और विधि-विधान रचे। धर्मग्रंथों के अंबार रचकर चातुर्वर्ण्य में सबसे निम्न घोषित किए गए शूद्र-अतिशूद्रों को अस्पृश्य अशुचि के रूप में ही पैदा होने की मान्यता को स्थायी रूप देने के लिए एक विचारधारा का निर्माण किया। इस प्रकार ब्राह्मण वर्ण जो कि परजीवी संस्कृति का निर्माता तथा लाभार्थी थे, वे अछूतों को गुलाम बनाए रखने में सफल हुए। दलित जीवन में व्याप्त सघन पीड़ा जो कवि की अपनी भी है, उसे व्यवस्था के विरोध के लिए जागरूक कदम उठाने को प्रेरित करती है। कवि के लिए यह असहनीय स्थिति है, क्योंकि उनमें अस्तित्व बोध जग चुका है, वे जान गए हैं कि उन्हें वंचना, भूख और यातना देने वाला प्रस्थापित वर्ग ही है, जिसने सत्ता को अपने अधीन कर सदियों से वंचितों पर हिंसा, अत्याचार और उत्पीड़न द्वारा अनंत युगों तक वर्चस्व स्थापित कर लिया। गुलामी की शृंखलाओं को अधिक कसा गया। वर्चस्ववाद की भूख के आगे इंसानियत के सभी पैमाने झूठे साबित हुए।

दलित रचनाकार के स्वानुभवों की अभिव्यक्ति से दलित कविता का कलेवर इंसानी यातना, पीड़ा, व्यथा का जीता-जागता वृक्ष बनकर दया पवार की कविता में चित्रित होता है।

मानव के सम्मान को दलित कवि सर्वोच्च मानते हैं, इसलिए मानवता की हत्या करने वाली प्रस्थापित शक्तियों के विरोध में प्रखर चोट करने वाले स्वर में अपना प्रखर विरोध प्रकट करते हैं।

सन् 1927 को महाड़ में पानी जैसी बुनियादी जरूरत के लिए, जो मानवीय हक है, उसके लिए संग्राम लड़ा गया, इतिहास के पन्नों पर दर्ज हो गया। श्रेष्ठता और वर्चस्व के अहंकार को ध्वस्त करके अस्मिता के प्रति सजग दलित समुदाय सदियों की थोपी हुई गुलामी को छोड़कर, एक नागरिक के अधिकारों को प्राप्त करने के लिए सचेत होकर रचनात्मक संघर्ष की अगुवाई करने लगा है। उसने अभी तक भी अपने निम्न होने की स्थिति पर धर्म के भय के अंधविश्वास से झकझोर कर जगाया है। डॉ. अम्बेडकर की वैचारिकी की चिंगारी से प्रज्जवलित यह समाज भविष्य को अधिकाधिक प्रकाशमान करने की कोशिश में है। दया पवार दारुण दु:ख-यातना को झेलने वाले समुदाय की जर्जर स्थिति को उजागर करके चेतना को सदैव प्रवाहमान रखने की कोशिश में उस खौफनाक यातनापूर्ण जीवन पर प्रकाश डालते हुए कहते हैं–

यातना भार से व्याकुल वृक्ष देखा मैंने
बोधिवृक्ष जैसी इसकी जड़ें गहरी हैं
बोधिवृक्ष पर तो फूल भी खिले
यह वृक्ष सभी ऋतुओं में झुलसा हुआ।

(2) वर्ण व्यवस्था को प्रश्नांकित करती कविता–दया पवार की कविता दलितों के लिए अपनाए जाने वाले अपमान, उत्पीड़न और शोषण पर तीखा प्रहार करती है। दया पवार दलितों की जर्जर सामाजिक, आर्थिक स्थिति के प्रति अतिशय चिंतित होकर चातुर्वर्ण्य व्यवस्था के निर्माताओं पर तीव्र प्रहार करते हुए कहते हैं–

बोधिवृक्ष पर तो फूल भी खिले
यह वृक्ष सभी ऋतुओं में झुलसा हुआ।
धमनी-धमनी से फट पड़ती यातनाएँ।
झर गए पत्ते महारोगी की ऊँगलियाँ हो जैसी

सभी ऋतुओं में झुलसे हुए वृक्ष के प्रतीक द्वारा दलितों की वंचित-शोषित-निर्धन स्थिति से परिचित कराते हैं। वृक्ष का प्रतीक अस्पृश्य माने गए जीवन की त्रासदी को उजागर करने में सफल हुआ है। 'यातना भार से व्याकुल वृक्ष' के प्रतीकात्मक रूप द्वारा उत्पीड़न वेदना और पर्वत प्रायः दु:ख झेलता वंचित समुदाय और उसके जीवनानुभवों को उजागर करके कवि जनमानस में से क्रांति गर्भित विचारों को फैलाना चाहता है। जाति व्यवस्था ने तमाम जाति दंश, वंचना, अपमान, अन्याय-अत्याचार के गहरे जख्म, बहिष्कार से दग्ध जीवन की तस्वीर हमारे सामने प्रस्तुत की है। साधनहीनों की दरिद्रता को स्वाधीन लोकतांत्रिक देश में कायम रखने की बर्बरता को कवि समर्पक एवं सधे हुए शब्दों में रेखांकित करने में सफल हो जाता है। अन्यायपूर्ण, असहिष्णु, अमानवीय विषमता की दीवारें अभी भी संपन्नों और निर्धनों के बीच एक दरार बनकर खड़ी हैं। आर्थिक और सामाजिक विषमता की दरार इतनी चौड़ी है कि उसे पाटना असंभव मान लेना चाहिए। देश भले ही आजाद हो गया लेकिन वर्ण-ईश्वर-धर्म द्वारा गुलाम बनाए गए समुदाय अभी भी गुलामी की जकड़न से मुक्त नहीं हो सके हैं।

परिणामतः दलित बस्तियों से अभाव और भूख का साया हटता नजर नहीं आता। राज्य सरकार के मातहत आने वाले सरकारी विभागों के अधिकारी, पुलिस, न्यायपालिकाएँ भी भेदभाव की नीति अपनाने में कतराते नहीं बल्कि राजनीतिक माहौल को असंवेदनशील, अमानवीय बनाने में सहायक की भूमिका का निर्वाह करते हैं। जीवन, स्वास्थ्य, रोजगार और निवास की सुरक्षा की माँग लेकर देश के कोने-कोने में चल रहे जल-जंगल-जमीन के संघर्ष इन्हीं कारणों से सफल नहीं हो पाते। राज्य सरकारें अपने इन्हीं विभागों के जोर-जुल्म द्वारा संघर्ष की आवाजों को खामोश कर देती हैं। दया पवार दलितों की इस बेबसी और जुल्म झेलते रहने की त्रासदी को बर्दाश्त नहीं कर सकते। उनका सपना एक ऐसे समुदाय का है जो सामूहिक यातना को वे अभिव्यक्ति देकर क्रांति की ओर कदम बढ़ाएँ। भारतीय समाज में सहिष्णुता, करुणा और मैत्री का भाव जगाने के लिए समुदाय की जर्जर अवस्था का यथार्थ चित्रण अत्यंत विषाद भरे शब्दों में वे करते हैं–

नस-नस से फट पड़ती यातनाएँ
झर गए पत्ते महारोगी की ऊँगलियाँ हो जैसी

करुणा से भरी, यातनामयी सामाजिक वेदना की गंभीर अभिव्यक्ति दलित कविता के नकार और विद्रोहपूर्ण स्थिति से अवगत कराती है। विद्रोहात्मक अभिव्यक्ति चूँकि दलित कविता का प्राणतत्त्व है इसलिए आत्मभान के जगने पर अभिव्यक्त होने वाला विद्रोह नामदेव ढसाळ के इन शब्दों में भी हमारे सामने आता है–

मैं तुम्हारे ग्रंथों को।
तुम्हारी संस्कृति को।
तुम्हारे दोगलेपन को गाली दूँगा।
मैं यह सब नहीं कहता लेकिन मेरे हाथ जग चुके हैं।

मरणप्राय दु:ख से तड़पता समुदाय हजारों वर्षों से इसे झेलने को अभिशप्त कर दिया गया। परजीवी ब्राह्मणवादी अहंकारी समूहों ने खुदगर्जी की ऐसी घिनौनी व्यवस्था को रचा जिसकी मिसाल संपूर्ण विश्व में नहीं मिलेगी।

सामाजिक सच्चाई से मुँह मोड़े हुए घनघोर अंधविश्वास में डूबे रहना हमारी संकीर्णता को दर्शाता है। वास्तविकत: यह पाखंड अंधविश्वास को जन्म देने वाली पुरोहिती सोच का नतीजा है।

दलित कवि की दृष्टि में दलित समुदाय का जीवन भी ठूँठ हुए वृक्ष जैसा ही है जो हर क्षण जीवन की प्रत्येक जरूरत के लिए जमींदार, साहूकार, महाजन, व्यापारी और सरकारी अधिकारियों की मेहरबानी पर निर्भर है। बैसाखियों का सहारा उसे जीवन के अंत तक लेना जरूरी है क्योंकि रोजगार, समय-समय पर लिया जाने वाला ऋण और घर बनाने लायक जमीन का टुकड़ा बिना सवर्णों की मंजूरी के नहीं मिल सकता। इस प्रकार सवर्णों पर दलित समुदाय की पूर्ण रूप से निर्भरता के कारण वे हमेशा उन पर आश्रित रहे। दया पवार इस त्रासदी से अतिशय संतृप्त होकर प्रस्थापित व्यवस्था को प्रश्नांकित करते हुए कहते हैं–

जब तक जिंदा है/मरण यातना सहते हुए
दु:ख भार से काँपते वृक्ष को देखा मैंने

'वृक्ष' कविता में चित्रित सामाजिक स्थितियाँ यहाँ की विषम समाज व्यवस्था की निर्मिति है। यह असंतुलित स्थिति आजादी के बाद के आधुनिक समाज में बदलेगी और सांस्कृतिक दमनमुक्त समतावादी समाज में दलितों को आर्थिक सबलता के साथ छुआछूत जैसी बर्बर रूढ़ियों से छुटकारा मिलेगा, तभी वे मानवीय प्रतिष्ठा के हकदार बनेंगे। लेकिन विषमताजन्य विचारधारा पर विश्वास करके अस्पृश्यता, सामाजिक बहिष्कार, तिरस्कार करने वाले समाज ने दलितों की समस्याओं पर विशेष लक्ष्य केंद्रित नहीं किया। संविधान में दिए अधिकारों का भी लगातार कर्मठ हिंदू समाज उल्लंघन करता रहा और सामाजिक-आर्थिक-शैक्षिक बराबरी के तमाम प्रयास अधूरे और असफल कर दिए गए। परिणामत: दलित समुदाय आजाद भारत का नागरिक होने के बावजूद शोषण, दमन, हिंसा, उत्पीड़न, यातना, पीड़ा झेलने को अभिशप्त है। देश के संविधान निर्माता डॉ. भीमराव अम्बेडकर ने जाति व्यवस्था के समूल उन्मूलन के लिए अपना संपूर्ण जीवन न्यौछावर कर दिया। संविधान में वे सभी प्रावधान, कानून मौजूद हैं, जो जघन्य अस्पृश्यता को जड़ से मिटा सकते हैं। परंतु जाति व्यवस्था के रहते लाभान्वित वर्ण जातियाँ नहीं चाहतीं कि यहाँ एक बराबरी का समाज बने जिनमें कोई श्रेष्ठ न हो न कोई निम्न हो। इसलिए प्रस्थापितों ने समतावादी सोच ही निष्प्रभावी कर दी और सदियों तक हिंसात्मक कार्यवाहियों द्वारा इन्हें दबाकर रखा। व्यवस्था परिवर्तन के लिए जितने प्रयास संभव हो सकते थे, कानूनी प्रावधान, सुरक्षितता, विकास में भागीदारी का आश्वासन सभी जाति प्रथा और छुआछूत के अभिशाप के सामने धरे-के-धरे रह गए। अत: कवि अपने हाथों के जगने का संकेत देकर अत्यंत प्रखर भाषा में प्रस्थापित व्यवस्था की जर्जर अवस्था पर आघात करते हैं।

प्रश्न 6. ज्योति लांजेवार 'माँ' कविता के द्वारा दलित स्त्री के संघर्षमय और श्रमसाध्य जीवन की त्रासदी को उजागर करती हैं। उदाहरण सहित स्पष्ट कीजिए।

अथवा

'माँ' कविता में अभिव्यक्त दलित स्त्री के सामाजिक सरोकार और आंदोलनधर्मी चेतना का मूल्यांकन कीजिए।

उत्तर– दलित रचनाकार ज्योति लांजेवार की चर्चित कविता 'माँ' भारतीय हिंदू व्यवस्था की उस आर्थिक नीति को अपनी तार्किक शैली में प्रश्नांकित करती है, जिसकी जड़ें यहाँ की अतार्किक जाति व्यवस्था में हैं। जाति संरचना की अमानवीय रूढ़ि-प्रथाओं ने समाज संरचना के साथ ही उत्पादन प्रणाली को इस कदर अपने धार्मिक शिकंजे में कसा है कि साढ़े तीन हजार वर्षों से अधिक समय के बाद भी यह विधि-विधान जस-का-तस बना हुआ है। ज्योति लांजेवार की कविता 'माँ' धार्मिक आधार पर किए गए काम के बँटवारे का मंतव्य यहाँ स्पष्ट होकर हमारे सामने सफलता से प्रस्तुत करती है। कवयित्री यह देखकर चिंतित है कि इस विषम सामाजिक-आर्थिक, सांस्कृतिक, धार्मिक स्थिति से जूझ रही माँ सामान्य-सी लगने वाली सुविधाओं से भी वंचित है। दिन-रात हाड़तोड़ परिश्रम के बाद भी उसे भूखा सोना पड़ता है। अपनी ममता का गला घोंट सड़क निर्माण के काम में पिघलता हुआ तारकोल मिला मसाला फैलाते हुए झुलसती गर्मी में बबूल पर टंगे झूले में सोए अपने कलेजे के टुकड़े को भी न देख सकती है। वह भूखे पेट काम करने को मजबूर है, लाचार है। पानी की कुछ बूँदें होठों से छुआकर तारकोल और तपते सूरज की गर्मी को सहते हुए काम पूरा करना उसके लिए अपरिहार्य है। भूख से ऐंठती अंतड़ियों को भूलकर लगन से काम में मग्न रहना उसके श्रमसाध्य कर्म की जरूरत है। ऐसे में चिंधियों से ढंके नन्हे पैरों पर माँ से ममता पाने के लिए दौड़े बालक को पसीने भरा चुंबन देकर वह उसे लौट जाने को कहती है। श्रम और भूख के इस कोलाज (चित्र) को समाज के समक्ष रखकर कवयित्री इन सवालों को उठाकर गैर-बराबरी के दर्शन को चुनौती देने का साहस करती है। वर्णवादी समाज ने दलित वर्ग से गुलाम जैसा व्यवहार किया और अभी तक भी करने से कतराता नहीं। ईश्वरीय सिद्धांतों के झूठे प्रचार ने अंतहीन दासता की जंजीरों को मजबूत बना दिया। कवयित्री अपनी इस कविता के माध्यम से हमारा ध्यान उस क्रूरतम विधि-विधान की ओर खींचती है जिसमें शूद्र को धन संचय करने की मनाही है और यदि कानून का उल्लंघन कर ब्राह्मण को दु:ख पहुँचेगा तो इस स्थिति में ब्राह्मण को शूद्र की संपत्ति छीन लेने का अधिकार है। शूद्रों अर्थात् दलितों को निर्धन रखकर रोजगार के लिए अन्य तीन वर्णों पर निर्भर बना दिया गया। निर्धनता और निर्भरता की परंपरा साढ़े तीन हजार वर्षों से आज तक निरंतर बरकरार है।

यदि हम भारतीय आर्थिक व्यवस्था के उत्पादन साधनों के बंटवारे का अथवा उन पर अधिकार का जातियों के अनुसार मूल्यांकन करें एवं उपलब्ध दस्तावेजों के द्वारा मालिकाना अधिकार का ग्राफ तैयार करें, तो पाएँगे कि देश की अस्सी से पच्चासी प्रतिशत जमीन के मालिक मात्र कुछ जातियों के व्यक्ति हैं। दलित इनके खेतों पर काम करने वाले केवल हलवाहे हैं, दिहाड़ी मजदूरी पर या बंधुआ मजदूरी पर कविता में श्रमजीवी 'माँ' अनथक श्रम के बाद भी भूख से लड़कर, अपने बालकों के सुनहरे भविष्य के सपने देखती है। जीवन के प्रति यह जिजीविषा एक जीवंत समुदाय के संघर्ष को अभिव्यक्ति देकर इंसान की जीवटता से परिचित कराती है।

दलित माँ के अभावपूर्ण स्थिति को उजागर करके शोषक समुदायों को उनके अन्यायपूर्ण व्यवहार का एहसास कराते हुए कहती हैं–

तुमको कभी नहीं देखा, जरी किनारी साड़ी में
न गले में मोतियों की माला, न कंगन-कड़े हाथों में
रबड़ की चप्पलें तक नहीं तुम्हारे पैरों में

गरीबी का यह आलम कि तारकोल के पिपें ढोती माँ अपने नन्हे बालक को झुलसती गर्मी में बबूल पर टंगे झूले में सुलाकर सड़क निर्माण कार्य में जुटी रहती है। ममत्व को इस प्रकार बबूल पर कपड़े के झूले में टाँगना, ऊपर से झुलसती धूप पड़ती हो तो उस माँ पर क्या गुजरती होगी। ज्योति लांजेवार माँ की ममता, उसकी विवशता को सशक्त बिंब और प्रतीकों द्वारा चित्रित करती है।

दलित स्त्री की श्रमसाधना–सड़क निर्माण में हर माँ अपने छोटे-छोटे बच्चों को कुछ थोड़े से बड़े बच्चों के सुपुर्द करके कोलतार के पिपें उठाती, सड़क पर बजरी और गिट्टी मिला तारकोल का घोल डालती हुई बड़े मनोयोग से काम में जुटी हुई दिख जाती है। कभी-कभी बीच में मालिक से थोड़ी देर की छुट्टी लेकर नन्हे को दूध भी पिला देती। माँ को काम में लगा देख पैरों में चिंधिया लिपटा बालक नन्हे पैरों से जब माँ के पास दौड़ता है, तो माँ पसीने भरे होठों से लाडले का चुंबन लेकर उसे लौट जाने को कहती। यह दृश्य चित्र एक ऐसी सच्चाई से हमारा साक्षात्कार कराता है जिसे हम हर रोज कहीं-न-कहीं जरूर देखते हैं। लेकिन इसके प्रति जिज्ञासा, स्थिति के प्रति चिंता कभी नहीं जगती। यह दलित समुदाय के प्रत्येक मजदूर परिवार का जीवनानुभव है। कवयित्री इस व्यवस्था पर सवाल उठाते हुए हमारे सामने वही सवाल रखती है। रचनाकार ने बहुत करीब से अपने समुदाय के लोगों के जीवन संघर्ष को देखा है। अपनी माँ के इस परिश्रम, संघर्ष और जीने की जद्दोजिहद को बचपन से बड़े होने तक देखा है। इसलिए कविता के द्वारा वंचना के दर्द को महसूस कराकर उस स्थिति में वह परिवर्तन की माँग करती है। लोकतांत्रिक और आधुनिक समाज में भी जाति की दरारें इतनी गहरी हैं कि आज भी दलितों को अच्छी आमदनी वाले आर्थिक व्यवसाय करने से भी रोका जाता है। परंपरागत व्यवसायों से मुक्त होने की चाहत को जोर-जबरदस्ती, हिंसात्मक हमले, आगजनी, सामूहिक हत्या, स्त्रियों पर बलात्कार जैसे पाशविक अत्याचार द्वारा उन्हें पुनः परंपरागत व्यवसायों की ओर लौटाया जाता है। वैज्ञानिक तकनीकी के प्रचार-प्रसार के बावजूद हमारे देश में शुष्क शौचालयों की निर्मिति करके उसकी सफाई दलितों पर दबाव बनाकर और यह कहते कि यह तो उन्हीं का कार्य है जैसी वर्णवादी सोच को थोपकर जबरदस्ती करवाई जाती है। दूसरों का मल-मूत्र ढोने की अमानवीय प्रथा से मुक्ति के प्रयास इसीलिए सफल नहीं होते। समाज और ब्राह्मणवाद का दबाव इस कार्य से मुक्त होने की इच्छा को फिर से दबा देता है। सदियों से जाति की सोपानीकृत व्यवस्था के निर्माताओं ने पूर्वजन्म, कर्म और भाग्य के डर द्वारा इसे इतना मजबूत कर दिया है कि इस प्रथा के अभिशाप को झेलने वाला दलित समुदाय खुद ही इस अमानुषिक काम को यह उनके भाग्य का हिस्सा मानकर ढो रहा है। कविता में पूर्व-परंपरागत रूढ़ि-रीतियों को नकारकर एक मजदूर दलित माँ अपने बच्चे को बड़ा होकर डॉ. अम्बेडकर जैसा शिक्षित और विद्वान बनाना चाहती है। डॉ. अम्बेडकर की वैचारिकी का परिणाम है कि हर दलित माँ अपने बच्चों के भविष्य के प्रति सचेत होकर सोचने लगी है।

डॉ. अम्बेडकर के क्रांतिकारी विचार को आत्मसात करके मजदूर दलित 'माँ' बच्चों के सुनहरे भविष्य का सपना बुनती नजर आती है। कवयित्री लिखती है–

आँखों में आँसुओं की बरसात लिए
तपती धूप जैसी जिंदगी में
दोपहर का सूरज ढलने तक
कतार दर कतार घूमकर बिने कपास की पोटली छाती से चिपकाए
बाल बच्चों का भविष्य संवारते
तुझे देखा मैंने।

जीवन संघर्ष को अत्यंत सहज मार्मिक शब्दों में बयान करना सबसे कठिन रचनाकर्म है। कवयित्री दलित मजदूर माँओं के संघर्षपूर्ण जीवन को अपनी कविता 'माँ' में भावपूर्ण शैली में चित्रित करती है और सबका ध्यान आकर्षित करती है जिससे वह हर रोज लड़ती है। वह लड़ाई भूख से है, भूख से लड़ते हुए जीने की जिजीविषा दलित स्त्री ने अपने पूर्वजों से विरासत में पाई है। तपती धूप में तपकर वह सूरज के ढलने तक पात-दर-पात से बिना हुआ कपास पोटली में हिफाजत से संभालती है। बच्चों के उज्ज्वल भविष्य को संवारने की आय उसके श्रम से ही उसे प्राप्त होगी। श्रम से प्राप्त आय से माँएँ आने वाले समय को प्रकाशमान होते देखना चाहती हैं। इसलिए जोखिम भरे काम भी वह सहजता से करती है, जैसे कि–

बहुमंजीला इमारतों की सीढ़ियों पर
गर्भ भार को संभाले पैर रखती
रेत सिमेंट के तसले ढोती
तुझे देखा मैंने माँ

भूख, गरीबी, उत्पीड़न और संत्रास से मुक्ति की चाहत में हर दलित स्त्री रोज जूझती रहती है। दलित कविता में भविष्योन्मुखी स्वप्न, एक दृष्टि और एक विकल्प दिखाई देता है–समता, स्वतंत्रता और बहनापे का। डॉ. अम्बेडकर के 'शिक्षित बनो! संघर्ष करो! संगठित हो' की क्रांतिकारी, परिवर्तनवादी सोच को आगे बढ़ाती है। सुख-चैन से जीने की इस आशा से वह आज अधिकाधिक श्रम करते हुए भी नहीं थकती। दलित माँ के इस सपने को साकार होते हुए देखने की जिजीविषा को ही कवयित्री सशक्त शब्दों में अभिव्यक्त करती है।

भविष्य के प्रति आशावादी दृष्टि–अस्मिताबोध से संपृक्त कविता का विद्रोह हजारों वर्षों की शोषण परंपरा से है जिसने ऐसे समाज और संस्कृति की रचना की है, जो दलित के लिए सामाजिक सांस्कृतिक परिदृश्य से निष्कासन और आर्थिक निर्भरता को अपरिवर्तनीय बताकर ईश्वरीय इच्छा का नाम देता है। इस एक झूठे मिथक ने दलितों के आत्मसम्मान को बार-बार ठेस पहुँचाई है। सन् 1977 में महाराष्ट्र के मराठवाडा विश्वविद्यालय का नाम बदलकर डॉ. अम्बेडकर का नाम देने का महाराष्ट्र सरकार ने विधेयक पारित किया था। लेकिन सवर्ण समुदाय द्वारा सरकार पर दबाव लाकर इस निर्णय को सरकार द्वारा ही फिर से वापस लेने के लिए मजबूर कर दिया था। दलितों के सम्मान को ध्वस्त करने का यह निर्णय अलोकतांत्रिक एवं अन्यायपूर्ण था। इसके विरोध में राज्य भर में 'नामांतर आंदोलन' के बैनर के नीचे निकले लाँग मार्च में लाखों लोग शामिल हुए थे। इस आंदोलन की विशेषता यह थी कि इसमें सबसे अधिक संख्या में दलित स्त्रियाँ शामिल

हुई थीं। यह आत्मसम्मान के लिए लड़ा गया ऐतिहासिक संघर्ष था। जनांदोलन के समक्ष सरकार को अपना निर्णय फिर से बदलकर वापस लेकर नामांतर का अध्यादेश लागू करना पड़ा था। इसके बाद मराठवाडा विश्वविद्यालय को डॉ. बाबासाहेब अम्बेडकर विश्वविद्यालय नाम दिया गया। सैकड़ों लोगों की शहादत देकर दलित अस्मिता संघर्ष में कामयाबी हासिल हुई। 'नामांतर आंदोलन' में शामिल माँ के साथ उनके बेटे-बेटियाँ भी जेल जा चुके थे। पुलिस के अत्याचार और गोली से शहीद हुए बेटे के लिए माँ 'भीम' के लिए शहीद होने का रुतबा देती है। वह इकलौते बेटे की मृत्यु पर रोती-बिलखती 'भीम'–डॉ. भीमराव अम्बेडकर रहने वाली सर्वसामान्य माँ नहीं थी। 'भीम' के सम्मान के लिए लड़ने वाली चेतनाशील दलित स्त्री थी। कवयित्री दलित माँ के इस धिरोदात्त व्यक्तित्व को हमारे समक्ष रखकर चेतनापूर्ण इतिहास बोध से हमें अवगत कराती है।

दलित अस्मिता आंदोलन में सचेत दलित स्त्री स्वयंस्फूर्त सहभागिता दर्शाती है कि वह ब्राह्मणवादी परंपराओं को धिक्कारती है, उसे नकारकर समता, स्वतंत्रता और न्याय के नए ज्ञानमंदिर में अपना सर्वस्व न्यौछावर कर देने की तैयारी में है। कवयित्री यह जानती है कि ब्राह्मणवादी परंपराओं ने सदियों तक ज्ञान से वंचित रखा था। उन्हें ज्ञान की परंपरा से जुड़ने नहीं दिया था। आज के समय में दलित स्त्री इस छीने गए अधिकार को संघर्ष के द्वारा जनतांत्रिक तरीके से हासिल करने की क्षमता रखती है। वह इस बात से अवगत हो चुकी है कि स्वतंत्र और आत्मनिर्भर व्यक्तित्व का निर्माण तभी संभव है जब मुक्ति पर लगी पाबंदियों का मुकाबला किया जाए। 'माँ' शरीर और आकांक्षाओं पर लगी उन सभी पाबंदियों को नकारकर एक स्वतंत्र, स्वायत्त और आत्मनिर्भर स्त्री की अवधारणा प्रस्तुत करती है जो प्रस्थापित व्यवस्था की सत्ता संरचना का निषेध है।

प्रश्न 7. मराठी दलित कविता का सौंदर्यबोध और जीवनवादी दृष्टिकोण को 'वृक्ष' और 'माँ' कविता के द्वारा स्पष्ट कीजिए।

उत्तर– दलित कविता जीवनवादी बोध, आशय और विचार चेतना की अभिव्यक्ति है। दलित कविता केवल कविता नहीं है, वरन् सदियों पुरानी विषमतामूलक सनातनी परंपराओं को दफन करने की एक विचारधारात्मक कार्यवाही है। 'वृक्ष' कविता के माध्यम से परंपरागत सौंदर्य मूल्यों को नकारकर दलित जीवन संदर्भ, परिवेश, चेतनाबोध से नए सौंदर्य मूल्यों की रचना की गई है।

दलित सौंदर्यबोध जीवन की तलहटी से निसृत जीवन की सच्चाइयों को नए अर्थ देने की कोशिश है अर्थात् संपन्न परजीवी वर्ग के कृत्रिम जीवन से जुड़ी कला के आविष्कार से अलग श्रम से जुड़े जीवन के सौंदर्य की अभिव्यक्ति है। सामाजिक स्थिति के कड़वे यथार्थ, परिवेश के दबाव और जातिगत तिरस्कार के अनुभवों को काव्य का रूप देने में, विचारों को संप्रेषित करने में परंपरागत लावण्यमयी, कोमल पदावली दलित सौंदर्यबोध की अभिव्यक्ति के लिए असमर्थ थी। यहाँ दलित जीवनानुभवों की अभिव्यक्ति के लिए कवियों ने गद्यात्मकता और लोकभाषा में कविता लिखकर ठहरे हुए गंदले पानी में कंकड़ फेंककर नए तरंग उत्पन्न किए।

दलित कवियों ने परंपरागत भाषा, काव्यशिल्प, शैली तथा रूप प्रतिमानों को नकारा है क्योंकि दलित जीवन के शोषण, उत्पीड़न, बहिष्करण, अवमानना और वेदना-वंचना की अभिव्यक्ति उन साहित्य मानदंडों पर संभव नहीं है। ऐसी काव्य परंपरा और सृजनात्मक भाव-भंगिमा को स्वीकारना

दलित रचनाकारों की वैचारिकी के विपरीत था। दलित कविता दलित जीवनानुभवों को विशिष्ट शब्दावली में चित्रित करती है। समूची विषमतावादी संरचना के विरोध, नकार और विद्रोह की भाषा का तेवर अतिशय प्रखर होना स्वाभाविक है। मराठी दलित साहित्य के समीक्षक रा.ग. जाधव ने दलित भाषा के तेवर को निर्देशित करते हुए कहा है–"दलितों का शब्दबद्ध विचार शब्द की मोक्षदायी अथवा स्वर्गदायी शक्ति और उसकी दलितेतरों को अभिप्रेत संवेदन क्रीड़ा, संवेदन-लालित्य से अलग है। यह शब्दबद्ध विचार क्रांति, विध्वंस और आँसुओं का है, एकता का, स्वतंत्रता के क्रांतिकारी विचारों का निर्देशक है।"

दलित कविता व्यक्तिगत अनुभवों से संपृक्त होने के साथ ही समूह मन अनुभवों की अभिव्यक्ति है, दया की कविता यातना को सहते हुए जनसमूह मन की अभिव्यक्ति को निम्न रूप में प्रकट करते हैं–

बोधिवृक्ष पर तो फूल भी खिले
यह वृक्ष हर मौसम में झुलसा हुआ।
नस-नस से यातना फूटती है

प्रतीक सृष्टि का निर्माण युगीन चेतना, आर्थिक एवं राजनीतिक घटनाक्रम, सामाजिक परिस्थिति, ऐतिहासिक घटनाक्रम, प्राकृतिक वातावरण की प्रेरणा से होता है। दलित कविता के संदर्भ में प्रतीक अथवा बिंब इनके जीवन की सच्चाई को चित्रित करने के लिए प्रयुक्त होते हैं। सूरज, सर्प, आग, किरण, पहाड़, वृक्ष, तूफान आदि प्रतीक अब बदले हुए संदर्भ को प्रस्तुत करते हैं। अपमानित, पीड़ित, यातनामय जीवन की गाथा 'यातना भार से झुके वृक्ष' के प्रतीक रूप में साकार होकर उभरती है। ठूँठ हुए वृक्ष का प्रतीक दलित समुदाय को सामाजिक संरचना ने दिए असहनीय वेदना को सशक्त रूप में चित्रित करता है। वैयक्तिक अनुभव को समूहगत अनुभव की सान्निधि में रखने वाले तथा बाह्य यथार्थ को आंतरिक वेदना के सदृश रखने वाले प्रतीक इस कविता में गंभीर अर्थ भर देते हैं। 'वृक्ष' कविता में प्रयुक्त बिंब, व्यक्तिगत और समूहगत जीवन स्थिति के अनेक आयामों को समेटते हैं। उदाहरण के लिए–

झर गए पत्ते कुष्ठ रोगी की ऊँगलियाँ जैसी
ठूंठ हुए वृक्ष की डाल डाल
बैसाखी के सहारे टिकी हुई
जब तक जिंदा है मरण यातना
सहते हुए
दुःख भार से काँपता वृक्ष देखा मैंने

ठूँठ हुए वृक्ष की शाखाओं को बैसाखियों के सहारे टिकाकर जीवित रखना। यह बिंब एक सघन छाया देने वाले और असंख्य लोगों को सहारा देने वाले वृक्ष का ठूँठ में तब्दील होने की अमानवीय प्रक्रिया को इंगित करता है। हमारे सामने जो दृश्य साकार होता है वह यह कि दलित समुदाय की लोकोपयोगी भूमिका के बावजूद उन्हें वेदनाओं को, यातनाओं को झेलने को मजबूर कर दिया गया है। यह मजबूरी उन्हें जीवन के अंत तक सहनी है। ऐसा वह समुदाय दुःख-यातना के इस बोझ को ढोते हुए अंतर्बाह्य काँप उठता है। कवि का उद्देश्य एकदम समझ में आता है कि वे इस गुलामी को छोड़ने का संकेत देकर मुक्ति की राह पकड़ने की ओर इशारा करते हैं। मुक्ति

तभी संभव है जब परंपराओं को नकारकर, उस सड़ी-गली संस्कृति के विरोध में विद्रोह होगा। कवि की इच्छा है मौजूदा व्यवस्था को समतावादी समाज व्यवस्था में बदलकर सामाजिक-सांस्कृतिक एवं आर्थिक क्रांति के द्वारा नए समतावादी समाज का स्वप्न साकार करना।

ज्योति लांजेवार की कविता दलित स्त्री जीवन के संघर्ष को रेखांकित करने के लिए अनोखे सौंदर्यशास्त्र का गठन करती है। परंपरागत साहित्य धारा ने शोषित-वंचित समूह की आंतरिक वेदना, उनकी जीवन के प्रति जिजीविषा और विशिष्ट जीवन पद्धति को कभी साहित्य का विषय नहीं बनाया। इसकी अभिव्यक्ति के लिए निश्चित तौर पर अभिजात्य भाषा शैली और काव्यगत मूल्य बदले बिना सृजनात्मकता के धरातल पर वह साकार नहीं हो पाएगी। भाषा सौष्ठव और भाषागत सौंदर्य के मूल्यों से कहीं दूर इस जीवन संदर्भों की व्याप्ति होने से कवयित्री विशेष शब्दावली, भाषा के माध्यम से दलित जीवन की रोजमर्रा की जिंदगी की लड़ाई को इन शब्दबंध में बाँधती है–

झूलसती धूप में जलते तलवें।
झुले को ममता के साथ बबुल पर टांगे।
तारकोल भरे कनस्तर ढोते।
तुझे देखा मैंने।

दलित स्त्री का झुलसती धूप में बबूल के पेड़ पर अपने बच्चे को झूले में टाँगकर सड़क निर्माण के काम में जुट जाना, ममताभरी नजर उस झूले पर टिकाए श्रम की आराधना इनके जीवन की अनिवार्यता है। कवयित्री इस कविता के माध्यम से दलितों के श्रमसाध्य जीवन का एक चित्र प्रस्तुत करके दलित-श्रमिक समुदाय के प्रति संवेदनशीलता की उम्मीद जगाती है। हमारे देश में सामाजिक संरचना जाति आधारित है, जिसकी वजह से दलित समुदाय को सोपानीकृत व्यवस्था में निम्न स्तर पर रखा गया है। विशेष रूप से आर्थिक रूप से कमजोर यह समूह न केवल गरीबी से जूझता बल्कि अवमानना, उत्पीड़न, तिरस्कार, घृणा को झेलते हुए जीवन बिताने पर मजबूर कर दिया जाता है। निष्कर्षत: दलित कविता अपनी कविता के माध्यम से मानवीय पक्षों को उजागर करते हुए मनुष्यता के सरोकारों और मनुष्यता के पक्ष में खड़ी रहती है।

प्रश्न 8. तेलुगू दलित कविता की विशेषताएँ बताइए।

अथवा

तेलुगू दलित कविता की विशेषताओं को स्पष्ट करते हुए दलित चेतना के बिंदुओं को रेखांकित कीजिए।

उत्तर– दलित कविता निजता से ज्यादा सामाजिकता को महत्त्व देती है। इसीलिए दलित कविता का समूचा संघर्ष सामाजिकता के लिए है। दलित कविता का सामाजिक यथार्थ, जीवन संघर्ष और उसकी चेतना की आँच पर तपकर पारंपरिक मान्यताओं के विरुद्ध विद्रोह और नकार के रूप में अभिव्यक्त होता है। यही उसका केंद्रीय भाव भी है, जो आक्रोश के रूप में दिखाई देता है।

दलित कविता के मूल में अम्बेडकरवाद है। दलित जातियों के विकास के लिए अम्बेडकर सुझाव देते हैं कि आर्थिक दृष्टि से दलित जातियाँ मजबूत बनें। अम्बेडकर द्वारा प्रतिपादित स्टेट सोशलिज्म अम्बेडकरवाद की मूलभूत स्थापना है। अम्बेडकर ने कहा था, पीड़ित जातियों के नेतृत्व

वाली सरकार के अधीन उद्योग, जमीन, बैंक और उत्पत्ति से संबंधित अन्य संस्थाएँ हों। अम्बेडकर यह मानते थे कि असमानता आधारित समाज में सदियों से आर्थिक सुविधाएँ प्रदान करना जनतंत्र का आदर्श है।

अतः हमारी व्यवस्था में जाति एक यथार्थ है। समाज के नस-नस में जाति व्याप्त है। यह समझना बहुत जरूरी है कि दलित आंदोलन जाति की जड़ों को काटने के लिए शुरू हुआ था क्योंकि भारत में किसी भी समस्या के मूल में जाति की ही भूमिका है। यहाँ रुपए के स्वभाव का निर्धारण भी जाति ही करती है। दलित चेतना दलित कविता को एक अलग और विशिष्ट आयाम देती है। यह चेतना उसे डॉ. अम्बेडकर के जीवन दर्शन और जीवन संघर्ष से मिली है। तेलुगू का दलित कवि इसे प्रमाणित करता है–

सीधी-टेढ़ी गाँठे डाल कर शव को
टिकटी पलंग देने वाला मैं हूँ
शव राख बनने तक कोयला बनने वाला मैं हूँ। तुम
चमगादड़-सा आकर सब उड़ा ले जाओगे। (वेमुल एल्लया)

एक शव के दहन के लिए श्मशान की देख-रेख करने वाले दलित श्रम की तुलना ब्राह्मण के श्रम के साथ करके दलित कवि पूछता है कि दोनों को मिलने वाले श्रम के फल में अंतर क्यों है? दलित कवि के इस सवाल के पीछे जो लॉजिक है, वह स्पष्ट करता है कि आर्थिक समस्या के साथ जाति की समस्या भी जुड़ी हुई है।

उच्च हिंदू जातियों के द्वारा बनाई गई आर्थिक नीतियाँ आज भी जारी हैं। सरकार द्वारा घोषित योजनाएँ और बजट उच्च जातियों के अनुकूल में और निम्न जातियों को संकट के दलदल में धकेलने वाले होते हैं। इसी बात को दलित कवि इस प्रकार कविता में व्यक्त करता है–

कम्मा के बागों के सरहद
रेडिड़यों के खतों की बाँधे
बनियों के तोल
पार करने वाली बजट योजनाएँ
रंग-बिरंगी क्रातियाँ हैं।
जाति विशेष का नाम हैं। (दुर्गा प्रसाद)

सरकार के नाम पर सरकार के नेतृत्व में घोषित किए जाने वाले सभी कल्याणकारी कार्यक्रमों के पीछे जाति के अंतर्विरोध सक्रिय हैं।

दलित कविता नई आर्थिक नीतियों के पीछे काम करने वाली उच्च जातियों की मानसिकता की भी बखियाँ उधेड़ती है। विदेशी पूँजी का स्वागत करना, सार्वजनिक क्षेत्र का शनैः-शनैः निजीकरण करना एक षड्यंत्र ही है। इसका सीधा प्रभाव दलितों पर पड़ता है। सार्वजनिक क्षेत्र के निजी क्षेत्र के रूप में बदल देने से अब तक निम्न जातियों को दी गई आरक्षण की सुविधाएँ समाप्त हो जाएँगी। विदेशी पूँजी का स्वागत करने का सीधा मतलब यह है कि इस देश की निम्न जातियों की जिंदगी को डॉलर के लिए गिरवी रखना। तेलुगू का दलित कवि पगडाल नागेन्दर लिखता है–

उसके सफेद हाथ ने फैला-फैला कर,
मेरे गाँव के खेतों को कस लिया है, फिर भी

कोई कालर पकड़ कर क्यों नहीं पूछता है रे?
हेलीकॉप्टर में कोई आकर बिखेर रहा है रे।
मेरे देह पर पॉलिथीन थैलियों के बीज
मिट्टी के मनु होने के पाप के कारण मेरे सूखे
सीने पर क्यों रे इस हथौड़े की चोटें?

इस देश में दलितों की साधन-संपत्ति कुछ है तो वह प्रकृति है। प्रकृति में ही दलित अपना भविष्य देखता है। इसी क्रम में समुद्र को ही सर्वस्व मानने वाले कई दलित इस देश में अत्यंत दयनीय जिंदगी जी रहे हैं।

अत: दलित कविता में अर्थ पूरे यथार्थ के साथ चित्रित होता है। मित्र और शत्रु की सही-सही पहचान दलित कविता करती है।

दलितों के द्वारा राजनैतिक दृष्टि से सत्ता हासिल करना ही सही शब्दों में निम्न जातियों की मुक्ति है। निम्न जातियों के प्रति जो भेदभाव बरता जा रहा है, वह भेदभाव तब तक नहीं मिट जाएगा जब तक निम्न जातियों की सरकार नहीं बनती है। इसी दृष्टिकोण के तहत फूले ने शूद्र-अतिशूद्र के बीच एकता का प्रतिपादन किया और ब्राह्मण, बनिया, क्षत्रिय जातियों पर राजनैतिक जीत हासिल करने की कामना व्यक्त की। अम्बेडकर द्वारा प्रतिपादित रिपब्लिकन पार्टी इस दिशा में एक सार्थक पहल है। तमिलनाडु में पेरियार ने दलितों को राजनैतिक दृष्टि से एक करने की उल्लेखनीय कोशिश की है। अत: तेलुगू का दलित कवि वर्तमान राजनीति की जड़ों की तलाश करता हुआ पूरी व्यवस्था को ललकारता है।

राजत्व-समय के
राजनैतिक पिशाब-कीचड़ में गीले हुए
ये झण्डे
आर्य मुखों से भरे हुए हैं। (दुर्गा प्रसाद)

उच्च जातियों के नेतृत्व वाली तमाम पार्टियों द्वारा चुनाव के समय वोट के लिए जो प्रेम व स्नेह प्रदर्शित किया जाता है वह मात्र एक दिखावा होता है। सब ढोंग और ठग है। किसी भी पार्टी के झंडे उठाने वाले, कार्यकर्त्ताओं के रूप में काम करने वाले और सब कुछ खोने वाले निम्न जातियों के लोग ही हैं। यह सब जानकर ही तेलुगू का दलित कवि उच्च जाति के राजनेताओं को चुनौती देता है–

लकड़ी हो आपकी पार्टियों के कटाउट वाले
हमारे बाहु खिलने लगे हैं। (ए. दुर्गा प्रसाद : पुरिविप्पुकोनि)

इस देश में कम्युनिस्ट पार्टियों का एक अलग एवं विशिष्ट इतिहास है। किसान और मजदूरों को एकत्र करके वर्गहीन समाज की स्थापना के संघर्ष में आगे है। लेकिन जाति की समस्या का वैज्ञानिक समाधान प्रस्तुत करने में पिछड़ गई है। इसका प्रत्यक्ष प्रमाण है कि किसी भी कम्युनिस्ट पार्टी में मुख्य नेताओं की पंक्ति में कोई दलित दिखाई नहीं देता है। इस संदर्भ में दलित कविता का यह मानना है कि कोई दलित नेता बन कर पार्टी का नेतृत्व करेगा तो उच्च जातियों का आधिपत्य समाप्त हो जाएगा। इसलिए वे चाहते हैं कि जाति तोड़ न हो।

तेरे लाल गीता का
मैं ढफली बना

मेरे काले गीत से स्वर मिलाने के लिए कहा तो
शंका से तेरा चेहरा फीका पड़ गया
क्या झण्डे के नीचे छिपी जाति के लिए
या मुकुट-सा चमकने वाली सत्ता के लिए। (पगडाल नागेन्दर : बेटुकु परवशिंचकु)

बहुतों का भ्रम है कि राज्य का मतलब पुलिस है। इस भ्रम को ढाह कर बहुमुखी तरीकों से राज्य के साथ मुठभेड़ें की जा रही हैं। चुण्डूरू में दलित युवक को जला देने वाले राज्य को, शराब विरोधी आंदोलन के दौरान ठेकेदारों और गुंडों का पक्ष लेने वाले राज्य को, विशेषकर चलपति, विजयवर्धन राव के संबंध में काले कोट पहने हुए हैंदव से टक्कर लेने वाले राज्य का जो विरोध किया जा रहा है, उसे राज्य के साथ मुठभेड़ न समझना, मूर्खता ही होगी।

भारतीय संविधान के प्रति प्रत्येक नागरिक को विनम्रता के साथ पेश आना चाहिए लेकिन दलित कवि संविधान के प्रति ही संदेह व्यक्त करता है।

प्रश्न 9. तेलुगू कवयित्री डॉ. चल्लापल्ली स्वरूपारानी के परिचय को संक्षेप में बताइए।

उत्तर– डॉ. चल्लापल्ली स्वरूपारानी को तेलुगू कविता में ऊँचा स्थान प्राप्त है। इन कविताओं के माध्यम से तेलुगू दलित कविताओं को नया मोड़ मिला। इनका जन्म सन् 20.04.1970 में गुन्टूर जिले के प्यापर्रू गाँव में हुआ था। निम्न मध्यवर्ग दलित परिवारों में पैदा हुई थीं। माता-पिता अनपढ़ थे। गाँव की एक दलित लड़की होने के कारण जाति और लिंग के भेदभाव को भोगना पड़ा। इनके परिवार में पाँच लड़कियाँ और एक भाई था, परिवार में भी लिंग भेद दिखाते थे। स्वरूपारानी जी स्वभावत: स्वाभिमानी थीं, जीवन में बहुत कष्ट झेलना पड़ा था। अभी वे इतिहास और संस्कृत विभाग पोट्टि श्रीरामुलु तेलुगू विश्वविद्यालय श्रीशैलम में अध्यापिका का काम कर रही हैं।

कविता, कहानी, निबंध तथा सामाजिक मुद्दों पर इनकी कलम चलती है। वे विशेषकर दलित स्त्री पर होने वाले अत्याचार, अन्याय पर ध्यान देकर रचनाएँ करती हैं। उनका कविता संकलन 'मंकेनु पूवु' है। इसका हिंदी में अनुवाद 'गौरैया' शीर्षक से हुआ है। तेलुगू की दलित कवयित्रियों में चल्लापल्ली स्वरूपारानी का नाम अत्यंत आदरपूर्वक लिया जाता है। समाज में नारी की त्रासदी का वर्णन करती हुई कवयित्री ने शोषित दलित नारी की मूक वेदना को व्यक्त किया है। इसी के साथ दलित नारी के चेतनामयी विचारों को भी दर्शाया है, जहाँ पर यह दलित नारी सारे बंधनों को तोड़कर एक स्वतंत्र और उदार व्यक्तित्व वाली नारी का रूप धारण कर सके।

प्रश्न 10. 'गौरैया' कविता में प्रस्तुत दलित स्त्री की वेदना और जीवन यथार्थ को विश्लेषित कीजिए।

अथवा

'गौरैया' कविता का अर्थ बताते हुए कविता में प्रस्तुत विचारों का मूल्यांकन कीजिए।

उत्तर– चल्लापल्ली स्वरूपारानी रचित 'मंकेनु पूवु' यानी 'गौरैया' दलित नारी की उत्पीड़न की व्यथा को सूचित करने वाली शक्तिशाली कविता है। कवयित्री का कहना है कि 'भारत देश में नारी की स्थिति तो दयनीय है ही, लेकिन यही नारी अगर दलित हो तो उसकी पीड़ा की सीमा को रेखांकित करना और भी कठिन है।' सदियों से पीड़ित यह दलित नारी अपने अंदर की घनीभूत

वेदना की आग से प्रज्ज्वलित हो कर सभ्य समाज को चुनौती दे रही है और एक दिन वह अवश्य ही क्रांति करेगी और एक दिन सारे अड़चनों को पार कर स्त्री मुक्ति का नारा लगाएगी।

चल्लापल्ली स्वरूपारानी 'गौरैया' कविता में एक दलित नारी की दयनीय स्थिति का वर्णन करती है। वे बताती हैं कि दलित नारी को किस तरह दोहरे शोषण का शिकार होना पड़ रहा है। दलित स्त्री अपने आपकी तुलना उस गौरेये से करती है जो कंटीली झाड़ियों में फँसी हुई तड़पती रहती है। कविता के माध्यम से इस समाज को काँटों से युक्त मानती हुई उसके भीतर काँटों की चुभन के कारण बिलखती नारी की वेदना को दिखाने का प्रयास हुआ है। इस समाज में सदियों से चली आने वाली कुप्रथाओं का शिकार स्त्री ही रही है और दूसरी ओर कामातुर पुरुष समाज से उत्पन्न समस्याओं को भी उसे ही झेलना पड़ता है। दलित नारी की विडम्बना यह है कि न वह आगे जा रही है न ही पीछे। उसके जीवन में आगे कुआँ है और पीछे खाई। उसका जीना दूभर हो गया है। फिर दूसरे ही क्षण वह कहती है कि आखिर उसने जिंदगी को जिया ही कब है? उसकी इच्छाएँ तो अपने आप दब-सी गई हैं।

स्त्री की त्रासदी के बारे में कविता में दलित स्त्री सोचती है कि अगर वह जीने का आग्रह लेकर आगे जाने का प्रयास करे भी तो पुरुष समाज का अहंकार उसके गाल पर थप्पड़ मार कर उसकी जीने की इच्छा ही दबा देता है। फिर भी मजदूरिन बन कर खेत-खलिहान में काम के लिए जाती है। वहाँ पर भी अग्रजाति के लोगों की काम-तृष्णा की शिकार हो जाती है। तब दलित नारी की इच्छा होती है कि उसी खेती-बाड़ी में बीज बनकर धरती में समाहित हो जाए। समाज की उच्च जातीय नारी की ही यह दशा नहीं है। दलित नारी को इस प्रकार के प्रहार झेलने पड़ते हैं। पढ़ाई पाने निमित्त जब स्त्री हॉस्टल में रहती है तो वार्डन की भूखी नजरों से वह संतप्त हो जाती है। तब उसे अपने आप पर घृणा होने लगती है। अपने ही तन को मिट्टी में बींच कर अलग फेंकने की इच्छा उत्पन्न हो जाती है। बचपन से ही बाह्य सुंदरता को लेकर या जातिगत भेदभाव के कारण समाज में वह दूसरों की कानाफूसी का विषय बनने के लिए विवश हो जाती है। अपनी इस विवशता के कारण वह अपने आपको तालाब में छिपाने के लिए मजबूर हो बैठती है।

इतनी समस्याओं के बाद कुछ नारियाँ पढ़-लिखकर दफ्तर में नौकरी करने लगती हैं तो वहाँ उसकी विद्वत्ता पर ही प्रश्नचिह्न लगाकर उसको उलाहना दिया जाता है कि 'अरे इस स्त्री ने तो रिजर्वेशन कोटा के अंतर्गत नौकरी हासिल की है।' तब उस शिक्षित स्त्री को इतना दु:ख होता है और वह सोचती है कि उसके कानों में सीसा डालकर उसको सदा बहरी बनकर जीवन यापन करने के लिए बाध्य किया जा रहा है।

दलित स्त्री सोचती है दु:ख सहने की भी एक सीमा होती है। कभी-कभी घास का तिनका भी थूल कर चुभती है और यह नारी सोचती है उससे और दौड़ा नहीं जाएगा। जितने भी उसने दु:ख सहे, जिन्होंने दिए उनकी ज्वाला में अपनी जिंदगी धो लेना चाहती है और पलास-सा खिलकर जीवंत रहने की इच्छा व्यक्त करती है। जितनी दिक्कतें उसकी जिंदगी में आई हैं, उन्हें पार कर एक झरना समान छलाँग मारकर इन समस्याओं को, जंगल को पार कर स्वतंत्र जीवन यापन करने की कामना करती है। अपने इन शब्दों को कवयित्री ने 'गौरैया' के द्वारा स्वर दिया है।

गौरैया की विशेषताएँ–इस कविता में दलित नारी पर होने वाले दोहरे शोषण को रेखांकित करने का प्रयास कवयित्री ने किया है। इस संसार में नारी बनकर जीना ही बड़ी विडम्बना है। सदियों से परंपरागत जंजीरों में जकड़ कर चली आ रही है। कवयित्री कहती है–

"ये आज के कांटे नहीं हैं
पीढ़ियों से मेरे इर्द-गिर्द फैलाई
गुलामी की जंजीरें हैं।"

अपने जीवन की विवशता में सोचती हैं आगे जाने में भी खतरा है और पीछे मुड़ने में भी खतरा है क्योंकि उसके चारों ओर इतनी समस्याएँ हैं कि उसे जीने नहीं देती हैं। कवयित्री दलित नारी के मन की घनीभूत पीड़ा को इस वाक्य के द्वारा व्यक्त करती हैं–

अरे हाँ अपनी जिंदगी को मैंने जिया ही कब?

यहाँ नारी जीवित तो है लेकिन प्राणविहीन व्यक्ति ही बन कर जीती आ रही है। घर-बाहर उस पर कई वार होते हैं एक ओर पुरुष का अहंकार तो बाहर जातिगत वैषम्य। इतनी त्रासदियों के बीच भी उसके नारीत्व पर अत्याचार उच्च कुल के कामातुर पुरुष करते हैं। नारी अपने को नारी सोचकर अपने पर खीझ उठती है। शिक्षित या अशिक्षित नारी इस समाज में कामातुर पुरुषों के वार से विचलित हो चुकी है।

स्वतंत्रता के पश्चात् दलित लोगों के उद्धान निमित्त कई सुख-सुविधाएँ दी गई हैं, दलित स्त्री अपने ही बल पर भले ही शिक्षित समुदाय में काम करने में जुट जाती तो रिजर्वेशन का धब्बा उस पर लगाकर उसके आत्मविकास को ही ठेस पहुँचाने में यह समाज पीछे नहीं हटता है।

दलित नारी की चाहत–अपनी अभिशप्त जिंदगी को ढोती हुई थकी-हारी नारी का भी एक विद्रोह जाग उठा है। कवयित्री कहती है सहनशीलता की भी सीमा होती है उसे पार करने के बाद "घास का तिनका भी शूल बनकर चुभता है।" आज की नारी सोचती है दौड़ते रहने पर, समाज भी उसका पीछा करके उसे दौड़ाता ही रहेगा। जब तक खड़े होकर समस्याओं का सामना नहीं किया जाएगा, तब तक समस्याएँ उसे भगाती ही रहेंगी, इस कारण इस विद्रोह की ज्वाला में अपना जीवन तृप्त कर उस जीवन को धो डालना चाहती है। अपने अंदर की हीन-भावना को मिटाकर सिर उठाकर चलना चाहती है। फिर एक पलारू-सा खिलकर चमकना चाहती है। इस समाज में अड़चन रूपी जंगल को पार कर उस स्वस्थ समाज में झरने के समान छलाँग मार कर स्वस्थ जीवन बिताना चाहती है।

प्रश्न 11. तेलुगू दलित कवि एन्ड्लुरी सुधाकर का संक्षेप में परिचय दीजिए।

उत्तर– एन्ड्लुरी सुधाकर का जन्म आंध्र प्रदेश के निजामाबाद जिले के पामुल बस्ती में सन् 21 जनवरी 1949 को हुआ था। उनके पिता का नाम देवय्या और माता का नाम शांताबाई है। हाई स्कूल की पढ़ाई के बाद उच्च शिक्षा के लिए हैदराबाद गए। हैदराबाद शहर में ही उन्होंने उच्च शिक्षा प्राप्त की। उस्मानिया विश्वविद्यालय से उन्होंने तेलुगू साहित्य में एम.ए. एवं एम.फिल की उपाधियाँ हासिल कीं और जाषुवा के साहित्यिक चिंतन पर शोध प्रस्तुत कर तेलुगू विश्वविद्यालय से पी.एचडी की उपाधि प्राप्त की। वास्तव में सुधाकर तेलुगू की दलित कविता को गति एवं दिशा देने वाले महत्त्वपूर्ण कवि हैं। इनकी प्रमुख रचनाएँ हैं–

- कोत्तागबिलम (लंबी कविता)
- वर्तमानम (कविता संग्रह)
- मल्ले मोग्गलागोड्डुगु
- अर्थमकतममादिगा की आत्मकथा

- ना पुस्तक में ना आयुधम् (मेरी पुस्तक ही मेरा आयुध है)
- नल्ल दृक्षा पंतरी
- वर्गीकरणम् (लंबी कविता)
- अनुवाद कार्य–शरण कुमार लिंबाळे की 'अक्करमाशा' का तेलुगू में अनुवाद।

प्रश्न 12. 'खून का सवाल' कविता का अर्थ बताते हुए कविता में अभिव्यक्त दलित जीवन की त्रासदी के पहलुओं पर प्रकाश डालिए।

अथवा

"'खून का सवाल' कविता में दलित जीवन की त्रासद अभिव्यक्ति हुई है।" इस कथन के संदर्भ में कविता की व्याख्या कीजिए। [जून-2015, प्रश्न सं.-2]

उत्तर– एन्ड्लुरी सुधाकर जी का नाम तेलुगू के दलित कवियों में शीर्षस्थ है। दलितों के जीवन संबंधी विषयों को तर्कयुक्त प्रस्तुत करते हुए उनकी निराशाओं में से उपजे हुए विद्रोह को अंकित करना कवि का उद्देश्य है। इस विद्रोह में भी दलितों के जीवन का उत्थान ही कवि का लक्ष्य है। उच्च जाति द्वारा दलित पर किए गए अत्याचार एवं शोषण के प्रति वे अपना आक्रोश व्यक्त करते हैं। सर्वमानव की समानता के सुर से दलितों को अलग करने वाले तत्त्वों की खोज करते हुए उन पर प्रहार करते हैं। सच्चाई को निर्भीकतापूर्वक समाज के सामने रखने का प्रयास करने वाले एन्ड्लुरी सुधाकर तेलुगू दलित कविता के विकास क्रम पर अमिट छाप छोड़ने वाले महत्त्वपूर्ण कवि हैं।

कविता का अर्थ–'खून का सवाल' कविता में कवि दलितों की मौन पीड़ा को व्यक्त करते हैं। कविता में कवि दलित वर्ग के एक व्यक्ति की व्यथा को बयान करते हैं। सभ्य समाज में भी अपने आप को निषेधित व्यक्ति के रूप में देखे जाने वाले समाज को देख आक्रोश व्यक्त करते हैं। वे कहते हैं कि मैं निषेधित मानव हूँ, मेरी साँस बहिष्कृत है। इसके आगे वे कहते हैं 'उसकी जिंदगी को ताड़ के पेड़ से ही बाँध कर रख दिया गया है।' इस प्रकार दलितों को असहनीय जिंदगी जीने के लिए विवश करने वाले मनुस्मृति एवं शास्त्रों के प्रति वे धिक्कार की भावना जताते हैं। उनका कहना है मनु के कारण ही उसके काले माथे पर निषेध का ठप्पा लगाया गया था। जिस दिन मनुस्मृति का महत्त्व बढ़ा है, उस समय से ही दलितों की हत्या धीरे-धीरे होने लगी है। आगे दु:ख भरे स्वर में वे व्यक्त करते हैं कि उसे बहुत पहले ही मार दिया गया है। अब नए सिरे से मरने के लिए बचा ही क्या है? इसलिए वे समाज के सामने चुनौती देते हुए कहते हैं कि न जाने हमारी जाति की कितनी रहस्यमयी मौतें हुई हैं। अगर आज भी इस भारत की धरती को कहीं भी खोद कर देखा जाए तो न जाने दलितों के कितने कंकाल बाहर आएँगे। इन तथ्यों को समाज के सामने रखा जाए तो ये सभी तथ्य सनसनी खबरें बन कर पत्र-पत्रिकाओं में छप जाएँगे। इस देश में दलितों पर किए गए दमन का उल्लेख करते हुए कवि का स्पष्ट मंतव्य है कि इस देश में दलितों के लिए वेद सुनने का या उच्च लोगों की भाषा बोलने का या उच्चारण तक करने का अधिकार नहीं है।

कवि कहते हैं समाज में सब जगह परिवर्तन जारी है। अगर कहीं बदलाव नहीं दिखाई दे रहा है तो वह केवल दलितों की त्रासदी से भरी हुई जिंदगियाँ हैं। कवि कहते हैं कि इस प्रकार सदियों से इन अत्याचारों को सहते हुए वे इतने निस्तेज हो गए हैं कि अगर इन्हें अपने लोगों की मौत की खबर भी मिल जाए तो उनका दिल स्पंदित नहीं होगा।

कवि इतिहास के आधार पर यह साबित करना चाहते हैं कि सदियों से उच्च जाति का रवैया दलितों के प्रति घृणा का रहा है। समय के साथ समाज सुधारकों के कारण दलितों की जिंदगी सुधारने के प्रयास जारी हैं। फलस्वरूप कुछ नेतागण अपने आपको मानवतावादी दिखाने के लिए, दलितों के उद्धार हेतु जुलूस निकालने का या भाषण देने का दिखावा जरूर कर रहे हैं लेकिन सिर्फ नाम कमाने के लिए, दलितों पर एहसान करते हुए ये लोग समाज को गुमराह कर रहे हैं। कवि कहते हैं–महाभारत में एकलव्य की एकाग्रता को देख, गुरु दक्षिणा के रूप में उसी का अंगूठा माँग कर उसकी शक्ति को परास्त कर चुके हैं। लेकिन आज की परिस्थिति तो और भी बदतर हो गई है।

कवि दलितों के अनुभव को आवाज देते हुए कहते हैं कि दलितों पर गुप्त रूप से वार हो रहे हैं ताकि उनकी एकता भंग हो जाए। बीसवीं शती में आज यह मुद्दा 'खून का सवाल' हो कर सामने प्रकट हो रहा है।

अगर कोई भी व्यक्ति दलितों के उद्धार की बात करता भी है या संविधान में कुछ परिवर्तन लाने का प्रयास करता है तो उसे मृत्यु के रूप में पुरस्कार दिए जा रहे हैं जिसके कारण चारों ओर की हरियाली मिटती जा रही है। आज उच्च जाति के लोग दलितों की मृत्यु के लिए मूल्य भी निर्धारित करने लगे हैं। मानो दलितों की हस्ती ही उनका अंतिम लक्ष्य है।

कवि अंत में दलितों के उद्देश्य को स्पष्ट करते हुए कहते हैं कि अब दलितों को अपनी अस्मिता बनाए रखने के लिए खून के मूल्य की जरूरत नहीं है। वे केवल अपने अस्तित्व को बनाए रखने की चाह रखते हैं, इसके लिए उनकी आवाज को बुलंद करने के कारण निर्भीक कंठ की आवाज चाहते हैं जिसके कारण वे नए संविधान को पा सकें, नई धरती में निवास कर सकें, नए आकाश के नीचे स्वतंत्र हो कर जी सकें।

दलितों के जीवन की त्रासद अभिव्यक्ति–कविता 'खून का सवाल' में दलितों की एक ऐसी त्रासदी की गाथा की अभिव्यक्ति है, जिसे पढ़कर प्रत्येक व्यक्ति स्पंदित हो सके। उच्च जातियों के अत्याचारों पर कवि का आक्रोश कविता की हर पंक्ति में व्यक्त होता है।

'मैं अब भी निषेधित मानव हूँ
साँस मेरी बहिष्कृत है'

उनकी वेदना यहाँ और भी घनीभूत हो कर व्यक्त होती है–

'इस देश में कहीं भी खोज कर देखा जाए
तो हमारे कंकाल मिट्टी के कंठ से दिखेंगे।'

उनकी पीड़ा है कि शास्त्र सुनने पर, उनकी बोली बोलने पर भी उन्हें ऐसे दंड दिए जाते हैं फिर वे सदा के लिए जिंदा लाश हो कर रह जाते हैं।

'वेद सुने जाने पर मेरे कानों में जब सीसा भर दिया गया था
जब कोई भाषा बोलने पर मेरी जुबान काट ली गई थी'

इन वाक्यों में दलितों पर किए गए अत्याचारों का इतिहास व त्रासद घटनाएँ व्यक्त होती हैं। इतना होने पर भी इन अत्याचारों के खिलाफ कोई आवाज नहीं उठा पा रहे हैं। समाज का ही जीता-जागता प्राणी, समाज में रहते हुए अपनी पंचेंद्रियों को बंद कर लाश की तरह जीने के लिए विवश हो रहा है। समय के साथ कई परिवर्तन हो चुके हैं और हो रहे हैं लेकिन दलितों की जीवनी

में परिवर्तन नहीं हो पा रहा है। लेकिन ऊपरी दिखावे से लोगों को बहकावे में लाने का प्रयास हो रहा है कि तत्कालीन समय में दलितों का उद्धार हो रहा है।

इस प्रकार इस कविता में दलितों की मौन पीड़ा सर्वत्र दिखाई देती है।

दलितों के भविष्य के प्रति दृष्टिकोण–'खून का सवाल' कविता में दलितों की अभिव्यक्ति के पश्चात् उक्त विषय का विश्लेषण करते हुए कवि, दलित समाज की आवाज बन उसके फैसले को सुनाते हुए कहते हैं कि अब दलितों के लिए खून के मूल्य की जरूरत नहीं है, अब वे केवल अपनी अस्मिता को बनाए रखने की चाह मात्र रखते हैं। अस्मिता को बनाए रखने के लिए और उनकी आवाज को स्पष्ट रूप से सुनाने के लिए एक गंभीर कट और स्पष्ट आवाज की जरूरत है जो आवाज संपूर्ण समाज में गूँज सके और प्रत्येक व्यक्ति के पास पहुँच सके। वे नई सोच को चित्रित करने का प्रयास करते हैं।

प्रश्न 13. पंजाबी कवि मदन वीरा के जीवन परिचय और उनकी रचनाओं पर एक टिप्पणी लिखिए।

उत्तर– मदन वीरा ऐसे कवि हैं जो दलित समस्या से बहुत आहत हैं। वे गहन वेदना और सचेत संवेदना के कवि हैं। उनका जन्म 15 नवंबर 1962 को बसीं जलाल, पंजाब के एक दलित परिवार में हुआ था। बचपन से ही शिक्षा के बारे में उनकी ललक रही। उन्होंने पंजाबी भाषा में परास्नातक की उपाधि प्राप्त की। शोध स्नातक के रूप में उन्होंने एम.फिल का कार्य पूरा किया। भाषायी अध्ययन के साथ ही उन्होंने पत्रकारिता की शिक्षा भी हासिल की। पत्रकारिता ने उनके भीतर के सामाजिक सरोकारों को संघर्ष की दिशा में मोड़ा। वे समसामयिक मुद्दों को लेकर निरंतर सक्रिय रहे हैं।

उन्होंने अपनी नौकरी के आरंभिक चरण में प्रख्यात संस्था नेशनल बुक ट्रस्ट में संपादक के रूप में कार्य किया। प्रकाशन की दुनिया के बाद वे अध्यापन के क्षेत्र में कार्य कर रहे हैं। इसके साथ ही विभिन्न सामाजिक मुद्दों पर उनकी पत्रकारिता की धार दिखाई देती है। लेकिन उनकी प्रतिष्ठा उनके रचनात्मक कार्यों के कारण है। उन्होंने पंजाबी कविता को अपनी युवा ऊर्जा से नया रूप दिया है। उनकी 32 कविताओं का अनुवाद अंग्रेजी, उड़िया और असमिया भाषाओं में हो चुका है। इसके साथ ही उन्हें गुरुदयाल पंजाबी अवॉर्ड समेत कई पुरस्कारों से नवाजा जा चुका है। उनकी प्रमुख रचनाएँ निम्नलिखित हैं–

- मनुकरू दी इबारत (काव्य संग्रह)
- खारा पानी (काव्य संग्रह)
- टांड टानी (काव्य संग्रह)
- भाखिया (काव्य संग्रह)
- हरफन दी महक (काव्य संग्रह)

इनकी सभी कविताएँ पंजाब के दलित साहित्य में अपनी अलग पहचान बनाती हैं व उनका अपना अलग स्थान है।

प्रश्न 14. 'घोड़ा' कविता की मूल संवेदना और स्वरूप को स्पष्ट कीजिए।

अथवा

'घोड़ा' कविता की रूपक योजना की विवेचना कीजिए।

अथवा

'घोड़ा' कविता की भाषा और शिल्प को स्पष्ट कीजिए।

अथवा

'घोड़ा' कविता का यथार्थ पर संक्षिप्त टिप्पणी लिखिए।

[जून-2015, प्रश्न सं.-10 (घ)]

उत्तर– यह कविता दलितों के जीवन को, उनकी विडम्बना को उजागर करती है। 'घोड़ा' कविता घोड़े की देह के बयान से आरंभ होती है। घोड़े का सार उसकी गति में है और गति का कारण उसकी देह है। सिर की बनावट देह का अहम् हिस्सा है। मस्तिष्क में विचार रहते हैं और यहीं से जीव अपने जीवन के समस्त निर्णय लेता है। लेकिन घोड़ा अपना निर्णय स्वयं नहीं लेता है वह तो लिए गए फैसले की सहमति में अपना सिर हिलाता है। उसके पास 'नहीं' कह सकने का कोई विकल्प नहीं है अन्यथा उसकी नर्म पीठ पर प्रहार हो सकते हैं। नर्म पीठ कमजोर कड़ी है जिसे दबाने पर दर्द होता है। कवि आगे कहता है कि घोड़े के पास दौड़ने के लिए चार टाँगे हैं। लेकिन उसकी दौड़ने की कोई दिशा नहीं है। वह उस दिशा में नहीं दौड़ सकता है जिस ओर उसका जाने का मन है, जिस ओर उसकी टाँगे उसे ले जाना चाहती हैं। वह दूसरे की बताई दिशा में जाता है इसलिए उसकी दौड़ दिशाहीन है। न गति उसकी है, न ही दिशा उसकी है। इसी तरह उसकी देह में आँख, कान, गला होकर भी नहीं है कुछ भी अपने लिए नहीं है। दूसरे की मर्जी से ही आँखें देखती हैं, गला आवाज करता है, कान सुनता है। यह विडम्बना है कि सब कुछ होते हुए भी कुछ भी नहीं है। सब किसी के मालिकाने में हैं, किसी की गुलामी में हैं।

सदियों से वर्चस्ववादियों की गुलामी में दलित समाज त्रासदी झेल रहा है। यह समाज इस देश की समृद्धि का आधार है। इस देश में बनी शान-शौकत, भवन-भव्यता, महल-ताजमहल, साधन-विलास सब कुछ उसी की मेहनत के बलबूते पर बना है। लेकिन इनमें से किसी को भी दलित समाज अपना नहीं कह सकता है। इस भावना को एक हिंदी कविता में कुछ इन शब्दों में व्यक्त किया गया है–

कांधे धरी यह पालकी
है किस कन्हैया लाल की
इस गाँव से उस गाँव तक
नंगे बदन फेंटा कसे
बारात किसकी ढो रहे
किसकी कहारी में फँसे

दलित समाज इसी तरह सवर्ण समाज की सेवा में फँसा है। सामाजिक गुलामी को स्पष्ट करते हुए आलोचक मुद्राराक्षस कहते हैं, "भारत में तो धर्म ने राजा, पुरोहित और व्यापारी को समस्त सामाजिक, राजनैतिक, आर्थिक और सांस्कृतिक अधिकारों के साथ कामगार समाज को पराधीन, दास और सेवक बनाए रखने का अधिकार दे दिया है। सवर्ण छोड़ कर बाकी सारा समाज हमेशा दासता में बने रहने और इस तरह कभी विद्रोह न करने को अभिशप्त बना दिया गया।" पंजाब में दलित समाज को शूद्र समाज के जाटों की सेवा को भी बाध्य होना पड़ा। एक ऐसा सेवक जिसके

पास एक मनुष्य की देह, अंग-उपांग और शक्ति सब कुछ है लेकिन उसे अपने अस्तित्व पर भी अधिकार नहीं है। धर्म द्वारा निर्धारित वर्ण-जाति प्रथा ने उसे केवल अन्य तीन वर्षों की सेवा करने के लिए धर्म के बंधन में कस दिया। उसकी समस्त उपादेयता स्वयं उनके उत्थान, विकास अथवा उद्धार के लिए नहीं बल्कि दूसरों की सेवा तक सीमित है। उसके पास चिंतन की, फैसला लेने की क्षमता है लेकिन वह दूसरों के फैसले सिर झुका कर मानने को बाध्य है।

कविता में आगे कवि घोड़े की बेबसी की वजह बताता है–उसका पेट। इस पेट के लिए उसे थोड़ी घास चाहिए, थोड़ा छोलिया चाहिए और ढेर सारा पानी चाहिए। घोड़ा यह सब कुछ आजादी के क्षणों में स्वयं ही हासिल करता था लेकिन गुलामी ने उसे मालिक पर निर्भर बना दिया। वह दाने का मोहताज बन गया है। गुलामी के निशान उसकी देह की ताकत को नियंत्रित करते हैं। अनियंत्रित शक्ति कभी गुलाम नहीं रह सकती है। इसीलिए उसके मुँह में लगाम है, पैर में नाल है और पीठ पर काठी है। इन उपकरणों ने ही उस पर नियंत्रण रखा है और ये उपकरण सवार के हैं। सवार ही मालिक है और उसका मालिकाना व्यवहार उसके जूते की नोंक, चाबुक और मिजाज से जाहिर होता जाता है। घोड़ा सदियों से मालिक की गुलामी में बँधा है। इसी प्रकार दलित समाज भी सदियों से गुलामी के इस चक्र में फँस गया है। उसकी समूची ताकत और ऊर्जा नियंत्रित है और दूसरे उसके दम पर फलते-फूलते जा रहे हैं।

आरंभ में कविता घोड़े के बहाने दलित समाज की यातना का बयान करती है लेकिन कविता का आखिरी चरण समाज के स्वप्न और आकांक्षा का बयान है। अभी तक कविता का स्वर शामक है, दुःख है, सहिष्णुता है, धीरज है। लेकिन अपने आखिरी चरण में कविता का रूप बदल जाता है, धीरज रूपी बाँध टूट जाता है। कवि घोड़े को उसकी अपार क्षमता का बोध कराना चाहता है। घोड़े में प्रचंड शक्ति है, जो कि आमतौर पर हर मेहनतकश में होती है। इस प्रचंड शक्ति के आगे मालिक के रूप में सवार की कोई बिसात नहीं है। घोड़ा उस धरती को खोद सकता है जिस पर वह चाकरी को मजबूर है। उसकी टाँगों की मजबूती सवार का चेहरा बिगाड़ कर रख सकती है। उसके जबड़े की ताकत सवार के हाथ को, गुलामी की लगाम को चबा सकती है। उसकी देह ऊपर पड़ी काठी और सवार दोनों को गिरा सकती है, उन्हें चकनाचूर कर सकती है। इस प्रकार सदियों से चली आ रही सवारी और गुलामी का अंत हो सकता है। लेकिन ऐसा कुछ होता नहीं है। कवि कहता है कि इसका कारण घोड़े की समझ है। यह समझ उसे अपनी अपार शक्ति का एहसास नहीं होने देती है। वह बगावत के बारे में सोचता नहीं, अपनी ताकत को समझता नहीं बस स्वयं को खपाए हुए चला जाता है।

कवि घोड़े के माध्यम से दलित समाज को उसकी प्रचंड शक्ति का बोध कराना चाहता है, उसे उसकी छिनी गई मानवीय गरिमा वापिस दिलाना चाहता है। दलित समाज की मनुष्यता का जो अपहरण हुआ है, उसका एहसास कराना चाहता है। यह कार्य केवल सोच बदलने से हो सकता है और सोच तब बदलेगी जब दलित समाज अपनी समझदारी विकसित करेगा। यह समझदारी परंपरा से आती है, दलित चिंतन परंपरा से नहीं। यह परंपरा ज्योतिबा फूले, पेरियार और बाबासाहेब अम्बेडकर की है। इसके बाद ही दलित समाज को अपनी ताकत का एहसास होगा। अगर एक बार एहसास इंसान के जहन में आ जाए तो दुनिया में ऐसा कोई भी काम नहीं है जो नामुमकिन हो।

सामाजिक गुलामी का रूपक–'घोड़ा' कविता में दलित समाज की गुलामी को रूपक में प्रस्तुत किया गया है। यह गुलामी सांस्कृतिक-धार्मिक रूप में प्रस्तुत हुई है। लेकिन कवि ने यह

दर्शाया है कि आर्थिक निर्भरता और शक्ति का अभाव ही इस सामाजिक गुलामी का मूल कारण है। जाति व्यवस्था और कुछ नहीं, दलितों की आर्थिक क्रियाओं पर सामाजिक नियंत्रण है, उनकी मेहनत को अपने लिए मुफ्त में इस्तेमाल करने का एक आर्थिक उपाय है। कविता में घोड़ा कुछ घास और छोलिया का मोहताज है। इसी के इर्द-गिर्द उसकी यातना का चक्र बुना गया है। जाति व्यवस्था और उसकी जजमानी ही अर्थ का ताना-बाना बुनती है। इसमें दलित जातियों को कृषि भूमि के स्वामित्व से वंचित रखा जाता है या कहें आर्थिक आत्मनिर्भरता से वंचित रखा गया।

दलितों के लिए जमीनों का वितरण भी न्यायपूर्वक नहीं किया जाता। अगर न्यायपूर्वक किया जाता तो दलितों के हिस्से में आत्मनिर्भरता के लायक जमीन आती। लेकिन जमीनों को ब्रिटिश सत्ता ने जाट जैसी खेतिहर जातियों को आबंटित किया और दलितों को छोड़ दिया। इन खेतिहर जातियों ने कर्जे के कारण जब अपनी जमीनें शहरी खत्रियों जैसी जातियों के हाथों में गिरवी रखना आरंभ कर दिया तब पंजाब लैण्ड एलियनेशन एक्ट 1901 पास किया गया। इसमें गैर-खेतिहर जातियों को कृषि भूमि के स्वामित्व से वंचित कर दिया गया। ऐसे में दलितों, जिनकी अधिकांश आबादी गाँवों में निवास करती है, के पास आत्मनिर्भरता का कोई माध्यम नहीं बचा। वे रोजी-रोटी के लिए दूसरी जातियों पर निर्भर हुए अपनी आजादी को खो बैठे। जाति की जकड़न ने उन्हें उनकी मानवीय गरिमा से वंचित कर दिया। सिख धर्म और उसका समतावादी दर्शन भी उनकी वंचना को दूर नहीं कर पाया। कविता में इस प्रक्रिया को रूपक के माध्यम से दर्शाया गया है। थोड़े से शब्दों में कवि ने दलित इतिहास को, उसकी वेदना को व्यक्त कर दिया। कविता इसीलिए एक मायने में घनीभूत इतिहास होती है, जो पढ़ने वाले को अपने साथ लेकर चलती है।

मानवीय गरिमा की आकांक्षा—'घोड़ा' कविता रूपक में लिखी गई है। लेकिन यह रूपक पूरी तरह सफल नहीं हो पाता है। एक ओर घोड़ा है तो दूसरी ओर दलित समाज है। घोड़े की यातना को बताते हुए कवि अंत में जाते-जाते रूपक निर्वाह के अपने इरादे को छोड़ देता है, सहिष्णुता को छोड़ देता है, सहना छोड़ देता है और प्रतिरोध की मुद्रा में आ जाता है। कवि जिस विद्रोह की माँग करता है, जिस प्रतिकार का आह्वान करता है, वह प्रतिकार कोई घोड़ा बेचारा कभी कर ही नहीं सकता है। ऐसा प्रतिरोध तो केवल प्रकृति की श्रेष्ठतम रचना के रूप में मनुष्य ही कर सकता है। ऐसा प्रतिरोध समाज में वह दलित ही कर सकता है, जिसके पास क्रांतिकारी चिंतन उपस्थित हो। कवि मानो यह भूल जाता है कि वह घोड़े के ऊपर लिख रहा था। घोड़े की वेदना ने उसके समाज की या खुद उसकी वेदना को छू लिया। वह आंदोलित हो उठा।

एक घोड़े के बारे में कहा जा सकता है कि यह कल घोड़ा था, आज घोड़ा है और कल भी एक घोड़ा ही रहेगा लेकिन यह बात एक इंसान और उसके समाज के बारे में नहीं कही जा सकती है। एक इंसान और एक समाज एक दिन फकीर है तो कुछ समय बाद वह सत्ता का सशक्त दावेदार हो सकता है। मदन वीरा की कविता में घोड़े और इंसान के बीच फर्क का यह एहसास मौजूद है। यही वजह है कि घोड़े की वेदना से व्यथित कवि अपने समाज से दमन के खिलाफ उठ खड़े होने की, बगावत की माँग करने लगता है। यह संभव है कि सब कुछ सहन करने वाला इंसान कल को क्रांति के द्वारा सब कुछ बदल देने की माँग करने लगे।

भाषा और शिल्प—'घोड़ा' कविता बनावट के स्तर पर दो भागों में विभाजित है। पहला भाग यातना का है। इस भाग में भाव गहरे और शांत हैं। इसी के अनुसार उसकी भाषा है। यह मंद गति

से चलती है। लगता है यातना ऐसी नियति है जिससे छुटकारा पाना आसान नहीं है। फलत: भाषा में किसी प्रकार गति नहीं दिखती है। क्रिया के रूप मंद हैं। यहाँ तक कि घोड़े का दौड़ना भी—

'उसकी अपनी दौड़ है
हरी या सूखी घास का ढेर
थोड़ा सा छोलिया
पेट भर पानी'

लेकिन कविता का दूसरा भाग आवेग से भरा है। इसमें विचार दौड़ने लगते हैं और समूचा परिवेश गति से भर जाता है। भाषा में क्रिया की सक्रियता आ जाती है। अब क्रिया के रूप कुछ इस प्रकार हैं—

तोड़ सकता है लगाम
गिरा सकता है
पीठ पर पड़ी काठी को
कुचल सकता है
सदियों से सवार देह को

भाव के अनुरूप भाषा के तेवर में यह परिवर्तन कवि के कौशल को दर्शाता है। कविता रूपक है लेकिन इसके मात्र दो अर्थ निकलते हैं—एक प्रत्यक्ष और दूसरा परोक्ष। यह कोई रीति कविता नहीं है कि इसके अनेक अर्थ निकलें और हर अर्थ पाठक को चमत्कृत कर जाए। कवि मदन वीरा न ही कलावादी हैं और न अनेकांतवादी। उन्होंने कविता के लिए रूपक का जो शिल्प अपनाया है उसके पीछे प्रयोग की प्रेरणा नहीं बल्कि सामाजिक सरोकार का आग्रह है। घोड़े की यातना के माध्यम से दलित जीवन की विडम्बना का निरूपण करना है। कविता में भाव का आवेग है लेकिन चिंतन की गहराई भी है। यह चिंतन कविता में अलग से दिखाई नहीं देता क्योंकि यह अनुभूति का अंग है।

प्रश्न 15. द्वारका भारती के जीवन और रचना कर्म पर प्रकाश डालिए।

उत्तर— द्वारका भारती पंजाब के दलित कवियों में अपना महत्त्वपूर्ण स्थान रखते हैं। उनकी कविता में जिस सीमा तक वेदना गूँजती है उसी सीमा तक उनकी कविता हुँकारती भी है। द्वारका भारती पिछले तीस सालों से पंजाबी दलित आंदोलन का नेतृत्व कर रहे हैं। उन्होंने अपने लेखन से न केवल पंजाबी दलित साहित्य और सामाजिक आंदोलन को एक दिशा दी है बल्कि अन्य भारतीय भाषाओं में लिखे जा रहे दलित साहित्य को भी प्रेरित किया है। उन्होंने हिंदी भाषी पाठकों को पंजाबी दलित साहित्य का हिंदी में अनुवाद उपलब्ध कराकर एक महत्त्वपूर्ण कार्य किया है। वे साहित्यकार के लिए केवल साहित्य तक सीमित रह कर सिमटने के बजाय समाज में बदलाव के लिए आंदोलनकारी भूमिका को श्रेयस्कर मानते हैं।

द्वारका भारती का जन्म होशियारपुर के एक दलित परिवार में हुआ था। आर्थिक स्थिति खराब होने के कारण वे अपनी शिक्षा को मैट्रिक से आगे नहीं जारी रख सके। लेकिन पढ़ने का मोह उन्होंने कभी नहीं छोड़ा। वे लेखन के साथ श्रम को भी महत्त्वपूर्ण मानते हैं। यही वजह है कि कवि लेखक के रूप में अपनी पहचान कायम होने के बाद भी उन्होंने जूते की दुकान पर अपना

काम बंद नहीं किया है। वे दलित समाज की हकीकत को न केवल अपने रचना कर्म में व्यक्त करते हैं बल्कि समाज की बेहतरी के लिए आगे बढ़-चढ़ कर आंदोलनों में अपनी भागीदारी करते हैं।

द्वारका जी का तीस वर्षों का साहित्यिक सफर एवं संघर्ष उन्हें विशिष्ट बनाता है। पंजाबी एवं हिंदी की शायद ही कोई पत्रिका अथवा पत्र हो जिसमें उनकी कविताएँ अथवा उनका अनुवाद न छपा हो। पुराने-नए सभी दलित लेखकों के साक्षात्कार से लेकर विविध रचनाओं के अनुवाद कार्यों को उन्होंने संपादित किया है। इनकी पंजाबी कविताएँ दलित साहित्य की अमूल्य निधि हैं।

प्रश्न 16. 'आज का एकलव्य' कविता के मिथकीय प्रयोग की आज के संदर्भ में प्रासंगिकता का मूल्यांकन कीजिए।

अथवा

'आज का एकलव्य' कविता की भाषा और शिल्प पर प्रकाश डालिए।

उत्तर– 'आज का एकलव्य' कविता एक मिथक के द्वारा दलित दृष्टि का निरूपण करती है। यह दलित दृष्टि वास्तव में दलित शक्ति है। दृष्टि के आगे अभी तक कोहरा छाया था। कर्मवाद और पुनर्जन्म की अवधारणाओं ने दलित समाज के आगे कोहरा फैलाया हुआ था। वेद-पुराण और स्मृतियाँ आदि संस्कृत ग्रंथों में इनका तात्विक और कानूनी आधार दिखाया गया तो रामायण-महाभारत की मिथक कथाओं ने इन्हें भावनाओं के साथ पेश किया। हिंदुओं की तथाकथित एकमात्र मान्य गीता में भी तमाम तार्किकता और बौद्धिकता का प्रदर्शन किया गया है। इसके बाद नौवें अध्याय के 32वें श्लोक में कह दिया गया–शूद्र और स्त्री पाप योनि के हैं। इस हिसाब से भारत में हर दस में से नौ नागरिक पापी ठहरते हैं। दलित, आदिवासी, पिछड़े और स्त्रियाँ मात्र अपने जन्म के कारण पापी हैं। यह धर्म द्वारा रची गई बहुत बड़ी साजिश है। जन्म, कर्म-फल, भाग्यवाद के मिथ्या फेरों में सामान्य जनों को भुलावे में रखकर उन्हें हमेशा के लिए गुलामी की दशा में रखा जा सके, यही प्रश्न की चेतना आज दलित समाज के जागरण का आधार है। अब वह ब्राह्मणवादी संस्कृति को श्रद्धा नहीं सवालों के साथ देखता है। ऐसा ही एक सवाल कवि द्वारका भारती ने इस कविता में उठाया है।

मूल संवेदना और विषय-वस्तु–महाभारत की कथा के अनुसार एकलव्य एक भील बालक था जिसने अपनी लगन और अभ्यास से धनुर्विद्या में महारत हासिल की। अपनी लगन में उसने राजगुरु द्रोणाचार्य को अपना गुरु मान लिया। एक ब्राह्मण के रूप में द्रोणाचार्य किसी भील को कदापि अपना शिष्य नहीं बनाते। लेकिन जब उन्होंने एकलव्य की धनुर्विद्या का चमत्कार देखा तो उन्हें लगा कि यह उनके अपने द्विज शिष्य अर्जुन को हरा देगा। द्रोणाचार्य ने कभी एकलव्य को साक्षात् शिक्षा नहीं दी थी। इसके बावजूद उन्होंने धूर्तता कर एकलव्य से अपनी गुरु दक्षिणा के रूप में उसका अंगूठा माँग लिया। यह श्रद्धा दलित समाज के लिए घातक थी इसलिए आज का दलित विद्यार्थी मानो द्रोणाचार्य के रूप में शिक्षकों को संबोधित करता हुआ कह रहा है कि तुम्हारा समय बीत चुका है। नया समय आ गया है। मैं आज के युग का दलित विद्यार्थी हूँ अर्थात् आज के दलित की ब्राह्मणवाद में कोई श्रद्धा नहीं है क्योंकि वह विवेक से काम करने लगा है, श्रद्धा से नहीं। वह गुरुओं की छद्म महिमा से परिचित हो चुका है। उनका स्नेह एक छलावा है। यह दिखावा करके ही दलित समाज को ठग लिया गया, उसके हाथ से उसका अंगूठा काट लिया

गया। आज का एकलव्य द्रोणाचार्य से सीधे कहता है कि वह स्नेह के पीछे की साजिश को जान चुका है। इस साजिश का उद्देश्य दलितों को उनकी प्रतिभा से वंचित करना है। यह प्रतिभा ही उनकी आँखों में चुभती है जिससे कि वे सत्ता, शासन, यश और सम्मान से वंचित रह जाएँ। यह सभी कुछ द्रोणाचार्य के समाज के लोगों को प्राप्त हो जाए अन्यथा द्रोणाचार्य जैसे लोगों का समाज से प्रभुत्व धूमिल हो जाएगा। इस प्रभुत्व को जमाने के लिए ही बुद्धि चातुर्य का सहारा लिया गया है, जिसे आज का दलित विद्यार्थी पहचान चुका है।

कविता में आगे इतिहास को दोहराया गया है। दलित सदा से ही रचनात्मक ऊर्जा से भरा रहा है। लेकिन इस रचनात्मकता को कभी द्रोणाचार्य जैसे लोगों ने मान्यता नहीं प्राप्त होने दी है। उन्होंने एक साजिश के तहत दलितों के विश्वास के साथ छल किया है। उनकी साँप जैसी घातक मार, जहरीली मुस्कान आज भी दलित को उद्वेलित कर देती है। इस छल का मकसद दलितों की पहचान, उनके निशान को, उनके गौरव को इतिहास से मिटा देना है।

आज के एकलव्य में कवि की यही चिंता है कि एक बार पहचान मिट जाने पर दलित की हर उपलब्धि पर द्रोणाचार्य के जाति बंधुओं, हितैषियों, अनुयायियों और समर्थकों का नाम चिपका दिया जाएगा। वह जानता है कि समस्त उपलब्धियों की नींव में किसी-न-किसी दलित का समर्पण, त्याग और बलिदान है। लेकिन उस पर दूसरों का नाम है। इतिहास में सवाल यह पूछा जाता है कि कोणार्क का मंदिर किस राजा ने बनवाया था? जबकि सही सवाल यह है कि कोणार्क का मंदिर किस कारीगर ने बनाया था? गलत सवाल के जवाब से इतिहास की किताबें भरी पड़ी हैं लेकिन इस सही सवाल का जवाब इतिहास की किसी किताब में नहीं मिलता है। कारण है कि कारीगर प्राय: दलित होते थे, जिनका नाम लिखा नहीं जा सकता था।

अंत में, आज का एकलव्य कहता है कि 'द्रोणाचार्य! अब तुम्हारी चालाकियाँ आगे नहीं चलने वालीं' अर्थात् दलित अब इतिहास बोध से संपन्न है, वह चेतना से संपन्न है। उसके पास अपनी मानवीय गरिमा का बोध है और इसकी रक्षा का जतन भी है। अगर फिर से उससे अंगूठे की माँग की जाती है, गुरु दक्षिणा पर जोर दिया जाता है, तो गुरु दक्षिणा तो दलित देगा लेकिन अंगूठा दिखाकर न कि अंगूठा कटवा कर।

मिथक और आधुनिकता–मिथक अपने अतीत को देखने की एक दृष्टि है। यह इतिहास से इस मायने में भिन्न है कि इसमें तथ्य के बजाय कल्पना का और वस्तुनिष्ठता के बजाय आत्मनिष्ठता पर बल होता है। इसमें घटनाओं की कल्पना द्वारा अतिरंजित व्याख्या होती है। द्रोणाचार्य-एकलव्य एक मिथक है लेकिन इसमें आर्य द्वारा दलितों के साथ छल की घटना और उसकी व्याख्या महत्त्वपूर्ण है। समस्त संस्कृत वाङ्मय में राक्षस और देवताओं के बीच शत्रुता की एक मिथ है। इन सभी में एक बात निर्विवाद रूप से है कि राक्षस बेहद बलिष्ठ थे तो आखिर इन बलिष्ठ लोगों को गुलाम कैसे बना लिया गया? मूलनिवासी के रूप काले चिपटी नाक वाले, अपभ्रंश बोलने वाले कहे गए दलित-आदिवासी समाज के साथ बार-बार छल करने के मिथक संस्कृत ग्रंथों में आते हैं–

बलि के साथ वामन का छल करना
बाली पर राम का छिपकर वार करना
नारद का भेदिया के रूप में राक्षसों से छल करना

द्वारका भारती की कविता ने पुराने मिथ की व्याख्या की है, जिसके तहत ही आधुनिक चेतना की झलक आती है। यह आधुनिक चेतना प्रश्न करने की है, श्रद्धा नहीं विवेक की है तथा मिटाने की नहीं, पहचान बनाने की है। इसी आधुनिकता के तहत आज का एकलव्य पुराने द्रोणाचार्य से सवाल करता है। कविता में आरंभ से लेकर अंत तक कवि ने मिथक का प्रयोग करके उस मिथक को दलितों के माध्यम से आज के युग में भी जिंदा रखा है।

भाषा और शिल्प–'आज का एकलव्य' कविता एक मिथक के ऊपर लिखी गई है। इसकी बनावट में दो कालखंड एक-दूसरे के आमने-सामने हैं। दोनों काल एक-दूसरे के समानांतर चलते हुए भी टकराते रहते हैं। इस टकराहट से ही कविता में गति का समावेश हुआ है। कवि की चेतना से ही आज के एकलव्य के चरित्र का गठन हुआ है। चेतना संपन्न एकलव्य की कविता में केंद्रीय भूमिका है। उसके सामने द्रोणाचार्य का चरित्र है। वह कविता में साक्षात् रूप से उपस्थित नहीं है लेकिन पार्श्व में उनका प्रभाव समूची कविता की बनावट और उसके कथ्य पर है।

कविता में संवाद के स्थान पर उत्तर देने का संकल्प है। इसलिए इसमें निरंतर भावना के प्रवाह की स्थिति है। इस स्थिति में ही नया, पुराना, कार्य-कारण, परंपरा और प्रतिरोध सभी कुछ शामिल हो गया। एकलव्य और द्रोणाचार्य तो एक बड़े प्रतीक के रूप में उपस्थित हैं लेकिन सबसे महत्त्वपूर्ण प्रतीक 'अंगूठा' है। यह 'अंगूठा' प्रतिभा का प्रतीक है। अंगूठा अथवा प्रतिभा ही शासन, सत्ता, मान, सम्मान, यश और पहचान का आधार है। कविता के अंत में जब अंगूठा दिखाया जाता है तो ठेंगा बन जाता है। यहीं पर कविता समाप्त हो जाती है। उत्तर देने की शैली के कारण भाषा में प्रवाह है। छोटे, सरल और बोलचाल के शब्दों के कारण इस प्रवाह में कोई बाधा नहीं पड़ती है। इस कारण कविता अंत में जाकर अपना प्रभाव एक बिंदु पर छोड़ कर स्वयं को सार्थक कर जाती है।

प्रश्न 17. गुजरात के कवि नीरव पटेल का परिचय दीजिए।

उत्तर– गुजराती में दलित साहित्य को एक नई पहचान देने वाले नीरव पटेल शीर्षस्थ रचनाकार हैं। इनकी कविताएँ दलित जीवन के सभी कठोर पहलुओं को उजागर करती चलती हैं। गुजराती दलित साहित्य के शीर्षस्थ रचनाकारों में नीरव पटेल विशेष पहचान रखते हैं। इनका जन्म 2 दिसम्बर, 1950 को अहमदाबाद जिले के भुवालडी गाँव में हुआ था। इन्होंने अथक प्रयासों से उच्च शिक्षा ग्रहण की है। नीरव पटेल ने अंग्रेजी में स्नातक की उपाधि प्राप्त की है। गुजरात में दलित पैंथर आंदोलन के दौरान दलित साहित्य को दिशा देने के लिए 'आक्रोश' नामक पत्रिका ने विशेषांक निकाले। इसमें नीरव पटेल की कविताएँ प्रकाशित हुईं। बाद में नीरव पटेल दलित साहित्य और आंदोलन में सक्रिय हुए और उन्होंने दलपत चौहान और प्रवीन गडवी के साथ मिलकर 'कालो सूरज' नामक संग्रह निकाला। नीरव पटेल की आरंभिक कविताएँ सदियों से दबे आक्रोश को उजागर करती हैं। यह आक्रोश केवल उनका नहीं बल्कि अमानवीय स्थितियों में रखे गए समूचे दलित समाज का था। नीरव पटेल की कविताओं में अभिव्यक्त संवेदना और विचार अत्यंत प्रखर थे, परिणामस्वरूप आरंभिक दिनों में उनकी रचनाओं पर प्रतिबंध लगाए गए। उनके खिलाफ न्यायालय में लंबे समय तक मुकद्दमा चलाया गया। सत्ता और राजशक्ति के द्वारा उनका उत्पीड़न किया गया। इन सबके बावजूद उनकी आस्था अडिग रही। अंततः उनकी रचनाओं पर लगाई पाबंदी हटाई गई।

नीरव पटेल ने आरंभ से ही अपनी अभिव्यक्ति के लिए कविता विधा को एक माध्यम के रूप में अपनाया। उनका गुजराती में प्रकाशित 'बहिष्कृत फूल' कविता संग्रह आज भी अपनी एक अलग पहचान रखता है। इसके अलावा उनके 'बर्निंग फ्रॉम बोथ एण्ड्स' और 'व्हाट डीड आई डू टू बी सो ब्लैक एण्ड ब्लू' यह अंग्रेजी संग्रह प्रकाशित हैं। इन अंग्रेजी कविता संग्रहों में विद्रोह के ऐसे स्वर मुखरित हुए हैं, जिससे अभिजात्य पटल पर हलचल-सी मच गई थी। उनके लेखन की विशेषता उनकी वैचारिक प्रतिबद्धता से निकलती है। उनका कहना है कि, "मैं चाहता हूँ कि आप मेरी रचनाओं को मात्र पाठक बनकर मत पढ़िए बल्कि आप मेरे सहभाव के साथी बनें। शायद तभी मेरा दर्द कम हो सकता है।" नीरव पटेल की काव्य यात्रा निरंतर विकसित होती रही है। उनकी आरंभिक कविताओं में वेदना और वंचना का यथार्थ प्रस्तुत हुआ है। उन्होंने दलित जीवन की वास्तविकता और जिजीविषा को अपने क्रोध की आँच में तपा कर शब्दों में ढाल दिया है। उनकी परवर्ती कविताओं में चिंतन का तत्त्व प्रौढ़ होता गया है। उनके द्वारा लिखित 'माँ! मैं भला कि मेरा भाई' कविता में चिंतन की प्रौढ़ता के दर्शन होते हैं। इन कविताओं में दलित जीवन के कठोर अनुभव के स्वर मुखर हुए हैं। जी.पी.एच. की पुस्तकों का मुख्य उद्देश्य ज्ञान के साथ-साथ अच्छे नम्बर दिलाना है।

प्रश्न 18. गुजराती दलित कविता की आरंभिक पृष्ठभूमि का विवेचन कीजिए।

अथवा

गुजरात में दलित शब्द का प्रयोग कब हुआ? गुजराती दलित कविता की आरंभिक पृष्ठभूमि की विवेचना कीजिए।

अथवा

पठित कविताओं के आलोक में गुजराती दलित कविता की विशेषताएँ बताइए।

[जून-2015, प्रश्न सं.-3]

उत्तर– गुजराती दलित साहित्य भक्तिकालीन संत कवियों की विरासत से संबंध स्थापित करता है। भक्ति काल के संत कवियों ने दास्य जीवन की वेदना और पीड़ा को भक्ति के माध्यम से व्यक्त किया है। भक्ति काल के संत कवि दादू दयाल, नरसी मेहता और मीराबाई ने निर्गुण भक्ति को अपनाया। इन संत कवियों के समतामूलक विचारों ने गुजराती लोक मानस को प्रभावित किया। इनके वचनों में मानवीय मूल्यों को स्थापित करने का वैचारिक पक्ष प्रबल रहा है।

आधुनिक काल में स्वाधीनता आंदोलन के दौरान महात्मा गाँधी ने दलितोद्धार के लिए कार्य किए। उन्होंने समाज में स्थित जाति भेद, छुआछूत, बहिष्कार की भावना से मुक्त होने का आह्वान किया था। साथ ही स्वाधीनता आंदोलन में दलित जातियों को जोड़ने का प्रयास किया। इससे भी दलित समाज में चेतना जागृत होती गई। स्वाधीनता आंदोलन के दौरान ही दलित मुक्ति के लिए डॉ. बाबासाहेब अम्बेडकर आंदोलन चला रहे थे। गाँधीजी और डॉ. अम्बेडकर के बीच सामाजिक सुधार और दलितों की उन्नति के मुद्दों को लेकर कई बार वैचारिक बहसें हुईं। डॉ. अम्बेडकर ने गाँधीजी के दलितोद्धार के विचारों की बड़ी सतर्कता और तार्किक ढंग से आलोचना की। इससे हुआ यह कि गुजरात प्रदेश में शिक्षित दलित वर्ग के भीतर नई चेतना उत्पन्न हुई और यह वर्ग सामाजिक परिवर्तन के लिए लोकतांत्रिक संघर्ष की दिशा में अग्रषित हुआ। दलित समाज स्वाधीनता आंदोलन में सक्रिय होने के साथ-साथ अपने शोषण और उत्पीड़न से मुक्ति के लिए स्वतंत्र रूप

से तत्पर हुआ। दलित समाज यह जान गया था कि महात्मा गाँधी दलितोद्धार के लिए कार्य कर रहे थे, लेकिन तत्कालीन समय में उन्होंने दलितों के लिए 'हरिजन' शब्द का प्रयोग किया था। इस शब्द को लेकर गुजराती दलित साहित्य में वैचारिक बहसें हुईं। आत्मसम्मान, मानवीय गरिमा और पहचान के सवाल को लेकर हुई इन बहसों से दलित वर्ग में नई चेतना का विकास हुआ। शिक्षित दलित वर्ग ने गाँधीजी द्वारा प्रयुक्त 'हरिजन' शब्द को नकारा। शिक्षित दलितों का मानना था कि 'हरिजन' कहने से दलित व्यक्ति के प्रति मानवीय गरिमा से युक्त व्यवहार नहीं होता है। इससे दलित को निम्न जातीय होने का बार-बार एहसास कराया जाता है जिससे दलित मानस उद्वेलित होता है। यह शब्द मानसिक प्रताड़ना और अवमानना सूचक है। इस शब्द के प्रयोग से दलितों के आत्मसम्मान और स्वाभिमान पर आघात होते हैं। मूलत: 'हरिजन' शब्द का देवदासी प्रथा के संदर्भ में एक आपत्तिजनक आशय है। देवदासी प्रथा के अंतर्गत विवाह संस्था के अभाव में देवदासियों को जो संतानें पैदा होती थीं, उन्हें 'हरिजन' कहने का प्रचलन भारतीय समाज में रहा है। आजादी के बाद 'हरिजन' शब्द को स्वीकृति देना और उसका प्रयोग करना संवैधानिक और कानूनन गुनाह माना गया है। अत: पहचान के इस सवाल ने गुजरात के वंचित एवं शोषित लोगों के बीच हलचल मचा दी। गाँधीजी द्वारा दलितों को दी जा रही 'हरिजन' इस पहचान को गुजराती दलित रचनाकारों ने अपनाने से मना कर दिया और 'दलित' शब्द का चलन शुरू हुआ।

आजादी के बाद गुजराती दलित लेखकों का मराठी दलित लेखकों से संपर्क स्थापित होने लगा था। महाराष्ट्र में जब दलित पैंथर आंदोलन के साथ-साथ दलित साहित्य अपनी उपस्थिति दर्ज कर रहा था, उन्हीं दिनों गुजरात के कई दलित रचनाकार दलित पैंथर आंदोलन से जुड़ गए थे। गुजरात में दलित पैंथर का गठन रमेश चंद्र परमार के नेतृत्व में हुआ। गुजरात में दलित पैंथर से जुड़े लेखकों ने 'आक्रोश' पत्रिका शुरू की। 'आक्रोश' पत्रिका का 14 अप्रैल, 1978 को गुजराती दलित कविता पर केंद्रित विशेषांक प्रकाशित हुआ। इसे ही गुजराती दलित साहित्य का प्रस्थान बिंदु माना जाता है। इस अंक के संपादकीय में दलित कवियों के संदर्भ में यह घोषणा की गई है कि "हमारे पास कविता और उसके सौंदर्य की कोई परंपरा नहीं है। जिसे संस्कृत में काव्य हेतु कहते हैं, उससे ये कवि दूर-दूर तक परिचित नहीं थे। इन कवियों में किसी को कविता के अभ्यास अथवा इसकी विरासत से ज्यादा कोई सरोकार नहीं था।" इस अंक में प्रकाशित दलित कवियों की काव्यात्मक अनुभूतियाँ और विचार तत्त्व उन्हें तथाकथित मुख्यधारा की गुजराती कविता से अलग कर देते हैं। जिस तरह मराठी में 'अस्मितादर्श' पत्रिका ने दलित साहित्य को स्थापित किया, ठीक उसी तरह 'आक्रोश' पत्रिका ने गुजराती दलित साहित्य, विशेषत: दलित कविता को नई दिशा प्रदान की। इस पत्रिका में नीरव पटेल, रमेश चौहान, हरीश मंगलम, प्रवीन गडवी, साहिल परमार, जयंत परमार, दलपत चौहान, भी.न. वनकर, राजू सोलंकी तथा जी. वनकर आदि कवियों की कविताएँ लगातार प्रकाशित हुईं। आगे इन्हीं कवियों ने कविता ही नहीं बल्कि समूचे गुजराती दलित साहित्य को नया रूप दिया। इन पत्र-पत्रिकाओं में प्रकाशित दलित कवियों ने अपनी कविताओं के द्वारा रचनात्मकता के नए प्रतिमान स्थापित किए हैं।

गुजराती में दलित जीवन के संघर्ष और व्यथाओं को मुखर करने वाली अनेक उत्कृष्ट कविताएँ हैं। दलित कवियों ने आजीविका से संबंधित समस्याओं को निजी भाषा में संवेदनात्मक धरातल पर उत्कृष्ट ढंग से अभिव्यक्त किया है। गुजराती दलित कविता में परिवेश की ताजगी और जीवन संवेदनाओं की सूक्ष्मता है। दलित रचनाकारों ने सामाजिक-सांस्कृतिक विषमता, अन्याय-अत्याचार,

आक्रोश, विद्रोह, जातिवाद, आरक्षण, भूमंडलीकरण के दबाव, सांप्रदायिकता तथा दलितों का विस्थापन जैसे विषयों पर कविताएँ लिखी हैं। गुजराती दलित कविताएँ जितनी चिंतनप्रधान, वैचारिक और समाजभिमुख हैं उतनी ही कलात्मक भी हैं।

गुजराती दलित कविता में मानवीय मूल्यों का सृजन है। इस सृजन में विचार और संवेदना का मिला-जुला स्वरूप दिखाई देता है। यह स्वरूप-तत्त्व नीरव पटेल, जयंत परमार और दलपत चौहान की कविताओं में देखा जा सकता है। समाज में जीवन व्यतीत करते समय दलित को जिन तकलीफों एवं मानसिक आघातों से गुजरना पड़ता है, उस जीवन से जुड़े कठोर अनुभव, शोषण-उत्पीड़न और सामाजिक यथार्थ को ये कवि अपनी कविताओं में प्रस्तुत करते हैं।

प्रश्न 19. नीरव पटेल की कविता 'माँ! मैं भला कि मेरा भाई' का विश्लेषण कीजिए।

अथवा

'माँ! मैं भला कि मेरा भाई' कविता में अभिव्यक्त दलित जातियों के अंतर्विरोधों का मूल्यांकन कीजिए।

अथवा

'माँ! मैं भला कि मेरा भाई' कविता में जातीय चेतना से मुक्ति की अभिलाषा किस तरह प्रस्तुत हुई है? उदाहरण सहित विवेचन कीजिए।

उत्तर— नीरव पटेल की कविता 'माँ! मैं भला कि मेरा भाई' दलित समाज के अंतर्विरोधों को उजागर करती चलती है। यह एक महत्त्वपूर्ण कविता है। इस कविता की बुनावट में तथ्य अधिक हैं, लेकिन ये तथ्य कविता के क्षेत्र में प्रचलित पुरानी मान्यताओं को तोड़ देते हैं। कविता की संवेदना और कवि का काव्य विवेक सामाजिक परिस्थितियों से उपजा है। कवि ने दलित समाज के यथार्थ और आदर्श को बोलचाल की भाषा में प्रस्तुत किया है। कविता की बुनावट में संवादात्मकता एवं तार्किकता है। इसके अलावा सामाजिक जीवन पर सवालिया निशान लगाते हुए दलितों के अतीत, वर्तमान और भविष्य पर भाष्य किया है।

नीरव पटेल कविता के द्वारा दलित जातियों के भीतर समानता और भाईचारे की भावना पर जोर देते हैं। वे 'माँ! मैं भला कि मेरा भाई' कविता में यह दर्शाते हैं कि दलित समाज ने अपनी जीवन दशाओं में सुधार के लिए लंबे समय तक संघर्ष किया। इस संघर्ष के प्रेरणास्रोत डॉ. बाबासाहेब अम्बेडकर रहे हैं। डॉ. अम्बेडकर ने दलितों की उन्नति के लिए अथक प्रयास किए। उन्होंने अपने अंतिम समय में दलित समाज को संदेश देते हुए कहा था कि, "मैंने दलित मुक्ति आंदोलन के इस परिवर्तनवादी रथ को बड़ी मेहनत और कठिन संघर्ष से यहाँ तक लाया है। अब आप सबका यह कर्त्तव्य है कि आप इसे और आगे ले जाएँ। आप अगर इसे आगे बढ़ाने में असमर्थ रहे तो इसे यहीं पर छोड़ दो, लेकिन किसी भी हालात में इसे पीछे मत जाने दीजिए।" तत्कालीन समय में डॉ. अम्बेडकर के विराट व्यक्तित्व के आगे दलित समाज के अपने आपसी मतभेद नहीं रहे। सभी उनके इशारे पर डॉ. अम्बेडकर के साथ कंधे-से-कंधा मिला कर संघर्षरत रहे लेकिन डॉ. अम्बेडकर के परिनिर्वाण के बाद दलित जातियों के आपसी मतभेद सतह पर आ गए। जो लोग कल तक एक-दूसरे के सुख-दुःख के साझेदार थे, उनमें धीरे-धीरे आंतरिक संघर्ष और आपसी कलह शुरू हुए। दलित जातियों के भीतर ही राजनीतिक वर्चस्व की लालसा पनपती गई।

दलित आंदोलन के नेता अपने स्वार्थ के लिए गुटबाजी और अवसरवादी राजनीति के पीछे लामबंद होते गए। इसके दूरगामी असर दलित समाज पर हुए। दलितों के परिवर्तनकारी संघर्ष एवं आंदोलनों में दरारें पड़ने लगीं। दलित जातियों के भीतर सामाजिक विभाजन होने लगा। इसका फायदा मुख्यधारा की राजनीतिक पार्टियाँ, पूँजीपति, सामंत वर्ग और ब्राह्मणवादियों ने उठाया। इन स्थितियों में दलित मुक्ति आंदोलन के प्रति गहरी आस्था रखने वाले शिक्षित वर्ग की वेदना बढ़ गई। इन सभी परिस्थितियों का अवलोकन करते हुए नीरव पटेल सामाजिक व्यवस्था की बुराइयों के विरुद्ध प्रतिरोध दर्ज करते हैं।

दलित जातियों के सामाजिक अंतर्विरोध–लोकतंत्र को आजादी के बाद स्वीकृत किया गया। सभी के लिए समान अवसर देने के वादे किए गए अपितु आजाद भारत में समाज के अभिजात्य वर्ग का ही वर्चस्व कायम होता गया। देश की जनता के साथ-साथ दलित वर्ग ने भी जो उन्नति के सपने देखे, वे सपने धीरे-धीरे टूटते गए। दलित समाज में से जो मध्यवर्ग उत्पन्न हुआ, उसने अपनी थोड़ी-बहुत उन्नति होने के बाद अपने समाज की दुर्दशा को पीछे मुड़कर देखना नहीं चाहा। अभी तक जिन लोगों को आजादी के बाद अवसर प्राप्त हुए, वे लोग दूसरों को अवसर देने के लिए आनाकानी करते रहे हैं। इन सभी स्थितियों का वर्णन 'माँ! मैं भला कि मेरा भाई' कविता में किया गया है। कविता के आरंभ में माँ और बेटे के संवाद को सृजित करते हुए दलित समाज में उत्पन्न हुए सामाजिक अंतर्विरोध और आपसी कलह की स्थिति को दर्शाया है। पंक्तियाँ हैं–

"तुम्हारी चमर कौं-कौं से मैं तंग आ गई
तुमने तो राग बिना ही नौटंकी कर रखी है
तुम्हारे बाबा क्या गए
तुमने मेरा घर पतुरिया का सराय बना दिया

माँ! ये मेहरिये बहुत फूल गए हैं
माँ! ये सुतरिये बहुत अधा गए हैं
माँ! ये वाल्मीकि बहुत बहक गए हैं

वह मिनिस्टर बन गया है
और मुझे मेयर भी नहीं बनने देता
वह डॉक्टर बन गया है
और मुझे कंपाउंडर भी नहीं बनने देता

वह अफसर बन गया है
और मुझे चपरासी भी नहीं बनने देता"

इन पंक्तियों के द्वारा नीरव पटेल दलित जातियों के सामाजिक अंतर्विरोधों से रू-ब-रू कराते हैं। माँ और बेटे के संवाद के जरिए शिक्षित बेरोजगार युवक की व्यथा को प्रस्तुत करते हैं। सामान्य अनुमानों से बेटा अपनी माँ से कहता है कि सामाजिक जीवन में यह किस तरह की परिस्थितियाँ उत्पन्न हुई हैं, जिसमें एक दलित जाति विकास की ओर उन्मुख है और दूसरी जाति के दलित अपने मन में विकास स्वप्न लेकर व्यथित हैं। दलित समाज की ही कुछ जातियाँ एवं कुछ परिवार शिक्षा के क्षेत्र में अग्रणी हुए और अपनी मेहनत से उन्नति करते रहे। लेकिन उन्नति के शिखर

पर पहुँचने पर वे अपना सामाजिक दायित्व भूल गए। इसे उजागर करते हुए कवि ने जो डॉक्टर, मेयर, मिनिस्टर बन गए हैं, उनकी अवसरवादिता पर सवाल खड़े किए हैं। इन्होंने अपनी अवसरवादी नीतियों के कारण बाद की पीढ़ी के शिक्षित युवाओं को कंपाउंडर तथा चपरासी तक बनने नहीं दिया। इससे हुआ यह कि निम्न स्तरीय दलित की सामाजिक एवं आर्थिक स्थितियों में बदलाव नहीं हो सका। जीवन में बदलाव न होने के कारण वह दु:ख-दर्द और निराशा के अंधकार में ही घिरा रहा। आर्थिक अवसाद और सामाजिक शोषण के बीच उलझे हुए निम्न स्तरीय दलित जीवन की व्यथाएँ और विडम्बनाओं को समझने की आवश्यकता है।

सुविधाभोगी दलित मानस की आलोचना—सामाजिक जीवन की यह विडम्बना है कि अभिजात्य वर्ग ने पद और प्रतिष्ठा प्राप्त करके अपना सामाजिक वर्चस्व कायम किया हुआ है। इस अभिजात्य वर्ग के संस्कार कुछ मध्यवर्गीय दलितों ने भी अपना लिए हैं। वहीं दूसरा निम्न स्तरीय दलित वर्ग आर्थिक साधनों से वंचित रहा है। इस विषम सामाजिक और आर्थिक व्यवस्था में निम्न स्तरीय गरीब दलित व्यक्ति अत्यंत व्यथित है। उसकी व्यथा को दर्ज करते हुए कवि आगे लिखते हैं–

"महाजन में भी वह
कांग्रेस में भी वह
जनता में भी वह
भारतीय जनता में भी वह
कविता में भी वह
इतिहास में भी वह
चीता भी उसका
हाथी भी उसका
'कॉलरशिप' (स्कॉलरशिप) भी उसकी
सब्सिडी भी उसकी
लोन भी उसका
वजीफा भी उसका
मेरी तो झोली खाली की खाली"

यहाँ स्पष्ट है कि सामाजिक जीवन में आर्थिक रूप से संपन्न गैर-दलितों का वर्चस्व कायम है। इनके साथ-साथ आर्थिक उन्नति कर चुका और ऊँचे पद पर पहुँचा दलित वर्ग का एक तबका भी अपनी सामाजिक जिम्मेदारियों को भूल चुका है। वह राजनीतिक पार्टियों के पीछे लामबंद है, जहाँ पर उसे कुछ सुविधाएँ मिलने लगती हैं, उसे वह प्राप्त करने में लगा रहता है। इससे सभी समुदायों का समुचित विकास नहीं हो पाता है। आजादी के बाद समाज में जो विकास की नीतियाँ तय हुईं, उसका उचित लाभ निम्नस्तरीय गरीब दलित परिवारों को नहीं हुआ। सुविधाभोगी मध्यवर्गीय दलितों की चालाकियों की वजह से निम्नस्तरीय गरीब दलितों की बहुत बड़ी आबादी अभी भी आजीविका के साधनों से वंचित रही है। इसे नीरव पटेल ने बड़ी शिद्दत और साहस से कविता में अभिव्यक्त करके अभिजात्य वर्ग के संस्कारों को आत्मसात करने वाले मध्यवर्गीय दलित मानस की आलोचना की है।

नीरव पटेल अपनी कविता के माध्यम से अभावग्रस्त दलित जीवन की विडम्बनाएँ, आर्थिक विपन्नता, गरीबी और अवसाद को यथार्थ के धरातल पर उजागर करते हैं। समाज में भाईचारे की

भावना न होने पर इंसाफ की अपेक्षा से सवाल करते दलित की वेदना और आंतरिक व्यथाओं को उजागर करते हैं।

"वह तो मेरा भाई है
या पराभव का दुश्मन?
उसके बच्चे तो सब हीरो बने फिरते
मेरे मैला ढोते, कचरा सुलटते
यह कैसा इंसाफ है माँ
यह तो सरासर बेईमानी है माँ
मुझे तो मेरे बाबा की वसीयत का
इत्ता सा भाग नहीं मिला
जैसे कि मैं दुजारू
तू भी बहुत बेईमानी करती है माँ"

यहाँ दलित व्यक्ति के मन की व्यथाओं को मुखर करने के साथ-साथ कवि ने सामाजिक विडम्बना एवं विसंगतियों को दर्शाया है। प्रतिष्ठा प्राप्त दलित ने अपने सामाजिक दायित्व से हटकर अपने आप को सीमित कर लिया है। इससे अभावग्रस्त दलित का मन कचोटता है। अर्थहीन और उपेक्षित जीवन व्यतीत करने वाले दलित को लगता है कि उसके साथ छल-कपट हुआ है।

दोहरे व्यवहार एवं सामाजिक व्यक्तित्व में बदलाव—समाज में दो दलित जातियों के भीतर श्रेष्ठता और जातीय संस्कृति का गर्व पनपता है। असल में जाति व्यवस्था की यह विशेषता है कि समाज में प्रत्येक जाति अपने आप को ऊँचा साबित करने के लिए दूसरी जाति को निम्न दिखाने की कोशिश करती है। दलित समाज का शिक्षित व्यक्ति जब अच्छे पद पर पहुँचता है, तब उसके जीवन में प्रतिष्ठा का अहं जागृत होने लगता है। वह अपनी ही बिरादरी के भीतर अपने आप को अलग दिखाने की कोशिश करता है। जिस समाज से वह ऊपर उठा है, उस समाज से अलग होने लगता है। कविता में व्यक्तित्व में हुए बदलाव की स्थितियों का चित्रण है।

सामाजिक जीवन की यह विडम्बना है कि आर्थिक उन्नति होने पर व्यक्ति के आचार-विचार, रहन-सहन, खान-पान, व्यवसाय एवं व्यवहार बदल जाते हैं। दलित समाज भी इससे मुक्त नहीं है। जिस दलित व्यक्ति का थोड़ा-बहुत आर्थिक विकास हो जाता है, वह धीरे-धीरे अपनी ही बिरादरियों के भीतर अपने आप को ऊँचा समझने लगता है। उसका पूरा सामाजिक चरित्र वर्ग संरचना में बदल जाता है। उसके व्यक्तित्व में वर्ग चेतना पनपने लगती है और वह अपने भाई-बंधुओं के साथ भेदभाव एवं दोहरा व्यवहार करने लगता है। इन दोहरे व्यवहारों को भजन मंडली तथा व्यवसाय मंडली अलग करने की मानसिकता और अपने को सेठ-साहूकार समझने की प्रवृत्ति को चिह्नित करके बताया गया है। कवि का कहना कुछ हद तक सही है, क्योंकि आर्थिक स्वार्थ और प्रतिष्ठा के खातिर दलित समाज में जो दोहराव उत्पन्न हुए, उससे व्यक्ति सामाजिक प्रतिबद्धता और समानता की भावना से विमुख होने लगा है। मनुष्य में खंडित मानसिकता और विचलन की स्थिति पैदा हुई है। इन परिस्थितियों में कवि को लगता है—

"तूने कैसा न्याय किया है माँ?
उसको तकली दी और मुझे तानपुरा
उसको पोथी-पत्रा दिया और मुझे पिपिहरी

उसको कुंड दिया और मुझे छौना?
वह तो हमें छोड़ सवर्णों में घुस गया है
वह तो संघ में भी है और स्वाध्याय में भी
अब तू ही बोल माँ, मैं भला कि मेरा भाई?"

दलित जातियों के भीतर हुए बदलाव को दर्शाने का कवि का उद्देश्य है कि उनके आपसी कलह खत्म हो जाएँ। उनमें सामाजिक सौहार्द स्थापित हो। वे सामाजिक परिवर्तन के लिए संगठित हो जाएँ। दलित समाज अपनी ऐतिहासिक विरासत को जान कर संघर्ष करें।

सामाजिक परिवर्तन का स्वप्न–नीरव पटेल दलित जीवन में उत्पन्न हुए आंतरिक कलह को खत्म करने के लिए एक नया विचार प्रस्तुत करते हैं। माँ के द्वारा अतीत की जीवन दशाओं से परिचित कराते हैं और इतिहास से सबक लेकर वर्तमान एवं भविष्य को बदलने का स्वप्न देखते हैं। यह परिवर्तन का स्वप्न कविता के भीतर दलित आंदोलन की ऐतिहासिकता, जीवन की घटनाएँ, सामाजिक तथ्य, चिर-परिचित दृश्य और शोषण के संदर्भों को दर्शाते हुए देखा गया है। कवि ने परिवर्तन के स्वप्न को यथार्थ में बदलने के लिए माँ के द्वारा अतीत की अमानवीय जीवन दशाओं से परिचित किया है।

इतिहास में दलितों का जीवन बड़ा जटिल रहा है। उन्हें निम्न दर्जे के कार्य करने पड़ते थे। सामंती मानसिकता के सवर्ण समाज द्वारा पग-पग पर शोषित किया जाता था। यही स्थिति आज भी बरकरार है। वर्तमान में शोषण तो हो रहा है, लेकिन शोषण करने के तरीके बदल गए हैं। पहले सीधे-सीधे शोषण होता था और शोषण करने वाला जो वर्ग है वह दिखाई देता था। आज शोषण करने वाला दिखाई नहीं देता है, लेकिन सामाजिक-आर्थिक शोषण जारी है। सामाजिक गुलामी से दलित समाज पूर्णतः मुक्त नहीं हो सका है। शोषण से मुक्त होने की चाहत कवि द्वारा प्रस्तुत हुई है। पंक्तियाँ हैं–

"भले ही तुम अपने को नीरव पटेल कह लो
या तुम अपने को गौतम चक्रवर्ती कह लो
या तुम अपने को सेम्युअल बेकन कह लो
कहो मैं ज्ञानी
मैं गुणियल
मैं सयाना
कहो तू गधा-तू खच्चर-तू मूरख
इठलाओ कि जिस सूत के तांतों ने आजादी दी
उसे मैंने बुना था
इतराओ कि हरियाली क्रांति को सींचने वाले मशक
की खाल मैंने उतारी थी
मैं तुम्हें कैसे समझाऊँ कि
तुम माँ-जने भाई हो
सब एक ही पेड़ की जड़े हो
एक चने की दो दाल जैसे

कल तक मैं सब को आटा खिलाती थी
और आज तुमने बंदरबाट का खेल बनाया
आरक्षण की जूठन के लिए
तुम भाई-भाई भौंकने लगे
एक-दूसरे को काट खाने लगे।"

उक्त पंक्तियों में सामाजिक शोषण से मुक्त होने की अभिलाषा जताई गई है। मुक्ति की इस अभिलाषा के लिए कवि ने दलित चेतना की अलख जगाने वाले कबीर, रैदास आदि संतों की विरासत और डॉ. बाबासाहेब अम्बेडकर के संघर्ष को याद किया है। इनके विचार और संघर्ष से प्रेरणा लेकर भाईचारा स्थापित करने का विचार तत्त्व कविता में व्यंजित हुआ है।

कविता के अंत में समता, भाईचारा और सामाजिक उन्नति के स्वर मुखर हुए हैं। किसी भी समाज को उन्नति करनी है तो उसे भेदभाव की मानसिकता से मुक्त होना पड़ेगा। आपसी कलह से निजात पाने पर ही दलित वर्ग की समस्याएँ खत्म हो सकती हैं।

जातीय चेतना से मुक्ति की चाहत–भारतीय समाज में जब आधुनिकता का आगमन हुआ तो उसके बाद जाति आधारित समाज संरचना में बदलाव होने लगा। यह महसूस किया जाने लगा कि आधुनिकता की मूल्य चेतना जाति निरपेक्ष व्यवहार का केंद्र बनेगी अपितु आधुनिकता को सिद्धांत के धरातल पर ही स्वीकृत किया गया और भारतीय समाज जातिगत पूर्वग्रहों से पूर्णतः मुक्त नहीं हो सका। गुजराती दलित कवियों ने इसकी असलियत को पहचानना शुरू किया था। गुजराती दलित कवि नीरव पटेल ने 'माँ! मैं भला कि मेरा भाई' कविता में जाति बोध से ग्रस्त लेकिन आधुनिकता की चादर ओढ़े समाज की असलियत बयान की है। इसके अलावा दलित समाज के भीतर जो आंतरिक जातिवाद की समस्या है, उसे भी उजागर किया है।

सामाजिक परिवर्तन और उन्नति की अपेक्षा से संघर्ष कर रहा कोई भी समाज बाहरी हमलों को सह सकता है, लेकिन अगर भीतर-ही-भीतर भेदभाव हो तो उस समाज की उन्नति नहीं हो सकती। नीरव पटेल की कविता 'माँ! मैं भला कि मेरा भाई' दलित समाज और उनके मुक्तिकामी आंदोलन के भीतर हुए विभाजन को उजागर करती है। सामाजिक विषमता और भेदभाव की मानसिकता से मुक्त होने की प्रेरणा प्रदान करती है। 'माँ! मैं भला कि मेरा भाई' कविता का सृजन दो भागों में हुआ है। इसमें आरंभिक दलित जीवन का वर्तमान, सामाजिक अंतर्विरोध और दलित जातियों में उत्पन्न हुई ऊँच-नीच की भावना को दर्शाता है। दूसरे भाग में एक आदर्श प्रस्तुत है कि दलितों की विभिन्न जातियों में भाईचारा स्थापित हो। दूसरे शब्दों में कहा जा सकता है कि कविता में यथार्थ और आदर्श के तत्त्व मौजूद हैं।

भारत में हिंदू धर्म और वर्ण व्यवस्था के दबाव में तमाम दलित जातियाँ सदियों से शोषित होती रही हैं। जाति के आधार पर उनका उत्पीड़न होता रहा है। इन दलित जातियों में चेतना जगाने का कार्य डॉ. बाबासाहेब अम्बेडकर ने किया। उन्होंने दलितों को संघर्ष की राह दिखाई। शोषण से मुक्ति के लिए शिक्षा, संगठन और संघर्ष का मूलमंत्र दिया। लेकिन दलितों की उन्नति में जाति व्यवस्था बाधा बनती रही है। जातीय अस्मिता का बोध दलित समाज की बंधुत्व की भावना को धीरे-धीरे खत्म करता है। कविता में 'माँ' का जो चरित्र उभारा है, वह समानता का परिचायक है। इस माँ के सामने प्रस्तुत जो शिकायत है वह जातीय चेतना की शिकायत है–

"माँ! ये मेहरिए बहुत फूल गए हैं
माँ! ये सुतरिए बहुत अघा गए हैं
माँ! ये वाल्मीकि वे बहुत बहक गए हैं"

इस जातीय चेतना के कारण ही अलग-अलग दलित जातियाँ अपने-अपने स्वार्थ में लिप्त हुई हैं। वे जातीय गर्व का राग अलाप रही हैं। दलित जातियों में उत्पन्न हुई जातीय अहं की भावना के कारण उनकी सामाजिकता और भाईचारा खत्म होने लगा है। इससे दलितों का ही नुकसान अधिक होता गया है। इसलिए जातीय अहं से मुक्त होना पड़ेगा।

कविता के दूसरे भाग में कवि दलित जातियों के आपसी कलहों के खिलाफ प्रतिरोध दर्ज करते हैं। जातीय गर्व और ऊँच-नीच की भावना को खत्म करने की चाहत रखते हैं। दलित जातियों में पनपा स्वार्थ और अवसरवाद का विरोध करते हैं। 'माँ' के द्वारा सामाजिक सरोकारों का निर्वहन करने की अपेक्षा जताते हैं। कविता में जिस 'माँ' की कल्पना की है, वह दलित आंदोलन से जुड़ी और कबीर, रैदास और डॉ. अम्बेडकर आदि के आंदोलन और विचारों को जानने-समझने वाली 'माँ' है। 'माँ' समूची दलित जातियों में भाईचारा और समान अवसर चाहती है। जिस तरह किसी भी परिवार में माता के लिए सभी सदस्य समान होते हैं। वह सभी बच्चों का ख्याल रखती है। परिवार के सभी सदस्यों के सुख-दुःख को समझती है, ठीक उसी तरह दलित जातियों को एकसूत्र में बाँधने और दलित मुक्ति आंदोलन को दिशा देने के लिए कवि ने माँ को एक सामाजिक समानता के प्रतीक के रूप में सृजित किया है। वह जातियों के कलह को खत्म करने के लिए लोगों को उनके अतीत से रू-ब-रू कराती है। अतीत में सभी दलित जातियों की पहचान बहिष्कृत समुदाय के रूप में होती थी। दलितों की पहचान उनके गले में लटकती हांडी और कमर में बँधी झाडू से होती थी। सामाजिक जीवन में दलितों का अपना कोई वजूद नहीं था। उनकी अपनी कोई अस्मिता नहीं थी और न ही अस्तित्व। इस अस्मिता और अस्तित्व का स्मरण 'माँ' के द्वारा किया गया है। यहाँ इस प्रसंग में कविता की पंक्तियाँ हैं–

"भले ही तुम अपने को नीरव पटेल कह लो
या तुम अपने को गौतम चक्रवर्ती कह लो
या तुम अपने को सेम्युअल बेकन कह लो
कहो मैं ज्ञानी
मैं गुणियल
मैं सयाना
कहो तू गधा-तू खच्चर-तू मूरख
इठलाओ कि जिस सूत के तांतों ने आजादी दी
उसे मैंने बुना था"

दलित समाज ने डॉ. अम्बेडकर के विचार 'शिक्षित बनो, संगठित बनो और संघर्ष करो' से प्रेरणा लेकर विकास का मार्ग अपनाया। लेकिन धीरे-धीरे सुविधा प्राप्त दलितों ने अपने आप को अपनी जाति तक सीमित कर लिया। प्रत्येक जाति का सदस्य अपनी जाति के हितों की बात करने लगा। इससे दलित मुक्ति आंदोलन बिखरता गया और जातीय वैमनस्य की भावना प्रबल होती रही है। इसलिए जाति के भीतर जो जातिवाद है उसे मिटाना चाहिए। जातीय अलगाव को खत्म करना चाहिए।

प्रश्न 20. गुजराती दलित कवि जयंत परमार पर टिप्पणी लिखिए।

उत्तर– जयंत परमार उर्दू एवं गुजराती दोनों भाषाओं के चर्चित कवि हैं। वे दलित साहित्य के प्रमुख कवि माने जा सकते हैं। वे दोनों भाषाओं में समान रूप से लेखन करते रहे हैं। इनका जन्म 11 अक्तूबर, 1954 को अहमदाबाद में हुआ था। इनका बचपन अहमदाबाद के मुस्लिम बहुल इलाके में बीता। इस इलाके को अक्सर दीवारों के शहर के नाम से जाना जाता है। जयंत परमार को बाल्यकाल में ही दलित जीवन के त्रासद अनुभवों से गुजरना पड़ा। वे जीवन को बेहतर बनाने के लिए उच्च जातीय समाज के एक पेंटर के यहाँ पेंटिंग का कार्य करने लगे। इस कार्य के दौरान एक दिन उन्होंने देखा कि दुकान का मालिक उनके द्वारा बनाई गई पेंटिंग को अलग से रखता है। मालिक को लगता था कि पेंटिंग की गई फ्रेम को जयंत परमार द्वारा छूने पर उनका धर्म भ्रष्ट होता है। छुआछूत के इस व्यवहार से जयंत परमार व्यथित होते थे, लेकिन जीविका चलाने के लिए उनके पास कोई और साधन नहीं था। इसलिए जैसे थे कि स्थिति में उन्होंने अपना संघर्ष जारी रखा। छुआछूत और भेदभाव के इन व्यवहारों को उन्होंने कविता में अभिव्यक्त करना आरंभ किया। उन्होंने दलित जीवन के कठोर संघर्ष, व्यथाएँ और उत्पीड़न को गुजराती के साथ-साथ उर्दू में भी कविताएँ लिखकर अभिव्यक्त किया है। उर्दू में उनके 'और' (1999), 'पेंसिल और दूसरी नज्में' (2006) तथा 'मानिन्द' (2007) काव्य संग्रह प्रकाशित हैं।

गुजराती दलित कवि जयंत परमार दलित चेतना के संदर्भ में अपने विचार व्यक्त करते हैं कि अम्बेडकर दर्शन ने दलित कवियों के मन में आत्मसम्मान जागृत किया है; उसके फलस्वरूप जीवनानुभव को देखने और पहचानने की उनकी भूमिका विद्रोह तथा नकार से भर उठी। उसका आवेग किसी तूफान की तरह है। उसका सौंदर्य और उसकी सामर्थ्य उसकी वेदना में है। दलित कविता का कथ्य पूर्ण तथा अनोखा है, उसमें किसी और कवि के संस्कारों की या अनुकरण की न तो कोई आवश्यकता है न कोई गुंजाइश।

जयंत परमार बहुमुखी प्रतिभा और व्यक्तित्व के धनी हैं। वे दलित जीवन और अल्पसंख्यक मुस्लिम समाज के बीच सेतु बनकर उनके दुःख-दर्द को कविताओं में प्रस्तुत करते हैं। जयंत परमार को अभी तक कई पुरस्कारों से नवाजा गया है। उन्हें 'पेंसिल और दूसरी नज्में' इस उर्दू संग्रह के लिए सन् 2008 का साहित्य अकादमी पुरस्कार मिला है। इसके अलावा उन्हें भाषा भारती सम्मान, गुजरात उर्दू साहित्य अकादमी अवॉर्ड, कुमार पाशी अवॉर्ड, भारतीय दलित साहित्य अकादमी पुरस्कार आदि से भी पुरस्कृत किया गया है। उनकी कई कविताएँ अंग्रेजी, कन्नड़, बंगला, तेलुगू, मराठी, पंजाबी आदि भाषाओं में अनूदित हैं।

प्रश्न 21. जयंत परमार की 'पड़' कविता का विश्लेषण कीजिए।

अथवा

'पड़' कविता के द्वारा कवि ने पड़ नामक जजमानी प्रथा के यथार्थ को उजागर किया है। उदाहरण सहित बताइए।

अथवा

जयंत परमार 'पड़' कविता में रूढ़ि और परंपराओं से विद्रोह करते हैं। दलित चेतना के संदर्भ में विश्लेषण कीजिए।

उत्तर– भारतीय समाज में जजमानी प्रथा रही है। इस प्रथा में दलित वर्ग के लिए अत्यंत निम्न दर्जे के कार्य करने पड़ते थे। गाँव में सवर्ण समाज के किसी जमींदार के यहाँ पर दलितों को हलवाह के रूप में काम करना पड़ता था। इसी प्रथा के तहत 'पड़' यह एक सामाजिक रूढ़ि बन गई है। 'पड़' का मतलब अगर गाँव में किसी सवर्ण जमींदार के यहाँ पर बैल अथवा गाय मर जाती है, तब उसकी खाल निकालने के बाद उस जानवर के माँस को पूरी दलित बस्ती में बाँटकर खाया जाता था। गरीबी की अवस्था में दलित अपनी आजीविका चलाने में मजबूर होते थे। मजबूरी की इन स्थितियों में दलितों को भूख से मुक्ति पाने के लिए मृत जानवरों का माँस खाना पड़ता था। समूचा दलित समाज जिस अवस्था में जीता रहा है, उस अवस्था में वे अगर किसी जमींदार का बैल मर जाता था तो उस बैल का माँस पाने के लिए जद्दोजहद करते थे। जैसे ही उन्हें किसी जानवर के मरने की खबर मिलती, उन्हें खुशी मिलती कि बहुत दिनों बाद आज घर-घर में चूल्हा जलेगा। इसे ही 'पड़' कहा जाता रहा है। 'पड़' की इस अवस्था को जयंत परमार ने बड़ी संवेदनशीलता से दर्शाया ही नहीं, अपितु इस प्रथा की वजह से दलित के मन में उत्पन्न आत्मग्लानि और अवमानना के संदर्भों को भी यथार्थ के धरातल पर मुखर किया है।

जयंत परमार दलित जीवन की व्यथाओं को उजागर करने के लिए 'पड़' इस जजमानी प्रथा से 'बैल' और 'गिद्ध' के प्रतीकों को कविता में सृजित करते हैं। कविता में 'पड़' सामाजिक बुराइयों से युक्त वर्ण व्यवस्था का प्रतीक है। 'बैल' जमींदार या अभिजन वर्ग का और 'गिद्ध' दलित समाज का प्रतीक है। कविता का आरंभ बैल के मरने की खबर से होता है। दलितों को इस खबर का संकेत आसमान में मंडराने वाले गिद्धों के व्यवहार से मिलता है। कविता की आरंभिक पंक्तियाँ हैं–

"आसमान पर गिद्धों का
झुँड मंडराया था
पंख और चोंच की आवाजों ने
खिड़की-खिड़की दस्तक दी -
'बैल मरा है - बैल मरा है'
हवा सी फैल गई खबर
गली-गली के कोनों में
सारी बस्ती के चेहरे पर रौनक थी
निकल पड़े थे सब अपने घरों से
मैं हाथों में पत्थर लेकर गिद्धों पर
फेंका करता था
उनको दूर भगाता था
गिद्ध भी हम पर गुस्सा करते थे"

कविता में बैल के मरने के बाद दलित समाज में उत्पन्न हुई स्थितियों को दर्शाया गया है। आसमान में गिद्धों का मंडराना बैल मरने की खबर का सूचक है। बैल के मरने पर दलित बस्ती में एक रौनक-सी पैदा होती है। कवि यहाँ यह बोध कराते हैं कि सदियों से दलित अभाव और अवसाद की अवस्था में जीवन व्यतीत करते रहे हैं। उन्हें अपनी दशा का एहसास कभी नहीं हो सका। रूढ़ियों और परंपराओं के बंधनों में जकड़े रहने के लिए अभ्यस्त हुए दलित जीवन में भूख

और वेदना एक-दूसरे के पर्याय बन गए। भूख से मुक्ति पाने के लिए उनका संघर्ष निरंतर चलता रहा है। बैल का मरना दलित को भूख से मुक्ति का एहसास कराता है, लेकिन इसके लिए भी उन्हें आसमान में मंडराने वाले गिद्धों से संघर्ष करना पड़ता है। गिद्ध के साथ संघर्ष करने की जद्दोजहद दलित की वेदना और पीड़ा का द्योतक है। गिद्ध की उपस्थिति दलित जीवन के संकटों का प्रतीक भी है।

रूढ़ि और परंपराओं के प्रति विद्रोह—सामाजिक जीवन की यह एक बड़ी विडम्बनापूर्ण स्थिति है कि जो समाज हमेशा से भूखे पेट रहने के लिए अभ्यस्त है, उस समाज के लिए बैल के मरने की खबर भूख से मुक्ति की उम्मीद बन कर आती है। लेकिन भूख से मुक्ति के लिए गिद्धों से संघर्ष करना अचंभित और विस्मित भी कर देता है। दलित जीवन की यह हकीकत और व्यथा है कि वे इस तरह के कठोर संघर्ष से गुजर रहे हैं। यही हकीकत जब चरम पर पहुँच जाती है तो कवि के मन में आत्मग्लानि और विद्रोह पनपने लगता है। वह सामाजिक व्यवस्था के खिलाफ प्रतीकात्मक रूप में ही प्रतिरोध दर्ज करता है।

"मुझे बराबर याद है
अब तक जिन गिद्धों को
मैंने पत्थर मारे थे
जिन्हें रखा था भूखा
आज वे मेरी मौत की
खुशखबरी सुन कर
मेरी लाश पर
टूट पड़े हैं
और मेरे अंदर के बैल की
बोटी-बोटी नोच कर
मुझसे बदला ले रहे हैं!"

कवि के मन में सामाजिक जीवन में प्रचलित रूढ़ियों और परंपराओं से मुक्त होने की चाहत है। भारतीय समाज में जिन कठोर अनुभवों से दलित व्यक्ति का बचपन गुजरता है, उस बचपन के दु:खद और कठोर अनुभव उसे हर पल व्यथित करते हैं। इन अनुभवों के एहसास से दलित व्यक्ति का मन कुंठित होने लगता है। उसे लगता है कि इस समाज में उसके अपने अस्तित्व और स्वतंत्रता पर परंपराएँ और रूढ़ियों के बंधन लादे गए हैं। बंधनों में जकड़े और अस्तित्व की तलाश करते दलित जीवन की जिजीविषा को कवि ने बड़ी तकलीफ से दर्ज किया है। साथ ही 'पड़' जैसी प्रथाओं से उत्पन्न आत्मग्लानि और मानसिक पीड़ाओं को भी दर्शाया है। डॉ. बाबासाहेब अम्बेडकर ने 'पड़' जैसी प्रथाओं को बंद करने का आह्वान किया था। उनका मानना था कि इस तरह की प्रथाएँ दलित समाज की गरिमा और सम्मान को खत्म करती हैं। इन्हीं प्रथाओं को जारी रखने से मनुष्य के रूप में दलित की पहचान को नकारा जाता है। अगर दलितों को अपने अस्तित्व और सम्मान को प्राप्त करना है तो उन्हें खुद अवमानना का एहसास कराने वाली रूढ़ियों से मुक्त होकर सामाजिक बुराइयों के खिलाफ संघर्ष करना होगा। दलित समाज को इन रूढ़ियों से मुक्त होने के बावजूद आज भी उन्हें सवर्ण समाज द्वारा किया जाने वाला भेदभाव और अवमानना के आघातों को झेलना पड़ता है। विकासोन्मुख भारतीय समाज में अभी भी उचित सामाजिक और

मानसिक परिवर्तन नहीं हुआ है। दलित की अवमानना खत्म नहीं हो सकी है। रूढ़ियों एवं परंपराओं से जुड़े पुरानपंथी और ब्राह्मणवादी लोग दलितों को सम्मानपूर्वक जीने का अवसर नहीं दे पाते हैं। वे आज भी अपने जातीय अहंकार के कारण दलितों पर अन्याय-अत्याचार करते हैं। इसलिए कवि यह महसूस करता है कि आज भी गिद्ध बदले की भावना से मेरी बोटी-बोटी नोच कर मुझसे बदला ले रहे हैं।

प्रश्न 22. गुजराती दलित साहित्य के कवि दलपत चौहान के बारे में संक्षेप में बताइए।

उत्तर– दलपत चौहान गुजरात में दलित साहित्य को विकसित करने वाले शीर्षस्थ लेखक हैं। इनका जन्म 10 अप्रैल, 1940 को ग्राम मंडाली, जिला मेहसाना (गुजरात) में हुआ था। इन्होंने बी.ए. तक की शिक्षा प्राप्त की और बाद में सरकारी नौकरी में संलग्न हुए। दलपत चौहान की कई रचनाएँ गुजराती भाषा में प्रकाशित हैं। इनके हिंदी में अनूदित होकर प्रकाशित हुए 'तो फिर कहाँ है सूरज' और 'दुदुंभि' चर्चित कविता संग्रह हैं। इनके 'मुंझारों' और 'डर' कहानी संग्रह प्रकाशित हैं। इन्होंने 'मुलुक', 'गिद्ध' और 'भोर' उपन्यासों का भी सृजन किया है। इसके अलावा 'प्रतियोगिता' (एकांकी संग्रह) तथा 'अनार्यवर्त' (नाटक संग्रह) प्रकाशित हैं। इनकी कई रचनाएँ विभिन्न भारतीय भाषाओं में अनूदित हो चुकी हैं।

दलपत चौहान गुजराती दलित साहित्य के शीर्षस्थ रचनाकार हैं। वे 'दलित पैंथर' आंदोलन से लेकर वर्तमान समय के विभिन्न दलित आंदोलनों से जुड़े रहे हैं। उन्होंने गुजरात प्रदेश में साहित्य और सामाजिक आंदोलनों में सक्रिय रहते हुए दलित जीवन से जुड़े तमाम प्रश्नों को अपने लेखन में अभिव्यक्त किया है। दलपत चौहान को कविता, कहानी, एकांकी और रेडियो नाटक के लिए अनेक पुरस्कार मिल चुके हैं। इन्हें गुजरात सरकार अनुसूचित जाति कल्याण और अधिकारिता विभाग द्वारा संत श्री नरसी मेहता साहित्य सम्मान (2002) से नवाजा गया है।

प्रश्न 23. दलपत चौहान की 'व्यथा' कविता का उदाहरण सहित विश्लेषण कीजिए।

अथवा

'व्यथा' कविता में सामाजिक, सांस्कृतिक और धार्मिक आस्थाओं के खिलाफ प्रतिक्रिया है। उदाहरण सहित विवेचन प्रस्तुत कीजिए।

उत्तर– 'व्यथा' कविता में दलित जीवन की वेदना और व्यथा की अभिव्यक्ति है। तथाकथित सवर्ण समाज दलित समाज का सदियों से शोषण करता रहा है। इस शोषण से संतप्त होने पर दलित को लगता है कि यहाँ जिस संस्कृति को वह अपना मानता है असल में वह उसकी अपनी संस्कृति है ही नहीं। इसलिए कवि कविता के माध्यम से भारतीय समाज की सांस्कृतिक विरासत को आलोचना के कठघरे में खड़ा करते हैं।

दलपत चौहान ने 'व्यथा' कविता में दलित चेतना के उन पहलुओं को दर्शाया है जिसका मूल तत्त्व नकार और विद्रोह है। समाज में मिलने वाली प्रताड़ना और मानसिक आघातों से दलित असहाय होता है। उसे सामाजिक जीवन में अपना अस्तित्व नष्ट होने का बोध होता है। दलित को जीवन के त्रासद अनुभवों से गुजरने पर यह महसूस होता है कि यहाँ की सभ्यता और संस्कृति

में उसकी अस्मिता का कोई मोल नहीं है। अस्वस्थ जीवन की व्यथाओं से संतप्त होने पर कवि को लगता है कि भारतीय संस्कृति जिसे वह अपना मानता है वह उसकी कैसे हो सकती है। मानसिक, सामाजिक आघात और उद्वेलन की अवस्था में दलित व्यक्ति को समाज और संस्कृति के प्रति अपनत्व और भावात्मक लगाव नहीं रह पाता है। इसलिए कवि खुद अपने जीवन के अनुभवों से सांस्कृतिक जीवन पर प्रश्नचिह्न लगाते हैं। वे समूचे दलित समाज के लिए एक अलग संस्कृति की स्थापना करने की अभिलाषा जताते हैं।

धार्मिक एवं आस्थावादी मानस के खिलाफ प्रतिक्रिया—सामाजिक जीवन में प्रताड़ित होने की घटनाओं को देखते हुए कवि को लगता है कि इतनी यातनाएँ आखिर कब तक बर्दाश्त की जाएँ। जिस भारतीय समाज में सभी समुदायों को समान माना गया है, उसी समाज में दलित को अपना अलग अस्तित्व दिखाई देने लगता है। उन्हें लगता है कि जिस संस्कृति की दुहाई दी जा रही है, उसी संस्कृति की आड़ में दलित उत्पीड़न हो रहा है। ऐसे में दलित संतप्त होकर विद्रोह की भूमिका में आता है। दलपत चौहान संतप्त होने की अवस्था में ही संस्कृति को नकारते हैं। उनका यह नकार कविता की आरंभिक पंक्तियों में मुखर है—

"मैं भी हैरान हूँ
इस परकीय संस्कृति में जन्म लेकर
त्रस्त हृदय मेरे
तू और तुम भी चलो प्रिये
चलो
द्वार-द्वार पर बैठाए मंदिरों को
फेंक दें खाई में ...
और ... अपने नग्न बच्चों को
वर्णसंकर आचार्य जिन्हें मानते हैं शापित
बहा दे ... गंदे नाले में"

इन पंक्तियों में मंदिरों को फेंक देने का जिक्र करके धार्मिक आस्थाओं में बँधे भारतीय मानस के खिलाफ प्रतिक्रिया व्यक्त की है। जड़वादी एवं कठोर धार्मिक परंपराएँ और रूढ़िवादी बंधनों से मुक्त होने की अभिलाषा जताई गई है। जिस समाज में धार्मिक पाबंदियों के परिणामस्वरूप मनुष्य के साथ घृणास्पद व्यवहार होता हो, उस समाज की संस्कृति से मुक्त होने की चाहत भी है।

प्रगतिशील दृष्टिकोण और प्रतिरोध के स्वर—धार्मिक ग्रंथों में स्थापित विधि-विधान और धर्म के आचार्यों-पुरोहितों के वचनों को अंतिम सत्य मानकर दलित वर्ग को जो प्रताड़ना दी जाती है, उसका एहसास और आघात अत्यंत कठोर होते हैं। इससे उभरने की कोशिश जब-जब दलित करता है तो उसके घर-परिवार और समूची बस्ती को जलाया जाता है। दबंग सवर्णवादियों के अन्याय-अत्याचारों का मुकाबला दलित कर नहीं सकते। इसलिए वे अपने आपको असहाय मानकर जैसे-तैसे अपनी जान बचाकर गाँव को छोड़ देते हैं। इस अवस्था में दलित को लगता है—

"उन्हें भी अच्छा नहीं लगेगा हमारी तरह जीना
उस पार गाँव की अपनी झोपड़ी में
सवर्णों को आग लगाने दो

वे भी जरूर जलेंगे उसमें
इस अग्नि ज्वाला को
फैला दो क्षितिज के उस पार"

यहाँ एक ओर घर से बेघर होने का दर्द प्रस्तुत है, वहीं दूसरी ओर शोषण से मुक्त होने की जद्दोजहद भी है। ऐसे में दलित मात्र इतना ही कह सकता है कि सवर्णों द्वारा किए कृत्यों से या बस्ती में आग लगाने से एक दिन वे भी खुद जल जाएँगे। यह व्यथित मन का आक्रोश या प्रतिक्रिया मात्र नहीं है, बल्कि सामाजिक, धार्मिक और सांस्कृतिक बंधनों से मुक्ति पाने की चेतना का एक पहलू है। प्रगतिशील-परिवर्तनकामी दृष्टिकोण से अन्याय-अत्याचार एवं शोषण के खिलाफ प्रतिरोध दर्ज करके क्रांति के लिए किया गया आह्वान भी है। इस आह्वान को समझने के लिए कविता में प्रस्तुत 'इस अग्नि ज्वाला को/फैला दो क्षितिज के उस पार' ये पंक्तियाँ महत्त्वपूर्ण हैं। इसके अलावा प्रतिरोध के स्वर को कविता की निम्न पंक्तियों में भी व्यंजित किया गया है–

"भले ही हम सब राख हो जाएँ
शूद्र होने से अच्छा है
चलो प्रिये
मैं भी परेशान हूँ इस परकीय संस्कृति को
ओढ़ कर!"

इस प्रकार 'व्यथा' कविता में गुलामी से मुक्ति की छटपटाहट और परिवर्तनकामी चेतना के स्वर अधिक मुखर हुए हैं। कविता में दलित व्यक्ति के संघर्ष की यथार्थ अभिव्यक्ति है। साथ ही संस्कृति को नकारने और प्रतिरोध दर्ज करने की कवि की संवेदनाएँ सहज रूप में प्रस्तुत हुई हैं। 'मैं' शैली में लिखित यह कविता दलित जीवन के अतीत और वर्तमान की ओर भी संकेत करती है।

अध्याय 2

भारतीय दलित कहानी-I

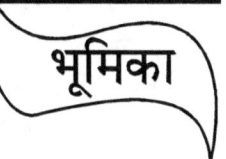

भूमिका

भारतीय दलित कहानी समाज के जातिवादी चरित्रों द्वारा किए जाने वाले दलित शोषण के आयामों के खिलाफ विद्रोही चेतना के विस्तार की अभिव्यक्ति है। दलित कहानी दलित वर्ग के लेखकों द्वारा रचित ऐसी रचनाएँ हैं, जो दलित जीवन की यातना, पीड़ा, आक्रोश, प्रतिरोध और संघर्ष की संवेदना से भरी हुई है। दलित कहानियों का मुख्य आधार कला या शैली नहीं, वरन् भाषा और कथ्य है। अमानवीय जुल्म, अत्याचार और सहनशीलता को वाणी देने वाली ये कहानियाँ अपना एक अलग ही सौंदर्य-शास्त्र गढ़ती दिखाई देती हैं। सभी दलित कहानियों में दलित जीवन के कई कोण दिखाई देते हैं – जीवन से जूझने के, जिंदा रहने के, पीड़ा सहने के और उन सबसे उभरने के। दलित रचनाकारों ने अपने अनुभव की जमीन पर ही अपनी रचनाओं को बिना किसी लाग-लपेट और सौंदर्यवादियों के स्वीकृत मूल्यों और अवधारणाओं की परवाह किए बिना मुखर किया है।

प्रश्न 1. मराठी दलित साहित्य आंदोलन में बाबुराव बागूल जी का स्थान निर्धारित कीजिए।

अथवा

मराठी दलित साहित्य को दिशा देने वाले प्रसिद्ध कहानीकार बाबुराव बागूल के योगदान को स्पष्ट कीजिए।

उत्तर– दलित साहित्य आंदोलन को सही दिशा देने वाले साहित्यकारों में बाबुराव बागूल सबसे सशक्त क्रांतिकारी एवं प्रसिद्ध रचनाकार हैं। दलित साहित्य के आंदोलन में बाबुराव बागूल का महत्त्वपूर्ण योगदान रहा। स्वतंत्रता के बाद संयुक्त महाराष्ट्र आंदोलन में मार्क्स की विचारधारा से प्रेरित आण्णाभाऊ साठे, शाहीर अमरशेख व शाहीर गव्हाणकर जैसे प्रभावशाली लेखक मुंबई प्रांत में मशहूर थे। उनसे बाबुराव बागूल का संपर्क रहा। इन्हीं के साथ सन् 1960 में निर्मित हुए संयुक्त महाराष्ट्र के सामाजिक और सांस्कृतिक आंदोलन में बागूल सक्रिय भी रहे हैं। इन्हीं दिनों उनके लेखन की प्रक्रिया का विकास होने लगता है।

सन् 1960 में नामदेव ढसाळ, बाबुराव बागूल और नारायण सूर्वे का लेखन कविता, कहानी और उपन्यास के द्वारा 'विद्रोह', 'वेदना', 'मनुष्य केंद्रित जीवन संवेदना' और 'जीवन संघर्ष–यथार्थ' की क्रांतिकारी चेतना लिए मराठी साहित्य जगत् में आविष्कृत हुआ। इस समय बाबुराव बागूल की कहानियों ने मराठी साहित्य के क्षेत्र में जो हस्तक्षेप किया था, उससे निर्मित स्थितियों का अवलोकन करते हुए चंद्रकांत बांदिवाडेकर ने लिखा है–"मराठी कहानी के क्षेत्र में बाबुराव बागूल की कहानी धमाके के साथ आई, उसने न केवल दलितों की अस्मिता को जगाया बल्कि झोपड़ पट्टी के वीभत्स, विदारक और मन प्राणों को थर्रा देने वाले लेखक ने सफेदपोश वर्ग में अपराध भावना बोध को भी जगाया।"

मराठी ललित साहित्य की पारंपरिक व्यवस्था और सौंदर्यशास्त्रीय कलावादी मानदंडों के विपरीत हुई। वहाँ दलित लेखन की मानवतावादी अवधारणा में बाबुराव बागूल का विशेष योगदान रहा। स्वतंत्र रूप से दलित साहित्य आंदोलन का विकास और विस्तार सन् 1960 के बाद होता गया है। बागूल, ढसाळ, सूर्वे के लेखन में सृजित दलित जीवन यथार्थ, सामाजिक प्रतिबद्धता, सामाजिक न्याय के लिए संघर्ष, मानवीय मूल्यों की स्थापना, समता केंद्रित मानवतावाद की परिकल्पना आदि का साहित्यिक आविष्कार उनके समकालीन दलित लेखकों में समानांतर हुआ है।

दलित साहित्य का विकास प्रमुख रूप से प्रथम पीढ़ी का वेदना तत्त्व, द्वितीय पीढ़ी का विद्रोह और तीसरी पीढ़ियों तक बुद्ध प्रणीत मानवतावाद को स्वीकृत कर अग्रसर होता रहा है। इन तीन पीढ़ियों के विकास क्रम में बाबुराव बागूल समानांतर लेखन करते गए। उनका साहित्यिक कर्म बुद्ध, मार्क्स, म. फुले और डॉ. अम्बेडकर के दर्शन, क्रांतिकारी चेतना और सम्यक् जीवनवादी दृष्टि की वैचारिकी में समृद्ध होता गया है। उन्होंने दलित साहित्य को एक नई दिशा प्रदान की।

बाबुराव बागूल दलित कहानीकारों में महत्त्वपूर्ण नाम है। उनकी कहानी में गाँव और शहर बराबर चलते रहते हैं। दोनों जगह दलितों पर होने वाले अन्याय का चित्रण उनकी कहानियों में हुआ है। अस्पृश्यता के सामाजिक परिणाम को इनकी कहानियाँ रेखांकित करती हैं।

प्रश्न 2. बाबुराव बागूल के जीवनवृत्त और उनके लेखन का परिचय दीजिए।

उत्तर– बाबुराव बागूल का पूरा नाम बाबुराव रामजी बागूल है। इनका जन्म 17 जुलाई, 1930 में ग्राम विहितगाँव, जिला नाशिक, महाराष्ट्र में एक 'महार' जाति के दलित परिवार में हुआ। जन्म से दलित होने के कारण गरीबी, आर्थिक अभाव, दुःख, वेदना और छुआछूत के दहकते अनुभवों को सहते हुए इनका बचपन गुजरा। बचपन के दस साल वे अपने गाँव में माता-पिता के साथ रहे। दस साल की आयु के बाद गरीबी और अभावग्रस्तता में पारिवारिक जीवन संघर्ष से जूझते उनके पिता ने बाबुराव को मुंबई के माटुंगा लेबर कैम्प में मौसी के पास भेजा। वहीं म्युनिसिपालिटी के स्कूल में वे जब चौथी कक्षा में थे, तब सन् 1944 में उनका विवाह 'शांताबाई' से हुआ। किशोरवय में ही पारिवारिक जीवन की जिम्मेदारी उन पर आ गई थी। ऐसे समय में भी उन्होंने अपनी शिक्षा जारी रखी। मैट्रिक तक वे पढ़ते रहे, किंतु फेल हो गए। बेकारी और गरीबी की तीव्रता बढ़ती गई। फिर रेल सेवा ट्रेनिंग कॉलेज में दाखिला लिया और वहाँ से रेल सेवा ट्रेनिंग का कोर्स पूर्ण किया। तत्पश्चात् सन् 1955 में वे रेल वर्कशॉप की नौकरी के लिए मुंबई छोड़कर सूरत (गुजरात) चले गए। सूरत में जाति भेद के अनुभवों से पीड़ित होने की वजह से छः माह बाद नौकरी छोड़ दी और मुंबई वापिस लौट आए। मुंबई में रहते हुए साहित्य सृजन से जुड़ गए और दलित जीवन के यथार्थ को लेखन का केंद्र बनाया। अपनी साहित्य-धर्मिता और सामाजिक प्रतिबद्धता से दलित साहित्य को दिशा देने वाले मराठी दलित लेखकों में शीर्षस्थ आधार स्तंभ बने हुए बागूल जी की मृत्यु 26 मार्च, 2008 को हुई।

बागूल जी के लेखन पर अम्बेडकर जी की विचारधारा का पूरा प्रभाव मिलता है। मराठी दलित साहित्य के प्रतिष्ठित हस्ताक्षर बाबुराव बागूल की साहित्यिक यात्रा कविता, कहानी, उपन्यास और वैचारिक लेखन के द्वारा समृद्ध रही है। इनकी प्रथम कविता संग्रह 'वेदाआधी तू होतास' (वेदों से पहले ही तू था) है जिसमें वेदों के निर्माण से पहले मनुष्य का अस्तित्व रहा है। मनुष्य ने ही वेद लिखे हैं, इसलिए वेद दर्शन प्रणीत शोषण का विरोध मनुष्य को करना चाहिए। मनुष्य की प्रतिष्ठा और मानवता की महत्ता को स्वीकृत करना चाहिए। इस तरह की विचारोत्तेजना प्रस्तुत हुई है। कहानी के क्षेत्र में सन् 1963 में 'जेव्हा मी जात चोरली होती' (जब मैंने जाति छुपाई) और सन् 1969 में 'मरण स्वस्त होत आहे' (मृत्यु सस्ती हो रही है) संग्रह प्रकाशित हुए। इन संग्रहों की कहानियों की मूल चेतना झोपड़पट्टियों के नारकीय जीवन में व्यथा, वेदना और सामाजिक-आर्थिक जीवन के भयावह संदर्भों से निर्मित है। शहरों की झोपड़पट्टियों में स्थित मजदूर वर्ग तथा दलितों के जीवन का भोगा हुआ यथार्थ कहानियों के द्वारा अभिव्यक्त हुआ है। 'सूड' बागूल का स्त्री केंद्रित लघु उपन्यास है जिसमें 'जानकी' नामक चरित्र द्वारा दलित स्त्री-विमर्श का आख्यान प्रस्तुत किया गया है। पितृसत्तात्मक भारतीय समाज व्यवस्था में संस्कृति रक्षणार्थ पुरुषत्व की कल्पना करने वाले स्त्री का शारीरिक और मानसिक शोषण करते हैं। उन शोषणकारी प्रवृत्तियों और पुरुष प्रधान सत्तातंत्र पर 'सूड' द्वारा बागूल ने प्रखर आघात किया है। उपन्यास के क्षेत्र में 'पावश्या', 'पाषाण', 'अघोरी', 'कोंडी', 'सरदार', 'रिपोर्ताज', 'अम्बेडकर भारत भाग-1 व भाग-2' का सृजन बागूल ने किया है। 'पावश्या' सन् 1971 में 'आम्ही' नामक मासिक पत्रिका में प्रकाशित हुआ, जिसके संपादक खुद बाबुराव बागूल थे। 'पावश्या' में हिंदू धर्म, परंपराएँ, पाप-पुण्य की मान्यताएँ, कर्म सिद्धांत की बेड़ियों में जकड़े हुए दलितों की व्यथा वेदना को

अभिव्यक्त किया है। दलितों की व्यथा वेदना, गरीबी, गुलामी, हीन अवस्था और त्रासदी के लिए सामाजिक व्यवस्था जिम्मेदार है। इसलिए विषमता निर्माण करने वाली सामाजिक व्यवस्था और उसके पोषणकर्त्ताओं के खिलाफ जाति, धर्म परंपरा से मुक्त होकर संघर्ष करना चाहिए। इस सामाजिक यथार्थ को 'पावश्या' उपन्यास में उजागर किया गया है। 'अलका' के दिवाली विशेषांकों में 'पाषाण' (1972), 'सरदार' (1979) तथा 'अघोरी' ये उपन्यास प्रकाशित हुए। 'रिपोर्ताज' अप्रैल, 1979 में 'पूर्वा' पत्रिका में छपा। सन् 2000 में प्रकाशित 'कोंडी' उपन्यास अम्बेडकरवादी आंदोलन में सक्रिय ईमानदार कार्यकर्त्ता के अंतर्विरोधों की कहानी है। 'अम्बेडकर भारत भाग-1 व भाग-2' इन उपन्यासों में ऐतिहासिक दृष्टि से डॉ. अम्बेडकर के विचार दर्शन, जीवन संघर्ष और सामाजिक आंदोलनों को चित्रित किया गया है। समता, बंधुत्व, सामाजिक न्याय के लिए बुद्ध, कबीर, फुले, डॉ. अम्बेडकर आदि के द्वारा चलाए गए आंदोलनों की सफलता और असफलता का चित्रण करते हुए वर्तमान समय में संघर्षरत दलित अस्मिताओं को प्रेरणा देने का प्रयास बाबुराव बागूल करते हैं। 'लोकशाही आणि वर्णव्यवस्था' (लोकतंत्र और वर्ण व्यवस्था) यह बागूल का वैचारिक लेखन संग्रह है। 'दलित साहित्य : आजचे क्रांतिविज्ञान' (दलित साहित्य : आज का क्रांतिविज्ञान) ग्रंथ में बागूल के लेख, आत्मकथ्य, भाषण, समीक्षाएँ और साक्षात्कार संकलित हैं। अत: दलित जीवन के बहुआयामी परिप्रेक्ष्य में बागूल ने लेखन किया है। उनकी लेखनधर्मिता, रचना प्रक्रिया दलित जीवन की पक्षधर रही है। आजीवन लेखन कर्म से जुड़े बागूल ने दलित साहित्य को तो समृद्ध किया ही है, साथ ही संपूर्ण मराठी साहित्य में सबसे श्रेष्ठ लेखक का स्थान भी प्राप्त किया।

बागूल जी को 'मरण स्वस्त होत आहे' तथा 'जेव्हा मी जात चोरली होती' आदि रचनाओं के लिए महाराष्ट्र शासन का पुरस्कार, साहित्य लेखन के लिए इचलकरंजी के फाय फाउंडेशन और महाराष्ट्र फाउंडेशन का पुरस्कार और शैक्षिक विकास हेतु लोक शिक्षण कार्य के लिए आबाजी सुबराव तथा गवळी प्रतिष्ठान की ओर से सामाजिक कृतज्ञता पुरस्कार जैसे अनेक पुरस्कारों से सम्मानित किया गया है। जी.पी.एच. की पुस्तकों का मुख्य उद्देश्य ज्ञान के साथ-साथ अच्छे नम्बर दिलाना है।

प्रश्न 3. बाबुराव बागूल के लेखन की वैचारिक दृष्टि पर प्रकाश डालिए।

उत्तर– बाबुराव बागूल के लेखन का केंद्रीय तत्त्व 'दलित' रहा है। उनकी विचार दृष्टि में दलित सिर्फ अछूत वर्ग नहीं है, बल्कि समाज में शोषित, उत्पीड़ित और गुलामी के बंधनों में जकड़े सभी मनुष्य हैं। सामाजिक व्यवस्था में शोषण के शिकार निम्न स्तरीय प्रत्येक स्त्री-पुरुष दलित है। उनके दाहक जीवनानुभव और संघर्षरत अस्मिताओं का यथार्थ जिस साहित्य में अभिव्यक्त होता है वह दलित साहित्य की कोटि में आता है। इस तरह की दलित शब्द की व्यापकता और दलित साहित्य विषयक स्वतंत्र विचारधारा के पक्षधर बागूल रहे हैं। वे अपने साहित्य लेखन की केंद्रीय भूमिका स्पष्ट करते हैं 'तथागत गौतम बुद्ध, डॉ. अम्बेडकर, मार्क्स और महात्मा फुले के क्रांतिकारी विचार और दर्शन मेरे लेखन के केंद्र में रहा है।' इस तरह की वैचारिकी में बागूल ने बुद्ध, मार्क्स, फुले और डॉ. अम्बेडकर के विचारों का प्रतिपादन किया है। शोषण मुक्त समाज निर्माण की दिशा में जिस तरह मार्क्सवादी दर्शन को स्वीकृत किया जाता है, उसी तरह भारतीय

समाज व वर्ण व्यवस्था की वैचारिकी का ज्ञान देने वाले डॉ. अम्बेडकर के विचार हैं। भारतीय समाज के जाति वर्गीय ढाँचे में बदलाव लाने हेतु मार्क्स-अम्बेडकर के समन्वयात्मक विचारों की नई सैद्धांतिकी बागूल ने प्रस्तुत की है। वे मार्क्स-अम्बेडकर के विचारों तक ही सीमित नहीं रहते, बल्कि अम्बेडकर के विचार और दर्शन की भूमिका जिस बौद्ध दर्शन और विचारों से निर्मित है, उसके प्रति आस्था प्रकट करते हैं। उनके अपने विचार हैं–'मुझे बुद्ध अत्यंत प्रिय लगते हैं, क्योंकि मनुष्य के प्रति करुणा और मनुष्य के मूलभूत प्रश्नों को सुलझाने की प्रखर बुद्धिमता उनके पास थी। उनकी विचार दृष्टि असीम और अत्यंत भौतिकवादी थी। मनुष्य अपना दु:ख-दर्द खुद ही खत्म कर सकता है।' बौद्ध दर्शन प्रेरित मानवतावाद, भौतिक प्रश्नों के प्रति सजगता और परिवर्तनशील ज्ञान-मीमांसा बागूल के व्यक्तित्व में रही है। वे बुद्ध दर्शन और विचारों के साथ-साथ मार्क्स के विचारों को भी स्वीकृत करते हैं। बुद्ध ने मानव कल्याण के लिए समतामूलक समाज के निर्माण की सोच दी है, तो मार्क्स ने शोषण पर निर्मित समाज रचना और अर्थव्यवस्था को बताया है। बुद्ध द्वारा प्रस्तुत की हुई मनुष्य के 'दु:ख की सैद्धांतिकी' का विस्तार आधुनिक समय तक आते-आते शोषण की सैद्धांतिकी में प्रस्तुत करने का कार्य मार्क्स और अम्बेडकर ने किया है। शोषणमुक्त समाज निर्मिति की दिशा में योगदान दिया है। इसलिए बुद्ध-मार्क्स अम्बेडकर के समन्वयात्मक विचार दर्शन को आत्मसात करके मनुष्य जगत् के प्रति आस्था प्रकट करने वाली वैचारिकी बाबुराव बागूल ने प्रस्तुत की है।

सन् 1971 में महाड़ (महाराष्ट्र) में हुए 'द्वितीय महाराष्ट्र बौद्ध साहित्य सम्मेलन' के अध्यक्ष बाबुराव बागूल थे। इस सम्मेलन के अध्यक्षीय भाषण में पहली बार 'दलित' शब्द का प्रयोग करते हुए बागूल ने दलित साहित्य को परिभाषित किया। दलित साहित्य 'मनुष्य' मात्र को केंद्र में रखकर सोचता है। मनुष्य के समूह को समानता के मूल्यों के प्रति सचेत करता है। मनुष्य को ही महान् मानता है। दलित साहित्य मनुष्य-मनुष्य के भीतर का द्वेष खत्म करके बंधुत्व निर्माण करना चाहता है। दलित साहित्य मनुष्य की मुक्ति का पक्षधर है, मनुष्य की महानता मानने वाला, वंश, वर्ण और जाति श्रेष्ठत्व का कठोर विरोध करने वाला साहित्य है। दलित साहित्य की व्यापक दृष्टि है, वह पक्षपाती, प्रतिक्रियावादी, विषमता निर्माण करने वाला साहित्य नहीं है। दलित साहित्य मनुष्य की स्वतंत्रता, बंधुता तथा मानवीय मूल्यों की स्थापना करना चाहता है। इस तरह बागूल ने प्रतिबद्धता से दलित सृजन को लेकर सामाजिक दायित्व का निर्वाह करते हुए विश्वव्यापक विचार दृष्टि का परिचय दिया है।

दलित साहित्य लेखन की प्रतिबद्धता और साहित्यिक सरोकारों का उद्‌घाटन बागूल जी ने 'दलितत्व' संज्ञा के आईने में किया है। बागूल ने लिखा है–'दलितत्व वह है, जो स्वतंत्रता, लोकतंत्र तथा सर्वहारा वर्ग की सत्ता के समय में भी जनता के हित में होता है। उनके लिए संघर्ष करता है। मनुष्य की महत्ता, मुक्ति और मनुष्यता की दृष्टि से हमेशा संघर्षरत रहने वाला चेतना तत्त्व है–दलितत्व यानी सम्यक् क्रांति-तत्त्व।' बागूल की इस सैद्धांतिकी में असीम प्रेम, प्रकाशमान ज्ञान, करुणा और सामाजिक न्याय की सम्यक् क्रांतिकारी चेतना का बोध है। इस दलित संवेदना और चेतना के बोध से निर्मित साहित्य ही दलित लेखकों एवं उनके लेखन की व्यापक प्रतिबद्धता को सिद्ध करता है। बागूल जी दलित साहित्य संबंधी अवधारणा के प्रति अपने विचारों को स्पष्ट करते हैं–'जब कोई कहता है कि मैं दलित हूँ और कर्मवाद, आत्मवाद मानता हूँ, विषमता को स्वीकारता

हूँ तथा वर्णानुकूल पौराणिकता की आदर्श वैचारिकता का भी समर्थक हूँ। तब वह दलित साहित्य के लिए अभिप्रेत दलित अथवा दलित साहित्यकार नहीं है। कोई दलित अगर कहे कि मैं दलित हूँ, परंतु मुझे समाजवाद स्वीकार्य नहीं है। मेरा साम्राज्यवाद तथा उनकी कार्य पद्धति, औपनिवेशिक संघर्ष, आर्थिक वर्चस्व, फॉसिज्म को कोई भी विरोध नहीं है। तब वह जो कोई इसका समर्थक है वह दलित साहित्यकार नहीं है। वह सिर्फ जाति से दलित है, आर्थिक दृष्टि से दलित है। इसलिए दलित साहित्य का 'दलित' एक वैचारिकी है। कला साहित्य के प्रति देखने का नया दृष्टिकोण है। यह दृष्टि जो कोई भी आत्मसात करता है, उसे जाति अथवा आर्थिक स्थिति का कोई प्रमाण देने की जरूरत नहीं है। विचार, हृदय और मानवीय करुणा उसका अपना प्रमाण है।' बागूल के इन विचारों में दलित साहित्य, साहित्यिक सरोकार और दलित साहित्य लेखन प्रतिबद्धता की व्यापक दृष्टि मनुष्य जीवन के हित में अग्रसर दिखाई देती है। इसी व्यापक विचारधारा और संवेदनशीलता के द्वारा उनका लेखकीय कर्म विकासोन्मुख रहा है। उनके साहित्यिक विकास और साहित्यिक मूल्यों में बुद्ध, मार्क्स, फुले और डॉ. अम्बेडकर के विचार दर्शन का महत्त्व समानांतर रहा है। नकार, विद्रोह, दु:ख की अनुभूति, मनुष्य की महत्ता, ज्ञान-विज्ञान के प्रति निष्ठा, करुणा, बंधुत्व, अनात्म-अनीश्वरवाद, वीरत्व आदि मूल्यों का सृजन बागूल के लेखन में हुआ है। अतः बागूल की वैचारिकी को ध्यान में रखते हुए 'जब मैंने जाति छुपाई' कहानी का आस्वादन करते हैं।

प्रश्न 4. 'जब मैंने जाति छुपाई' कहानी की कथावस्तु को विस्तारपूर्वक बताइए।

अथवा

'जब मैंने जाति छुपाई' कहानी की कथावस्तु की विवेचना कीजिए।

[जून-2015, प्रश्न सं.-4]

उत्तर– 'जब मैंने जाति छुपाई' कहानी का सृजन कहानीकार बाबुराव बागूल ने समाज जीवन की यथार्थदर्शी तीन प्रवृत्तियों के समन्वय से किया है। प्रथम प्रवृत्ति, एक युवा दलित द्वारा अपनी जाति छुपाने पर होने वाली मानसिक और बौद्धिक यंत्रणा की है जो सामाजिक जीवन में मानसिक आघातों को सहते हुए भी नव समाज निर्मिति की दिशा में सम्यक् की दृष्टि रखता है। कहानी में इस प्रवृत्ति का वाहक 'मैं' हूँ। भारतीय समाज में वर्ण-धर्म संस्कारों के तहत मनुष्य के प्रति द्वेषपूर्ण व्यवहार करने वाली तथा सवर्ण अवसरवादिता की दूसरी प्रवृत्ति है जिसके प्रतिनिधिक चरित्र रामचरण तिवारी, रणछोड़, देवजी, माताप्रसाद आदि हैं। तीसरा पक्ष काशीनाथ सपकाल का है जो जाति भेद के कारण संतप्त तथा विद्रोही बनकर प्रस्थापितों की व्यवस्था और शोषण सत्ता की वैषम्यमूलक नीतियों के खिलाफ संघर्ष करता है जिसका संबंध आत्मसम्मान, स्वाभिमान, अस्तित्व की पहचान तथा सामाजिक न्याय के लिए संघर्षरत दलित वर्ग के जीवन सरोकारों से है। इन तीन प्रवृत्तियों के कलात्मक समन्वय से सामाजिक यथार्थ का अन्वेषण कथाकार ने किया है। कहानी की कथावस्तु में प्रस्तुत घटना-प्रसंगों, मनोवैज्ञानिक आत्मकथ्यों, चरित्रों की संवादात्मकता है।

कहानी का आरंभ ही कलावादी रुझान के विपरीत जीवनानुभव केंद्रित दृष्टि से होता है। कथानायक 'मैं' अपने अतीत में जाति छुपाने के कारण मिली हुई बौद्धिक और मानसिक यंत्रणा के अनुभवों को याद करता है। दलित जीवन के भोगे हुए यथार्थ को मनोजगत् की वेदनायुक्त संवेदनाओं से मुखर करता है। कहता है–"इस दुर्भाग्यपूर्ण देश में दलित बिरादरी में गलती से भी

जन्म नहीं लेना चाहिए क्योंकि यहाँ इस कदर यंत्रणा और अवमानना सहनी पड़ती है कि उससे मर जाने का दिल करता है।" भारतीय समाज का यह कठोर यथार्थ है कि समाज में दलित व्यक्ति का जन्मना दलित होना ही उपेक्षा, अवमानना, प्रताड़ना और शोषण का मुख्य आधार है। यहाँ मनुष्य को मनुष्यता की दृष्टि से देखने की बजाय जातीय मान्यताओं के द्वारा भेदभाव किया जाता है। जाति की एक ही फटकार से दलितों के संस्कार, गुण, ज्ञान, विचार और आदर्श खत्म कर दिए जाते हैं। छुआछूत और अस्पृश्यता के आघात सहने वाले दलितों का अपना कोई भी सामाजिक अस्तित्व नहीं है। उनका जीवन दुःख-दर्द, वेदना, पीड़ा, अवमानना, घृणा तथा अवसाद की स्थितियों से गुजरता है। इस दाहक, कठोर सामाजिक यथार्थ के परिदृश्य को कथाकार ने कहानी के आरंभ में अभिव्यक्त किया है। दलितों के जीवनानुभव, अंतर्द्वंद्व तथा जीवन संघर्षों के आयामों द्वारा कथानक में विस्तार देते हैं। समाज व्यवस्था पर प्रश्नचिह्न खड़ा करते हुए कथानक विस्तारित करने की पद्धति का विकास बाबुराव बागूल करते हैं।

'जब मैंने जाति छुपाई' कहानी के केंद्र में गुजरात प्रदेश का 'उधना' गाँव है। जहाँ रेल इंजन शेड में नौकरी के लिए युवा चरित्र 'मैं' जाता है। सुबह के समय 'मैं' जब उधना स्टेशन पर उतरता है, तो उसका मन उल्लास में चिंतामुक्त है। नौकरी मिलने की खुशी से वह उत्साहित है। 'मैं' का रहन-सहन, भाषा, आचार-विचार, सभ्यता, ज्ञान तथा मानवीय मूल्यों के आदर्श देखकर रेल इंजन शेड के मजदूर मोहित होते हैं। मैं सुबह के समय रणछोड़ से कमरे की बात करता है। लेकिन रणछोड़ दबे स्वर में पूछ लेता है कि, 'आपकी जाति कौन-सी है?' रणछोड़ की जातीय मानसिकता को खंडित करते हुए 'मैं' कहता है–'मैं मुंबईकर, सत्यवादी, सत्यप्रेमी, सत्यान्वेषी भारत को मुक्ति शक्ति दिलाने वाला प्रभार-पुंज समझे? या फिर एक बार अपनी महिमा का बखान करूँ?' तभी देवजी नामक चरित्र उन दोनों में पहल करता है। देवजी 'मैं' के रहन-सहन तथा हुलिये से यह अनुमान लगाता है कि वह ब्राह्मण या क्षत्रिय होगा। देवजी रणछोड़ को टोकते हुए कहता है–'अरे भाई, जात बिरादरी वालों के साथ तो हरी दूब बनकर रहना चाहिए। न कि लंबा ताड़? और फिर आप (मैं) जैसा आदमी धेड़-चमार के घर में थोड़े ही रह सकेगा?' यहाँ कथाकार ने सवर्ण अवारवादिता, स्वार्थवृत्ति तथा जातीय ग्रंथियों का सूक्ष्म अंकन किया है जिसका देवजी की दलितों के प्रति देखने की दृष्टि और जातिग्रस्त मानसिकता वाली स्वभाव विशेषताओं से बोध होता है। जहाँ रणछोड़ और देवजी जातीय भावना से ग्रस्त है, वहीं 'मैं' का चरित्र जातिमुक्त समाज का पक्षधर है। रणछोड़ और देवजी के संवादों को सुनकर 'मैं' कहता है–"कम-से-कम मेरे सामने तो ऐसी बातें मत किया कीजिए। मैं नए देश का नया सिपाही हूँ। हम अब एक-से हैं। ऊँच-नीच, धेड़-चमार, ब्राह्मण आदि सब झूठ है।" स्वतंत्र भारत में मनुष्य की प्रतिष्ठा स्वीकृत करते हुए समानता, बंधुत्व की विचार-दृष्टि रखने वाला दलित जाति की संवेदनाओं से मुक्त है। इस दलित चेतना के विस्तार का परिचय 'मैं' के कथनों से कहानीकार ने किया है। रणछोड़ और देवजी द्वारा मिन्नतें किए जाने पर 'मैं' कमरे की बात पक्की कर लेता है।

रणछोड़ के आग्रह करने पर 'मैं' कैंटीन में चाय पीने के लिए जाता है। वहाँ 'काशीनाथ सपकाल' इस दलित चरित्र के साथ 'महार' जाति का होने की वजह से दुर्व्यवहार किया जाता है। रामचरण तिवारी और अन्य सवर्ण मजदूर काशीनाथ को अपमानित करते हैं। काशीनाथ दलित है और कैंटीन में सवर्णों के साथ चाय पी रहा है, इसलिए उसे मारने की बातें रामचरण तिवारी

तथा अन्य सवर्ण मजदूरों में होती हैं अपितु काशीनाथ उनके खिलाफ संघर्ष करता है। काशीनाथ संवैधानिक कानूनों का आधार लेकर अपनी संघर्षशील चेतना का परिचय देता है। "अभी जाकर तुम्हारे फोरमैन को इंडियन कांस्टिट्यूशन पढ़ाकर सुनाता हूँ। तुम सब लोगों को जेल की हवा खिलाऊँगा, दूध में से मक्खी की तरह नौकरी से निकलवा दूँगा। कोई मजाक थोड़े ही है?" डॉ. अम्बेडकर के विचार और दर्शन से सचेत हुए दलितों के संघर्ष चेतना का विकास काशीनाथ के संवादों से अभिव्यक्त हुआ है। काशीनाथ का जोश, निडरता और संघर्षपूर्ण आवेग देखकर कैंटीन में इकट्ठा हुए सवर्ण मजूदर खिसकने लगते हैं। यद्यपि रामचरण तिवारी अपने अहं तथा जाति श्रेष्ठत्व के कारण काशीनाथ को बर्दाश्त नहीं कर पाता। इस प्रसंग के घटित होने तक 'मैं' अपनी जाति छुपाने की अवस्था में अपराधबोध की अनुभूति कर लेता है। काशीनाथ के फोरमैन ऑफिस में जाने से जो स्थितियाँ बन गई थीं उसे महसूस करते हुए अपनी जाति छुपाने का डर तथा सवर्ण लोगों का जातिवादी व्यवहार 'मैं' के मनोजगत् में तीव्र वेदना पैदा कर रहा था। उसका अंतर्मन फोरमैन ऑफिस में जाने से रोक रहा था। लेकिन घर की निर्धनता और फटेहाल स्थिति का स्मरण होते ही वह गर्दन झुकाए फोरमैन ऑफिस तक पहुँच जाता है। दलित व्यक्ति के मन में उभरने वाले अंतर्द्वंद्व उसे जीते-जी मरने का एहसास करा देते हैं। इस वास्तविकता को 'मैं' इन शब्दों में प्रस्तुत करता है–'मेरी स्थिति फाँसी के फंदे की ओर बढ़ते कैदी जैसी हो गई थी। इसी उधेड़बुन में मैं फोरमैन ऑफिस की सीढ़ियों तक पहुँच गया। अत्यधिक चिंताओं से घिरा होने से मेरी सिट्टी-पिट्टी गुम हो गई थी।' तभी फोरमैन ऑफिस से अवमानित होने की वजह से काशीनाथ आक्रोश करते हुए निकलता है। 'मैं' उसे सहानुभूति से अपनी जाति का जिक्र करना चाहता है, लेकिन रणछोड़ को करीब आते देखकर उसके मुँह से शब्द निकल नहीं पाते। काशीनाथ अपने अवमान की बातें 'मैं' को सुनाता है और गुस्से से निकल जाता है। उसके बयान और अपमानजनक स्थिति से 'मैं' की चेतना जाग उठती है। वह नौकरी न करने के इरादे से फोरमैन माताप्रसाद तिवारी के सामने जाकर संघर्ष के लिए खड़ा होता है। फोरमैन माताप्रसाद तिवारी तथा रामचरण तिवारी दोनों भाइयों की आँखों में खून उतर आया था। उसे देखकर 'मैं' भी मरने-मारने पर आमादा हो गया। जैसे ही माताप्रसाद ने कहा–'क्यों रे, उस आवारा अछूत के संग बातें कर रहा था तू?' तो उनका गर्व तोड़ने के लहजे में 'मैं' ने कहा–'अछूत? कौन है अछूत? अग्नि भी अछूत है और सूर्य भी, मृत्यु भी और पंचतत्त्व भी...। मनु ने जिस देश का सत्यानाश कर दिया। मुंबईवासियों ने उसे मुक्ति दिलवाई, मैं उसी महानगरी का मेहनती नागरिक हूँ। मुझे अपने कर्त्तव्य पर पूरा भरोसा है।' अपने कर्म पर भरोसा रखने वाले दलितों के जीवन सरोकार, अस्तित्व की पहचान तथा स्वाभिमान के व्यापक संदर्भों का समूचा परिदृश्य 'मैं' के वक्तव्यों से स्पष्ट किया गया है। इसी घटना प्रसंग में जातीय अहं में मनुष्य-द्वेष करने वाली प्रवृत्तियों को नकारने की दिशा में दलित चेतना के संघर्षशील आयामों को भी कथाकार ने सूक्ष्मता से उजागर किया है। माताप्रसाद कहता है–'उस धेड़ की बातों में आकर मुझे मुंबई की पट्टी मत पढ़ाओ। मुझे माताप्रसाद कहते हैं, हाँ।' लेकिन नौकरी की परवाह किए बिना 'मैं' कहता है–'मैं? सर्वजनीन सुखों की शिल्पकार मानवता प्रेमी...सत्य के लिए मर-मिटने वाला एक लड़ाकू-योद्धा! मेरी अपनी पहचान है। मुंबई में मैं रहा हूँ।' झल्लाकर माताप्रसाद कहता है, 'बको मत'। तब 'मैं' कहता है–'मैं बकता नहीं हूँ। नव भारत का मंत्र पढ़ा रहा हूँ।' अपने अहं में माताप्रसाद डाँटता है–'चुप रहो उल्टी-सीधी बातें मत करो।'

'मैं' निडरता से काव्यात्मक शैली में कह देता है–'मैं तो सीधी बातें ही कर रहा हूँ। मैं मेहनती नागरिक हूँ। मनु के पिछड़े देश को दिव्य-भव्य आकार देने वाला...।' यद्यपि अपना वर्चस्व बनाए रखने के लिए वर्ण, धर्म तथा जाति श्रेष्ठत्व को महत्त्व देने वाले माताप्रसाद पर उसका कोई असर नहीं होता। वह परंपरागत जड़वादी मानसिकता में मानवीय मूल्यों की महत्ता नकारता जाता है। माताप्रसाद और मैं का संवाद तब खत्म होता है, जब रामचरण तिवारी 'मैं' को कवि समझकर खिल उठता है। अंततः 'मैं' का नाम माताप्रसाद काशीनाथ के पहले दर्ज कर देता है। यहाँ भी माताप्रसाद का पक्षपाती दृष्टिकोण और जातिदंभ प्रकट होता है। जब वह 'मैं' को सर्टिफिकेट दिखाने के लिए कहता है, तो 'मैं' अपने आर्थिक अभाव और नौकरी के मोह में सर्टिफिकेट नहीं दिखाता। माताप्रसाद 'मैं' को सवर्ण समझते हुए अपनी मनोभावनाओं को प्रकट करता है। 'यहीं तो मार खा जाते हैं हम लोग और धेड़-चमारों को मौका मिल जाता है। वे फटाफट अफसर, मिनिस्टर बन जाते हैं। रेलवे में उन्हें तो इतनी सुविधाएँ हैं कि मैट्रिक ही। इसीलिए तुम दोनों क्लीनर ही रहोगे, जबकि वह फायरमैन, ड्राइवर, कंट्रोलर बन जाएगा।' माताप्रसाद की इस टिप्पणी से कथाकार बागूल ने दलितों की प्रगति एवं उन्नति को लेकर अखरने वाले जातिवादी चरित्रों की मानसिकता का बोध कराया है। समाज में जातीय हितसंबंधों के रक्षणार्थ उच्चवर्णीय लोग दलितों की भौतिक प्रगति को सुविधाओं की दृष्टि एवं जातीय नजरिए से ही देखते हैं। यहाँ तक कि अपनी असफलता एवं अयोग्यता के लिए दलितों को ही जिम्मेदार ठहराया जाता है। बरसों से शोषित एवं वंचित दलित वर्ग के सामाजिक-आर्थिक विकास के लिए सिर्फ योजनाएँ एवं सुविधाएँ कारणीभूत नहीं रही हैं। म. फुले, शाहुजी महाराज, डॉ. आबंडेकर आदि के विचार, दर्शन तथा शिक्षा के महत्त्व को समझकर दलित वर्ग ने त्याग एवं कठोर परिश्रम से उन्नति की दिशा में पहल की है। ज्ञान-विज्ञान, शासन-प्रशासन और सामाजिक-आर्थिक क्षेत्रों में अपना योगदान दिया है। फिर भी सामाजिक विषमता को बढ़ावा देने वाले जातीय चरित्र अंध-प्रवृत्ति को बरकरार रखना चाहते हैं।

नौकरी में नाम दर्ज होने के पश्चात् 'मैं' अपनी जाति छुपाकर रहता है। अपने आस-पास का परिवेश और कामकाज की जगह में दलित मजदूरों के साथ होने वाले जाति-भेद के व्यवहारों को महसूस करता है। मजदूरों के जातिवादी व्यवहारों से अवमानित काशीनाथ की उग्रता एवं व्यग्रता को काबू में रखने की कोशिश करता है। अत्यंत सतर्कता से सावधानी बरतता है कि काशीनाथ के ऊपर कोई आफत न आए और अपनी असलियत का पता भी न चलने पाए। एक ओर काशीनाथ के प्रति स्नेह एवं आत्मीयता से सामाजिक प्रतिबद्धता का निर्वाह करता है, तो दूसरी ओर जाति छुपाने का दर्द उसके लिए पीड़ा, त्रासदी एवं अपराध बोध निर्मिति का कारण बन जाता है। सवर्ण समाज की जाति जानने की चाहत से डर, वेदना, बेचैनी को महसूस करता है। वह द्वंद्वात्मक अवस्था में झुलसते हुए दिन काटता है। वह अपनी तकलीफों से मुक्त होना चाहता है। इसी दिशा में वह वेतन दिवस करीब आने पर नौकरी छोड़ देने का निर्णय लेता है। उसे सर्टिफिकेट लाने के बहाने अर्जी देने पर छुट्टी मंजूर हो जाती है। यह बात रामचरण को पता चल जाती है, जिस नौकरी में पहले दिन से ही 'मैं' को अपना गुरु बना लिया था। वह 'मैं' के कला साहित्य के ज्ञान से प्रभावित था और काव्य सीखना चाहता था। रामचरण वेतन मिलने के दिन अपने घर खाना खाने का आग्रह 'मैं' को करता है जिसे बहुत आग्रह करने पर 'मैं' स्वीकार करता है। इसी बीच कथाकार ने रामचरण की अवसरवादी सोच, स्वार्थवृत्ति तथा जातीय अहंवादी दृष्टि को शिद्दत

से प्रस्तुत किया है। रामचरण जाति की जानकारी न होने पर 'मैं' के प्रति श्रद्धा एवं आत्मीय भाव रखता है जबकि काशीनाथ के दलित होने की जानकारी के कारण उसके प्रति क्रूरता का व्यवहार करता है। दोहरी नीतियों के तहत व्यवहार करने वाली सवर्ण अवसरवादिता की समाज प्रवृत्तियों की पोल खोलने के उद्देश्य से कहानीकार ने रामचरण की चारित्रिक विशेषताओं का अंकन कहानी में किया है। मुंबई जाने से एक दिन पहले मैं अपने कमरे में बैठा गहरी सोच में डूब जाता है। अर्थाभाव में नौकरी छोड़ने के सवाल पर घर की विपन्नता से साक्षात्कार करता है। जीविका निर्वाह के आर्थिक प्रश्न सामाजिक संदर्भ लेकर उभरने से मानसिक आघातों से गुजरता है। तभी काशीनाथ वहाँ पहुँच जाता है। वर्णभेद की रूढ़ि से लहूलुहान काशीनाथ दरवाजे के बाहर ही खड़ा रहता है। 'मैं' के आग्रह करने के बाद संकोच करते हुए कमरे में जाता है। काशीनाथ अपने दु:ख-दर्दों को बयान करता है। नौकरी छोड़कर मुंबई जाने का जिक्र करता है। 'मैं' भी नौकरी छोड़ने का जिक्र करते हुए अपनी असलियत को बयान करना चाहता है। लेकिन रणछोड़ के वहाँ आ खड़े होने से उसके मुँह से शब्द नहीं निकल पाते। काशीनाथ को अपने घर में देखने से क्रोधित रणछोड़ कहता है–'क्या तमाशा चल रहा है। कल मुंबई जा रहे हो तो आज मेरा कमरा अपवित्र कर डालना चाहते हो?' अब तक शांत बैठा काशीनाथ उत्तेजित होकर रणछोड़ की ओर लपक पड़ता है। रणछोड़ डर के मारे अपने कमरे में जाकर दरवाजा बंद कर देता है। 'मैं' के रोकने के बाद काशीनाथ शांत होता है और कुछ क्षण बाद वहाँ से निकल जाता है। वर्णभेद का उग्र और भयंकर रूप देखकर 'मैं' भीतर से टूट जाता है। काशीनाथ और रणछोड़ का संघर्ष टल जाता है। कुछ देर बाद रामचरण वहाँ पहुँच जाता है। उसकी आहट सुनकर रणछोड़ बाहर निकलता है। रामचरण उसे समझाने-बुझाने की कोशिश करता है, तो वह 'मैं' पर बिगड़ जाता है। 'मैं' की जाति पर शक करता है। इस पर रामचरण क्रोधित होता है। अपने ब्राह्मण अहंकार से उत्तेजित होकर रणछोड़ पर गुस्सा करता है। रणछोड़ भी अपने श्रात्र-तेज की महत्ता सिद्ध करने के लिए रामचरण को नीचा दिखाने की कोशिश करता है। इन दोनों के बीच अपने जाति श्रेष्ठत्व को साबित करने के लिए वर्ण व्यवस्था के तहत बनी हुई भेदभाव की दरारें सामाजिक विषमता को दर्शाती हैं। 'मैं' अपना बोरिया-बिस्तर समेटकर रणछोड़ की पत्नी के हाथ में किराए के पैसे थमाता है और वहाँ से निकलता है। लेकिन रामचरण झगड़ा छोड़कर उसके पीछे दौड़ा चला आता है और गुस्से में कहता है–'तुम्हें मैंने खाने का न्यौता दिया था और तुम यहाँ चल भी दिए?' 'मैं' एक बार सिर्फ उसे देखता है और गर्दन लटकाकर चलता है। रामचरण अपने आवेश में रणछोड़ के प्रति द्वेष प्रकट करता है। फिर 'मैं' को मनाने की कोशिश करता है, 'मैं' उसके न्यौते का इंकार करता रहता है किंतु रामचरण उसके चरण छूने लगता है। तब उसकी अडिग श्रद्धा देखकर 'मैं' गद्गद् हो जाता है। 'यार मेरे चलो, तुम्हारे स्नेह के लिए मृत्यु का भी स्वागत करूँगा मैं।' कहते हुए उसके घर जाता है। रामचरण के घर में उसकी पत्नी सरस्वती द्वारा प्रतिनिष्ठा और पतिभक्ति को देखकर हैरत में पड़ जाता है। 'अतिथि तो भगवान के अवतार होते हैं' इस मान्यता के तहत पैर छूने, पंखा झलने तथा सेवा करने से परेशान हो जाता है। रामचरण का आग्रह तथा गुरु मानकर पीढ़े पर भोजन करवाना उसकी बेचैनी बढ़ाता है। रात में डर और बेचैनी के बीच रामचरण की कविताओं को सुनता है। उसके मन की व्यथा और वेदना देर रात सोने पर खत्म होती है। उसकी आँखें तब खुलती हैं, जब उसकी जाति का पता चल जाने के कारण लोग उसे पीटते हैं। रामचरण

जितना उसका कट्टर भक्त था, उतना ही खूँखार दुश्मन बन गया था। जाति छुपाने की वजह से दर्द को सहने वाला 'मैं' की जाति का पता चल जाने के बाद सामाजिक व्यवस्था की क्रूरता का शिकार हुआ था। मानवीय मूल्यों की प्रतिष्ठा करने की उसकी चाहत जाति व्यवस्था ने खत्म कर दी थी। काशीनाथ के आने से उत्तेजक और प्रक्षोभक सवर्ण लोग वहाँ से भाग गए थे। काशीनाथ के सहारे 'मैं' खड़ा हुआ और चलने लगा। तब काशीनाथ कहता है–'वो लोग तुमको पीट रहे थे और तुमने कुछ नहीं किया।' जैसे-तैसे बचकर निकला 'मैं' कहता है–'उन्होंने मुझे थोड़े ही मारा? मेरी पिटाई तो मनु ने की है?' इस कथन में समाज व्यवस्था के प्रति 'मैं' का आक्रोश प्रकट हुआ है। कथाकार बागूल ने दलित शोषण और उत्पीड़न के लिए किसी एक व्यक्ति को जिम्मेदार नहीं ठहराया। शोषण, उत्पीड़न और विषमता के लिए जिम्मेदार समाज व्यवस्था पर आघात किया है। मनु निर्मित नियम, वर्ण व्यवस्था और जातीय संरचना की बुराइयों के खिलाफ संघर्षरत दलित वर्ग की चेतना को 'जब मैंने जाति छुपाई' कहानी में विस्तार दिया है। जी.पी.एच. की पुस्तकों का मुख्य उद्देश्य ज्ञान के साथ-साथ अच्छे नम्बर दिलाना है।

प्रश्न 5. दलित साहित्य अनुभवात्मक संवेदना और सामाजिक सच्चाई का दस्तावेज है। इस कथन की पुष्टि कीजिए।

उत्तर– "दलित साहित्य केवल दलितों का लेखन नहीं है बल्कि जिन्होंने भी उसकी पीड़ा का अनुभव करके उन पर साहित्य का सृजन किया है वह सृजन दलित साहित्य की श्रेणी में आता है।"

दलित साहित्य की प्रमुख विशेषता अनुभवात्मक जीवन संदर्भों की अभिव्यक्ति है जिसमें रचनाकार अपने तथा मनुष्य के जीवनानुभवों, सामाजिक व्यवहार और जीवन में घटित घटना प्रसंगों आदि का सामाजिक प्रतिबद्धता से कलात्मक लेखा-जोखा प्रस्तुत करता है। साहित्य का सामाजिक यथार्थ और जीवन तथ्यों की सामाजिकता में रचनाकार के अनुभव प्रमाणस्वरूप सिद्ध होते हैं। यह रचना का भावबोध और उसकी सार्थकता का प्रमुख तत्त्व भी है। इस दृष्टि से दलित साहित्यकारों ने साहित्य को सामाजिक, आर्थिक, सांस्कृतिक तथा राजनैतिक पहलुओं से जोड़कर विश्लेषण करने की नई वैचारिकी दी है। बाबुराव बागूल की 'जब मैंने जाति छुपाई' कहानी लेखक के अनुभव, जीवन की घटना, प्रसंग और सामाजिक जीवन में जाति आधारित प्रताड़ना की उपज है। भारतीय समाज की जातीय आधार रचना दलित की शोषण प्रक्रिया का मूल केंद्र है और उसकी मान्यताओं के चलते जो यथार्थ मनुष्य के जीवन संदर्भों में, मन में और भाव जगत् में स्थित है, उसका कलात्मक सृजन कहानी में है।

कहानी का अनुभवात्मक परिदृश्य लेखक के जीवन में जुड़ी हुई सन् 1955 की घटनाओं का है। सन् 1955 में बागूल रेल वर्कशॉप की नौकरी के लिए मुंबई छोड़कर सूरत (गुजरात) गए थे। जिस तरह दलितों को किसी नई जगह जाने पर रहने के लिए सवर्ण, उच्चवर्गीय लोग अपने मुहल्लों में किराए पर मकान नहीं देते, उसी तरह के अनुभव बागूल को भी सूरत जाने पर मिले। उन्हें रहने के लिए मकान नहीं मिला। उनसे सवर्णों द्वारा बार-बार जाति पूछी गई। दलित बिरादरी की जानकारी मिलते ही उच्चवर्गीय, उच्चजातीय लोग किराए पर मकान देने के लिए राजी नहीं हो रहे थे। परिणामत: अपनी परिस्थितिगत मजबूरियों में पाँच-छ: महीने सूरत में सवर्ण बस्ती में

जाति छुपाकर रहना पड़ा था। उस इलाके के लोग उनकी जाति जानने का प्रयास करते थे। इस स्थिति में वेदना, पीड़ा, संत्रास की कसमसाहट भरी त्रासदी के अनुभवों से उन्हें गुजरना पड़ा। वे सूरत के जिस उधना इंजन शेड में मजदूर थे वहाँ के मजदूरों के बीच में भी जाति के आधार पर भेदभाव बरता जाता था। जिस कारण दलित मजदूर भी अवमानना, अवहेलना तथा उपेक्षा का शिकार होता है, उसे अपने ही सहकर्मियों के बीच अछूत, उपेक्षित माना जाता है। छुआछूत और भेदभाव के अनुभव अंततः मानसिक हीनताबोध में बदल जाते हैं। जाति आधारित भेदभाव एवं मानसिक उत्पीड़न की प्रक्रिया से गुजरने वाले दलितों के अनुभव बागूल महसूस करते रहे हैं। उन दिनों सवर्ण समाज के लोगों का व्यवहार तथा जाति का पता लगने के बाद निर्मित हुई स्थितियों और मार-पीट की घटनाओं की वजह से उन्हें नौकरी छोड़नी पड़ी थी। वे वापिस मुंबई लौट आए। सूरत में भोगे हुए अनुभवों का यथार्थ तथा दलित व्यक्ति द्वारा मजबूरी में खुद का ब्राह्मणीकरण कर उभरी हुई जाति छुपाने की प्रवृत्ति और इस स्थिति में निर्मित त्रासदी बाबुराव बागूल के मन में गहराई से उतर गई। 'जब मैंने जाति छुपाई' कहानी में उस सघन होती गई पीड़ा को संवेदनात्मक अभिव्यक्ति दी है।

सूरत के परिवेश की सामाजिक सच्चाई में जातीय मान्यताओं की जड़ें जीवित रही हैं। यहाँ पर औद्योगिक तथा व्यापार क्षेत्र में उन्नति होने के बावजूद भी लोग उच्च-नीच की भावना अपनाए हुए हैं। भेदभाव की प्रवृत्ति का मूल केंद्र जाति है और उसके चलते दलित व्यक्ति का सामान्य मजदूर की नौकरी करना भी कठिन हो जाता है। कहानीकार के जीवन में यही अनुभव सूरत में आते गए हैं। सूरत के जीवनानुभवों तथा कहानी के अनुभवात्मक परिदृश्य का उद्घाटन खुद बागूल ने प्र.श्री नेरूरकर द्वारा लिए गए साक्षात्कार में किया है। क्या 'जब मैंने जाति छुपाई' कहानी सूरत के अनुभवों की अभिव्यक्ति है? इस कहानी में आप कौन हो? इन सवालों का जवाब देते हुए बागूल बताते हैं–"हाँ, उस कहानी का 'काशीनाथ सपकाल' भी मैं हूँ और 'मैं' भी मैं हूँ।" दलित समाज के युवाओं में दो प्रवृत्तियाँ उभरती हैं। 'एक खुद का ब्राह्मणीकरण कर लेने की प्रवृत्ति और दूसरी अम्बेडकर के सम्यक् विचारों की प्रवृत्ति।' इन दो प्रवृत्तियों में जीने वाला दलित वर्ग अंततः जाति व्यवस्था की संरचना में शोषित ही होता है। कहानी में सृजित 'मैं' और 'काशीनाथ सपकाल' ये दोनों चरित्र तत्कालीन समय में कहानीकार के अनुभवों से निर्मित जीवन संदर्भ और मानसिक स्थिति को उजागर करते हैं, जो सामान्यतः दलित युवाओं के जीवन सरोकार और दलित चेतना के विस्तार को भी स्पष्ट कर देते हैं। साथ ही सामाजिक जीवन की विषमता, क्रूरता, स्वार्थवृत्ति एवं बुराइयों को भी उजागर करते हैं। लेखक खुद सामाजिक जीवन की वास्तविकताओं और अनुभवों के भुक्तभोगी रहे हैं। जो अनुभव सूरत के परिवेश में तथा उधना इंजन शेड में नौकरी करते समय उन्हें मिले हैं, उसका सीधा प्रस्तुतीकरण उन्होंने किया है। यथा–"मुझ पर जाति छुपाने के कारण आफत आई थी। उस घटना की याद आते ही पूरे तन बदन में आग-सी लग जाती है। सिर भन्नाने लग जाता है और लगता है कि इस दुर्भाग्यपूर्ण देश में दलित बिरादरी में गलती से भी जन्म नहीं लेना चाहिए। इस बिरादरी में जन्म लेने पर तो इस कदर यंत्रणा और अवमानना सहनी पड़ती है कि उससे तो मर जाने का दिल करता है। जहर खाकर जिंदगी के खोल पर पर्दा डालने की इच्छा बलवती हो जाती है। भीतर की सभी अच्छाइयाँ और इंसानियत खत्म हो जाती है और बची रह जाती है घृणा। इसी मानसिक और बौद्धिक यंत्रणा के दौर से मुझे गुजरना पड़ा

था। यदि मैं कुछ दिन और अपनी जाति छिपाए रखता तो जैसे बिल्कुल ही पागल हो जाता या फिर हलाहल पीकर साँप के रूप में मुंबई आ गया होता। यह तो अच्छा हुआ कि जिस दिन मुझे वेतन मिला, उसी रात रामचरण तिवारी के घर मेरे सामान की चोरी हुई और एक चोर ने वर्ण चोर की चोरी का रहस्य खोल दिया यानी रामचरण तिवारी ने मेरी यानी अपने उस्ताद की खूब अच्छी तरह से मरम्मत की, लात-घूँसे जमाए। ऐसी स्थिति में काशीनाथ सपकाल ने मुझे सामूहिक छीछालेदार की दोजख से बचा लिया।"

अत: उस समय के समाज और परिवेश के परिप्रेक्ष्य में कहानीकार की अनुभवात्मक संवेदना 'जब मैंने जाति छुपाई' कहानी में अभिव्यक्त हुई है। कल्पना जगत् की भावभूमि की अपेक्षा जीवनानुभव केंद्रित अनुभवों का व्यापक परिदृश्य कहानी की अंतर्वस्तु में मौजूद रहा है जिसमें सामाजिक जीवन की सच्चाई का यथार्थान्वेषण किया गया है। कहानी में अभिव्यक्त विचार, अनुभव, सामाजिक यथार्थ महज एक लेखक की संवेदनाएँ नहीं हैं, बल्कि समूचे दलित वर्ग की वास्तविक जिंदगी भी है। जो सरकारी प्रशासनिक कार्यालयों, कल-कारखानों, छोटे-मोटे उद्योगों तथा निजी संस्थाओं में कार्यरत हैं, उनके जीवन में कई कारणों से भेदभाव, छुआछूत, अवमानना के अनुभव आते हैं। अपना घर, परिवार, गाँव तथा शहर छोड़कर किसी दूसरे परिवेश में नौकरी के लिए स्थानांतरित हुए दलित व्यक्ति की पहचान उसकी जाति के आधार पर की जाती है। सामाजिक जीवन में उनके साथ जाति भेद का बर्ताव किया जाता है, जो उच्च पद की नौकरी प्राप्त करने के बाद भी खत्म नहीं होता। सामाजिक जीवन की इस दुराग्रहपूर्ण स्थिति में दलित व्यक्ति को मजबूरी में जाति छुपाकर जीवन व्यतीत करना पड़ता है। इस अवस्था में उस दलित की त्रासदी और मनोजगत् में निर्मित अपराध बोध की भावना बलवती हो जाती है। एक ओर सामाजिक जीवन में उपेक्षा और दूसरी ओर मानसिक हीनताबोध की पीड़ा दलित जीवन का यथार्थ है। दलित जीवन की इन सामाजिक और व्यक्तिगत वास्तविकता को समझाने का प्रयास 'जब मैंने जाति छुपाई' कहानी के द्वारा कहानीकार ने किया है। कहानीकार की अपनी अनुभवात्मक संवेदना और सामाजिक यथार्थ की अभिव्यक्ति जीवनानुभव केंद्रित है। इसलिए यह कहानी सिर्फ कलात्मक अभिव्यक्ति नहीं है, बल्कि सामाजिक सच्चाई के महत्त्वपूर्ण दस्तावेज के रूप में प्रसिद्ध रही है।

प्रश्न 6. दलित साहित्य के सौंदर्यशास्त्र में वेदना और विद्रोह के मूल्यात्मक बोध पर प्रकाश डालिए।

उत्तर– दलित संवेदना का प्रमुख तत्त्व वेदना समाज से निर्मित शोषण की उपज है। वेदना एक भावात्मक अनुभूति की मन-संवेदना है। वेदना का अभ्युदय दलितों के मन में 'अस्पृश्य' या 'अछूत' कहकर दी जाने वाली भीषण यंत्रणा से होता है। विद्रोह की संवेदना वैचारिक और क्रांतिदर्शी होती है। विद्रोह सिर्फ नकार की भाववृत्ति नहीं है, बल्कि बुद्धि प्रमाण्यवाद, विज्ञानवाद तथा नव निर्माण की क्रांति चेतना धारण करने वाली व्यापक संवेदना है। विद्रोह मनुष्य की भौतिक जीवनयात्रा में बाधक कल्पना बोध, अंधविश्वास, रूढ़ियाँ एवं जड़ परंपरागत धारणाओं के खिलाफ होता है। वैचारिक आंदोलन से जगे आत्मबोध से अस्मिता एवं आत्मसम्मान का अभ्युदय होता है और इस समय की अवस्था में मनुष्य बौद्धिक क्षमता से समाज व्यवस्था का मूल्यांकन करते हुए विद्रोह करता है।

'जब मैंने जाति छुपाई' कहानी में 'मैं' और 'काशीनाथ सपकाल' इन दलित चरित्रों के जीवन में घटित घटनाएँ वेदना और विद्रोह की स्थितियों को अभिव्यक्त करती है। 'मैं' परिस्थितिवश नौकरी के लिए मजबूरी में जाति छुपाकर रहता है। उसका जागृत मन मानवमुक्ति, शोषण मुक्ति और मानव कल्याण की दिशा में नए के निर्माण के लिए सच्चाई का मार्ग अपनाता है। उधना के परिवेश में सवर्ण समाज के रणछोड़, रामचरण तिवारी तथा माताप्रसाद ये चरित्र उसकी जाति जानने का प्रयास करते हैं। इन चरित्रों के मन में दलित वर्ग के प्रति हीनता एवं दुर्व्यवहार का भाव है। वे 'महार', 'अछूत', 'अस्पृश्य', 'धेड़' इन शब्दों के प्रयोग द्वारा इसे प्रकट करते हैं। 'काशीनाथ सपकाल' इस दलित चरित्र को तो वे अत्यंत घृणा और तिरस्कार की दृष्टि से देखते हैं। सवर्ण चरित्रों की हिंदू धर्म संस्कारों के प्रति आस्था और जातीय भावना दलित चरित्र 'मैं' और 'काशीनाथ सपकाल' की मन-संवेदनाओं में वेदना निर्माण का कारण बन जाती है। वेदना की अनुभूति होने पर विद्रोह की प्रतीति होती है। कथानायक 'मैं' जब उधना के स्टेशन पर उतरता है, तब रणछोड़ उसे कमरा देने के लिए राजी हो जाता है। वहाँ मजदूरों की आँखों में उसके प्रति स्नेह भाव देखकर 'मैं' का मन उत्साहित होता है। यद्यपि इसी समय तुरंत उत्साही मन की अनुभूति वेदना में बदल जाती है। मैं खुशियों के महासागर में हिलौरे लेने लगा था कि रणछोड़ दबे स्वर में पूछता है—'लेकिन आपकी जाति कौन-सी है?' भारतीय समाज व्यवस्था में जहाँ दलितों के अधिकांश दुःख जन्म से ही शुरू होते हैं, वहाँ सवर्णों द्वारा जाति पूछी जाने से दलित मन में भय और वेदना के संमिश्र भाव उठने लगते हैं। सवर्णों की जाति जानने के व्यवहार से ही उस कठोर सामाजिक यथार्थ का परिचय होता है, जहाँ दलितों के सुसंस्कार, शिक्षा, वैचारिक प्रगल्भता आदि समस्त गुण खारिज किए जाते हैं। शिक्षित 'मैं' भी अपने ज्ञान और जागृत मन से कहता है—'आपने मुझसे यह पूछने की जुर्रत कैसे की? मेरे हुलिए से आप अंदाज नहीं लगा सकते? मैं... मुंबईकर यानी कि मुंबईवासी, सत्यवादी, सत्यप्रेमी, सत्यान्वेषी, भारत को मुक्ति शक्ति दिलाने वाला प्रभार-पुँज समझे? या फिर एक बार सुनाऊँ? अपनी महिमा का बयान करूँ?' वेदना से उपजी इस अभिव्यक्ति में वैचारिक विद्रोह है जिससे रणछोड़ चुप हो जाता है। उन दोनों में पहल करते हुए देवजी रणछोड़ को टोकता है। अपनी अवसरवादिता में रणछोड़ कमरा देने के लिए तैयार हो जाता है। लेकिन देवजी भी अपने स्वभाव और मनोजगत् में स्थित जातीय ग्रंथियों से मुक्त नहीं है। उसका पहल करने का अंदाज ही इसे बताता है—'अरे भाई, जाति बिरादरी वालों के साथ तो हरी दूब बनकर रहना चाहिए, न कि लंबा ताड़? और फिर आप जैसा आदमी धेड़-चमार के घर में थोड़े ही रह सकेगा?' देवजी की दलितों के प्रति ये संवेदनाएँ जातीय मान्यताओं से ग्रस्त हैं। इसे 'मैं' समझ जाता है और जाति-पाँति से ऊपर उठने के पक्ष में कहता है—'कम-से-कम मेरे सामने तो ऐसी बात मत किया कीजिए। मैं नए देश का नया सिपाही हूँ। ऊँच-नीच, धेड़-चमार, ब्राह्मण सब झूठ है।' मनुष्य केंद्रित जीवन दृष्टि से मानवता के पक्ष में 'मैं' की सोच वैचारिक विद्रोह का बोध देती है। इस प्रसंग से 'मैं' की जाति छुप तो जाती है, पर उसकी वेदना अपराध बोध में अधिक तीव्रता धारण करने लगती है। चाय-नाश्ते की कैंटीन में जब 'मैं' और 'रणछोड़' पहुँचते हैं, तब वेदनायुक्त संवेदना का प्रसंग घटित होता है। कैंटीन की ठसाठस भरी भीड़ में 'महार' रणछोड़ शब्द सुनते ही 'मैं' को लगता है कि किसी ने उसके कान में बंदूक दाग दी हो। प्रसंग है—'महार उसने मुँह फेर कर चिल्लाने के अंदाज में कहा, तो गरुड़ पक्षी की भाँति कुलाँचे भरता मेरा मन जैसे धप्प से

नीचे आ गिरा। मेरा हर्षोत्फल शरीर मानो विकलांग हो गया। मेरे खून की गर्मी जैसे बर्फ बन गई। यह शब्द विकट हास्य करते हुए डरा रहा था। मैं दीवार बना खड़ा था।' शिक्षित 'मैं' के डर और वेदना के अन्य कुछ प्रसंगों में तिवारी का काशीनाथ सपकाल के साथ 'अस्पृश्य', 'अछूत' कहकर घृणा से टिप्पणी करना। फोरमैन ऑफिस में भेदभाव बरतना आदि का सूक्ष्म अंकन कहानी में है। 'मैं' को वेदना की उस समय अधिक तीव्रानुभूति होती है, जब वह जाति से ऊपर उठकर मनुष्यता की दृष्टि से सोचता है। वह समय-समय पर अपने जागृत मन से रणछोड़, रामचरण तथा माताप्रसाद से संवाद करता है। यद्यपि यह चरित्र अपने धर्म-संस्कारों, जातीय अहं तथा परंपरागत जड़ रूढ़िवादिता से बाहर कुछ सोचते ही नहीं। उल्टे अपनी जातिग्रस्त मानसिकता में 'मैं' की जाति जानने का प्रयास करते हैं। यह महसूस करने पर 'मैं' का कलेजा तार-तार हो जाता है। 'मैं' को एक ओर गरीबी और अर्थाभाव में नौकरी में बने रहने की चिंता है तो दूसरी ओर अपनी जाति छुपाने की अवस्था में डर लगता है। अंतर्द्वंद्व की इस स्थिति में वेदनायुक्त संवेदनाएँ 'मैं' के लिए अपराध बोध का कारण बन जाती हैं। 'वह अपनी वर्ण-चोरी की पोल खुल जाने के भय से एकांत के अंधेरे में धँसता जा रहा था और वहाँ जाकर अपने आपको ही कोसते हुए विलाप कर रहा था।' डर, चिंता, मजबूरी और वेदना के संमिश्र भावों में दलित मन की त्रासद अनुभूति कथाकार सूक्ष्मता से प्रकट करते हैं।

कथा के अंत तक 'मैं' अपनी जाति छुपाने तथा दलित व्यक्ति को उसकी गुणवत्ता और कुशलता की दृष्टि से देखने की बजाय जाति के आधार पर नकारने की वजह से वेदना का संचय मन में लिए रहता है। वेदना को सहते हुए करुणा, दया, प्रेम और बंधुत्व की कामना करता है। लेकिन उसके आदर्श, ज्ञान, मानवीयता के सपने, शिक्षित संस्कार सवर्णों को रास नहीं आते। अंततः उसकी वर्ण-चोरी या जाति छुपाने का पता चल जाता है। वह उच्चवर्णीय लोगों के प्रक्षोभ का शिकार बन जाता है। उसके सारे सर्टिफिकेट फाड़ दिए जाते हैं। सवर्णों के जाति श्रेष्ठत्व के अहं में उसका सब कुछ लूट लिया जाता है। रामचरण तिवारी के घर के बाहर 'मैं' को पीटने की खबर काशीनाथ सपकाल को मिलती है। काशीनाथ अपने शौर्य एवं निडरता से सवर्ण लोगों की भीड़ को भगा देता है। 'मैं' की असहनीय, अवमान की स्थिति में काशीनाथ उसे बचा लेता है। 'मैं' को सहारा देते हुए संवाद करता है–'चलो, पुलिस स्टेशन चलते हैं।' वे लोग तुमको पीट रहे थे और तुमने कुछ नहीं किया?' 'मैं' कहता है–'उन्होंने मुझे थोड़े ही मारा? मेरी पिटाई तो मनु ने की है। चलो भी...।' इस कथन में 'मैं' की व्यक्तिगत विवशता और व्यथा की अभिव्यक्ति नहीं होती बल्कि समाज व्यवस्था के प्रति, धार्मिक संस्कारों, कुरीतियों, जाति व्यवस्था के प्रति विद्रोह व्यक्त होता है। 'मैं' के अंतर्मन की धधकती वेदना और उस पर हुए अत्याचार का मूल मनु निर्मित वर्ण व्यवस्था है। वर्ण व्यवस्था के संस्कारों के कारण भारतीय समाज में दलितों का शोषण होता है। इसलिए मनु प्रणीत धर्मव्यवस्था और नियमों के प्रति चल रहे दलित आंदोलन के क्रांतिदर्शी संघर्ष के रूप में विद्रोह का मूल्यात्मक बोध कथाकार कराते हैं।

कहानी में जहाँ 'मैं' के द्वारा वेदना और विद्रोह के मूल्यों की अभिव्यक्ति है, वहीं काशीनाथ सपकाल के द्वारा डॉ. अम्बेडकर के आंदोलन, विचारधारा एवं प्रेरणा से जागृत दलित मन की विद्रोही स्थितियों को दर्शाया है। काशीनाथ तलवार की धार-सा और संवेदनशील मन का चरित्र है। बचपन से ही सामाजिक जीवन की क्रूरता एवं पारिवारिक जीवन के अर्थाभाव में मानसिक

दु:ख-दर्द सहता है। अपनी गरीबी और आर्थिक अभाव को मिटाने के लिए मजदूर बन जाता है। मजदूर बनने के बाद भी उसे दलित होने की वजह से सवर्ण मजदूरों द्वारा प्रताड़ित होना पड़ता है। समाज में यही स्थिति प्राय: दलित वर्ग के मजदूरों की है। हालाँकि सवर्ण मजदूर भी पूँजीपतियों के आर्थिक शोषण से पीड़ित है। परंतु दलित मजदूर आर्थिक शोषण और सवर्ण मजदूरों के वर्ण-धर्म संस्कार तथा जातीय मान्यताओं की वजह से सामाजिक स्तर पर भी शोषित हैं। इन अवस्थाओं में दलित वेदना की तीव्र अनुभूति करता है। काशीनाथ की वेदना आर्थिक शोषण और सवर्ण चरित्र रणछोड़, माताप्रसाद, रामचरण आदि के द्वारा किए जाने वाले जातीय शोषण एवं मानसिक आघातों से निर्मित है। सवर्ण चरित्रों द्वारा किया जाने वाला भेदभाव, दुर्व्यवहार, अवमानना, अपमान के बीच परिस्थितियों से जूझता काशीनाथ अपनी वेदना और शोषण से मुक्त होना चाहता है। इस दिशा में प्रत्यक्ष संघर्ष के लिए खड़ा होता है। काशीनाथ का विचार दर्शन लोकतांत्रिक प्रणाली और न्याय व्यवस्था के प्रति आस्था रखने वाला है। काशीनाथ का विद्रोह के रूप में प्रत्यक्ष संघर्ष करना किसी एक व्यक्ति के विरोध में खड़ा होना नहीं है। वह समाज में मनुष्य की प्रतिष्ठा नकारने वाली प्रवृत्तियों के खिलाफ संघर्ष करता है। मानवीय मूल्यों की स्वीकृति और सामाजिक एकता को दृढ़ करने हेतु क्रांतिदर्शी चेतना से युक्त विद्रोह की अवस्थाओं को कथाकार बागूल ने काशीनाथ के स्वभाव और संवेदनाओं के चित्रण से स्पष्ट किया है। सामाजिक जीवन में दलित अपनी जाति छुपाकर जीवन व्यतीत करे अथवा जाति बताकर जीने की कोशिश करता रहे आखिर दोनों अवस्थाओं में वेदना की अनुभूति कर ही लेता है। अपनी वेदना और शोषण से मुक्त होने की दिशा में समाज व्यवस्था का मूल्यांकन करता है। वह आत्मसम्मान, स्वाभिमान एवं अस्मिता को प्राप्त करना चाहता है। भाईचारा प्रस्थापित करने हेतु समाज जीवन का मूल्यांकन करते हुए विद्रोह करता है। दलितों की इस वेदना और विद्रोही चेतना का विकास बाबुराव बागूल ने बड़ी सफलता एवं सूक्ष्मता से 'जब मैंने जाति छुपाई' की कहानी की अंतर्वस्तु में किया है।

प्रश्न 7. अर्जुन डांगळे के जीवन और उनके लेखन का परिचय दीजिए।

अथवा

दलित साहित्य आंदोलन में अर्जुन डांगळे के योगदान को स्पष्ट कीजिए।

उत्तर– अर्जुन डांगळे साठोत्तरी मराठी दलित साहित्य आंदोलन के प्रमुख हस्ताक्षर हैं। उनका जन्म सन् 1944 में मुंबई के झोपड़पट्टीनुमा इलाका 'माटुंगा लेबर कैम्प' में हुआ था। यह इलाका मुंबई में होने वाले सामाजिक, सांस्कृतिक तथा साहित्यिक गतिविधियों का मुख्य केंद्र रहा है, जहाँ पर महाराष्ट्र के गाँवों से आने वाले दलितों, मजदूरों, कारीगरों एवं उपेक्षितों की एक दुनिया निवास करती आ रही है। इस माटुंगा लेबर कैम्प में रहते हुए अर्जुन डांगळे ने दलित जीवन के दारुण अनुभवों को सहा। बचपन में सुख-सुविधाओं से वंचित जीवन मात्र घोर गरीबी, दरिद्रता और अर्थाभाव में गुजरा। जीवन की भीषण स्थितियों एवं कठोर सामाजिक यथार्थ से संघर्ष करते हुए उन्होंने अपनी उच्च शिक्षा पूर्ण की। माटुंगा लेबर कैम्प में ही उनकी माता शांताबाई के मामा डॉ. शंकर नारायण पगारे कम्युनिस्ट आंदोलन के प्रमुख कार्यकर्त्ता थे। बाबुराव बागूल भी माटुंगा लेबर कैम्प के निवासी रहे हैं, जिनका स्नेह भी उन्हें बचपन से मिला। आगे चलकर दलित साहित्य आंदोलन की बहुतांश गतिविधियों में बागूल के साथ रहकर उन्होंने कार्य किया। वे अपने छात्र जीवन से ही सामाजिक, सांस्कृतिक, साहित्यिक तथा राजनीतिक आंदोलनों में सक्रिय रहे।

अर्जुन डांगळे मराठी दलित साहित्य के प्रमुख रचनाकार हैं। अर्जुन डांगळे सहित बहुत से दलित कार्यकर्त्ताओं ने राजनैतिक एकता स्थापित करने के प्रयास किए। यद्यपि उनका यह प्रयास नेताओं की अपनी-अपनी वैचारिक तथा राजनैतिक मान्यताओं की वजह से असफल रहा। दलितों को राजनैतिक अस्थिता तथा नेतृत्व के अभाव में न्याय मिलना कठिन होता गया। इन्हीं दिनों एक ओर साहित्य के क्षेत्र में नई युवा पीढ़ी दलितों की वेदना, अस्मिता, आत्मसम्मान, जीवन संघर्ष और विद्रोह की अभिव्यक्ति द्वारा जागृति लाने और भारतीय समाज को समतामूलक बनाए जाने की कोशिश कर रही थी। दलित साहित्य आंदोलन में सक्रिय युवा पीढ़ी ने यह महसूस किया कि दलितों पर बढ़ते जा रहे अन्याय-अत्याचारों के खिलाफ केवल साहित्यिक अभिव्यक्ति कारगर नहीं हो सकती। साहित्य आंदोलन के साथ सामाजिक आंदोलन भी चलाना जरूरी है। इन्हीं दिनों मुंबई के सिद्धार्थ कॉलेज के छात्रावासों में रहने वाले दलित एवं अदलित युवकों ने संयुक्त रूप से 'युवक आघाडी' की स्थापना की जिसमें अर्जुन डांगळे, दया पवार, नामदेव ढसाळ, ज.वि. पवार, अरुण कांबळे, राजा ढाले, प्रल्हाद चेंदवनकर आदि दलित युवा रचनाकार सक्रिय थे। ये सभी रचनाकार अमेरिका के अश्वेत क्रांतिकारियों के साहित्य एवं उनके 'ब्लैक पैंथर' से परिचित हो गए थे। दलितों ने 1972 को 'दलित पैंथर' की स्थापना की। 'युवक आघाडी' तथा 'दलित पैंथर' की स्थापना में और उनकी गतिविधियों में अर्जुन डांगळे ने अग्रणी भूमिका निभाई है।

अर्जुन डांगळे ने कविता, कहानी, आलोचना, दलित साहित्य तथा दलितों के राजकीय, सामाजिक, आर्थिक, सांस्कृतिक प्रश्नों पर भरपूर वैचारिक लेखन किया है। उनके साहित्य सृजन का आरंभ कविता लेखन से हुआ। आरंभिक समय में उनकी बहुतांश कविताएँ अस्मितादर्श, साधना, मराठवाडा, आम्ही, मागोवा आदि पत्र-पत्रिकाओं में प्रकाशित हुई हैं। प्रथम कविता संग्रह 'छावनी हलते आहे' शीर्षक से प्रकाशित हुआ। इस कविता संग्रह में जागृत दलितों की संवेदनाओं को शब्दबद्ध किया गया है। यह संग्रह परंपरागत मराठी साहित्य से अलग दलित साहित्य के नए सौंदर्यबोध का आख्यान है। कविताएँ दलितों की वेदना और विद्रोह के संदर्भों को उजागर करती हैं। हिंदू संस्कृति एवं वर्ण व्यवस्था के शोषणकारी मूल्यों को नकारती हैं। सामाजिक क्रांति की दिशा में संघर्ष की चेतना का बोध देती हैं। 'ही बांधावरची माणसं' कहानी संग्रह सन् 1979 में प्रकाशित हुआ। इस संग्रह की कहानियों की मूल चेतना समाज में बरसों से शोषित-पीड़ित दलित-उपेक्षित वर्ग की विडम्बनापूर्ण जीवन गाथा रही है। गाँवों में दलितों के साथ प्रत्यक्ष जीवन में घटित अन्याय और अत्याचार की घटनाओं तथा उनके सामाजिक-आर्थिक संदर्भों की यथार्थवादी स्थितियों को कहानियों में मुखर किया गया है। कहानियों के चरित्र प्रतिदिन भूख से लड़ते हुए अगले दिन की प्रतीक्षा करते रहते हैं। भूख से अनंतकाल तक के संघर्ष की कहानियाँ दलित जीवन के सत्य को उकेरती हैं। सवर्णों द्वारा तिरस्कार, धार्मिक-जातीय दबाव, अस्पृश्यता आदि के आघात सहते हुए पीड़ादायक अनुभवों का यह त्रासद जीवन जीने की मजबूरी दलित जीवन की वास्तविकता है। पितृसत्तात्मक समाज में दलित पुरुष से अधिक दलित नारी तिहरे शोषण को झेलती है। उस शोषित ग्रामीण दलित नारी के जीवन संघर्ष तथा व्यथाओं को अतिसंवेदनात्मक धरातल पर मानवीय दृष्टि से कहानियों में चित्रित किया गया है। दु:ख, अवमानना, अपमान, घृणा, तिरस्कार एवं वेदना को सहते हुए भी सामाजिक न्याय के लिए संघर्षरत रहने वाले दलित सरोकारों का पक्ष अर्जुन डांगळे ने 'ही बांधावरची माणसं' कहानी संग्रह में रेखांकित किया है। चंद्रकांत बांदिवडेकर लिखते

हैं—अर्जुन डांगळे ने दलित नारी पर होने वाले अत्याचारों को सशक्त अभिव्यक्ति दी है। दलित मन के संघर्ष के साथ कश्मकश को भी व्यक्त किया है। खासकर दलित जातियों के बीच के आपसी वैमनस्य और जात्याभिमान पर उन्होंने तीखी प्रतिक्रियाएँ व्यक्त की हैं।

दलित आंदोलन में सक्रिय रहते हुए अर्जुन डांगळे समय-समय पर दलित साहित्य तथा सामाजिक, आर्थिक, राजकीय मुद्दों पर वैचारिक लेखन भी करते रहे हैं। उनके स्वतंत्र विचार तथा कई आलेख अस्मितादर्श, साधना, मराठवाडा, आम्ही, मागोवा, महाराष्ट्र टाइम्स, नवकाळ, लोकसत्ता, प्रबुद्ध भारत, आम्रपाली, सत्यचित्र, रुचि, केसरी, तक्षक, प्रवर्तनाय, सारांश, नवभारत, दस्तखत, साप्ताहिक दिनांक आदि पत्र-पत्रिकाओं में छपे हैं जिसे आगे चलकर उन्होंने पुस्तक के रूप में 'दलित साहित्य: एक अभ्यास' तथा 'दलित विद्रोह' शीर्षक से प्रकाशित किया। इन दोनों किताबों में संकलित उनके आलेख दलित आंदोलन, राजनीति, सामाजिक-सांस्कृतिक सरोकार, समाज जीवन की वास्तविकता, दलित साहित्य की विकास यात्रा, साहित्य समीक्षा, दलित साहित्य के आलोचनात्मक प्रतिमान एवं दलित लेखन की वैचारिकी को स्पष्ट करते हैं। इसके अतिरिक्त महाराष्ट्र राज्य साहित्य एवं संस्कृति मंडळ में सचिव के पद पर कार्य करते समय मराठी के प्रसिद्ध लेखक अण्णा भाऊ साठे साहित्य का 'लोकशाहीर अण्णा भाऊ साठे : निवडक वाड्मय' शीर्षक से संकलन-संपादन किया है। दलित रचनाकारों की कहानियों का 'द पॉइझन ब्रेड' में अनुवाद किया है जो राष्ट्रीय एवं अंतर्राष्ट्रीय स्तर पर बहुत चर्चित रहा है। अत: समूचे दलित आंदोलन में अर्जुन डांगळे की छवि एक प्रतिबद्ध रचनाकार, आलोचक, संस्कृतिकर्मी तथा जुझारू राजनीतिज्ञ की रही है। उन्हें महाराष्ट्र राज्य पुरस्कार से सम्मानित किया जा चुका है।

प्रश्न 8. 'बुद्ध ही मरा पड़ा है' कहानी में नवजागृत दलित समाज के अंतर्विरोध किस तरह प्रस्तुत हुए हैं? स्पष्ट कीजिए।

उत्तर– यह कहानी सामाजिक व्यवस्था में गाँवों की सरहदों पर उपेक्षितों का जीवन व्यतीत करने वाले लोगों पर होने वाले अन्याय-अत्याचार का यथार्थवादी बयान है। कहानीकार अर्जुन डांगळे की 'बुद्ध ही मरा पड़ा है' कहानी स्वातंत्र्योत्तर समय में दलित जातियों में उभरे अंतर्विरोधों को रेखांकित करके, उनके मूलभूत कारणों पर प्रकाश डालती है। कहानी की केंद्रीय कथावस्तु में महाराष्ट्र के दलित समुदाय के दो प्रमुख घटक महार और मातंग वर्ग में आपसी भेदभाव को प्रश्रय देती जाति व्यवस्था का मार्मिक और भयकारी यथार्थ प्रकट हुआ है।

स्वतंत्रता के बाद डॉ. अम्बेडकर के विचारों से प्रेरित शिक्षित युवा पीढ़ी दलित सम्मान और उन्नति के लिए छेड़े गए सामाजिक-सांस्कृतिक आंदोलन में सक्रिय थी। शिक्षा के कारण जागृत मन में अपने अस्तित्व तथा पहचान के सवाल पैदा होने लगे थे। दलितों के सामाजिक अभावग्रस्त स्थिति का तीव्र एहसास उनमें विद्रोह, आक्रोश भरने लगा था। वे दलितों की गरीबी, अर्थाभाव, उपेक्षा, अवमानना, शोषण के सामाजिक-आर्थिक तंत्र की बनावट को समझने लगे थे। गाँवों में दलितों पर होने वाले अत्याचार, अछूत कहकर दी जाने वाली यंत्रणा की छवियाँ उनके मानस में उथल-पुथल पैदा करती थीं। यह युवा वर्ग दलितों को अन्याय-अत्याचारों से मुक्ति दिलाने की दिशा में अग्रसर था। दलित युवक अपनी शिक्षा के साथ-साथ डॉ. अम्बेडकर के विचारों से प्रेरित आंदोलन में सक्रिय भूमिका में दिखने लगा था। जब भी वे अपने गाँव जाते तो अभाव में दलितों

की ठहरी हुई जिंदगी में परिवर्तन लाने के लिए चिंतित हो उठते। कहानी की कथावस्तु में इन नवजागृत दलित युवा वर्ग के सामाजिक सरोकार और दलित जीवन के सामाजिक-आर्थिक संदर्भों की गहराई को उभारने की कोशिश रचनाकार ने की है।

शिक्षित युवा नेतृत्व की वेदना, व्यथा और आत्मसंघर्ष–'बुद्ध ही मरा पड़ा है' कहानी का प्रमुख चरित्र अशोक दलितों के जीवन में परिवर्तन लाने और सामाजिक एकता की कोशिश करने वाला जागृत दलित युवक है। उसकी जागृति एवं प्रेरणा के मूल स्रोत गौतम बुद्ध, महात्मा ज्योतिराव फुले और डॉ. बाबासाहेब अम्बेडकर के आंदोलन और विचार रहे हैं। वह 'दलित पैंथर' आंदोलन के समय का महत्त्वपूर्ण नायक रह चुका है। अब वह एक स्कूल में नौकरी करता है और शहर में रहकर अपनी एल.एल.बी. की शिक्षा पूरी कर रहा है।

सामाजिक प्रतिबद्धता के तहत दलितों के जीवन में सुधार लाने के लिए अपने स्तर पर वह प्रयासरत है। समतामूलक समाज की चाहत उसकी मन चेतना पर छा चुकी है। डॉ. बाबासाहेब अम्बेडकर ने कहा था कि 'जातीय समस्या का निराकरण किए बिना आप न तो राजनीतिक सुधार ला सकते हैं और न ही आर्थिक क्रांति कर सकते हैं।' इन विचारों के प्रेरणास्वरूप कथानायक अशोक मुंबई के विधायक निवास में समाजवादी पार्टी के विधायक पाटील के साथ विवाद करता है। दलितों के साथ गाँवों में होने वाले भेदभाव के बारे में पाटील से सवाल करता है कि 'क्यों पाटील जी आप की पार्टी तो समाजवाद की गपड़चौथ करती है। आप लोग तो हमें अपने कुएँ पर पानी तक भरने नहीं देते। क्या यही आपका समाजवाद है।' तब पाटील ने उसे यह कहकर छेड़ा था कि 'आप सभी सामाजिक परिवर्तन की बात करते हैं, लेकिन तुम्हीं बौद्ध लोग मातंगों को अपने कुएँ पर पानी नहीं भरने देते। पहले अपने आप को देखो और फिर हमसे डायलॉग करो।' अशोक जैसे बुद्धिजीवी के मन और मस्तिष्क में इस उलहाने ने हलचल पैदा कर दी थी। बिरादरी में पड़ी इस दरार का बोध कराने वाले पाटील की फटकार ने उसे मर्मांतक पीड़ा ही नहीं दी बल्कि दलित आंदोलनकर्त्ताओं की जाति संरचना को बदल देने के विचार में त्रुटि की ओर भी ध्यान दिलाया। इसीलिए वह गाँव में जाकर दलित वर्ग के बीच पड़ी दरार को पाटना चाहता है। अशोक ने इसे सच्चाई में बदलने के लिए दलित बस्ती में सामूहिक बैठक का आयोजन किया हुआ है। कहानी के आरंभ में ही इस बैठक का उल्लेख हुआ है। वहाँ अशोक अपने चचेरे भाई संपत के साथ मिलकर दोनों उपजातियों में भाईचारा स्थापित करने के लिए कोशिश करता है। बैठक में महार समाज के लोग मातंग समाज के लोगों से इसलिए नाराज हैं कि मातंगों ने बौद्ध धर्म का अनुपालन नहीं किया है। डॉ. अम्बेडकर ने असमतावादी, भेदभावजनक प्रवृत्तियों को प्रश्रय देने वाले हिंदू धर्म को त्यागने की घोषणा सन् 1935 में येवला की जनसभा में की थी। 'मेरा जन्म भले ही हिंदू धर्म में हुआ हो। जन्म लेना मेरे बस की बात नहीं थी। लेकिन मैं हिंदू धर्म में मरूँगा नहीं।' इसे उन्होंने 14 अक्तूबर, 1956 में नागपुर में बौद्ध धर्म को अपनाकर पूरा किया।

डॉ. अम्बेडकर के आह्वान पर महार समाज सहित बहुतांश दलितों ने धर्म परिवर्तन किया। अब वे नव बौद्ध थे। इस परिवर्तन की लहर में अशोक के गाँव के मातंग शामिल नहीं हो पाए थे। लेकिन अशोक समय के साथ होने वाले परिवर्तन के प्रति आस्थावान है। बैठक में संपत ही अशोक का प्रस्ताव लोगों के समक्ष रखता है। 'मातंगों को हम सब अछूत मानते हैं, यह गलत है। वे तो सब अपने भाई ही हैं। पुराण में भी हमारे भाईचारे की कहानी है।' लेकिन सभा में शामिल

महार इससे सहमत हुए बिना अपनी बात पर अडिग थे। 'ये पुराण-कथाएँ हमें मत सिखाओ। पहले उन मातंगों को बौद्ध धर्म का अनुपालन करने को बोलो।' महार वर्ग और अशोक के बीच का मतभेद दूर नहीं हो पाया इसलिए अपनी व्यथा इन शब्दों में व्यक्त करता है–

"मातंगों को बौद्ध धर्म का अनुपालन करना चाहिए, इस बात से मैं भी सहमत हूँ। परंतु इसमें अभी वक्त तो लगेगा। धर्म परिवर्तन के लिए मानसिक बदलाव को अभी समय लग सकता है। यह प्रक्रिया अपने आप शुरू है। आप सभी ने समाचार-पत्र में पढ़ा होगा कि अभी हाल में पूना के सभी मातंगों ने सामुदायिक रूप में बौद्ध धर्म को स्वीकार किया है। धीरे-धीरे यह सब जगह होगा। यह बात गलत है कि जब तक वे बौद्ध धर्म नहीं मानते तब तक उनसे बराबरी का बर्ताव न करें। यह निर्णय बाबासाहेब के विचार-दर्शन के खिलाफ है। वे सिर्फ महारों के नहीं सब दलितों के नेता थे।"

यद्यपि इसी विवाद में मातंगों ने आंदोलन में हिस्सा क्यों नहीं लिया, चुनावों में सहयोग क्यों नहीं दिया तथा अभी तक मुर्दा माँस खाना क्यों नहीं छोड़ा? इस तरह के सवाल महार मंडली उपस्थित करती है। अशोक उन्हें समझाने की कोशिश करता रहता है। बाबासाहेब के विचार, चिंतन तथा उद्देश्य को उनके समक्ष रखने की कोशिश करने के प्रयास में वह उन्हें बताना चाहता है कि किस प्रकार वे समता, स्वतंत्रता और भाईचारे के मूल्यों की ही अवहेलना कर रहे हैं। डॉ. अम्बेडकर के दर्शन को नकारने वाले अपने लोगों की हठधर्मिता देखकर अशोक आश्चर्यचकित था। सदियों से अस्पृश्यता के अभिशाप से झुलसते अपमानित मन आखिर क्यों इस बात को नहीं समझ पा रहे हैं कि अपमानित वर्ग अपने ही बिरादरों से अस्पृश्यता का व्यवहार करने की भूल कर सकते हैं।

अशोक को लगता है कि गाँव के दलित अशिक्षित होने के कारण उसके समतावादी प्रस्ताव को खारिज करते हैं। उसे डॉ. बाबासाहेब अम्बेडकर की प्रेरणा से आई चेतना एवं जागृति के बाद भी महार समाज हिंदू धर्म की विषमतावादी मानसिकता में ही जकड़ा हुआ दिखाई देता है। वह पाटील के दिए उलहाने को झूठा साबित करने और समता के मूल्य को अपनाकर भाईचारे के तत्त्व को गले लगाने वाले समूह मन को देखने की चाह में गाँव आया था। यह देखकर दंग रह गया कि छुआछूत से सदियों तक अपमानित दलित वर्ग अपने ही समूह के एक हिस्से के साथ अपमानजनक व्यवहार करने पर उतारू है। हिंदू धर्म के प्रभाव से अभी भी वे निकल न सके थे। बैठक में हुई पराजय के कारण उसका अंतर्मन वेदना और पीड़ा से भर गया। वह रात भर चिंता में डूबा रहा। उसे अपने बीते दिन याद आने लगे। जब वह पैंथर के आंदोलन में सक्रिय था, तब वह अपने गाँव नहीं गया था और गाँव के लोग ही तालुक में हुई एक सभा में उसे मिले थे। अशोक की यह स्थिति दलित आंदोलन के अवसान के कारण आत्मसंघर्ष से गुजरने वाले दलित युवा कार्यकर्त्ता के जीवन सरोकारों को उजागर करती है। लेकिन उसे एक बात का संतोष था कि सिर्फ वह था इसलिए गाँव के बिरादरों ने उसका अपमान नहीं किया। दूसरा कोई होता तो उसे कच्चा चबा जाते। कहानीकार का उद्देश्य अशोक के उपरोक्त कथन से स्पष्ट हो जाता है कि जाति व्यवस्था के प्रभाव से दलित वर्ग भी मुक्त नहीं हो पाया जबकि जाति के वर्ण-जातिगत श्रेणीबद्ध संरचना के कारण वे सबसे अधिक पीड़ित हैं। डॉ. अम्बेडकर के दर्शन को चेतना के स्तर पर अपनाए जाने तथा उसे सामाजिक-सांस्कृतिक जीवन में आपसी भाईचारे व समता के रूप में स्वीकृत करने में बहुत अंतर दिखाई देता है।

मानवीय मूल्यों के लिए संघर्ष—अशोक अपने समाज की परंपरागत मानसिक गुलामी से मुक्ति करवाने के बारे में सोचने लगता है। वह दलित उपजातियों में फैले जातिवाद को मिटाने का संकल्प कर चुका था। दूसरे दिन बौद्ध मंदिर में होने वाली मीटिंग में सामाजिक एकता के मुद्दे पर फिर से बात करने की ठान लेता है। दूसरे दिन उसे यह जानकारी प्राप्त होती है कि मातंगों को अपने कुएँ पर पानी भरने देने में किसी का विरोध नहीं है, लेकिन गाँव के मुखिया लोग रावसाहब के वर्चस्व के कारण निर्णय लेने की हिम्मत नहीं कर पाते। रावसाहब रिपब्लिकन पार्टी ऑफ इंडिया के एक छुटभैया नेता है, उपलिल्हा बौद्ध सभा के वे अध्यक्ष हैं और इसी के चलते गाँव में बुद्ध विहार के निर्माण की योजना बनाई है जिसके लिए रावसाहब और तानाजीराव गाँव-गाँव घूमकर चंदा इकट्ठा कर रहे थे। अशोक ने भी सहयोग करने के उद्देश्य से शहर से साढ़े तीन हजार रुपए का चंदा इकट्ठा किया था। उसने यह महसूस किया कि रावसाहब ही गाँव में महार और मातंग उपजातियों में दरार डालने की राजनीति कर रहे हैं। तो उसने चंदा देने से इंकार कर दिया। बुद्ध विहार निर्माणकर्त्ताओं की संकीर्ण मानसिकता और हठधर्मिता को देखकर अशोक व्यथित होता है। व्यथित होते ही कहता है कि—"हम सब जब-जब दूसरों से सामाजिक न्याय की अपेक्षा करते हैं, तब हमें भी दूसरों के प्रति ऐसा ही व्यवहार करना चाहिए।...किए हुए वादे के मुताबिक मैं मुंबई से साढ़े तीन हजार रुपए चंदा इकट्ठा कर लाया हूँ, लेकिन जब तक हम मातंगों को हमारे कुएँ से पानी भरने नहीं देते, तब तक मैं यह चंदा आपको नहीं दूँगा क्योंकि यह बुद्ध और बाबासाहेब के दर्शन के विपरीत आचरण है। जिस बुद्ध ने समानता के लिए...।"

बीच में ही रावसाहब उसे रोकते हुए कहते हैं कि, "यहाँ मातंगों का संबंध कहाँ आता है?" तो अशोक कहता है—आता है, आखिर वे भी तो इंसान हैं। रावसाहब को अशोक की बात अपमानजनक लगती है। वे गुस्से में आकर अशोक को टोकते हैं। 'तुम बौद्ध धर्म फैलाने जा रहे हो या बिगाड़ने? अरे, तुम बौद्ध दर्शन की बात करते हो, तो फिर बताओ कि मातंगों ने बौद्ध धर्म का अनुसरण क्यों नहीं किया?' तानाजीराव भी रावसाहब के पक्ष में खड़ा होता है और अशोक को चेतावनी देता है। तुम अगर चंदे का पैसा नहीं देना चाहते तो मत दो, हम तुम्हारे भरोसे या सहारे नहीं बैठे हैं और अशोक सोचने के लिए समय माँगता है। कहानी के इस प्रसंग में एक ओर अशोक जहाँ बुद्ध विचारों के मूल्यों की स्थापना के लिए संघर्ष कर रहा है, तो दूसरी ओर रावसाहब, तानाजीराव आदि पात्र अपनी प्रतिष्ठा को बनाए रखने के दावपेंच लड़ा रहे हैं। उन्हें दलित वर्ग में दरार पैदा करके स्वार्थपूर्ण राजनीति में सफलता अधिक महत्त्वपूर्ण लगती है। डॉ. अम्बेडकर और बुद्ध के दर्शन तथा मूल्यों के विपरीत वे आचरण कर रहे हैं, इसका उन्हें एहसास नहीं है। राजनीति के इस बदलते चरित्र से पैंथर्स की नई पीढ़ी विचलित होकर, अर्जुन डांगळे इस मानसिक द्वंद्व को रेखांकित करके समाज के विचलन को उजागर करते हैं। राजनीतिक नेतृत्व की खामियों, कमियों, स्वार्थनिहित की वे खुलेआम आलोचना करते हुए नजर आते हैं।

दलित समुदाय की इस स्थिति को दो प्रकार से देखा या समझा जा सकता है। पहला है अस्पृश्यता के दंश से आहत समाज में परिवर्तन चेतना के प्रभाव को अलग-अलग तरह से ग्रहण करने की मानसिकता का। दूसरा पक्ष है आजीविका की चिंता में हिंदू धर्म के दबाव-प्रभाव में परंपरागत गुलामी में जकड़े हुए दलित समुदाय; जो दलित वर्ग में पनपी राजनीतिक स्वार्थपूर्ण प्रवृत्ति से अनभिज्ञ थे। पहली स्थिति वह है जिसमें सदियों से अस्पृश्यता के दंश को झेलते आ रहे समाज

में पुरातन, धर्म-रूठियों से मुक्तता का एहसास जगाया। यह समुदाय ब्राह्मणवादी परंपरा, धर्म-रूढ़ियों, रीतियों से मुक्त होकर नई पहचान बनाना चाहता है। इसलिए 1956 में डॉ. अम्बेडकर के आह्वान पर लाखों दलितों ने हिंदू धर्म त्याग दिया और वे सभी बौद्ध धर्म में दीक्षित हुए। मुर्दामाँस खाना उन्होंने छोड़ दिया जिसके कारण कथित सवर्ण समुदाय उनसे घृणा और तिरस्कार का व्यवहार करना जायज मानता था। दलित मुक्ति आंदोलन से जगे एहसास और निर्मित चेतना ने दलितों में पहचान के प्रति एक दृष्टि जगाई। दूसरी ओर दलितों का ही एक वर्ग हिंदू धर्म द्वारा निर्मित भाग्यवादी और ईश्वरवादी प्रभाव से मुक्त नहीं हो पाया। दलित मुक्ति आंदोलन से निर्मित चेतना ने जिस प्रकार सम्मान, स्वाभिमान, पहचान का एहसास जगाया, वह उससे दूर रहने की कोशिश करता रहा जिसका कारण था आय के साधनों के छिन जाने की चिंता। ये सभी मलिन समझे जाने वाले निकृष्ट कामों से ही जुड़े हुए समुदाय थे। आमदनी बहुत अल्प होने के बावजूद अन्न से वंचित होने की त्रासदी से वे भयभीत थे। रोजी-रोटी के इस प्रश्न से वे आतंकित रहे थे और इसी स्थिति से समझौता करके दलित मुक्ति आंदोलन के उभार और प्रभाव से बचने की कोशिश करते रहे।

रिपब्लिकन पार्टी इस समय कई गुटों में विभाजित होकर स्वार्थ की राजनीति में लिप्त थी। डॉ. अम्बेडकर की वैचारिकी को केंद्र में रखकर राजनैतिक मंच पर सामाजिक-आर्थिक मुद्दों को सुलझाने के प्रयासों से अधिक स्वार्थगत राजनीति ने दलित उपजातियों के बीच की दरारें अधिक गहरी कीं। बौद्ध धर्म को स्वीकारने के मानवतावादी और सामाजिक परिवर्तन के उद्देश्य को भुला दिया गया। राजनीतिक दावेदारी और स्वार्थ की राजनीति के समक्ष समता, स्वतंत्रता, बंधुत्व और न्याय के मूल्य तिरोहित हो गए। सामान्य दलितजनों की आर्थिक-सामाजिक स्थिति में परिवर्तन के स्थान पर आपसी वैमनस्य, द्वेष और तिरस्कार की प्रवृत्तियाँ बढ़ने लगीं। दिशाहीनता की स्थिति में दलित समुदाय अपनों से भी वैसा ही व्यवहार करने लगा, जैसा जाति अहं के कारण कथित सवर्ण उनके साथ सदियों से करता रहा। जिन ब्राह्मणवादी प्रवृत्तियों को नष्ट करके समतामूलक समाज की परिकल्पना बुद्ध, डॉ. अम्बेडकर, महात्मा फुले, क्रांतिज्योति सावित्रीबाई फुले ने की थी, उसके साकार होने में दलित समूहों के बीच का आपसी अंतर्द्वंद्व बाधा बनने लगा था।

दलित अंतर्विरोध और परिवर्तनवादी चेतना का विस्तार–गाँव में दलित जातियों में कुएँ से पानी भरने को लेकर उभरे अंतर्विरोध की स्थिति चरम सीमा पर तब पहुँच जाती है, जब महार समाज अशोक के परिवार का सामाजिक बहिष्कार करते हैं। गाँव के लोग अशोक के पिता की मृत्यु पर उनके शव को दफनाने से मना कर देते हैं। उसके चाचा चबूतरे पर बैठे लोगों से गिड़गिड़ाकर विनती करते हैं। पर वे सहयोग देने को राजी नहीं होते। उनके अनुसार अशोक गाँव के खिलाफ है और बौद्ध विहार के चंदे का पैसा देने से मना करता है। अशोक पिता के देहांत की खबर मिलते ही जल्दी पहुँचने की हड़बड़ी में बैंक में रखे चंदे के पैसे ला नहीं पाता। एक तरफ शोक में डूबा परिवार है तो दूसरी ओर जाति पंचायत के फैसले का कठोरता से पालन करता दलित समाज। महार समुदाय अपनी जिद्द को पूरा करने के लिए अशोक के सामने शर्त रखता है कि पैसे भले ही न दो लेकिन अपने व्यवहार के लिए सबसे माफी माँगे। अशोक इस दोगली नीति पर क्रोधित होकर चाचा से विद्रोही स्वर में कहता है कि 'उन्होंने हाथ नहीं लगाया और मातंगों ने बाप को दफनाया, तो क्या अण्णा पिशाच बनकर रहेंगे हमारे लिए।' चाचा उसे समझाने की

कोशिश करते हैं। माँ की असहायता और दु:ख को कम करने को कहते हैं। आखिर माँ भी उसे मजबूर कर देती है। सामाजिक न्याय और परिवर्तन की दिशा में अग्रसर अशोक अंतत: जाति पंचायत की शर्तें मानकर माफी माँगने के लिए तैयार होता है। परंपरागत मान्यताओं की यह विजय अशोक जैसे संघर्षशील युवाओं के परिवर्तनवादी विचार को ध्वस्त कर देती है। इस स्थिति का वर्णन है–

"अशोक का माथा सनसना रहा था। अपने ही रक्त और माँस के लोगों से पाई यह अमानवीय चोट अशोक को उखाड़ फेंक रही थी। उसकी साँसें बढ़ने लगीं। उसने सामने देखा। सामने सब कौमे थीं। फिर उसने नीचे देखा। बाप मुर्दा होकर पड़ा था। उसने फिर नजर हटाई और ऊपर देखा। उसने देखा कि बाप की तरह सचमुच बुद्ध ही मरा पड़ा है।"

इस स्थिति में यहाँ दलित अंतर्विरोधों में जब परंपराओं में जकड़ी पुरानी पीढ़ी की कठोरता शिक्षित नई युवा पीढ़ी पर हावी हो जाती है। सबके प्रति विवेक आधारित सम्यक् सोच एवं मानवीयता की दृष्टि रखने वाले व्यक्ति के लिए यह एक चुनौती बन जाती है। लेखक ने दलित वर्ग के भीतर चल रही उथल-पुथल, वैचारिक अंतर्विरोध, पूर्व परंपराओं से मुक्ति की छटपटाहट, जात-बिरादरी की संकीर्णता को सशक्त अभिव्यक्ति देकर नई पीढ़ी में हुए वैचारिक बदलाव को रेखांकित किया है।

प्रश्न 9. 'बुद्ध ही मरा पड़ा है' दलित राजनीति और अवसरवाद की प्रखर आलोचना है। उदाहरण सहित स्पष्ट कीजिए।

उत्तर– दलित साहित्य आंदोलन के साथ जुड़े रहने के कारण व आंदोलन के साहसी मोहरा होने के कारण अर्जुन डांगळे दलित जीवन के हर पहलू को अच्छे से समझते हैं। रिपब्लिकन पार्टी की गुटबाजी, हिंदू धर्म व्यवस्था तथा राजनीतिक वर्ग की निरंकुशता के खिलाफ विद्रोह करने का साहस करते हैं। साहित्यिक अभिव्यक्ति के साथ-साथ अर्जुन डांगळे प्रत्यक्ष रूप में दलितों पर होने वाले अत्याचारों के विरोध में संघर्षशील रहे हैं। जातिविहीन समाज निर्मिति के लिए प्रतिबद्ध होकर कार्य करने वाले दलित रचनाकारों ने सामाजिक परिवर्तन की वैचारिकी को व्यापक आयाम दिए हैं। वे सिर्फ शासन-शोषण करने वाले अन्य समाजों की सत्ता और शोषकों के खिलाफ ही खड़े नहीं होते, बल्कि दलित समाज में व्याप्त ढकोसले और दोगलेपन की भी तीखे स्वरों में आलोचना करते हैं।

डॉ. बाबासाहेब अम्बेडकर ने 14 अक्तूबर, 1956 को हिंदू धर्म का त्याग किया और बौद्ध धर्म को स्वीकार कर लिया। यह दलित मुक्ति आंदोलन का चरम बिंदु है। बौद्ध धर्म को अपनाने के पीछे डॉ. अम्बेडकर की मान्यता थी कि इससे दलितों को हिंदू धर्म की गुलामी से मुक्ति मिलेगी तथा दलित जाति भेद की भावना से मुक्त होंगे।

दलित वर्ग बौद्ध दर्शन की वैज्ञानिकता, आधुनिक दृष्टि एवं सार्वभौमिकता के मूल्यों को अपनाकर समाज में सम्मान प्राप्त कर उन्नति कर सकेगा। यद्यपि डॉ. अम्बेडकर के पश्चात् दलित आंदोलन में अवसरवादी नेतृत्व ने मोर्चा संभाला। उन्होंने अपने राजनीतिक स्वार्थ के लिए डॉ. अम्बेडकर के विचारों को राजनीतिक स्वार्थ के लिए एक औजार के रूप में इस्तेमाल करना प्रारंभ किया। दलित राजनीति में 3 अक्तूबर, 1957 को गठित 'रिपब्लिकन पार्टी ऑफ इंडिया' का व्यक्तिवादी स्वार्थपूर्ण नेतृत्व और आपस में वैचारिक मतभेदों के कारण सन् 1959 में ही विघटन

हुआ जिससे बी.सी. कांबळे के नेतृत्व में एक 'दुरुस्त गुट' और दूसरा 'नादुरुस्त गुट' दादासाहेब गायकवाड के नेतृत्व में सक्रिय रहा। दादासाहेब गायकवाड की मृत्यु के पश्चात् उनके गुट का नेतृत्व रा.सु. गवई ने किया, तो बॅ. खोब्रागडे ने अपना एक स्वतंत्र गुट बना लिया। सन् 1974 में ये सभी गुट एकत्रित हुए, लेकिन जल्दी ही फिर से वे सत्ता की खींचतान के कारण बिखर गए। 'दलित पैंथर' जैसा सामाजिक-सांस्कृतिक आंदोलन भी सत्ता की भेंट चढ़ गया। राजनीतिक विघटन के कारण दलितों के बहुतांश प्रश्न पीछे छूटते गए हैं। इन स्थितियों में प्रत्येक नेतृत्व ने अपनी सत्ता को बढ़ाने के लिए कई राजनीतिक तरीके अपनाए जिसके परिणामस्वरूप बुद्ध, फुले और डॉ. अम्बेडकर की विचारधारा और कार्य की दिशाएँ सीमित होती दिखाई देती हैं। ये परिस्थितियाँ अर्जुन डांगळे जैसे पैंथर में शामिल प्रतिबद्ध संवेदनशील कार्यकर्त्ता, चिंतक और जागरूक व्यक्ति को बेचैन करती रही हैं। इन्हीं की कहानी में प्रत्यक्ष अनुभव के रूप में कथानायक अशोक के संघर्ष के रूप में रेखांकित हुए हैं।

'मातंग बस्ती से कुछ नौजवान मात्र अशोक के यहाँ आने-जाने लगे। कुएँ के पानी का प्रश्न बिना झगड़े के और मानसिक बदलाव से सुलझने की अशोक को आशा थी। लेकिन उसे गाँव आने पर कोई भी चिह्न दिखाई नहीं पड़ रहा था। अशोक पेड़ के साए में गड़ता जा रहा था और तो और एक जमाने के 'पैंथर' के सबसे महत्त्वपूर्ण इस नायक को यह साया बहुत भीषण लग रहा था। आंदोलन में हुई टूट-फूट और सामान्य लोगों पर इसके असर को न देखकर वह बेचैन हो गया।'

'क्यों अशोक तैयार हुए कि नहीं?'

'हाँ, सब आए क्या?'

'हाँ।'

'कौन-कौन है?'

'खूब सारे हैं, बौद्ध सभा के सदस्य रावसाहब भी आए हैं।'

'वह.. वही ना, जो इलेक्शन में हारे थे?'

'हाँ वही। तुझे एक बात बताता हूँ। मातंगों को अपने कुएँ पर पानी भरने देने में किसी का भी विरोध नहीं है, लेकिन जो भी मुखिया लोग हैं, वे सब रावसाहब की पूँछ पकड़े रहते हैं।'

'लेकिन मातंगों से विरोध क्यों?'

'अरे, समझा करो भाई। मातंगों ने वोट नहीं दिए, ऐसा रावसाहब का मानना है और ये सभी उसकी हाँ-में-हाँ मिलाकर मातंगों के खिलाफ हैं।'

'अरे लेकिन आपस में ये भेदभाव कैसा?'

'वो सब तू ही देख अब।'

'पार्टी के किस गुट में हैं वे?'

'यह कहना मुश्किल है, गवई, खोब्रागडे, बिशी, कुनबी.. सब जलते हैं उनसे।'

'अच्छा, चल निकलते हैं।'

वे मनुष्यता की दृष्टि से व्यक्ति के आचरण में भी बदलाव लाना चाहते थे। साथ ही जाति व्यवस्था का उच्छेद करने की भी मंशा रखते थे। उसके लिए सामाजिक और आर्थिक संघर्ष के आंदोलन भी उन्होंने चलाए। राजनीति में सक्रिय रहकर सामाजिक न्याय और मानवीय अधिकारों

के पक्ष में कार्य किया। उन्होंने सामाजिक परिवर्तन के लिए मानसिक गुलामी से मुक्त होने की चाहत रखी है। 'बुद्ध ही मरा पड़ा है' कहानी का नायक अशोक एक ओर इन सारी अवस्थाओं को महसूस करने वाला अस्वस्थ एवं संघर्षशील नायक है तो दूसरी ओर कहानी में रावसाहब और तानाजीराव जैसे चरित्र अवसरवादी प्रवृत्ति वाले नेता-कार्यकर्त्ता भी हैं जो दलबदलू राजनीति करते रहे और बौद्ध मंदिर बनाने के कार्य में जुटे हैं। उन्हें महारों और मातंगों के बीच पड़ी दरार कम करने में रुचि नहीं है। उल्टे वे मातंगों के वोट न देने से नाराज थे, उनकी देखा-देखी महार समाज भी उसी रास्ते पर चलता है। परिणामतः वह कहता है–हम सब जब दूसरों से सामाजिक न्याय की अपेक्षा करते हैं, तब हमें भी दूसरों के प्रति ऐसा ही व्यवहार करना चाहिए। हाँ, तो बंधुओं, किए हुए वादे के मुताबिक मैं मुंबई से साढ़े तीन हजार रुपए लाया हूँ, लेकिन आपको यह आश्वासन मुझे देना होगा कि हम अपने मातंग भाई-बहिनों के साथ समता का व्यवहार करेंगे, उन्हें हमारे कुएँ पर पानी भरने से मना नहीं करेंगे तब तक मैं यह चंदा आपको नहीं दूँगा। बुद्ध और बाबासाहेब के दर्शन और विचार को अपने आचरण में लाना होगा जबकि रावसाहब की मान्यता है–'मातंगों ने चुनाव में हमें वोट नहीं दिया और बौद्ध धर्म का अनुपालन अभी तक नहीं किया। इसलिए चंदा इकट्ठा करने तथा बौद्ध मंदिर निर्माण में मातंगों से हम सहयोग नहीं लेंगे।' वहीं अशोक का मत है कि बुद्ध ने सभी की समता की बात की है, यदि हम बुद्ध धर्म अपना चुके हैं, तो हमारा कर्त्तव्य होगा कि हम इस कार्य में उन्हें शामिल करें। आखिर वे भी तो इंसान हैं। मानवतावाद की व्यापक परिधि में की गई अशोक की यह टिप्पणी रावसाहब जैसे अवसरवादी चरित्र की अधूरी सोच और बौद्धिक कमजोरी को उजागर करती है। राजनीतिक स्वार्थ, जातीय हितसंबंध और भेदभावमूलक नीति अपनाने वाले नेताओं की पोल खोलती है। बौद्ध दर्शन एवं सत्य विचारों को नकारने वाले, अवसरवादी प्रवृत्तियों को आलोचना के कठघरे में खड़ा करती है।

प्रश्न 10. 'बुद्ध ही मरा पड़ा है' कहानी में परंपरागत जातिवाद के प्रति विद्रोह और संभावना की तलाश पर प्रकाश डालिए।

उत्तर– यहाँ कहानीकार ने पुरानी पीढ़ी और नई शिक्षित युवा पीढ़ी के जीवन संघर्षों के पहलुओं को कहानी के नायक अशोक द्वारा उजागर किया है। अशोक द्वारा सामाजिक भेदभाव को दूर करने के लिए की जाने वाली पहल गाँव के महार लोगों को रास नहीं आती। अशोक मजबूरी में शहर से बौद्ध मंदिर के निर्माण के लिए लाए साढ़े तीन हजार रुपए को तब तक नहीं देने की शर्त रखता है, जब तक महार समाज के लोग मातंग समाज को अपने कुएँ पर पानी नहीं भरने देंगे। अशोक की इस हरकत से महार समाज क्रोधित होता है और उसके परिवार का बहिष्कार किया जाता है। बहिष्कार के इस कांड का सफर चरम सीमा पर तब पहुँचता है जब अशोक के पिता की मृत्यु होती है। अपने बाप की मृत्यु पर अशोक गाँव वापिस आता है तो उसके अपने ही जाति वाले महार लोग उसके ऊपर आघात करते हैं। बाप के मुर्दा शरीर को श्मशान घाट ले जाने के लिए मना करते हैं। अशोक ने जो रकम जमा की थी उसकी माँग करते हैं। पर जल्दबाजी में अशोक रकम साथ नहीं लाया होता है। वह अपने चाचा से इस बारे में बताता है कि वो बाद में उनकी रकम दे देगा। फिर भी अपनी जिद्द पर अड़े लोग अशोक को माफी माँगने को कहते हैं। अशोक चाचा से विद्रोही स्वर में कहता है कि, 'अगर मेरे बाप को महारों की जगह मातंग

लोगों ने दफनाया तो क्या अण्णा पिशाच बनकर रहेंगे हमारे लिए।' अशोक के मन में वेदना से उपजी हुई नकार और विद्रोह की यह संवेदनाएँ विवेकवादी व्यक्ति के जीवन से तादात्म्य स्थापित करती हैं। वह सामाजिक जीवन में अंधविश्वास, प्रथा परंपरा, कर्मकांड और प्रचलित जड़ मान्यताओं के प्रति विद्रोह करने का बोध देती है। विद्रोह करने की भूमिका में पहुँचे अशोक को मनाते हुए उसके चाचा दु:ख-दर्द के हालातों को समझाने की कोशिश करते हैं। 'ये वैसी बात नहीं है, यह प्रथा है और फिर कौम का सवाल है। तू उल्टा सोचता है। लावारिस की तरह पड़े तेरे मुर्दे बाप को देखकर तेरी माँ क्या सोच रही होगी, मालूम है।' तभी अशोक की माँ एकाएक अशोक के पैर पकड़कर रो-रोकर माफी माँगने को कहती है। अपनी माँ की अवस्था और जिद्द की खातिर आखिर अशोक तैयार हो जाता है। इस स्थिति में तो उसकी चेतना अत्यंत विद्रोही बन जाती है। उसका माथा सनसना रहा था। अपने ही लोगों से पाई अमानवी चोट से उसकी साँसें बढ़ने लगीं। उसने सामने खड़े लोगों को देखा, फिर नजर हटाई और ऊपर देखा। उसके सामने अपने बाप की तरह सचमुच ही मरा पड़ा हुआ बुद्ध विचारों की हार और परंपरावादी दलित मानस की आलोचना कथाकार होती है। साथ ही एकसुरी बनते गए दलित आंदोलन को अपनी जगह दिखाने का साहस भी करते हैं। बुद्ध के मर जाने की बात विचारों के अवसान की संकेतक है जिससे भविष्य में दलित नेतृत्व अपने आंदोलन की दिशा निश्चित करने की कोशिश करें तो दलित समुदाय भी विवेकवादी दृष्टिकोण से संभावना के नए विकल्प चुन सकता है। इस तरह जीवनवादी दृष्टि से सोच-विचार के लिए चेतना निर्मिति की गुंजाइश बनाए रखने का प्रयत्न कथाकार ने सफलतापूर्वक किया है।

प्रश्न 11. उर्मिला पवार के जीवन परिचय और उनकी रचनाओं के बारे में बताइए।
    उत्तर— उर्मिला पवार मराठी की उन चुनिंदा लेखिकाओं में से हैं जिन्होंने प्रतिक्रियाओं और विरोध-प्रतिरोध के डर या प्रशंसा के मोह से ऊपर उठकर काम किया है। वे दलित महिला लेखन की एक प्रतिबद्ध रचनाकार हैं। उनका जन्म कोंकण क्षेत्र में 7 मई 1945 को एक महार परिवार में हुआ था। कोंकण का क्षेत्र, जिसमें एक ओर कोमल नदियाँ तो दूसरी ओर विशाल सागर, अपने धरातल में अनेक विरोधों को समाहित किए हुए था। उर्मिला पवार का बचपन इस क्षेत्र में प्रकृति की सुंदरता और जाति की सामाजिक कुरूपता के बीच पलता रहा। उनका लेखन कर्म इस सुंदरता और कुरूपता को गहरी संवेदना के साथ दिखाता है। उनका परिवार एक सजग दलित परिवार था, जिसने क्षेत्र में दलितों के बीच सम्मान की एक चेतना जागृत की थी। वे अपनी आत्मकथा में अपने पूर्वज हरि को श्रद्धा के साथ याद करती हैं, जिन्होंने दलितों के जीवन में शिक्षा की चेतना के प्रसार का प्रयास किया। उन प्रथाओं के खिलाफ मोर्चा खोला, जिसके कारण दलित जीवन अवमानना का शिकार बनता था। इनमें वह विवाह प्रथा भी शामिल थी, जिसके अनुसार ब्राह्मण महार जाति के ब्याह में छूत बचाते हुए पेड़ पर बैठ कर शादी करवाता था। पूर्वज हरि के पदचिह्नों पर उनके पिता ने भी दलितों में शिक्षा के द्वारा भेदभाव के विरोध की परंपरा को आगे बढ़ाया। वे अपने पेशे से शिक्षक थे। अपने बच्चों के भविष्य के लिए फणसावळे गाँव को छोड़कर पवार परिवार रत्नागिरी शहर में आ गया। 58 वर्ष की अवस्था में पिता का असमय देहांत हो गया। लेकिन माता ने अपने बच्चों के पालन का बीड़ा उठा लिया। एक स्त्री के लिए पति के स्थान पर अपने बच्चों की परवरिश करना बहुत कठिन होता है, विशेषकर दलित स्त्री के लिए। उन्होंने बाँस की

टोकरियाँ बीन कर अपना जीवन चलाया, अपनी संतानों को शिक्षित बनाया। आत्मकथा 'आयदान' में उर्मिला पवार अपनी माँ के योगदान और अपने रचना कर्म के बीच में पनपे सूत्र को बताते हुए कहती हैं–"मेरी माँ आयदान की बुनाई करती थी, मराठी में आयदान का अर्थ बाँस से बनी वस्तुओं से होता है। उनका बुनाई का उद्यम और मेरा लेखन अलग होते हुए भी आपस में जुड़ते हैं। दोनों के बीच बुनाई की समानता है। यह दर्द, यातना और पीड़ा की बुनाई है, जो हमें आपस में जोड़ती है।" आयदान हर उस स्त्री की जीवन कथा है जो जाति उत्पीड़न और पुरुष सत्ता का शिकार होती रही है। शिक्षा के उपरांत उन्होंने विवाह किया और बाद में कोंकण क्षेत्र से मुंबई आ गईं। गृहस्थी के दायित्व के बीच में उच्च शिक्षा का उनका अरमान दब गया था, लेकिन बाद में उन्होंने इस संकल्प को पूरा किया और मराठी साहित्य में मुंबई विश्वविद्यालय से परास्नातक की उपाधि प्राप्त की। वे गृहस्थी के साथ सरकारी नौकरी भी संभाल रही थीं। 1975 से उन्होंने साहित्य में रचनात्मक लेखन द्वारा प्रवेश किया। आरंभ में कहानियाँ उनकी पहचान बन गईं–विशेषकर चौथी भिंत और कवच जैसी कहानियाँ। उनके 'सहांव बोट', 'चौथी भिंत' और 'हातचा एक' कहानी संग्रहों ने दलित जीवन के नितांत भिन्न जीवन अनुभवों को प्रस्तुत किया। 1980 तक उर्मिला पवार की पहचान एक सशक्त रचनाकार की बन चुकी थी। उन्होंने 'मैत्री' की संपादक मीनाक्षी मून के साथ मिलकर महाराष्ट्र में अम्बेडकर आंदोलन में दलित स्त्रियों के योगदान की पहचान के लिए गहन अध्ययन और यात्राएँ कीं। इनके आधार पर ही 'आम्हीही इतिहास घडवला' की रचना की, जिसके दो से अधिक संस्करण प्रकाशित हो चुके हैं। अपने प्रेरणास्रोत बाबासाहेब अम्बेडकर पर उन्होंने 'अम्बेडकर कालपट' नामक पुस्तक लिखी। इसके अलावा उन्होंने अपने जीवन की कथा को 'आयदान' नामक आत्मकथा में व्यक्त किया है। दलितों के साथ किस प्रकार का भेदभाव किया जाता है–जाति भेद की यह भीषण सच्चाई उनकी सभी कहानियों में व्यक्त हुई है।

प्रश्न 12. 'कवच' कहानी की मूल वस्तु और उसकी संवेदना स्पष्ट कीजिए।

अथवा

'कवच' कहानी के बाल चरित्र 'गौन्या' के मानसिक द्वंद्व पर टिप्पणी लिखिए।

उत्तर– 'कवच' कहानी मूलतः बच्चे 'गौन्या' के मनोजगत् पर आधारित है। यहाँ पर मनोविज्ञान का संबंध उन जीवन स्थितियों से है जिसमें एक दलित बालक पलता-बढ़ता है। कहानी के आरंभ में गौन्या की माँ इंदिरा बाजार के लिए तैयार हो रही है। वह रोज सुबह अपने गाँव से शहर आम लेकर जाती है। इन्हें बेचकर ही वह अपने परिवार का पालन-पोषण करती है। लेकिन आज गौन्या का मन अपनी माँ के साथ बाजार जाने को नहीं कर रहा है। वह नहीं चाहता कि उसकी माँ बाजार में आम बेचने जाए। वह तैयारी में जुटी अपनी माँ की बातों की उपेक्षा करता है। इस पर माँ बहुत क्रोध में आ जाती है। वह गौन्या और देर तक सोते हुए उसके पिता को बहुत भला-बुरा कहती है। अपनी जिंदगी की स्थिति पर अफसोस करती है जिसमें घर और बाहर की सारी जिम्मेदारियाँ उसी पर हैं और उसे किसी भी तरह का सहयोग न तो पति से मिल पा रहा है और आज बेटा भी उल्टी राह पर चलने लगा है। अपनी माँ की बातों पर ध्यान न देने के कारण गौन्या पिटता है। वह इस मार से नहीं वह अपने ग्लानि बोध और शर्म से परेशान है। इस बीच

पड़ोस की साबू माय आकर गौन्या और उसकी माँ को समझाती है। वह गौन्या को स्कूल में पढ़ने वाला भला लड़का मानती है, जो अपनी माँ और बड़ों का कहना मानता है। वह गौन्या को समझाती है कि बाजार जाना जरूरी है और अच्छा लड़का होने के कारण उसे अपनी माँ की मदद करनी चाहिए। साबू माय के प्यार से गौन्या का मन भर गया। उसको मार पड़ गई जबकि उसकी कोई गलती नहीं। एक ओर उसको अपनी माँ पर गुस्सा आ रहा है और दूसरी ओर सच को कह न सकने की पीड़ा के कारण रोना आ रहा है।

जिस सच को न कह सकने के कारण वह रो रहा है, वह सच उसके स्कूल से जुड़ा हुआ है। स्कूल में महिला अध्यापक अपने पुरुष सहपाठी का प्रतिरोध कर रही है। गौन्या के गाँव का नाम 'सीता की चोली' है, जिसे आम जनता संक्षेप की सुविधा के अनुसार चोली नाम से बुलाती है। धीरे-धीरे इस नाम को पितृसत्ता की संस्कृति ने स्त्री सम्मान पर हमले का साधन बना लिया। पढ़ी-लिखी अध्यापिका ने इस हमले का विरोध किया। उसने अपने पुरुष सहयोगी को चुनौती दी– "शर्म नहीं आती है आपको, ऊपर से बेशर्मी दिखाते हैं। वह चिल्लाई और शिक्षक के होठों की खुशी काफूर हो गई। उसका चेहरा उतर गया। उसने कुछ कहने की कोशिश की तो शिक्षिका ने कहा कि आप बार-बार इस गाँव का नाम ही क्यों बोलते हैं।" बालक गौन्या के ऊपर इस घटना का गहरा असर पड़ा। उन पुरुष शिक्षकों ने अपनी धूर्तता को भोलेपन के आवरण से ढकने का प्रयास किया। इसके लिए उन्होंने गौन्या को भी इस प्रकरण में घसीट लिया। गौन्या चोली गाँव का निवासी था और उसकी माँ भी आम बेचने जाया करती थी। इस पर शिक्षकों ने उसके मुँह से कबूल करवाया कि चोली के आम जैसा द्विअर्थी संवाद रोजमर्रा के रोटी-पानी की तरह ही एक सामान्य बात है। अपमानित गौन्या चुप रह गया। लेकिन उसके मन में गाँठ बन गई। गाँव का नाम और आम का काम जो उसके लिए सहज थे अचानक ही उसकी नजर में अश्लील हो उठे। बाजार में रोजगार के समय ग्राहक, आम और चोली के नाम को जोड़कर तरह-तरह के सवाल करते थे। उसे उन लोगों, उनके सवालों और उनके अभिप्राय से नफरत हो गई। उसकी नफरत और गुस्सा एक पवित्र भावना की तरह है। अपमान और शोषण के दरम्यान इन भावनाओं का उभरना स्वाभाविक ही है। बस दिक्कत केवल इसके कारणता के बोध में है। अपने भोलेपन में वह इस कुत्सित समाज की कुत्सा के बजाय अपनी माँ को ही कारण समझ लेता है–वह अनपढ़ है और उसकी चुप्पी ही लोगों को बढ़ावा देती है। वह पढ़ी-लिखी अध्यापिका की तुलना में अपनी माँ और गँवार औरतों को दोअर्थी शाब्दिक हमलों के सामने कमजोर पाता है कि क्यों वे इस बदतमीजी को सहन करती हैं। वह सोचता है–"बहन जी अच्छी पढ़ी-लिखी महिला है, अच्छे परिवार से आती है, इसलिए उन्होंने इन शब्दों का बुरा अर्थ समझा होगा और लड़ पड़ीं। बहन जी महान् हैं। कहाँ वे और कहाँ मेरी माँ और गाँव वाली औरतें।"

एक बच्चे के सामने अपनी माँ का अपमान और बदले में कुछ न कर पाने की विवशता में जूझते गौन्या का किसी काम में मन नहीं लग रहा है। उसकी माँ ने उसे नदी से पानी लाने भेजा तो वह अपने विचारों में खो गया। किसी तरह सब तैयारी पूरी हुई, गौन्या अपनी माँ इंदिरा और गाँव की अन्य औरतों के साथ शहर की ओर बाजार के लिए निकल पड़ा। वह समाज को तो सुधार नहीं सकता था लेकिन अपनी माँ को सावधान कर सकता था कि वह ग्राहकों की बदसलूकी से सावधान रहे। बीच में माँ को सजग रहने और ग्राहकों से सख्ती से पेश आने की

बात करना चाहता था। रास्ता वही पुराना था जिस पर उसका रोज का ही आना-जाना था लेकिन आज उसके मनोभाव बदले हुए थे। चलते हुए गौन्या का पैर जब काँटे पर पड़ा तो वह यथार्थ में लौट आया। वह औरतों के झुंड से काफी पीछे छूट गया। मैदान और बागों की नीरवता ने उसके मन में अंजाना भय भर दिया। वह दौड़ कर अपनी माँ के पास पहुँचा। शहर नजदीक आ गया और इसके साथ ही यातना की आशंका वापस आने लगी।

उसकी आशंका सच ही साबित हुई। शहर के बाजार में पहुँचकर दलित स्त्री मानो मनोरंजन का एक सामान बन गई। सभी उसके सामान के निरीक्षण के बहाने उनका निरीक्षण करने लगते थे। गौन्या के ख्याल से उसकी माँ चूजों के साथ बाहर निकली असहाय मुर्गी की तरह परेशान थी। उसकी इस दशा पर गौन्या को खीझ हो आई। कहीं-न-कहीं उसकी माँ की बेबसी खुद गौन्या की बेबसी बन गई थी। उसने दूसरी ओर साबू माय की ओर देखा, जो शांति और पूरे नियंत्रण के साथ अपनी वस्तुएँ ग्राहकों को दिखाती और उसके वाजिब पैसे तय करती। इस तुलना में उसने अपनी माँ को फिर एक बार कमजोर पाया। केवल पुरुष ही नहीं मछुआरिन तक भी उसके सौदे के तरीके का लिहाज नहीं करती है। वे उसके सामान की गुणवत्ता की शिकायत करती और उसका उपहास करने लगी तब गौन्या के सब्र का बाँध टूट गया। उसने मछुआरिनों को अपने आम बेचने से इंकार करने को कहा। लेकिन उन्होंने बच्चे की बात को खिल्ली में उड़ा दिया। सभी तरफ से विक्षोभ से भरे गौन्या का मन इस कार्य व्यापार से मानो भर गया। तभी शराब के नशे में दो आदमी आए। उन्होंने इंदिरा से अश्लील बातचीत करने की कोशिश की। उनकी आक्रामकता और लहजे को देख गौन्या अपना गुस्सा और खीझ भूल गया। अचानक उसके रोंगटे खड़े हो गए। उसे अपने से अधिक माँ के सम्मान की सुरक्षा का भय लगा। लेकिन इंदिरा उन शराबियों के बेहूदे सवाल और हरकतों से घबराई नहीं। उसने बहुत सहजता के साथ सहन कर बड़े शांत भाव से मुँहतोड़ जवाब दिया। अपनी बात से उनकी कमजोर नस पर हमला कर उन्हें धूल में गिरा दिया। अपने को सही साबित करने के लिए वे इंदिरा को धमकाने लगे लेकिन ये खोखली धमकियाँ उनकी मिट्टी में मिल गईं। "बड़बड़ाते हुए वे दोनों उठे और पूँछ दबाए कुत्ते की काँय काँय करते चले गए।" माँ इंदिरा शांत भाव से अपने आमों की टोकरी के साथ बैठी रही। जो काम शिक्षिका चीख-चिल्लाकर नहीं कर पाई वह इंदिरा ने बहुत सहजता के साथ कर दिया। वे शराबी दूर भागे जा रहे थे और इधर गौन्या का डर भी दूर होता जा रहा था। उसने माँ की ओर देखा, इस क्रूर संसार और उसके बीच में वह अपने वजूद के साथ मौजूद थी और उसकी मौजूदगी गौन्या को कवच का एहसास दिलाती थी।

प्रश्न 13. 'कवच' कहानी में दलित स्त्री के तिहरे शोषण को उजागर किया गया है। सोदाहरण स्पष्ट कीजिए।

उत्तर– 'कवच' कहानी के कथानक की गति का कारण गौन्या नहीं उसकी माता इंदिरा है। उसके कर्मों की गति से कथानक को ही नहीं बल्कि परिवार के जीवन को गति मिलती है। यहाँ इंदिरा उस धुरी के समान है जिसके घूमने से ही परिवार की आजीविका का पहिया घूमता है। लेखिका ने एक बार भी गौन्या और उसकी माता इंदिरा की जाति के बारे में नहीं बताया है। इसके बावजूद इंदिरा के कामकाज की जिम्मेवारी और जिंदगी के हालात से उसके दलित होने का संकेत

मिलता है। उसका काम केवल आर्थिक नहीं बल्कि पारिवारिक सरोकार से जुड़ा है। यह परिवार के महत्त्वपूर्ण सदस्य के रूप में बच्चों के पालन-पोषण से जुड़ता है, उनकी तकदीर बनाने से जुड़ता है। इंदिरा अपने बच्चे गौन्या के लिए ऐसे ही कुछ अरमान पालती है। चौथी पास कर गौन्या पाँचवीं में गया—"इंदिरा खुश हुई और सोचा कि गौन्या खूब पढ़-लिखकर अच्छी नौकरी करेगा, तब उसके दु:ख दूर हो जाएँगे। इसी आशा में उसे अच्छे स्कूल में पढ़ने भेजा। गौन्या भी खुशी से नियमित स्कूल जाने लगा"। ऐसा अरमान किसी भी माता का हो सकता है लेकिन एक दलित स्त्री ही इसकी भरपाई प्राय: अपने शारीरिक श्रम से भी कर सकती है। इंदिरा का संघर्ष एक ओर अपनी माता की पहचान को लेकर है, जिसे अपनी संतान को एक बेहतर भविष्य उपलब्ध कराना है, दूसरी ओर उस समाज से जूझना है, जो उसके स्त्री अस्तित्व को पग-पग पर जातिगत पहचान के कारण अपमानित करता है।

एक ओर स्त्री जीवन और दूसरी ओर जाति की जकड़न, इन दोनों संघर्ष के बीच में इंदिरा अपना रास्ता बनाने का प्रयास करती है। कहानी में मर्म उभरता है क्योंकि वह इस प्रयास में अकेली पड़ गई है। वैसे तो उसका अपना परिवार है लेकिन इस परिवार के एक पहिए के रूप में पति निष्क्रिय है। जब वह अपने आमों की बिक्री के लिए सुबह तैयारी कर रही है, तब पति सो रहा है, बच्चा असहयोग की मुद्रा में है। यही नहीं माँ-बेटे के बीच विवाद में उसकी नींद में खलल पड़ता है तो वह दोनों के लिए अपशब्दों का प्रयोग करता है। एक कहावत है—"बारिश की धार और पति की मार की कहीं सुनवाई नहीं है, दोनों अपनी मर्जी से आते हैं।" इंदिरा का पति कोई काम नहीं करता लेकिन पति के रूआब का पालन करता है। पुरुष को यह अधिकार पितृसत्ता से हासिल होता है। पितृसत्ता एक सामाजिक विचार है जो पुरुष को महिला से श्रेष्ठ मानता है। इस श्रेष्ठता के कारण वह स्त्री की तुलना में अनेक विशेषाधिकार का उपभोग करता है। इस उपभोग के लिए वह एक सामाजिक ढाँचे का विकास करता है, जो स्त्री की उत्पादन और यौन क्षमता को पुरुष के हित में नियंत्रित रखता है। एक स्त्री किसी पुरुष से भिन्न होती है। यह एक जैविक तथ्य है। लेकिन भिन्न होना, भेदभाव के लिए आधार नहीं बन सकता। हिंदू धर्म की जाति प्रथा का चलन इसी पितृसत्तात्मक ढाँचे के तहत ही संभव बनता है। यह अलग बात है कि क्षेत्रों के अनुसार इसका रूप अलग हो सकता है। एक ओर केरल में इसी पितृसत्ता के कारण पिछड़े वर्गों की स्त्रियों को अपने स्त्रीत्व को ढकने की अनुमति नहीं थी, वहीं आसाम और बंगाल में स्त्री को अपेक्षाकृत उदार सामाजिक व्यवहार उपलब्ध था। महाराष्ट्र और कोंकण प्रदेश में पेशवा काल में स्त्रियों के ऊपर धर्म की कई पाबंदियाँ लगाई गईं। इससे स्त्रियों को सामंती उपभोग के नजरिए से देखा जाता था। सामंती ढाँचे के भीतर ही यौन विषयों में द्विअर्थी संवाद लोक व्यवहार का अंग बन जाते हैं। इन संवादों से न केवल स्त्री बल्कि दलित जीवन को आहत किया जाता है। कहानी में गौन्या इस संस्कृति के हमले के सामने ही कवच अथवा कहे कि सुरक्षा की माँग करता है। पूरा जातिवादी ढाँचा ही पुरुष विशेषकर ब्राह्मण पुरुष की आर्थिक, सामाजिक और यौन इच्छाओं की पूर्ति के लिए बना है। इस व्यवस्था में धार्मिक संस्कारों के द्वारा वह अन्य जातियों के लोगों को शामिल करता है।

'कवच' कहानी में बाजार का प्रकरण रोचक है। इसमें बाजार में गाँव की स्त्रियाँ अपना सामान बेचने जाती हैं। दु:खद यह है कि वे इन सामानों के साथ खुद भी एक सामान बन जाती हैं। लोग उनको भी एक सामान की तरह देखते हैं—मनोरंजन के एक सामान की तरह। लक्षणा

में कहें तो हर एक निगाह उन पर किसी खरीददार की तरह पड़ती है। सभी पुरुष इस मनोरंजन में शामिल हैं। लेकिन मछुआरिनों के व्यवहार पर आश्चर्य होता है। स्त्री होने के कारण मछुआरिनों को गाँव की स्त्रियों के साथ सदाशयतापूर्ण व्यवहार करना चाहिए था। लेकिन कहानी में इसके ठीक उल्टा घटित होता दिखाई देता है। वे गाँव की स्त्रियों पर पुरुषों की आक्रामकता के साथ व्यवहार करती हैं। गौन्या भी उनसे, एक स्त्री होने के नाते इस प्रकार के हृदयहीन व्यवहार की उम्मीद नहीं करता है। मछुआरिनें स्त्री होने के साथ गाँव की स्त्रियों से कमोबेश समान जीवन स्तर पर थीं। इसके आधार पर गौन्या उनसे सहानुभूति की उम्मीद करता है। लेकिन उनके अप्रत्याशित आक्रामक व्यवहार की वजह से वह गुस्से से भर जाता है। पूरी कहानी में उसका आक्रोश बँधा रहा केवल इसी प्रकरण में उसका गुस्सा फूट पड़ा है। मछुआरिनों के व्यवहार की व्याख्या पितृसत्ता के दमन के बजाय जातीय ढाँचे के रूप में ज्यादा अच्छे से देखी जा सकती है। जातीय रचना को दैवीय रूप देने के साथ ही ब्राह्मण लेखकों ने उसे सोपानिक रूप भी दिया है। इस सोपान व्यवस्था के कारण जातियाँ एक-दूसरे के साथ कभी समान स्तर पर नहीं हैं। उनमें एक-दूसरे से ऊपर अथवा नीचे होने का भाव सदैव ही विद्यमान रहता है। डॉ. अम्बेडकर कहते हैं कि एक जाति अपने सदस्यों के जीवन पर शाश्वत और पूर्ण नियंत्रण रख सकती है। इस नियंत्रण को चुनौती देने वाले किसी सदस्य को इससे बाहर कर सकती है। इस प्रकार उनमें अपनी जाति को लेकर संप्रभुता की भावना रहती है। ये जातियाँ जब जातीय ढाँचे के तहत अपनी स्थिति का, हीनता का बोध करती हैं तब उनमें असंतोष की भावना का उदय हो सकता है। लेकिन यह भावना कभी विस्फोट रूप नहीं ले सकती। कहानी में मछुआरिनों का यह व्यवहार गौन्या को आश्चर्यचकित कर देता है लेकिन यह हिंदू जातीय व्यवस्था की तार्किक परिणति है। जैसे पितृसत्ता की बनावट कुछ इस तरह से की गई है कि जिसमें हिंदू संयुक्त परिवार में सबसे ताकतवर स्त्री ही परिवार में स्त्रियों की सबसे सशक्त विरोधी बन जाती है। वह बेटियों और बहुओं पर पुरुष के पितृसत्तात्मक नियंत्रण को अमल में लाने वाली सशक्त एजेंट होती है। इसी प्रकार जाति व्यवस्था में प्रत्येक जाति अपने से निम्न जाति को प्रताड़ित करती है। असमानता की रक्षा करके वह इस ढाँचे को मजबूत करने वाली एजेंट के रूप में कार्य करती है। मछुआरा समाज जातीय रचना में बहुत नीचे ही सही लेकिन वह स्वयं से नीचे दलित को मानती है जिसकी प्रताड़ना के द्वारा वह अपनी जातीय जिम्मेवारी का निर्वाह करती है। 'कवच' कहानी में मछुआरिनों का गाँव की दलित स्त्रियों के संदर्भ में सामाजिक व्यवहार इसी सामाजिक रचना की ओर इशारा करता है। महान रचना किसी समाज को समझने में किसी समाजशास्त्र अथवा अर्थशास्त्र की तुलना में उपयोगी होती है कि वह सत्य को अनुभव की आँच में तपाकर प्रस्तुत करती है, आँकड़े और तथ्यों के रूखेपन से नहीं। उर्मिला पवार ने अपने आस-पास के जीवन को रचा है जिसमें यथार्थ खुद-ब-खुद आया है। यहाँ पर लेखिका ने एक दलित स्त्री का स्त्री होने, दलित होने और गरीब मजदूर होने के कारण समाज से उसके तिहरे संघर्ष को दर्शाया है।

प्रश्न 14. 'कवच' कहानी में स्त्री चेतना के स्वर को संक्षेप में समझाइए।

उत्तर– 'कवच' कहानी गौन्या के बहाने इंदिरा की कहानी कहती है जो एक दलित स्त्री है। गौन्या एक बच्चा है, जो समाज को कुछ सामान्य तरीकों से जानता है। इन तरीकों में जब विद्रूपता आती है तो वह इनको समझ नहीं पाता और जिन चीजों को हम समझते नहीं उनसे डरते हैं।

पूरी कहानी में यह डर मौजूद है। अंत में जाकर यह डर दूर हो जाता है, जब गौन्या को अपना कवच मिल जाता है और यह कवच कोई और नहीं स्वयं उसकी माँ इंदिरा है।

कहानी में इंदिरा बाजार में जब अपना सामान बेचने जाती है तब उसके अपमान का प्रयास किया जाता है। वह अपने मुँहतोड़ जवाब से सामंती मर्दों के अभिमान को चूर-चूर कर देती है। डॉ. अम्बेडकर और महात्मा फुले की वैचारिक क्रांति ने महाराष्ट्र में दलित समाज को उसकी यथार्थ स्थिति का बोध कराया। उसके सामाजिक ऐतिहासिक कारणों से परिचित कराया। यह जताया कि जाति का भेदभाव भगवान ने नहीं कुछ स्वार्थी इंसानों ने बनाया है। एक इंसानी समाज जिस व्यवस्था को बनाता है तो दूसरा उसे तोड़ भी सकता है। यह विचार रूसो के सामाजिक समझौते से मिलता-जुलता है। दलित अगर जातिगत भेदभाव का हमेशा ही शिकार बनता है और उसे किसी प्रकार का अधिकार नहीं मिलता है तो वह समाज के आपसी समझौते को तोड़ भी सकता है। कवच की इंदिरा को अपने जीवन की कठोरता का बोध है। लेकिन वह इस व्यवस्था को ऐसा दैवीय विधान नहीं समझती है, जिसे बदला नहीं जा सकता। वह अपने जीवन को उन्नत बनाने और बदलने की दिशा में निरंतर प्रयास करती है। 'कवच' कहानी के काल का पूरा दायरा उसके संघर्ष का गवाह है। वह अपने शोषण का, अपमान का प्रतिकार करती है। कहानी के इंदिरा और साबू माय जैसे सशक्त पात्र लेखिका उर्मिला पवार की कल्पना की नहीं दलित चेतना के आंदोलन की उपज हैं। इनके वजूद को उन्होंने अपने जीवन में देखा और सर्जना के द्वारा कहानी में प्रस्तुत किया।

इस चेतना की विशेषता शिक्षा को परिवर्तन का मुख्य साधन मानने में है। 'कवच' कहानी में गौन्या को इस बात का अफसोस है कि उसकी माँ अध्यापिका की तरह पढ़ी-लिखी नहीं है। यह इस बात का संकेत है कि माँ इंदिरा अल्पशिक्षित अथवा निरक्षर है। लेकिन इसके बावजूद केवल इंदिरा ही नहीं बल्कि पूरे दलित गाँव में शिक्षा को लेकर सम्मान और प्रशंसा का भाव है। उन्हें शिक्षा भले ही नहीं मिल पाई लेकिन वे इस बात का ख्याल करती हैं कि उनकी अगली पीढ़ी जरूर शिक्षित हो कर निकले। गौन्या जब अपनी माँ के हाथों पिटता है तो उसके पड़ोस की दलित स्त्री साबू माय उसे बचाती है। जब वह बचाव का तर्क देती है तो इस बात पर जोर देती है कि यह स्कूल में पढ़ने वाला बच्चा है। इसके साथ असंवेदनशील व्यवहार नहीं होना चाहिए। यह तर्क उसके मन में शिक्षा के लिए चाहत और सम्मान की भावना को सामने लाता है। दलित और पिछड़े वर्गों के प्रायः सभी विचारकों ने समाज में परिवर्तन पर जोर दिया है। इस परिवर्तन के लिए उन्होंने कभी किसी हथियार बंद क्रांति का आह्वान नहीं किया है। उनका लोकतांत्रिक मूल्यों में गहरा विश्वास रहा है। वे जाति व्यवस्था में बदलाव चाहते थे लेकिन शिक्षा के माध्यम से। शिक्षा की समता समाज में समानता का प्रसार करती थी। डॉ. अम्बेडकर ने शिक्षा को शेरनी के दूध की तरह कहा। इसे जो पी लेता है वह बोलता नहीं दहाड़ता है।

प्रश्न 15. 'कवच' कहानी के शिल्प विधान और भाषा पर टिप्पणी कीजिए।

उत्तर– 'कवच' कहानी में घटनाओं का नाटकीय उतार-चढ़ाव देखा जा सकता है लेकिन एक सूत्र इसको आपस में बाँधे रहता है। दृश्य पर दृश्य बदलते रहते हैं लेकिन सूत्र के कारण शिल्प के गठन में कहीं झोल नहीं आ पाया है।

एक सुबह, जब अंधेरा खत्म नहीं हुआ, इस कहानी का आरंभ हुआ, जब इंदिरा अपनी रोजी-रोटी के लिए, रोजगार के लिए तैयारी कर रही है। लेकिन इस तैयारी को आज के दिन

ग्रहण-सा लग गया है। सदा साथ देने वाला बेटा 'गौन्या' भी साथ नहीं दे रहा है। दूसरी ओर घर के मुखिया के रूप में पति अपनी जिम्मेदारियों से बेपरवाह है। उसको रोजी-रोटी के बजाय अपनी खटिया और अपनी नींद से ही निजात नहीं मिल पा रही है। जितना अंधेरा बाहर है, उससे अधिक आशंका, भय और ग्लानि बोध का अंधेरा बच्चे गौन्या के मन के भीतर है। कार्य व्यापार चलता रहता है। जिस प्रकार कहानी के आरंभ में तनाव का परिवेश है, उसी प्रकार परिवेश के अनुसार भाषा में तनाव है। इसमें तेवर का तीखापन छोटे-छोटे संवादों में व्यक्त होता है। दृश्य बदलता है बाजार की तैयारी कर गौन्या और उसकी माँ रास्ते पर आते हैं। इस रास्ते में कोंकण क्षेत्र की प्रकृति का नयनाभिराम दृश्य है। इस दृश्य में गौन्या का तनाव मंद पड़ जाता है। इसके साथ भाषा में रवानगी आ जाती है। दूर-दूर तक फैले घास के मैदान उनमें बीच-बीच में सुंदर फूलों की छटा में गौन्या के मन के साथ भाषा भी रम जाती है। कहानी के अंत में फिर अंधेरा उपस्थित होता है। अपमान की आशंका का अंधेरा गौन्या के मन पर घिर आता है। लेकिन जब उसकी माँ इंदिरा मर्दों की बात का मुँहतोड़ जवाब देती है तो गौन्या का मन खिल उठा, उसे अपने जीवन के कवच, अपनी माँ की क्षमता पर भरोसा फिर से कायम हो गया। दूर भागते शराबियों के साथ उसके मन का डर भी दूर भाग गया। इसी के साथ कहानी का अंत हो जाता है। कहानी ने अपने नाम को सार्थक कर दिया। इससे ज्यादा का कथन अनावश्यक विस्तार का दोष पैदा करता है और इससे कम का कथन निष्कर्ष को अधूरा बना देता है। कहानी छोटे मुँह बड़ी बात कहती है—'कवच' के शिल्प ने इस कार्य को बखूबी अंजाम दिया है।

कोंकण का क्षेत्र उर्मिला पवार के लिए रचनात्मक ऊर्जा का कार्य करता है। इस क्षेत्र के जीवन की सुंदरता और समाज की कुरूपता को ही उन्होंने सामान्य बोलचाल की भाषा में व्यक्त किया है। बोलचाल की भंगिमा के बावजूद भाषा में सर्जनात्मक रूप के दर्शन होते रहते हैं। काल, स्थान और पात्र के अनुसार भाषा का तेवर बदलता रहता है। इसे सुबह बाजार की तैयारी के प्रसंग से देखा जा सकता है। इस तैयारी से बाप की नींद में खलल पहुँचता है। इसके लिए वह शिकायत कर सकता था, शांत रहने की सलाह दे सकता था लेकिन वह सीधे-सीधे गालियाँ देने लगता है। यह गालियाँ उसके पितृसत्तात्मक और मर्द की सोच को सामने लाती हैं। इन गालियों ने एक ओर स्त्रियों के लिए हीनता के भाव तो दूसरी ओर कुछ न करने पर भी मर्द के निर्णय के अधिकार को उजागर कर दिया। पितृसत्ता की बनावट की हकीकत को इन कुछ गालियों ने बखूबी बेनकाब कर दिया। कहानी की भाषा में गालियों का प्रयोग अश्लीलता को नहीं उस सामाजिक बनावट से पाठक को रू-ब-रू कराता है, जिसमें इन गालियों का प्रयोग होता है। अश्लीलता साहित्य में नहीं बल्कि समाज की सोच में है। साहित्य तो बस इस सोच को सार्वजनिक पटल पर लाता है।

'कवच' कहानी में भाषा की एक अन्य सामाजिक विशेषता इसमें शब्दों के दोअर्थी प्रयोग की है। एक अर्थ सामान्य अर्थ लक्षणा का है। यह सीधे-सीधे पदार्थ की सूचना देता है। आम के कथन से आम का ही बोध होता है। दूसरा अर्थ स्त्री के शरीर के अंग का अर्थ देता है। दोअर्थी संवादों का प्रयोग ग्रामीण बोलचाल की विशेषता है। इस जीवन में लोग कई प्रकार के निषेधों का पालन करते हैं। यौन विषय भी ग्रामीण जीवन में निषेध के रूप में उपस्थित होता है। इस विषय पर बातचीत होना जीवन में लाजिम है और उसे छिपाना भी जरूरी है। दोअर्थी शब्द इन दोनों ही उद्देश्यों की पूर्ति करता है। भाषा की यह भंगिमा सामाजिक ढाँचे से निकलती है। समाज अपने चलन में जितना सामंती होगा, दोअर्थी शब्दों का उसमें उतना ही चलन होगा।

प्रश्न 16. गुजराती दलित साहित्य के वैचारिक आधारों को स्पष्ट कीजिए।

उत्तर– दलित साहित्य का वैचारिक आधार डॉ. अम्बेडकर का जीवन संघर्ष एवं ज्योतिबा फुले और बुद्ध का दर्शन है। दलित साहित्य का मुख्य आधार दलित चेतना है। यह दलित चेतना किसी भी दलित या गैर-दलित दोनों में हो सकती है।

दलित चेतना को आधार मानकर या बुद्ध, फुले, अम्बेडकर के वैचारिक मूल्यों से प्रेरित साहित्य को हम प्रमाणिक दलित साहित्य और अप्रमाणिक दलित साहित्य की कोटि में विभक्त कर सकते हैं। दलित चेतना या वैचारिकी या बुद्ध, फुले, अम्बेडकर को नकारकर लिखा गया साहित्य चाहे वह दलित द्वारा रचित हो या गैर-दलित द्वारा, उसे दलित साहित्य के अंतर्गत नहीं माना जाएगा। न तो वह प्रमाणिक दलित साहित्य की श्रेणी के अंतर्गत आता है और न ही अप्रमाणिक दलित साहित्य की कोटि में आएगा। उसे तथाकथित कलावादी साहित्य की कोटि में रखा जाएगा। वर्चस्ववादी या कहें कि यथास्थितिवादी वैचारिकी, संस्कृति और व्यवस्था की खिलाफत करने और उसके समानांतर हाशिए के समूहों (दलित, आदिवासी एवं स्त्री) के लिए महत्त्वपूर्ण कार्य करने का श्रेय इतिहास के महात्मा बुद्ध, महात्मा ज्योतिबा फुले और डॉ. भीमराव अम्बेडकर को दिया जाता है। तीनों महानुभावों ने दर्शन, चिंतन एवं व्यवहार के स्तर पर निम्नवर्गीय समुदायों के लिए अपना उल्लेखनीय योगदान दिया।

महात्मा बुद्ध सर्वप्रथम दार्शनिक चिंतक थे जिन्होंने वर्चस्ववादी इस ब्राह्मणवाद के शोषणकारी तंत्र के खिलाफ एक समानतावादी व्यवस्था के लिए दार्शनिक, वैचारिक और व्यावहारिक स्तर पर कार्य किया। महात्मा बुद्ध भारत के पहले दार्शनिक चिंतक थे जिन्होंने पहली बार दलितों-शूद्रों व स्त्रियों के लिए शिक्षा के द्वार खोल दिए थे। इसके लिए उन्होंने वर्चस्ववादी व्यवस्था के शिक्षण संस्थान 'गुरुकुल' जिन पर तथाकथित सवर्ण लोगों का अधिकार था, इसके समानांतर 'बौद्ध विहारों' की स्थापना की और इतिहास में पहली बार सभी जातियों के लिए शिक्षा के द्वार खोल दिए। उन्होंने पहली बार दार्शनिक स्तर पर 'भाग्य-कर्मफलवाद' के विपरीत 'कार्य-कारण' आधारित अवधारणा को सामने रखा। उनका मानना था कि बिना ठोस कारण के कुछ भी नहीं। कोई भी कार्य बिना कारण के नहीं होता। इसीलिए हाशिए के समूहों की इस दुर्दशा के कारणों को समझकर इसे दूर किया जा सकता है। इसीलिए उन्होंने दलितों-शूद्रों-स्त्रियों की शिक्षा पर अधिक बल दिया। दूसरे महत्त्वपूर्ण चिंतक के रूप में आधुनिक युग में भारतीय नवजागरण के अग्रदूत महात्मा ज्योतिबा फुले का नाम आता है। ये महाराष्ट्र से संबंधित रहे। इन्होंने भी वर्चस्ववादी ब्राह्मणवादी व्यवस्था जो जातिवादी मूल्यों के आधार पर समाज में भेदभाव करती थी उसका विरोध किया। इन्होंने महाराष्ट्र में दलित-शूद्र-स्त्री शिक्षा की वकालत की और स्त्रियों से संबंधित भारत में प्रथम स्कूल खोलने का श्रेय इन्हीं को जाता है। इनकी पत्नी सावित्रीबाई फुले को प्रथम स्त्री शिक्षिका होने का श्रेय प्राप्त है। महिलाओं के लिए बड़ा युगांतरकारी कार्य करने के कारण समाज और स्त्रियाँ इन्हीं के जन्म दिवस को स्त्री मुक्ति दिन के रूप में मनाती हैं। महात्मा ज्योतिबा फुले ने विवेक, ज्ञान और शिक्षा पर अधिक बल दिया। इन्होंने महाराष्ट्र में जाति आधारित भेदभाव का खुलकर विरोध किया।

दलित साहित्य की प्रेरणा केवल डॉ. अम्बेडकर और उनकी क्रांतिकारी विचारधारा है। दलित साहित्य आंदोलन के तीसरे महत्त्वपूर्ण चिंतक, आंदोलनकर्मी और दार्शनिक डॉ. भीमराव अम्बेडकर

हैं। इन्होंने बचपन से ही जाति व्यवस्था के दंश को मर्मांतक पीड़ा के स्तर पर झेला था। गाँव, शहर, स्कूल, कॉलेज, बस्ती, मुहल्ले, खेल का मैदान हर जगह दलितों को प्रताड़ित किया जाता रहा है। पर प्रतिरोध करने की, आगे बढ़ने की और संघर्ष करने की दलितों की चेतना मर गई थी। लेकिन डॉ. अम्बेडकर ने दलितों को प्रेरित किया। इसीलिए ये बौद्धिक स्तर पर जहाँ जातिवाद के ऐतिहासिक कारणों की खोजबीन करते रहे, विश्लेषण करते रहे, वहीं व्यावहारिक स्तर पर दलितों को मंदिर में प्रवेश कराने की लड़ाई से लेकर सार्वजनिक तालाब से पानी भरने के अधिकार के लिए लड़ते रहे। इन्होंने महाराष्ट्र ही नहीं बल्कि संपूर्ण भारत की तथाकथित अछूत एवं शूद्र जातियों को एकताबद्ध करने का महत्त्वपूर्ण कार्य किया। इन्हीं की प्रेरणा से पूरे भारत में दलित आंदोलन की रूपरेखा का निर्माण हुआ। राजनीतिक परिवर्तन की आकांक्षा के साथ-साथ साहित्यिक स्तर पर भी महत्त्वपूर्ण समानांतर लेखन किया गया। इन आंदोलन के आधारस्रोत के रूप में महात्मा बुद्ध, महात्मा ज्योतिबा फुले और डॉ. अम्बेडकर के चिंतन की महत्त्वपूर्ण भूमिका रही है। इन तीनों की वैचारिकी से ही अम्बेडकरवादी वैचारिकी-सैद्धांतिकी का निर्माण होता है। यही वैचारिकी गुजराती दलित साहित्य विमर्श एवं आंदोलन की भी प्रेरणास्रोत है।

प्रश्न 17. गुजरात में दलित आंदोलन का प्रारंभिक दौर कैसा था? प्रकाश डालिए।

उत्तर– गुजरात में दलित आंदोलन का प्रारंभिक दौर बहुत ही चुनौतीपूर्ण था। इसे दो अलग-अलग प्रकार की चुनौती मिल रही थी। पहली चुनौती थी महात्मा गाँधी द्वारा अछूतोद्धार के रूप में चलाए जा रहे सामाजिक कार्य से। दूसरी चुनौती थी गुजरात में स्थापित तथाकथित ऊँची जातियों के वर्चस्व से। दूसरे प्रकार की चुनौती तो दलित आंदोलन को हर जगह मिल रही थी लेकिन गाँधीजी की अछूतोद्धार संबंधी सामाजिक चुनौती अधिक मजबूत थी। इसका स्पष्ट कारण था, चूँकि गाँधीजी गुजरात से ही थे। वे एक महत्त्वपूर्ण राष्ट्रीय राजनेता के रूप में, आजादी के आंदोलन के सर्वस्वीकृत नेता के रूप में स्थापित थे। वे न केवल स्थापित थे बल्कि आम जनता के हृदय पर राज कर रहे थे। ऐसे में डॉ. अम्बेडकर की सैद्धांतिकी से प्रेरित किसी भी प्रकार की गतिविधियों का संचालन करना एक प्रकार से जोखिम भरा कदम भी था। ऐसे समय में गुजरात में दलित आंदोलन का सूत्रपात करना एक चुनौती था।

दलित साहित्य को अम्बेडकर जीवन दर्शन ने वैचारिक ऊर्जा दी और तथागत बुद्ध की दार्शनिकता ने उसे सामाजिक दृष्टि प्रदान की है। ज्योतिबा फुले के जीवन संघर्ष से उसे गहन प्रेरणा मिलती है। बाबासाहेब की प्रेरणा से महाराष्ट्र एवं देश के अन्य क्षेत्रों एवं राज्यों में दलित आंदोलन की नींव पड़ी। किसी-न-किसी रूप में अम्बेडकरवादी सैद्धांतिकी और चेतना का ही परिणाम था कि आज पूरे भारत में दलित आंदोलन समाज परिवर्तन आंदोलनों में अपनी अग्रणी भूमिका निभा रहा है। समता सैनिक दल, शिड्यूल कास्ट फैडरेशन और तत्पश्चात् रिपब्लिकन पार्टी ने शुरुआती दौर में महत्त्वपूर्ण भूमिका का निर्वाह किया। गुजरात में 28 जून 1939 को अहमदाबाद स्थित खानपुर विस्तार में, छात्रों के एक हॉस्टल में डॉ. अम्बेडकर ने भाषण दिया था। गाँधीजी से प्रभावित इस राज्य में उन्हें काले झंडे तक दिखाए गए थे। डॉ. अम्बेडकर की मृत्यु के उपरांत महाराष्ट्र एवं देश के अन्य राज्यों में विभिन्न नामों से दलित मुक्ति के आंदोलन प्रारंभ हो चुके थे। लेकिन सभी आंदोलनों का सिरमौर महाराष्ट्र ही बना रहा। सन् 1972 में मुंबई के वरली कांड के बाद दलित साहित्य से जुड़े प्रमुख दलित आंदोलनकर्मी राजा ढाले, नामदेव ढसाल, जे.वी. पवार, अर्जुन डांगळे,

अरुण कांबले जैसे दलित युवाओं ने 'दलित पैंथर' की नींव डाली। इसी से प्रेरणा लेकर गुजरात के जोशीले युवा दलित आंदोलन डॉ. रमेश चन्द्र परमार, वालजी भाई पटेल, नारणवीरा इत्यादि ने भी सन् 1974 की दलित पैंथर की शुरुआत की।

गुजरात में एक ओर गाँधीजी द्वारा प्रेरित अछूतोद्धार प्रारंभ हो चुका था वहीं दूसरी ओर डॉ. अम्बेडकर की सैद्धांतिकी से प्रेरित परिवर्तनकामी चेतना उभरी थी। सन् 1974 में गुजरात 'दलित पैंथर' से पूर्व कुछ पत्र-पत्रिकाएँ प्रकाशित होने लगी थीं। सन् 1930 में डॉ. बाबासाहेब अम्बेडकर से प्रभावित होकर लल्लुभाई मकवाणा ने 'नवयुवक' नाम से पत्रिका निकालनी प्रारंभ की। इसी प्रकार दलितोत्थान के लिए समर्पित सामाजिक संगठन 'अस्पृश्यता निवारण संघ' ने सन् 1939 में एक अन्य पत्रिका 'दलित उन्नति' प्रकाशित की थी। सन् 1939 में ही नागजी भाई आर्य ने 'दलित गुजरात' पत्रिका निकाली।

सामाजिक स्तर पर दलित समुदाय के लिए बने संगठनों ने एक ऐसी पृष्ठभूमि का निर्माण किया जिसके कारण पढ़े-लिखे लोगों ने अपने समुदाय को जागृत करने के लिए पत्र-पत्रिकाएँ निकालने की कोशिशें प्रारंभ कीं। पत्र-पत्रिकाएँ निकालने का उद्देश्य केवल जागृति लाना ही नहीं था बल्कि गैर-दलितों के उन संवेदनशील मनुष्यों को अपनी वेदना और तकलीफों का गवाह भी बनाना था। अपनी मुक्ति के सफर में ऐसे संवेदनशील गैर-दलित हमसफर भी चाहिए थे जो उनके साथ कंधे-से-कंधा मिलाकर चल सकें। साहित्य का उद्देश्य मनुष्य और समाज को संवेदनशील बनाकर, विवेक को जागृत कर परिवर्तन की एक बुनियाद तैयार करना होता है। इसीलिए सामाजिक आंदोलन के पश्चात् अब यह जरूरत महसूस की जाने लगी कि अम्बेडकरवादी एवं परिवर्तनवादी साथियों की तलाश की जाए। इसके लिए लेखकीय मंच से उपयुक्त और सार्थक यात्रा कोई दूसरी नहीं हो सकती थी। इसी को ध्यान में रखते हुए टंकार, अभ्युदय, दीनबंधु, दलितबंधु, मुक्तिनायक, दिशा, दलितशक्ति, दलित अधिकार, हयाति जैसी अनेक पत्र-पत्रिकाएँ गुजराती भाषा में निकालना प्रारंभ हुआ। इन पत्र-पत्रिकाओं ने गुजराती दलित साहित्य के लिए न केवल एक पृष्ठभूमि बनाने का कार्य किया बल्कि दलित लेखकों की एक भावी पीढ़ी का भी निर्माण किया।

प्रश्न 18. गुजराती दलित कहानी की पृष्ठभूमि का वर्णन कीजिए।

उत्तर— किसी भी साहित्यिक आंदोलन का सूत्रपात, कविता से ही होता है। गुजराती ही नहीं वरन् सभी भाषाओं के दलित साहित्य का प्रारंभ कविता लेखन से ही प्रारंभ हुआ।

गुजराती दलित साहित्य की शुरुआत करने में और उसको एक महत्त्वपूर्ण मुकाम तक ले जाने में गुजराती दलित पैंथर के साहित्यिक पत्र 'आक्रोश' की सार्थक भूमिका मानी जानी चाहिए। गुजराती दलित साहित्य के आलोचक भी इस तथ्य को स्वीकार करते हैं कि गुजराती दलित साहित्य का प्रारंभ 14 अप्रैल 1978 को प्रकाशित 'आक्रोश' पत्रिका से ही माना जाना चाहिए। इसके संपादक रमेशचन्द्र परमार थे।

प्रारंभिक दौर में गुजराती दलित कविता 'आक्रोश' और 'कालो सूरज' में प्रकाशित होती रही। सन् 1989 में रमेशचन्द्र परमार और मनीषी जानी ने दलित कविता नामक पुस्तक का संपादन किया जो गुजराती कविताओं का प्रथम संकलन माना जाता है। इसके बाद कुछ अन्य किताबें भी गुजराती दलित कविताओं को लेकर संकलित की गईं। इसमें चन्दु महेरिया ने 'अस्मिता' नाम से पुस्तक प्रकाशित कराई। नीरव पटेल, दलपत चौहान, प्रवीण गडवी, साहिल परमार, राजु सोलंकी, ए. के.

डोडिया और पुरुषोत्तम जाथव इत्यादि कवि की रचनात्मक अभिव्यक्तियों ने दलित साहित्य आंदोलन को मजबूती दी।

कविता के बाद गुजराती साहित्य में कहानियों का दौर भी प्रारंभ हुआ। मराठी और हिंदी की तरह यहाँ आत्मकथाएँ बहुत ही कम लिखी गईं। एकमात्र आत्मकथा बी. केशर शिवम द्वारा रचित 'पूर्णसत्य' ही उपलब्ध है। अन्य भाषाओं की तरह ही गुजराती दलित साहित्य उस समानांतर सांस्कृतिक और सामाजिक व्यवस्था के निर्माण में सक्रिय है जो किसी भी प्रकार के भेदभाव को नहीं मानता। गुजराती दलित साहित्य एवं सामाजिक आंदोलन पर अभी गाँधीजी का प्रभाव पूरी तरह समाप्त नहीं हो पाया है।

अगर गुजराती साहित्य के अंतर्गत कहानियों पर बात की जाए तो सन् 1987 ई. में 'गुजराती दलित वार्ता' नाम से एक कहानी संग्रह मोहन परमार तथा हरीश मंगलम ने संपादित किया था। इसमें वे ही लेखक शामिल थे जो जन्मना दलित थे और जिन्होंने दलित जीवन परिवेश, अनुभव और वेदना को अपनी कहानियों की अंतर्वस्तु बनाया था। इस कहानी संग्रह में लगभग 14 कहानीकारों को शामिल किया गया था। यह दलित रचनाकारों की वह प्रथम पीढ़ी थी जिसने गुजरात जैसे घोर-जातिवादी समाज में तमाम चुनौतियों का सामना करते हुए अपने कार्य को जारी रखा। ये 14 कहानीकार मात्र रचनाकार नहीं थे बल्कि दलित समाज के वे आंदोलनकर्मी थे जिन्होंने हजारों वर्षों के दहकते लावे को अपनी शिराओं के भीतर महसूस कर शब्द रूप में अभिव्यक्त कर दिया था।

सन् 1990 ई. में 'नया मार्ग' नामक पत्रिका ने प्रतिबद्ध दलित कहानी विशेषांक निकाला जिसके संपादक इन्दु कुमार जानी थे। इसमें अन्य भाषा के प्रमुख दलित कहानीकार यथा बाबूराव बागूल और दया पवार (मराठी) की कहानियों को भी स्थान दिया गया था। यह विशेषांक अपने पूर्ववर्ती विशेषांक से इसलिए भिन्न था कि इसमें दलित विषयों पर लिखने वाले दलित, गैर-दलित, मुस्लिम इत्यादि रचनाकारों की भी कहानियाँ सम्मिलित की गई थीं। इसी विशेषांक में जोसेफ मेकवान की प्रमुख कहानी 'रोटले को नजर लग गई' भी प्रकाशित हुई। साथ ही प्रवीण गडवी की 'अंतरव्यापक' इत्यादि प्रकाशित हुई। तत्पश्चात् गुजरात में दलित कहानियों को लेकर बहुत से लोगों ने संपादन कार्य किया और पत्रिकाओं ने अपने विशेषांक भी निकाले।

जोसेफ मेकवान गुजराती दलित साहित्य में वरिष्ठ जाने-माने रचनाकार हैं। उन्होंने दलित जीवन बोध, परिवेश और वेदना को अपने सशक्त अनुभवों के रूप में अभिव्यक्त किया है। गुजराती दलित साहित्य आज सभी विधाओं में लिखा जा रहा है। उसने बहुत से लेखकों की ऐसी महत्त्वपूर्ण पीढ़ी का निर्माण किया है जो आज स्थापित सवर्ण साहित्य के समानांतर नए तेवर और भाषा के साथ नई ताजगी लिए अपना साहित्य रच रहा है।

प्रश्न 19. 'रोटले को नजर लग गई' कहानी की कथावस्तु लिखिए।

अथवा

'रोटले को नजर लग गई' कहानी में बाल मनोविज्ञान को स्पष्ट कीजिए।

अथवा

'रोटले को नजर लग गई' कहानी के आधार पर गुजराती दलित कहानी में जोसेफ मेकवान के योगदान पर प्रकाश डालिए। **[जून-2015, प्रश्न सं.-5]**

उत्तर— जोसेफ मेकवान द्वारा रचित कहानी 'रोटले को नजर लग गई' एक यथार्थवादी कहानी है। कहानी गुजरात की उस जाति व्यवस्था के चरित्र को उजागर करती है जहाँ बच्चे बचपन से ही असमानता, अन्याय और भेदभाव का पाठ सीखते हैं। कहने को तो स्कूल में सभी बच्चों को समान रूप से प्रेम और समानता का पाठ पढ़ाया जाता है लेकिन व्यवहार में ऐसा नहीं होता है। अध्यापक से लेकर छात्र तक सभी असमानता और भेदभाव की चेतना से लैस अपने से हीन या तथाकथित निम्न जाति के बच्चे के साथ किसी भी तरह का मानवीय व्यवहार नहीं करते। यह कहानी गुजरात के चरोत्तर प्रदेश के खेत में मजदूरी करके जीवनयापन करने वाले गरीब पति-पत्नी हेता, धनजी और उनके इकलौते बेटे रघु पर आधारित है और धनजी स्वयं गरीब हैं लेकिन वे नहीं चाहते कि उनका इकलौता बेटा भी उन्हीं की तरह अनपढ़-गंवार रह जाए और उन्हीं की तरह मजदूरी करे। दुनिया का कोई भी माँ-बाप नहीं चाहेगा कि उनकी संतान गरीब-अनपढ़ रह जाए। हेता और धनजी दोनों चाहते हैं कि रघु किसी प्रकार पढ़-लिख कर बड़ा साहब बन जाए। इसी उद्देश्य की पूर्ति के लिए वे किसी बड़े आदमी से जान-पहचान के चलते अपने बेटे रघु का शहर के स्कूल में एडमिशन करा देते हैं। शहर का यह स्कूल गाँव से लगभग तीन मील दूर था जहाँ सवेरे-सवेरे रघु जाने लगा। वह पढ़ाई में अपने सहपाठियों से हमेशा अव्वल रहता। वह तीक्ष्ण बुद्धि और मेहनती था। स्कूल में अक्सर अध्यापक उसे क्रिकेट के साहब कहते, रघु तुझे तालीम मिले तो दूसरा करसन घावरी हो सकता है। भूगोल के साहब पहला सवाल उससे ही पूछते। संस्कृत के शिक्षक रघु के शुद्ध उच्चारण और श्लोक को सुनकर अपना माथा पीट लेते। गणित के अध्यापकों को यह शंका रहती थी कि यह कहीं ट्यूशन पढ़ता है। इतनी प्रतिभाओं का धनी था रघु।

उसके घर की आर्थिक स्थिति बहुत ही खराब थी। खाने के लिए उसे घर में प्रतिदिन बाजरे की रोटी, मिर्च की चटनी और छाछ ही नसीब हो पाती थी। रोज सवेरे रघु एक रोटी में से आधी खा लेता और आधी रोटी स्कूल ले जाता था छुट्टी में खाने के लिए। रघु को अकेले खाना खाने में कभी हिचकिचाहट या शर्म नहीं आती थी। लेकिन धीरे-धीरे उसने महसूस किया कि अन्य छात्र उससे घृणा करते हैं और दूर भागते हैं। वहाँ उसका कोई भी दोस्त नहीं बन पाया। उसकी तीक्ष्ण बुद्धि और पढ़ाई में तेज-तर्रार होने के बावजूद कोई दोस्त नहीं था। धीरे-धीरे उसने अपनी प्रतिदिन खाई जाने वाली आधी रोटी और अन्य छात्रों के रंग-बिरंगे, टिफिन में सैंडविच, रोटी, परांठे एवं अन्य पकवानों को देखा। उनकी महक से रघु की भी इच्छा होती और वह भी उन पकवानों को खाना चाहता था।

अब घर में रघु बाजरे से बनी रोटी को खाना नहीं चाहता था और न ही उसे स्कूल में लाना चाहता था। वह अंग्रेजी के एक निबंध में अपने घर को 'होम' या 'हाउस' नहीं लिखता बल्कि 'हट' (झोपड़ी) कहता है। मनोवैज्ञानिक स्तर पर उसका व्यवहार धीरे-धीरे बदल रहा है जिसे हेता या धनजी समझ नहीं पा रहे।

यह कहानी एक स्तर पर बाल मन की उन गहराइयों का बहुत ही सूक्ष्म रूप में निरूपण करती है। रघु में आ रहे परिवर्तन से माँ-बाप अनभिज्ञ हैं। पढ़ाई एक प्रकार से मनुष्य में चेतना और विवेक को जागृत करती है। लगता है कि शहर की पढ़ाई, वहाँ के परिवेश और अपने घर के परिवेश के बीच रघु एक बहुत बड़ा गैप महसूस करता है। उसमें सामंजस्य कैसे बिठाए ये वह छोटा-सा बच्चा समझ ही नहीं पाता। वह भी माँ हेता से अच्छे खाने की फरमाइश करना चाहता है पर वास्तविकता को जानता है। वह उस काली-स्याह रोटी को खाना नहीं चाहता पर माँ को

दु:ख होगा इसलिए खा लेता है बल्कि माँ-बाप की स्थिति को समझ पा रहा है पर माँ-बाप उस बालक के मनोभावों और मनोविज्ञान को नहीं समझ पा रहे।

एक दिन रघु नए प्रकार के अप्राप्य भोजन के स्वाद को पाने के लिए अपने सहपाठी के बस्ते से टिफिन बॉक्स निकाल लेता है और जीवन में पहली बार नए प्रकार के भोजन का स्वाद लेता है। यह कोई बहुत बड़ा अपराध नहीं है। एक भूखे, उपेक्षित और मजबूर बच्चे का पेट की क्षुधा शांत करने के लिए और अच्छे भोजन की चाह के लिए दूसरे का टिफिन लेना भर है। पर समाज के तथाकथित उच्च संस्कारी लोगों को यह आपराधिक मामला लगता है। रघु पकड़ा जाता है और उसने मिन्टु नामक जिस सहपाठी का टिफिन बॉक्स चुराया था उसके पिता स्कूल में आकर प्रिंसिपल से रघु को रस्टीकेट करने की बात करते हुए कहते हैं 'ऐसे चोरों के साथ हमारे संस्कारी समाज के बच्चे पढ़ेंगे तो उनके भी संस्कार बिगड़ेंगे' और इस प्रकार इस कहानी का अंत हो जाता है। तत्पश्चात् हेता और धनजी के जीवन का लक्ष्य धूल-धूसरित हो जाता है। उनका सपना चूर-चूर हो जाता है। कहानी अपने अंत के साथ बहुत से सवालों को हमारे बीच छोड़ जाती है।

प्रश्न 20. 'रोटले को नजर लग गई' कहानी में अभिव्यक्त सामाजिक अंतर्विरोधों को विश्लेषित कीजिए।

उत्तर– जोसेफ मेकवान की कहानी 'रोटले को नजर लग गई' भारतीय समाज में व्याप्त दो समाज, उनके समुदाय और दुनिया की वास्तविकता, जीवन-मूल्य, खान-पान, रहन-सहन और सोच को प्रस्तुत करती चलती है। जो समाज, समुदाय, जाति, वर्ग में विभाजित हो वहाँ दो प्रकार की संस्कृतियाँ विकसित होती हैं। एक वर्चस्ववादी समूह की जातिश्रेष्ठता के अहं का विस्तार सामाजिक, आर्थिक, शैक्षणिक, धार्मिक संस्थाओं पर वर्चस्व रखने और इन पर अपना प्रभुत्व रखने में दिखाई देता है तो दूसरी ओर संस्कृति सामाजिक संरचना से बहिष्कृत किए गए, अस्पृश्य-दास-श्रमिकों की संस्कृति कदान्न खाकर हेय दृष्टि को सहने की विवशता, आर्थिक उत्पादन साधनों से वंचित, धर्म के आदेश के पालन न करने पर जघन्य अत्याचार झेलकर जीने को मजबूर दलित वर्ग। रघु इस दूसरी संस्कृति का प्रतिनिधि है। विवंचना, वंचना, अवहेलना, बहिष्करण और हेयता को झेलने को मजबूर कर दिया गया। यहाँ दो प्रकार की वास्तविकताओं की भीतरी बुनावट में अनेक वास्तविकताओं की अंतरव्याप्ति दिखाई देती है। समाज की एक परत उघाड़ने से वास्तविकताओं की कई परतें खुलती चली जाती हैं। यह कहानी समाज की उन्हीं वास्तविकताओं को हमारे सामने प्रस्तुत करती है।

कहानी का प्रारंभ ही एक ऐसी दुनिया से होता है जो आज भी हमारे समाज में हाशिए पर रहने को अभिशप्त हैं। अपने श्रम और मेहनत से समाज और दुनिया के विकास में अपनी महत्त्वपूर्ण भूमिका निभाता यह वर्ग दो वक्त की रोटी भी प्राप्त नहीं कर पाता। ऐसा ही एक परिवार कहानी में दिखाया गया है रघु, हेता और धनजी का। हेता और धनजी का एक ही बेटा है रघु। दोनों चाहते हैं कि किसी प्रकार वह पढ़-लिख जाए। इसीलिए उसका एडमिशन शहर के स्कूल में अपने किसी परिचित के द्वारा वो करवा देते हैं। बस यहीं से समाज का दो दुनिया की वास्तविकताओं से परिचय कहानी में खुद-ब-खुद हमें होता जाता है।

रोटला शब्द दो दुनिया की उसी क्रूर सच्चाई से हमारा परिचय कराता है। यह परिवार रूखी-सूखी रोटी खाकर अपना जीवन व्यतीत कर रहा है। किसी प्रकार बाजरे के आटे से बना

रोटला ही खाकर जीवन बसर कर पा रहा है। यह रोटला ही उनका नाश्ता, लंच और डिनर है। इसके अलावा खाने को उन्हें कुछ भी सुलभ नहीं है और यह रोटला भी उन्हें भरपेट नसीब नहीं है। नाश्ते का आधा रोटला और लंच का आधा रोटला रघु के हिस्से में आता है और ठीक उसी प्रकार माँ हेता के भाग में। पिता धनजी दो रोटले में ही अपनी दिनचर्या चलाते हैं। रूखा-सूखा रोटला खाकर, प्याज और लहसुन की चटनी से कभी-कभार गले से नीचे उतारकर जीने को अभिशप्त है यह परिवार। लेकिन बेटे को पढ़ाने की चाह, उन्हें बड़ी समस्या में पहुँचा देती है।

डॉ. बाबासाहेब अम्बेडकर ने शिक्षा पर बहुत महत्त्व दिया था। उनका मानना था कि शिक्षा से मनुष्य के जीवन में ज्ञान का प्रकाश फैलता है। मनुष्य इससे सही और गलत का फर्क जान पाता है। उसका विवेक जागृत होता है। हेता और धनजी रघु को पढ़ाना चाहते हैं। रघु भी मन लगाकर पढ़ाई करता है। उसमें जन्मजात प्रतिभा है इसीलिए वह अपनी क्लास में अन्य विद्यार्थियों की तुलना में मेधावी छात्र प्रतिभाशाली है। कबड्डी में कोई उसकी बराबरी नहीं कर सकता था। क्रिकेट के शिक्षक कहते रघु तुझे उचित प्रशिक्षण मिले, तो तू करसन घावरी बनेगा। भूगोल के अध्यापक पहला सवाल उसी से करते। संस्कृत के पंडित शुद्ध उच्चारण के साथ उसे श्लोक बोलते सुनकर सिर पीट लेते, अंग्रेजी के सर उसकी कुशलता से चिढ़ उठते, गणित के अध्यापक शंका करते हुए हमेशा यही पूछते कि तू किसके पास ट्यूशन पढ़ता है? कक्षा में वह सीना तान सकता था, फिर भी उसे यह एहसास हुए बिना नहीं रहता कि एक गुजराती अध्यापक को छोड़कर दूसरा कोई उसे उचित मौका या प्रोत्साहन नहीं देता। वे सभी उसको, उसके कपड़ों को, उसके अद्भुत कौशल को तथा उसके रोटले को हिकारत की नजर से देखते थे।

ऐसी जन्मजात प्रतिभा और अद्भुत कौशल के बावजूद वह अपने कपड़े और रोटले के कारण स्कूल में अपने अध्यापकों और सहपाठियों के बीच घृणा की नजर से देखा जाता। कभी-कभी उसके सहपाठी उसे 'हंगरी डॉग' कहकर मजाक उड़ाते, रघु इस दुर्भाव का कारण समझ नहीं पाता।

पाठशाला में प्रवेश पाने से पहले रघु का सामना संपन्न सवर्ण अहंकारी दुनिया के साथ नहीं हुआ था। रघु तो केवल अपनी ही वंचितों, विपन्नों की दुनिया और उसकी वास्तविकता को जानता था जहाँ सभी बच्चे उसी की तरह कपड़े पहनते, रूखा-सूखा खाते-पीते थे और रहते थे। एक बच्चे की मासूमियत और भोलापन समाज की दो दुनिया के इस अलग-अलग सच को नहीं जानते थे। रघु भी नहीं जानता था। भेदभाव को पहली बार उसने यहीं आकर महसूस किया था। अपने और अन्य बच्चों के बीच में कितना फर्क है। खाने-पीने से लेकर, कपड़े और बोलचाल के तरीके तक को। कथित उच्च व कथित निम्न जातियों के बच्चों के बीच में कभी भी सामान्य संबंध नहीं बन सकते इस क्रूर वास्तविकता को उसने यही आकर पहचाना था।

रघु देखता है–उन सबों के डिब्बे स्टील के अथवा रंग-बिरंगे सुंदर प्लास्टिक के होते हैं, उनमें पूरियाँ होती हैं, घी चुपड़ी रोटियाँ होती हैं, सैंडविच या मक्खन लगी डबल रोटी होती है, तरह-तरह की सब्जियाँ होती हैं, अचार होता है, मिठाइयाँ होती हैं। रघु को तो उनके नाम भी नहीं आते। कुछ चीजों को तो उसने पहली बार देखा था। वे सब आपस में मिल-जुलकर, एक-दूसरे की वस्तुओं को अदल-बदल कर और तारीफ करते हुए खाते हैं।

ये उस दूसरी दुनिया की वास्तविकताएँ थीं जो रघु के सामने एकदम नई थीं। अनुभव, भाषा और आस्वाद की दुनिया, जहाँ के रंग निराले थे।

ये सब बातें रघु की समझ में नहीं आतीं, परंतु वह जो कुछ सुनता, वह सब उसे याद रह जाता।

रघु को इन सबमें जो सबसे अधिक आकर्षित करता था वह थी खाने-पीने की वस्तुएँ। उसने जीवन में रोटले, प्याज, लहसुन की चटनी या केंसारी के अतिरिक्त कुछ खाया नहीं था और जो कुछ खाया था वह बेहद बेस्वाद था। खाने की महक से उसका मन उन्हें खाने को ललचाता है। धीरे-धीरे उसे रोटला खाने से नफरत-सी होने लगी। वह भी अन्य बच्चों की तरह गेहूँ की बनी रोटी खाना चाहता था। पर माँ तो बेबस और मजबूर थी क्योंकि घर में घी तो बहुत दूर की चीज थी दो बूँद तेल भी नहीं था। गेहूँ का आटा नसीब में नहीं। कैसे वह बेटे की इच्छा को पूरा कर पाती। हेता को जीवन जीने का व्यावहारिक ज्ञान था, समझ थी। लेकिन इस व्यावहारिक ज्ञान और समझ से वह बेटे रघु का उसकी इच्छानुसार पेट तो नहीं भर सकती थी।

दो दुनिया की इस क्रूर वास्तविक समझ में भी बहुत अंतर था। इसे लेखक ने हेता की सोच के माध्यम से सामने रखने की कोशिश की है।

हेता सुखी दिनों की याद कर-करके प्रायः मूल देखें छोड़ा करती। कवन जानें अब क्या हो गया है? तब दिल बड़ा था और बड़े दिल वालों की दया थी। आज तो सरकार ने जब से हमारी खातिर कानून बनाया है तब से न तो खाने भर की मजदूरी मिलती है और न रह-रह कर याद आने वाला दोपहर का खाना ही मिलता है। अगर ऊपर से महँगाई इतनी जियादे हो गई है कि आगे लोग किस भरोसे जिएँगे, उन्हें समझ में नहीं आता। कलयुग। घोर कलयुग।

यहाँ कलयुग की कोई पौराणिक अवधारणा नहीं है बल्कि जीवन जीने की एक व्यावहारिक समझ से उत्पन्न अवधारणा है और वह है महँगाई। रोटी कैसे मिलेगी। इस प्रकार कलयुग की पौराणिक अवधारणा भरे पेट वाले मनुष्यों की ही अवधारणा बनकर कहानी में आती है।

शिक्षा मनुष्य में ज्ञान और विवेक जागृत करती है। वह सही-गलत का अंतर करना सिखा देती है। वह चीजों में स्पष्ट रूप में अंतर कर सकता है। कहानीकार, प्रस्तुत कहानी में शिक्षा के महत्त्व को भी बतलाना चाहते हैं। शिक्षा हासिल करने की प्रक्रिया में अब रघु में धीरे-धीरे परिवर्तन आने लगा था। वह रोटी और रोटले में अंतर करने लगा। जिस रोटले को वह बहुत ही चाव से खाता था वह उसे अब बेस्वाद लगने लगा। उसने स्कूल में बेहतरीन, अच्छे विभिन्न प्रकार के खाने, उसकी महक को महसूस किया और देखा। इसके अतिरिक्त जिस घर में वह रहता था, जिसे माँ-बाप घर कहते थे, वह घर की नई परिभाषा, बनावट को पढ़कर और चित्र में देखकर समझने लगा। एक दिन वह कहता है–

माँ अपना यह घर हाउस नहीं है, इसे होम भी नहीं कहेंगे। यह देखो 'हैप्पी होम' क्या होता है इसे समझा रहा है। इसी प्रकार पिता धनजी कहते हैं कि 'बारिश होने के कोई आसार नहीं लग रहे। बादल नहीं दिख रहे। पता नहीं कैसे गुजारा होगा।'

इस साल बरसात थोड़ी देर करने लगी तब चिंता से धनजी आँखों पर हथेली की छाया करके आसमान की ओर देखते हुए बोला 'बारिस के बादल कहीं दिखाई नहीं देते। क्या जाने ई साल क्या होगा?' और हेता जवाब में कुछ कहे, उसके पहले ही किताब पर से नजर हटाकर रघु बोल पड़ा दक्षिण-पश्चिम की मौसमी हवा बारिश लाती है बापू। तुम्हारे बादल नहीं, बारिश आएगी, हवा का दबाव जरा कम होने दो। धनजी और हेता दोनों जन यह सुनकर अवाक् रह गए थे।

'रोटले को नजर लग गई' कहानी में दोनों दुनिया की वास्तविकताओं को बहुत ही बारीकी के साथ लेखक ने प्रस्तुत किया है। इस कहानी की क्रूर त्रासदी यह है कि बालक रघु जो कि

धनजी और हेता के सपनों का महल था वह एक दिन स्वादिष्ट खाने के लालच में या रोटले से अलग खाने की चाह उसे मिन्टु का लंच बॉक्स चुराने के लिए विवश कर देती है। वह टिफिन से खाना निकालकर खा लेता है और पकड़ा जाता है। दूसरी दुनिया के तथाकथित सभ्य-सुसंस्कृत लोग बच्चे की इस भूख की लाचारी और बेबसी को नहीं समझ पाते। उनके जीवन मूल्य, समझ और सुसंस्कृति में भूख, बेबसी, लाचारी का कोई मोल नहीं। वे प्रिंसिपल से रघु को स्कूल से निकालने की बात करते हैं और इस तरह हेता और धनजी का सपना टूट जाता है।

यह एक क्रूर त्रासदी लिए, सार्थक और बेहतर कहानी है। जहाँ 'रोटले को नजर लग गई' एक प्रतीकात्मक अर्थ लिए हुए समाज के उस सच को उद्घाटित करती है कि इसी समाज में एक वर्ग समुदाय ऐसा भी है जो आज भी रोटी के लिए, पेट भरने के लिए, जीने के लिए संघर्ष कर रहा है और दूसरा वर्ग भरपेट खाकर चैन की नींद सो रहा है। कहानी असंवेदनशील सवर्ण वर्ग के अहंकार, सत्ताधारी अमानवीय होने को उघाड़कर समाज को सचेत करने की कोशिश है।

प्रश्न 21. गुजराती दलित साहित्य के उद्भव एवं विकास पर प्रकाश डालिए।

उत्तर– दलित साहित्य की शुरुआत गुजराती भाषा में आजादी के पूर्व ही दिखाई देती है किंतु वह छोटी-छोटी रचनाओं के रूप में ही है। अधिकांश विद्वानों ने 14 अप्रैल 1978 को प्रकाशित दलित पैंथर के मुखपत्र में प्रकाशित रचनाओं से ही दलित साहित्य का प्रादुर्भाव गुजराती दलित साहित्य में स्वीकार किया है। दलित पैंथर के इस पत्र का नाम 'आक्रोश' था और गुजरात में इसके उन्नायकों में डॉ. रमेशचन्द्र परमार थे। इसके अलावा नीरव पटेल, दलपत चौहान, प्रवीण गडवी और योगेश देव, ये चार रचनाकार 'आक्रोश' के संपादक मंडल में थे या संपादक थे। 'आक्रोश' पत्र के संपादकीय में ही उद्घोषणा कर दी गई थी कि–'दलित अस्मिता मुहिम का यह प्रथम सोपान 'आक्रोश' कविता के माध्यम से व्यक्त होता है।' इसके अंतर्गत उनका मानना था कि 'आक्रोश' में मूक दलित समुदाय को वाणी मिलने लगी है। तत्पश्चात् प्रथम दलित साहित्य की पुस्तक के रूप में 1981 में प्रकाशित 'दलित कविता' थी। इसके रचनाकार संपादक गणपत परमार और मनीषी जानी थे। आज का गुजराती दलित साहित्य नए मानवीय मूल्यों को स्थापित करने की दिशा में अग्रसर है।

- **गुजराती दलित साहित्य के विकास में पत्र-पत्रिकाओं का योगदान–**जिस प्रकार अन्य भारतीय भाषाओं में निकलने वाली पत्र-पत्रिकाओं ने दलित साहित्य के विकास में महत्त्वपूर्ण भूमिका निभाई थी, उसी प्रकार गुजरात में भी पत्र-पत्रिकाओं ने गुजराती दलित साहित्य के विकास में सार्थक योगदान दिया। महाराष्ट्र में डॉ. अम्बेडकर ने 'बहिष्कृत भारत', 'मूकनायक' एवं 'जनता' जैसी पत्रिकाएँ निकालकर दलित समुदाय में आत्मसम्मान की भावना जागृत करने का कार्य किया था। गुजराती पत्र-पत्रिकाओं में 'पेथर' (नारायण वोरा), 'कालो सूरज', 'नवयुवक', 'दलित गुजरात' (नान जी भाई आर्य), 'टंकार' (खेमचन्द्र चावड़ा), 'तमन्ना' (जयन्त सुबोध), 'स्वाति' (एल.जी. परमार) आदि पत्र-पत्रिकाएँ उल्लेखनीय हैं। इसके अलावा अन्य पत्र-पत्रिकाओं में 'गरुड़', 'अजंपो', 'हरिजन बंधु', 'मुक्तिनायक', 'हयाती', 'दलित चेतना', 'नया सवेरा' इत्यादि ने भी दलित चेतना एवं साहित्य के विकास में महत्त्वपूर्ण भूमिका निभाई।

किसी भी सामाजिक एवं साहित्यिक आंदोलन के प्रचार-प्रसार में पत्र-पत्रिकाओं की महत्त्वपूर्ण भूमिका होती है। ये पत्र-पत्रिकाएँ आंदोलन एवं वैचारिकी के मूल्यों का रचनात्मक रूपांतरण कर साहित्य में ढालती हैं। इसी रूप में दलित साहित्य उसी नई भावभूमि, सपनों और दलित समुदाय की चाहतों को अभिव्यक्त करता है और इसमें पत्र-पत्रिकाएँ सार्थक भूमिका निभाती हैं।

- **गुजराती दलित साहित्य का उद्भव : पृष्ठभूमि और वैचारिकी**—गुजरात के समाज, साहित्य और राजनीति पर गाँधी के दर्शन और विचारों का प्रत्यक्ष या अप्रत्यक्ष दोनों ही रूपों में प्रभाव परिलक्षित होता है। शुरुआती दलित समुदाय के सुधारवादी आंदोलन में भी न केवल गुजरात में बल्कि गुजरात के बाहर भी गाँधी के चिंतन का प्रभाव है। हालाँकि डॉ. अम्बेडकर के आगमन और आंदोलन के पश्चात् यह प्रभाव थोड़ा कम नजर आता है। लेकिन दलित साहित्य का यह प्रारंभिक दौर गाँधी जी के आंदोलन से प्रेरणा लेता रहा। लेकिन बाद में डॉ. अम्बेडकर की वैचारिकी से ही फला-फूला। गाँधी जी ने मानवीय मूल्यों की स्थापना का कार्य तो किया लेकिन उन मानवीय मूल्यों में दलित समाज के मुक्तिवादी मूल्य शामिल नहीं थे। वे अधूरे मानवीय मूल्य थे जिन्हें सही अर्थों में पूरा करने का श्रेय डॉ. अम्बेडकर को जाता है। लेकिन इतना तो मानना ही पड़ेगा कि भारतीय एवं गुजराती जनमानस को दलित समुदाय के प्रति थोड़ा संवेदनशील बनाने का कार्य तो गाँधी ने किया। लेकिन इसकी मुकम्मल तावीर को बनाने का सार्थक प्रयास डॉ. अम्बेडकर का ही है।

- **डॉ. अम्बेडकर : दलित चेतना और साहित्य**—अम्बेडकरवादी वैचारिकी का निर्माण महात्मा बुद्ध, महात्मा ज्योतिबा फुले और डॉ. अम्बेडकर के विचारों से मिलकर हुआ है। इसे ही अम्बेडकरवादी सैद्धांतिकी या वैचारिकी कहा जा सकता है।

डॉ. अम्बेडकर ने अपने आंदोलन में महात्मा बुद्ध और महात्मा ज्योतिबा फुले के कार्यों की न केवल सराहना की बल्कि उन्हें अपना गुरु मानते हुए उनसे लगातार कार्य करने की शक्ति ग्रहण करते रहे। उन्होंने शोषित तबकों एवं हाशिएकृत समुदाय की मुक्ति के लिए लगातार आंदोलन किए चाहे वह दवदार तालाब का आंदोलन हो, चाहे राजनीतिक रूप से वैचारिक संघर्ष। एक तरफ जहाँ उन्होंने दलित समुदाय के पढ़े-लिखे लोगों में एकता बनाए रखने एवं उनमें जागरूकता लाने के लिए 'बहिष्कृत भारत', 'मूकनायक', 'जनता' जैसी पत्रिकाओं को निकाला वहीं दलित समुदाय के सम्मान एवं गरिमा के प्रश्नों को ध्यान में रखते हुए लगातार आंदोलन करते रहे। उनके त्रासद अनुभवों को और कारुणिक पीड़ा को प्रकाशित भी करते रहे। बाबासाहेब अम्बेडकर ने ही मानवता की बात की थी—"हमारे देश में उपेक्षितों और दलितों की एक बहुत बड़ी दुनिया है। इसे भूलना नहीं चाहिए। उनके दुःखों को, उनकी व्यथाओं को पहचानना जरूरी है, अपने साहित्य के द्वारा उनके जीवन को उन्नत करने का प्रयत्न करना चाहिए। इसी में सच्ची मानवता है।"

बाबासाहेब के इन्हीं विचारों और कार्यों से प्रेरित होकर एक सामाजिक आंदोलन की नींव पड़ी और इसी सामाजिक आंदोलन से प्रेरणा लेकर दलित साहित्य लेखन प्रारंभ

हुआ। सामाजिक आंदोलन में जहाँ सामाजिक भेदभाव और शोषण के खिलाफ संघर्ष किया जा रहा था वहीं साहित्यिक स्तर पर तथाकथित सवर्ण साहित्य के समानांतर अबोटों के कारुणिक अनुभवों, त्रासद जीवन संदर्भों को उद्घाटित किया गया था।

दलित साहित्य के भीतर अंतर्भूत जो मानवीय गरिमा, सम्मान मुक्ति, स्वप्न और चाहतों का आकाश है वह अम्बेडकरवादी मूल्यों और प्रेरणा के बिना संभव नहीं है। दलित साहित्य में आए अनुभवों के बारे में कहा गया है कि–"दलित वर्ग के पास यातना और वेदना के अनुभवों का उफनता हुआ समुंदर है। जीवन के किनारे को छूती हुई पीड़ा की कहानी है। इस विशिष्ट त्रासद अनुभवों की अभिव्यक्ति ने मानव जीवन के छिपे हुए सत्य को उजागर कर दिया।"

दलित साहित्य का प्रारंभ महाराष्ट्र से ही माना जाना चाहिए। तत्पश्चात् वह अन्य राज्यों एवं भाषाओं में लिखा गया। लेकिन प्रेरणास्रोत मराठी का दलित साहित्य ही बना। दलित साहित्य का प्रारंभ महाराष्ट्र से ही हुआ और तत्पश्चात् इसने अपना फैलाव अन्य भाषाओं में किया। वहीं से यह गुजराती दलित साहित्य का प्रेरणास्रोत बना। गुजराती दलित साहित्य के केंद्र में भी अम्बेडकरवादी वैचारिकी और मूल्यों को ही देखना व समझना चाहिए।

प्रश्न 22. 'गिद्धानुभूति' कहानी एक नए नायकत्व का उद्भव कैसे करती है? स्पष्ट कीजिए।

उत्तर– 'गिद्धानुभूति' कहानी अपने प्रारंभ से ही एक नए नायकत्व की अवधारणा का उद्घाटन कर देती है। यह नायक कोई सामान्य जन नहीं है। वह आम दलित समुदाय का प्रतिनिधि भी नहीं है। वह तो एक चेतनाशील और जागरूक दलित है जिसके पास एक दृष्टि है, दुनिया के शोषण, कुचक्र और षड्यंत्रों को समझने की, उनका विश्लेषण करने की और उन्हें बेनकाब करने की। लेकिन उसकी यह दृष्टि ही उसके लिए समस्या बन गई है। यहाँ पर कहानी में दृष्टि और गिद्ध दो बड़े प्रतीकों के रूप में आए हैं जो कहानी के प्रारंभ से लेकर अंत तक एक-दूसरे से लड़ रहे हैं। दृष्टि इसमें नए आधुनिक मूल्यों, प्रतियोगात्मक स्वरों और नए दलित नायक (मनुष्य) का प्रतीक है तो गिद्ध पारंपरिक मूल्यों और ब्राह्मणवादी व्यवस्था को बचाए रखने वाले प्रहरी का प्रतीक है। उसकी समाप्ति ही उनका लक्ष्य है और यह बात कहानी के प्रारंभ से ही स्पष्ट हो जाती है–

"अचानक मुझे लगा कि मेरी आँख में धूल झोंका जा रहा है अथवा किसी नुकीली खंती से गड्ढा खोदा जा रहा है.............।

मैं थोड़ा सिहर उठा। आँख खोलकर देखा तो एक गिद्ध मेरी छाती पर अपने विशाल पंख फैलाकर चढ़ बैठा है। उसकी चोंच मेरी दाहिनी आँख में गड़ी हुई थी।"

यहाँ पूरी तरह से ब्राह्मणवादी व्यवस्था का प्रहरी गिद्ध नायक के किसी अन्य शारीरिक हिस्से को अपनी चोंच से नष्ट नहीं कर रहा बल्कि वह आँखों को फोड़ना चाहता है। यहाँ आँखें उस नए दलित का प्रतीक हैं जो अम्बेडकरवादी चेतना से लैस हैं। उसमें साहस है, वह प्रतिरोध करना जानता है। वह ब्राह्मणवादी षड्यंत्रों को समझता है क्योंकि उसके पास दृष्टि है और इसे ही ब्राह्मणवादी व्यवस्था अपने लिए खतरा मान रही है। यह नायक अपनी इस दृष्टि को बचाने के

लिए यहाँ से वहाँ भागता है। नायक को यह पूरी तरह पता है कि अगर उसकी आँखें खत्म कर दी गईं तो उसके पास कुछ बचेगा नहीं। वह ज्ञान शून्य और चेतना शून्य हो जाएगा–

"मुझे लगा कि इसके बाद के क्षण में गिद्ध मेरी आँखों को एकदम कुतर खाएगा। फिर वहाँ आँखें नहीं रहेंगी, गहरी खाई जैसा एक गड्ढा रह जाएगा।"

नायक अपनी आँख को बचाने के लिए लगातार भाग रहा है लेकिन साथ-साथ उसके सामने ऐसे-ऐसे दृश्य आते हैं जिसे वह स्वप्न में भी नहीं सोच सकता था। जो उसके स्वाभाविक मित्र होने चाहिए थे वे उसे विरोधी खेमे में खड़े दिखाई देते हैं जैसे ब्राह्मणवादी व्यवस्था से मिल गए हों। जो उसकी शक्ति बनने चाहिए थे वे ब्राह्मणवादी व्यवस्था के मूल्यों की रक्षा कर रहे हैं। यहाँ मुक्तिबोध की कविता 'अंधेरे में' की याद आती है जहाँ पर डाकू, हत्यारा, नेता, पत्रकार, साहित्यकार सभी एक साथ मिल जाते हैं। जो स्वाभाविक मित्र थे वे शत्रु के साथ खड़े हैं। नायक देखता है कि 'कुत्ता' जो मनुष्य का स्वाभाविक साथी है वह भी 'गिद्ध' के साथ मिल गया है–
"दूर एक कुत्ता हड्डी चबाते हुए बैठा.........उसका मुँह लालमलाल है.......... खून से रंगा हुआ।"
नायक रास्ते में पड़ने वाली सभी चीजों का विश्लेषण करता जाता है। उसे रास्ते में नीम के नीचे अपने मोहल्ले के बुजुर्ग भी दिखाई नहीं देते। वह अपने उन बुजुर्गों से यह राज जानना चाहता है कि वर्षों से ये गिद्ध मेरे जैसे जागरूक मनुष्य के पीछे ही क्यों पड़े रहते हैं। हालाँकि नायक यह भी जानता है कि वह अकेला नहीं बल्कि सब मारे जाएँगे। लेकिन यह सब समझते नहीं हैं–

"वह मात्र मेरे अकेले के पीछे नहीं पड़ा, वह आज मुझे खत्म कर देगा....।

फिर बारी आएगी मेरे पिताजी की....मेरे भाई की.... बहन की, धीरे-धीरे वह पूरे मोहल्ले को खा जाएगा और एक दिन पूरे समाज को खत्म कर देगा..। हाँ, मैं उस गिद्ध को अच्छी तरह जानता हूँ....। वह एक दिन पूरे समाज को खत्म कर देगा....। वह कट्टर दुश्मन है हमारा......हमारे समाज का....। वह हमें आगे नहीं आने देना चाहता।"

'वह हमें आगे नहीं आने देना चाहता' यह वाक्य इस पूरी कहानी का केंद्र बिंदु है। आखिर क्यों गिद्ध इस पूरे समुदाय के पीछे पड़ गया है? यहाँ पर यह स्पष्ट हो जाता है। सभी उसी से कहते हैं कि गिद्ध को मार डालो लेकिन कोई भी उसका साथ देना नहीं चाहता। वह इस प्रतिरोध में अकेला है। नायक के भीतर बहुत गहरा द्वंद्व घिर आता है। ब्राह्मणवादी व्यवस्था उसे खत्म कर देना चाहती है पर वह उसके खिलाफ अकेला संघर्ष करता है।

इस कहानी में नायक अपने मोहल्ले से होता हुआ गाँव के बीच में जा पहुँचता है। जहाँ मोहल्ले में भी कोई उसका साथ नहीं देता वहीं गाँव में लोग उसकी हँसी उड़ाते हैं। यहाँ पर वह बरगद के पेड़ के नीचे पहुँचता है। वहाँ पर उसे पेड़ से कव्वों की काँव-काँव सुनाई देती है।

"फिर तो मैं दौड़ते-दौड़ते गाँव के बाहर निकल आया। सामने के एक बरगद के नीचे आकर खड़ा हुआ। बरगद के सभी कौवे बार-बार उड़ने-बैठने लगे।"

फिर पुनः बरगद के साथ कौवे का वर्णन आया है–

"आँखें खोलकर देखा, घना अंधकार.....। सामने के बरगद पर कौवे फिर से बोलने लगे... . बगल में श्मशान का एक कुत्ता कुछ सूँघ रहा था।"

यहाँ पर बरगद का पेड़ व कौवा एक विशेष वैचारिक प्रतीक के रूप में सामने आए हैं। नायक फिर मंदिर में जाकर छिप जाता है किंतु गिद्ध वहाँ भी उसका पीछा नहीं छोड़ते। वह मंदिर में

देवी की तस्वीर के पीछे छिप जाता है किंतु गिद्ध वहाँ भी जा पहुँचते हैं। यहाँ पर फिर से नायक मंदिर प्रवेश के बारे में बताते हुए कहता है क्योंकि दलित समुदाय को मंदिर में जाने की इजाजत नहीं होती। उनके जाने से वह जगह अपवित्र हो जाएगी। इसीलिए वह इसकी सजा भी भुगतता है। फिर वह शहर की तरफ भागता है। यहाँ पर बीच-बीच में दो महत्त्वपूर्ण बातें हैं जो कि लेखक नायक के द्वारा कहलवाता है। दलित समुदाय किसी भी धर्म में चला जाए लेकिन जाति उसका पीछा नहीं छोड़ती। दूसरी महत्त्वपूर्ण बात यह कि वह अछूत है, यह उसकी पहचान है। वह लाख अपने को हिंदू माने लेकिन हिंदू जाति के लोग उसे अछूत ही मानते हैं–

"एक गिद्ध ने दूसरे गिद्ध से पूछा: कौन है यह आदमी?

दूसरे ने कहा: यह हिंदू है......।

फिर तीसरे ने कहा: नहीं यह हिंदू नहीं है..... यह हिंदू नहीं हो सकता। फिर कौन है यह हरामखोर....? एक गिद्ध ने प्रश्न किया। पीछे से एक नन्हा गिद्ध दौड़ते हुए आया और जोर से कहने लगा: यह डोम है।"

अर्थात् सवर्ण समुदाय का छोटा-सा बच्चा भी दलित समुदाय की उसी रूप में पहचान समझता है। बचपन से ही उसे सिखा दिया जाता है कि सामाजिक व्यवस्था कैसी है? यहाँ पर कौन नीच है और कौन श्रेष्ठ। इसीलिए बच्चा बड़ा होकर उन सिखाई मूल्य-मान्यताओं को न केवल ढोता है बल्कि उनकी रक्षा भी करता है।

इस पूरी कहानी में रचनाकार ब्राह्मणवादी वैचारिकी के गहन प्रतीकों का प्रयोग करके नायक द्वारा उनका विश्लेषण कराता है। यह नया नायक दलित समुदाय की मुक्ति का वाहक है। आगे कहानी में नायक को याद आता है कि किसी ने कहा था गाँव छोड़कर शहर की तरफ जाओ। वह शहर में पहुँच जाता है। लेकिन शहर में भी उसका सामना जातिवादी मूल्यों के वाहकों से होता है। गिद्ध उसका पीछा करते-करते शहर में भी आ जाते हैं। गिद्ध आकर चौकीदार से बात करते हैं और नायक देखता है कि चौकीदार भी गिद्ध में बदल गया है अर्थात् गाँव हो या शहर हर जगह जाति का सामना करना ही पड़ेगा। जातिवादी लोग हर जगह वेश बदलकर रह रहे हैं। उसका शहर आने का भ्रम जल्दी ही दूर हो जाता है। फिर वह वहाँ से भागता है उसे प्यास लगी है वह एक झरोखे से झाँकती ... से पानी पिलाने को कहता है किंतु वह उसका मजाक बनाकर हँसती है। यहाँ भी रचनाकार ने दिखाया है कि जो स्त्री स्वयं पुरुषवादी नखदंतों के हाथों कुचली जा रही है और पुरुषवाद का पोषक यही ब्राह्मणवादी व्यवस्था है जिसके द्वारा दलित समुदाय भी शोषित है यानी यह स्त्री एवं दलित की स्वाभाविक मित्रता होनी चाहिए थी। मुक्ति के रास्ते दोनों के लगभग समान हैं लेकिन स्त्री समुदाय भी आज ब्राह्मणवादी वैचारिकी के षड्यंत्रों में फँसकर दलित समुदाय का विरोध कर रहा है और उसका मजाक उड़ाता है। वह आगे गया वहाँ चाय वाले ने भी उसे दुत्कार कर भगा दिया। यहाँ भी रचनाकार यह दिखाना चाहता है कि वर्गीय स्थिति में चाय वाले की स्थिति एक जैसी ही है लेकिन सामाजिक जाति भिन्नता के कारण चाय वाला भी उसे दुत्कार कर भगा देता है। वह आगे जाकर एक सार्वजनिक नल से पानी पीना चाहता है लेकिन.....

"एक व्यक्ति की नजर मुझ पर पड़ी। वह चौंका, फिर क्रोधित स्वर में बोला, ए...तेरे लिए यह नल नहीं लगाया गया......भाग......पीना हो तो उस गटर में जाकर पी।"

हर जगह जाति के राक्षस। उसे चारों ओर से, सभी दिशाओं से गिद्धों के झुंड अपनी ओर आते दिखते हैं। सभी के हाथों में पुरातन और आधुनिक दोनों प्रकार के हथियार हैं। वह पुनः भागता

है रास्ते में उसे एक साधु मिलता है। उस साधु को जब यह पता चलता है कि वह अस्पृश्य है और उसने शहर में गिद्धों को मार डाला तो वह साधु कहता है–"तू कौन है बच्चा?" साधु ने मेरी आँखों में आँखें डालकर पूछा। मैंने धीरे बताया, हिंदू.....।

"दिखावे से तो हिंदू नहीं लगता.....कौन है? सच-सच बता दे, तेरा कल्याण कर दूँगा मैं....।

महाराज.....। मैं हिंदू ही हूँ।"

........समझ गया...........तू अस्पृश्य है...........लेकिन तूने बहुत हत्याएँ की हैं............ये अच्छा नहीं किया तूने...........ये गिद्ध तुझे किसी जन्म में नहीं छोड़ेंगे।"

वह पुनः भागता है और रास्ते में उसे पुलिस वाला मिलता है। वह उसे बताता है लेकिन गिद्ध वहाँ आ पहुँचते हैं और पुलिस वाले को कुछ रुपए देकर खरीद लेते हैं। जब वह पुनः पुलिस वाले से अपने को बचाने को कहता है तो पुलिस वाला कहता है......

"जिओ या मरो.... क्या फर्क पड़ता है? बेकार में समाज में गंदगी फैला रहे हो.......तुम्हें तो मरना ही चाहिए।"

अंततः नायक बरगद के नीचे पहुँचता है जहाँ उसे ज्ञान होता है कि जहाँ वह रहता है वहीं से उसे इन शोषणकारी संस्थानों के खिलाफ संघर्ष करना होगा। दिन भर का थका-हारा वह खटिए पर सो जाता है और पुनः गिद्ध उसकी आँखें फोड़ने के लिए उसकी छाती पर चढ़ जाता है।

यह एक प्रकार से नए कन्या प्रतीकों के माध्यम से नए दलित नायकत्व की अवधारणा को सामने रखता है। जहाँ नायक भरपूर चेतना से लैस है। वह सभी शोषण के तंत्रों को समझता है, सबका विश्लेषण करता है लेकिन वह अकेला है। उसके साथ आम जानवर की ताकत नहीं है। कभी-कभी वह निराश और हताश भी होता है, डर भी जाता है। लेकिन अंत तक आते-आते उसे यह बोध तो हो ही जाता है कि संघर्ष तो जहाँ वह रहता है वहीं से जाना होगा।

प्रश्न 23. 'गिद्धानुभूति' वास्तविकता का एक दूसरा आईना है। इसको कहानी के माध्यम से स्पष्ट कीजिए।

उत्तर– डॉ. बाबासाहेब अम्बेडकर ने कहा था कि–'किसी भी दिशा में मुड़ें, जाति का राक्षस रास्ता रोके खड़ा मिलेगा। इसे मारे बिना न तो सामाजिक मुक्ति संभव है न आर्थिक।' दशरथ परमार की यह कहानी भारतीय समाज के उसी सच को हम सबके सामने रखती है। व्यक्ति कहीं भी चले जाएँ लेकिन जाति हर जगह उसके साथ-साथ चलती रहती है। गाँव में, शहर में, सब जगह वह कायम है। उसका क्रूर रूप कहीं छिपे रूप में सामने आता है तो कहीं रूप बदलकर। जाति व्यवस्था एक ऐसा संस्थान है जिसे नष्ट किए बिना यह समाप्त नहीं हो सकती। हर कोई इसका शिकार है। हर कोई इसका रक्षक है।

दलित साहित्य की यह एक प्रमुख विशेषता है कि उसने भारतीय समाज की उस क्रूर वास्तविकता को अभिव्यक्त कर दिया है जो भारतीय साहित्य में लगभग न के बराबर था। दलित साहित्य ने अपने क्रूरतम अनुभवों, जीवन संदर्भों, अपमान, अछूतपन के दंश और अपने इंसान न हो सकने के दर्द को इस साहित्य में प्रमुखता से रखा है।

दलित साहित्य वास्तविकता का एक ऐसा आईना है जो इससे पूर्व साहित्य में बिल्कुल ही नदारद रहा है।

'गिद्धानुभूति' कहानी अपने प्रारंभिक संवादों से ही दो प्रकार की दुनिया, संवेदना और वास्तविकता को प्रतीक के द्वारा अभिव्यक्त करती है। एक तरफ गिद्धों की दुनिया है जो समाज में बहुत गहरे में स्थापित है। इस स्थापित दुनिया के अपने मूल्य हैं और उन्हीं का वर्चस्व है। ऐसे में हाशियाकृत दुनिया से आया हुआ एक जागरूक इंसान इस स्थापित दुनिया के षड्यंत्रों को पहचान लेता है बस संकट यहीं से शुरू होता है कि उसके पास एक नजरिया डेवलप हो गया। गिद्ध साम्राज्य के लिए यह नजरिया ही खतरनाक है। उन्हें डर है कि अगर यह नजरिया अन्य लोगों को भी मिल गया तो उनका साम्राज्य ढह सकता है। इसलिए गिद्ध उस जागरूक इंसान की आँखें फोड़ देना चाहते हैं–

"अचानक मुझे लगा कि मेरी आँख में धूल झोंका जा रहा है....।"

दलित साहित्य ने यह बताया है कि भारत में एक बड़े समाज की एक अलग ही दुनिया है और उस दुनिया की वास्तविकता बहुत ही अलग है। दलित समुदाय जो एक तरफ समाज के विकास में अपने श्रम द्वारा एक बड़ी महती भूमिका निभाता है लेकिन फिर भी उसे समाज में एक इंसान के रूप में भी मान्यता नहीं है। इंसान के रूप में मानवीय गरिमा और समानता तो बहुत ही दूर की चीज है। दशरथ परमार ने उसी वास्तविकता का उद्घाटन किया है।

पुलिस वाला गरजा, "एसाला...तुम लोग जिओ या मरो.....क्या फर्क पड़ता है? बेकार में समाज में गंदगी फैला रहे हो....तुम्हें तो मारना ही चाहिए।"

भारतीय समाज की दलितों के लिए यही मानसिकता है। दलित समुदाय उनके लिए समाज में गंदगी से ज्यादा कुछ नहीं। यह एक सच है। लेकिन दूसरा सच यह भी है कि वे इस गंदगी को हटाना भी नहीं चाहते क्योंकि अगर यह दलित रूपी गंदगी नहीं होगी तो उनके कार्य करने वाला कोई भी नहीं होगा। यही दलित वर्ग उनके सारे अच्छे और बुरे मेहनत वाले कार्य भी तो करता है। 'गिद्धानुभूति' कहानी में एक स्थान पर आया है जब नायक मंदिर में प्रवेश कर उसे अपवित्र कर देता है तो वह सोचता है–

मैंने कहा, मंदिर पर केवल तुम्हारे गिद्धों का अधिकार नहीं है और न ही माता तुम्हारे अकेले की है, फिर तो बस फतह हो गई। उसने एक चीख मारकर कहा, तुझे माता से क्या काम? उसने लात मारी। मैं फिर से अड़तीस सीढ़ियों से नीचे गिरा। मुझे अचानक माता के प्रति नफरत हो गई....यह मंदिर बन रहा था, तब मेरी माँ ने इसमें काम किया था, उस समय माता अस्पृश्य नहीं होती थी और अब? ऐसी माता को मानो या न मानो क्या फर्क पड़ता है? यह वास्तविकता का वह आईना है जो समाज की दूसरी ही तस्वीर दिखाता है। मंदिर बनने की प्रक्रिया में, निर्माण में उन्हें मजदूर चाहिए। यह मजदूर चाहे दलित हो या सवर्ण उन्हें फर्क नहीं पड़ता। तब गारा बनाते हुए, ईंट उठाते हुए, चिनाई भरते हुए कुछ भी अपवित्र नहीं होता। जिन्हें वे लोग गंदी, अछूत, अंत्यज कहकर गाली देते हैं, वही उनके काम भी करते हैं। उन्हें पता होता है कि मंदिर के निर्माण के पश्चात् उस दलित समुदाय को उसमें घुसने भी नहीं दिया जाएगा लेकिन वे पूरी लगन और मेहनत से बिना मजदूरी लिए काम करते हैं। कैसा द्वंद्व चलता होगा उनके भीतर। कितनी पीड़ा होगी उस दलित समुदाय को। इसीलिए दलित साहित्य ने आज अपने सच को, दर्द को, यातना को अपने शब्दों में अपने साहित्य में अभिव्यक्त करना शुरू किया है। दशरथ परमार ने इस कहानी में उसी वास्तविकता को न केवल सशक्त रूप से अभिव्यक्त किया है बल्कि गहराई से उसकी

जाँच-पड़ताल भी की है। इस प्रकार दलित साहित्य अस्मिता की तलाश के लिए एक महत्त्वपूर्ण माध्यम बना है।

प्रश्न 24. 'गिद्धानुभूति' कहानी की कथावस्तु की गहराई और प्रतीकों के विश्लेषण पर प्रकाश डालिए।

अथवा

'गिद्धानुभूति' कहानी के प्रतीकों का विश्लेषण कीजिए।

उत्तर– 'गिद्धानुभूति' कहानी बहुत ही महत्त्वपूर्ण और सशक्त कथानक को अपने भीतर समेटे हुए है। इसमें जितनी अधिक व्यापकता है उतनी ही अधिक गहराई है। 'गिद्धानुभूति' अपनी व्यापकता में बहुत सारे प्रश्नों को बहुत ही गहराई के साथ उठाती है। कहानीकार ने इस कहानी में ब्राह्मणवादी वैचारिकी को बनाए रखने के लिए जिन-जिन चीजों का सहारा लिया है उसे बहुत ही सशक्त रूप में कहानी में अभिव्यक्त किया है। कहीं पर भी वह दलितवाद का नारा नहीं लगाती, कहीं भी महात्मा बुद्ध का या डॉ. अम्बेडकर का नाम नहीं है, कहीं भी ब्राह्मणवाद जैसे शब्दों का प्रयोग नहीं है लेकिन सभी कुछ प्रतीकों के रूप में कहानी के भीतर मौजूद है। मौजूद ही नहीं है बल्कि अंतर्भूत है।

पूरी कहानी में हम जहाँ भी जाते हैं 'गिद्ध' प्रायः साथ-साथ चलते हैं। कहीं पर एक गिद्ध है, कहीं पर दो, कहीं पर तीन हैं और कहीं पर गिद्धों का झुंड। रचनाकार ने बहुत ही सीधे रूप में गिद्धों की संख्या को विस्तार दिया है। शरीर में तो बहुत सारे अंग हैं जिन्हें चाहे तो गिद्ध, खाकर अपना पेट भर सकता था। लेकिन गिद्ध कहानी के प्रारंभ में भी वह आँख ही फोड़ना चाहता है और कहानी की समाप्ति में भी पुनः आँख फोड़ने के लिए आ पहुँचता है। गिद्ध ब्राह्मणवादी मूल्य-मान्यताओं, परंपराओं को मानने वाले का प्रतीक है, उसका प्रहरी है या फिर ब्राह्मणवादी व्यवस्था है और वह उस मनुष्य की आँख फोड़ना चाहता है जिसके पास ब्राह्मणवादी व्यवस्था के कुचक्रों और षड्यंत्रों को पहचानने की दृष्टि है। इसलिए कहानी के प्रारंभ से ही गिद्धरूपी ब्राह्मणवादी व्यवस्था और आधुनिक दृष्टिकोण वाले दलित के बीच संघर्ष शुरू होता है। अपने बचाव में यह नायक न केवल अपना बचाव करता है बल्कि अपनी मुक्ति की छटपटाहट के साथ तमाम शोषणकारी प्रतीकों की पहचान करता है बल्कि सहभागियों को भी प्रतीकों के द्वारा चित्रित करता है और समाज में अपने स्वाभाविक सहयोगियों के साथ न आने पर उन पर भी व्यंग्य करने से नहीं चूकता।

कहानी में बरगद का पेड़ और कौवे की चर्चा दो बार हुई है। पहली बार जब वह अपने बचाव में गाँव के बाहर निकलकर आता है तो वह–

"सामने के एक बरगद के नीचे आकर खड़ा हुआ। बरगद के सभी कौवे बार-बार उठने-बैठने लगे। एक कौआ मेरे सिर पर चिरक गया।"

जब वह शहर के गिद्धों को मारकर पुनः गाँव की तरफ लौटता है तो फिर बरगद के नीचे जा पहुँचता है। ऐसा माना जाता है कि महात्मा बुद्ध को सत्य का ज्ञान बरगद के पेड़ के नीचे ही हुआ था। इसीलिए मुक्ति के लिए छटपटाता, ज्ञान की खोज में, ऊर्जा के लिए नायक बार-बार बरगद के रूप में महात्मा बुद्ध के पास जाता है लेकिन वहाँ भी देखता है कि कौवे रूपी हिंदू

धर्म के संस्कार अपनी जड़ जमाए हुए हैं। यहाँ कहानीकार ने छद्म बौद्धों पर भी व्यंग्य किया है। लेकिन दूसरी बार जब वह बरगद के नीचे जाता है तो वहीं से उसे रास्ते का भी बोध होता है।

कहानी में कुत्ते का भी दो बार आना एक विशेष अर्थ को ध्वनित करता है। कुत्ता तो मनुष्य का स्वाभाविक, वफादार सहयोगी है। घर में, समाज में और मोहल्ले में वह ईमानदारी से मनुष्य का साथ देता है। लेकिन धीरे-धीरे वह अन्यायी की तरफ चला गया। कहानी में आया है–

"मोहल्ला पूरा श्मशानवत। नीम के नीचे कोई नहीं। दूर एक कुत्ता हड्डी चबाते हुए बैग.......उसका मुँह लालमलाल है....खून से रंगा हुआ।"

उधर गिद्ध की चोंच खून से रंगी हुई है और उधर कुत्ते का मुँह भी खून से रंगा हुआ है। यहाँ यह स्पष्ट है कि अब कुत्ता भी इस ब्राह्मणवादी वैचारिकी को, व्यवस्था को बचाए रखने के लिए गिद्ध का सहयोगी हो गया है। कहानी जैसे-जैसे आगे बढ़ती है इसमें अधिक व्यापक संदर्भ और गहराई भी बढ़ती जाती है। कहानीकार ने शहर को ईंटों की चारदीवारी में कैद बताया है जिसके सभी गेटों पर एक चौकीदार रहता है और वह शहर किलेनुमा है। शहर की वास्तविकता पर, आधुनिकता पर गहरा व्यंग्य है जब कहा जाता है कि शहर में तो किसी भी प्रकार से जाति व्यवस्था नहीं है। वहाँ सब समान हैं। कहानीकार ने दिखाया है कि शहरनुमा किले का चौकीदार भी ब्राह्मणवादी व्यवस्था का ही नुमाइंदा है जिसने शहर के अनुसार अपना रूप बदल लिया है और शहर जो है वह ब्राह्मणवादी व्यवस्था का मजबूत किला बन गया है जिसे भेदना अब बहुत ही मुश्किल है–

"दूर से शहर का किला दिखाई दिया"...........

"विशाल किला....... लाल ईंटों से चुना गया..........किले के पास एक चौकीदार टेबल पर झोंका खा रहा था.........।"

तत्पश्चात् कहानीकार ने शहर की भीतरी संरचना और जटिलता का भी वर्णन किया है। इससे स्पष्ट होता है कि यह शहर की जातिवर्ण व्यवस्था कितनी मजबूत हो गई है–

"फिर तो गली में गली और गली में गली............नगर की ऐसी अटपटी रचना देखकर मुझे आश्चर्य हुआ।"

कहानी में आगे विस्तारपूर्वक मंदिर का वर्णन है। यह प्रतीकात्मक है किंतु अर्थसंदर्भ बहुत ही गहरा एवं मार्मिक है। जिन दलितों को सदियों से मंदिर के बाहर ही बिठाए रखा है, धर्म के नाम पर ही सारे अत्याचारों के कुचक्रों की संरचना बनाई गई है, जो देवी और धार्मिक मठ उसके शोषण की स्थली है वहीं पर वह अपनी रक्षा के लिए जाता है। एक-एक प्रकार से उन दलितों पर भी व्यंग्य है जो आज भी ब्राह्मणवादी व्यवस्था में जीवन बिताते हुए, उन्हीं की मूल्य-मान्यताओं को अपना रहे हैं। कुछ देवियों को दलितों एवं .... की देवी कहकर खूब प्रचारित किया जाता है क्योंकि उन देवियों पर ..... दी जाती है। लेकिन यहाँ कहानीकार बताता है कि यह सब धार्मिक ढोंग है और अंततः वह पूरी तरह से इस संस्थान को तिलांजली दे देता है।

मुझे अचानक माता के प्रति नफरत हो गई........यह मंदिर बन रहा था, तब मेरी माँ ने इसमें काम किया था, उस समय माता अस्पृश्य नहीं होती थीं और अब? ऐसी माता को मानो या न मानो क्या फर्क पड़ता है?

जाने क्यों कैसे मुझे शक्ति का संचार हुआ। मैं दौड़कर मूर्ति के पास पहुँच गया.... उस समय गिद्ध आँखें बंद कर कोई मंत्र पढ़ रहा था। मैं ठीक मूर्ति पर जा बैठा। फिर धीरे से कुत्ते की तरह एक पैर ऊँचा किया। पैंट का बटन खोला और मूत दिया कुत्ते पर....।

एक प्रकार से यह उस मंदिरनुमा धार्मिक संस्थान को तिलांजली है जो शोषणकर्त्ता की शरणस्थली है लेकिन दलित समुदाय अभी भी उससे भय खाते हैं।

कहानीकार स्पष्ट रूप से बताता है कि धर्मांतरण दलित के सम्मान और गरिमा में कोई परिवर्तन नहीं करता। वह किसी भी धर्म में चला जाए लेकिन वहाँ भी वह अपमान और अछूत होने का दंश तो सहता ही है। इसी प्रकार साधु के माध्यम से भी यह कहलवा दिया गया है कि एक तो वह हेमू नहीं है और दूसरा उसे अपनी मुक्ति के लिए हिंसा का रास्ता नहीं अपनाना चाहिए। यदि वह ऐसा करता है तो कई जन्मों तक गिद्धों का सम्मान करना पड़ेगा। जब गिद्धों से बचता हुआ नायक सिपाही को अपनी व्यथा कहता है तो सिपाही को गिद्ध आकर कुछ रुपए देता है और तुरंत ही सिपाही भी गिद्धों की भाषा बोलने लगता है यानी कि जहाँ से न्याय की उम्मीद थी वह भी ब्राह्मणवादी वैचारिकी के साथ मिल गई है। एक प्रकार से यह समूची न्याय प्रणाली पर व्यंग्य किया गया है। नायक की पहचान को उजागर करने के लिए उन्होंने नए प्रतीकों का विकास किया है।

इस पूरी कहानी की बनावट में कहानीकार ने प्रतीकात्मक रूप से ऐसे बहुत से प्रश्नों को उठाया है और न केवल उठाया है बल्कि उनका विश्लेषण भी किया है। कहानीकार दो तरफा व्यंग्य और विश्लेषण करते हैं। वह ब्राह्मणवादी शोषणकारी तंत्र का विश्लेषण और व्यंग्य करते हैं तो दूसरी तरफ दलित समुदाय के अंधविश्वासों पर भी प्रहार करने से नहीं चूकते। ब्राह्मणवादी व्यवस्था के साथ-साथ इन अंधविश्वासों, धार्मिक आडंबरों पर वे अपनी कहानी में भी करारी चोट करते चलते हैं।

प्रश्न 25. 'गिद्धानुभूति' कहानी के शिल्प और उसकी भाषा को संक्षेप में प्रस्तुत कीजिए।

उत्तर– दलित साहित्य ने अपने साहित्य के माध्यम से एक ऐसे वैकल्पिक सांस्कृतिक-साहित्यिक मूल्यों की स्थापना की है जो वास्तविक रूप में मानवीय मूल्य कहे जाने योग्य है। यहाँ धर्म का पाखंड नहीं है बल्कि धर्म की तिलांजली देकर 'गिद्धानुभूति' कहानी में उसका मर्सिया गा लिया है।

ऐसे दृश्य विधान और बिंब ही दलित साहित्य की ताकत हैं। दलित साहित्य ने दलित समुदाय के शोषण के तंत्रों को पहचान लिया है।

दशरथ परमार ने अपनी इस कहानी में एक प्रकार की फैंटेसी और मिथकों का सहारा लिया है वह अद्‌भुत है। लेखक जानता है कि वह गिद्ध कौन है। वह यह भी पहचानता है कि गिद्धों की मंशा क्या है। तभी तो वह कहता है–हाँ मैं उस गिद्ध को अच्छी तरह जानता हूँ। वह कट्टर दुश्मन है हमारा.... हमारे समाज का। वह हमें आगे नहीं आने देना चाहता। यह इस कहानी का निचोड़ है। सारे षड्‌यंत्र और कुचक्र इसीलिए रचे जा रहे हैं कि दासों ने अपनी मुक्ति का बिगुल बजा दिया है। उन्होंने दासता से इंकार करके अपने इंसानी हकों का घोषणा-पत्र गिद्धों के सामने रख दिया है। गिद्ध यह सब कैसे बर्दाश्त करें। इसीलिए वे सबसे पहले उस आदमी को निशाना

बनाते हैं जिसके पास मुक्ति का स्वप्न, चाहतें और दस्तावेज हैं। इसीलिए गिद्ध उस आदमी की आँख फोड़ देना चाहते हैं।

कहानी में 'आँखें' (नजरिए) और गिद्ध (शोषणकारी वर्ग) का जो प्रतीक रखा है वह अद्भुत और बड़ा है। इसे कहीं भी, किसी भी समाज के शोषक और शोषित तबकों के साथ मिलान करके देख सकते हैं कि यह वहाँ पर पूरी तरह फिट हो जाते हैं। यह कहानी केवल ऐसे प्रतीकों का ही निर्माण नहीं करती बल्कि एक स्वप्न बिंब भी रचती है। जब कहानी का नायक अपनी आँखों को बचाते हुए मंदिर के पास पहुँचता है तो उसके मन में अजीब से विचार आते हैं। वह जानता है कि यह वही मंदिर है जिसमें उसे और उसके समुदाय के लोगों को कभी भी जाने नहीं दिया गया। इसीलिए नहीं कि वे धार्मिक और आध्यात्मिक प्रवृत्ति के हैं बल्कि इसलिए कि वे उन्हें बता देना चाहते हैं कि–'जहाँ तुमने हमें नहीं आने दिया लो अब हम वहाँ पर आ गए'। बस यही चाहते हैं। संभवतः कबीर की भी तो यही चाहत थी। भक्ति का अधिकार नहीं, मंदिर में प्रवेश, नहीं। लेकिन समानांतर निर्गुण भक्ति परंपरा द्वारा समता का प्रवर्तन करने का प्रयास था जिससे आत्मबल मिलता है और एक बेदखल समुदाय के लिए यह आत्मबल ऐतिहासिक अर्जित ताकत बन जाता है। संभवतः कबीर के इसी महान् स्वप्न को लेखक भी कहानी में देखता है। यह एक महान् स्वप्न बिंब है जिसमें अपने पूरे समुदाय की चाहतें और दर्द हैं–

"यू तो मैं मंदिर में किसी दिन नहीं गया।
नए वर्ष के दिन सबके साथ जाता"

कितना अद्भुत स्वप्न है, 'नए वर्ष के दिन सबके साथ जाता'। यह नया वर्ष सबकी मुक्ति का दिन है। जब दलित समाज मुक्त होगा, नया वर्ष तो तभी होगा न और रचनाकार अकेले वहाँ नहीं जाना चाहता। यह सामुदायिक चेतना है। कितने बड़े सामूहिक चाहत के स्वप्न बिंब को लेखक ने मात्र एक पंक्ति में अभिव्यक्त कर दिया। कौन-सी कलात्मकता नहीं है यहाँ।

अन्यायी दृश्य बिंबों का प्रयोग सार्थक भाषा में किया है–

"मैं जहाँ गिरा, उसके पास ही एक पत्थर पड़ा था। उस पत्थर पर एक छिपकली चिपकी थी। उसके पास एक छोटा-सा कीड़ा था। अचानक छिपकली झपट पड़ी। कीड़ा छिपकली के मुँह में.............छटपटाने लगा।"

नायक को जब मंदिर की सीढ़ियों से नीचे गिरा दिया जाता है तब वह उसी प्रकार अपने आस-पास यह दृश्य देखता है। यह एक अन्य प्रकार का बिंब है। इसके बाद एक अन्य स्थान पर पूरे दलित समुदाय की वेदना को तालाब के बिंब के माध्यम से रखा है। सभी दलित समुदाय को सार्वजनिक नलों, कुओं, तालाबों से पानी नहीं लेने दिया जाता। इसे लेखक ने यहाँ पर रखा है। लेकिन यहाँ पर गिद्ध नहीं बल्कि सियार शब्द का प्रयोग किया है–

किसी ने कहा था, शहर में गिद्ध नहीं होते................वहाँ तो सब बराबर हैं...........एक ही गिलास में पानी पीते हैं..............एक ही थाली में खाते.........और इसलिए मैं शहर की ओर दौड़ने लगा था.......फिर आया शेंजेलिया तालाब। मैंने तालाब के किनारे खड़े होकर देखा। अंधकार तालाब में हिलोरे मार रहा था.......मुझे उस तालाब में डुबकी मारने की इच्छा हो आई.........मैंने पानी पर हाथ फेरा कि तभी दूर से सियार की आवाज सुनाई दी.....एक कुचकुचवा की आवाज..........।

यहाँ सादृश्य बिंबों के साथ शब्दों का सार्थक उपयोग भी हुआ है। तालाब पर जा नहीं सकते लेकिन डुबकी मारने की चाहत है। एक सशक्त वाक्य विन्यास का उदाहरण–"अंधकार तालाब

में हिलोरे मार रहा था"। यहाँ दिन की रोशनी भी नहीं है और चाँद की चाँदनी भी नहीं। कहीं भी किसी भी प्रकार की रोशनी नहीं पानी तक में अंधकार है। नायक बार-बार अंधकार को हटाना चाहता है–'उस अंधकार को चीरकर मैं आगे बढ़ा'। अंदाजा लगाएँ कि रोशनी के लिए कितनी बेचैनी है और यह बेचैनी कोई आज की एकल बेचैनी नहीं है बल्कि यह ऐतिहासिक और सामुदायिक बेचैनी है।

इस कहानी के वाक्य विन्यास और शब्द एक प्रकार से नई कलात्मक ऊँचाई को ही नहीं छूते बल्कि उनके नए रूप में प्रयोग से नए सौंदर्य विधान का भी निर्माण करते हैं।

"गिद्धों का झुंड.....
फिर तो पश्चिम दिशा से झुंड आया।
फिर तो दक्षिण दिशा से झुंड आया।
फिर तो उत्तर दिशा से झुंड आया।
फिर तो ....फिर तो..........।
कांप उठा......"

यहाँ रचनाकार ने पश्चिम दिशा, दक्षिण से, फिर उत्तर दिशा का इस्तेमाल किया है, लेकिन पूरब दिशा का इस्तेमाल रचनाकार नहीं करता है। वहाँ वह संभावनाशील बना रहता है और उम्मीद कर रहा है कि वहाँ से अपने लोग आएँगे......।

यहाँ 'फिर तो.... फिर तो....' शब्द का प्रयोग एक प्रकार की बेचैन ध्वनि का निर्माण करने के लिए किया गया है। आगे के वाक्यों में ऐसे शब्द हैं जो काल्पनिक नहीं हैं। किसी-न-किसी रूप में लेखक ऐसे हत्यारे झुंडों का गवाह निश्चित रूप से रहा होगा–

झुंड के सभी गिद्धों के हाथ में भाला, पाइप.............एसिड...............नंगी तलवारें.......... हॉकी स्टिक्स.................चक्कू..................अस्त्र................।

यह एक ऐसे हिंसक, हत्यारे और पाशविक झुंड का वास्तविक बिंब है जो आए दिन समाज में घटित हो रहा है। ये सभी हिंसात्मक अस्त्र, शब्द कहानी को सार्थक बनाते हैं। पुरातन अस्त्रों के साथ आधुनिक अस्त्रों का प्रयोग।

कहानी में बीच-बीच में व्यंग्य भी किया गया है जो व्यवस्था पर चोट करता है–

"इस नगर में जितने गिद्ध होंगे, उन सबको खत्म कर डाला मैंने...............।
रास्ते में मिले एक साधु।
वह भगवे वस्त्र, मुँह पर भभूत लगाए.........कपाल में एक तिलक सजाए हुए, लंबे घुँघराले बाल..........हाथ में चिमटी कमंडल.........गले में मान खोपड़ी की माला............आँखों में कोई अगोचर शक्ति चमकती..........। मुझे देखकर साधु रुक गए। मैंने मस्तक झुकाया।
साधु ने चिमटी वाला हाथ ऊँचा किया..........फिर जैसे गिरनार की किसी गहरी गुफा में से आए हों।"

साधु की ऐसी तस्वीर है जो ब्राह्मणवादी मूल्यों को ढो रहा है। न केवल ढो रहा है बल्कि अपनी विरोधी ताकतों का संहार भी करता जाता है। उसके गले में मानव खोपड़ी की माला है। आखिर ये कौन से मानव रहे होंगे? अंत तक आते-आते कहानी अपने पूरे मंतव्य को सशक्त शब्दों के साथ अभिव्यक्त कर देती है। सार्थक शब्द, अंत में सभी संकेत प्रतीकों को पूरी तरह स्पष्ट कर देते हैं–

"फिर तो मैं जहाँ-तहाँ पैर रखता, वहीं-वहीं गिद्ध........अत्र-तत्र, सर्वत्र गिद्ध ही गिद्ध........ ...गिद्ध सड़क पर.......गिद्ध आकाश में...........गिद्ध ....गिद्ध समूह में ....गिद्ध पान की दुकान पर, गिद्ध चाय के ठेले पर ....गिद्ध, होटल में गिद्ध बाग में, गिद्ध, स्कूल में......... गिद्ध, हॉस्पिटल में ....गिद्ध कॉलेज में ....।"

अर्थात् विशिष्ट आदमी से लेकर आम आदमी तक में गिद्धों ने अपना स्थान बना लिया है। शिक्षण संस्थानों से लेकर हॉस्पिटल, रेलवे स्टेशन, बस, खिड़की, पानी, राशन की दुकान........ सब जगह गिद्ध ही गिद्ध हैं। इससे मुक्ति कैसे हो। इसी चिंता पर उसकी कहानी समाप्त होती है। यह बहुत ही गहरी चिंता है। यह पूरे समाज समुदाय और देश की चिंता है। यह नया सौंदर्य विधान है।

अध्याय 3

भारतीय दलित कहानी-II

भूमिका

दलित कहानी में सदियों से हाशिए पर जीवन जीने के लिए मजबूर दलितों की वास्तविकता का चित्रण है। इन कहानियों में षड्यंत्र, बेगार, अस्पृश्यता, स्त्रियों का शोषण और भेदभाव आदि के स्वर तीव्र रूप से मुखर हुए हैं। ये कहानियाँ जातिगत भेदभाव और दलितों के सामाजिक-आर्थिक शोषण को उजागर करती हैं। ये कहानियाँ सवर्ण समाज की सच्चाई को सबके सामने लाकर खड़ा कर देती हैं। इनमें दलित जीवन की विडम्बनाएँ और परिवर्तनकारी चेतना के स्वर मुखर हुए हैं।

प्रश्न 1. ओडिया में दलित साहित्य आंदोलन और चेतना का विस्तार किस प्रकार हुआ?

अथवा

ओडिया में जाति प्रथा के विरोध में उभरे सामाजिक-सांस्कृतिक आंदोलनों पर प्रकाश डालिए।

उत्तर– उड़ीसा में विरोध का दलित स्वर मौन नहीं रहा है। वहाँ भी समय-समय पर दलितों की रक्षा के लिए आंदोलन होते रहे हैं। उड़ीसा के समाज में जातीय उत्पीड़न समूहों द्वारा समय-समय पर विरोध का स्वर उठता रहा है। उड़ीसा में बौद्ध सिद्धों द्वारा 'बोद्ध गण ओ दोहा' लिखा गया, जिसे 'चर्यापद' के नाम से भी जाना जाता है, जाति विरोधी और ब्राह्मण विरोधी चेतना ओडिया समाज में निर्मित हुई है। 15वीं शताब्दी के मध्य में एक पंथनिरपेक्ष सामाजिक-साहित्यिक आंदोलन भी देखा जा सकता है, जब सामाजिक असमानता के विरुद्ध एक सशक्त आंदोलन उठ खड़ा हुआ। इस आंदोलन का सूत्रपात शूद्र मुनि सरलादास ने किया था और पंचसखा के पाँच कवियों—बलरामदास, जगन्नाथ दास, अच्युतानन्द दास, जसोबन्तादास तथा अन्नतदास ने इस आंदोलन को एक और शताब्दी तक चलाया। 19वीं शताब्दी के भीम-भोई आंदोलन ने जारी प्रतिरोध को और अधिक मजबूत तथा खुला बनाया।

ये आंदोलन एक सामाजिक प्रतिरोध के आंदोलन थे। इनका उद्देश्य दलितों के लिए सम्मान तथा गौरवपूर्ण जीवन जीने का अधिकार उपलब्ध कराना रहा है।

उड़ीसा में भी अन्य स्थानों की तरह जाति प्रथा के दमन के कारण दलित आज भी पददलित और उत्पीड़ित जीवन जी रहे हैं। मुख्य रूप से ग्रामीण और अशिक्षित होने के कारण वे समाज के सर्वाधिक शोषित वर्ग बन गए हैं तथा हाशिए पर पड़े हुए हैं। इतने वर्षों के पश्चात् भी वे अमानवीय जीवन व्यतीत करने को मजबूर हैं तथा आर्थिक शोषण, सांस्कृतिक गुलामी और राजनीतिक शक्तिहीनता के शिकार हैं।

उड़ीसा में दलितों द्वारा उच्च जाति के लोगों के विरुद्ध किसी प्रकार का उग्रवादी आंदोलन या विद्रोह नहीं करना उनके सामाजिक-आर्थिक उत्पीड़न को किसी भी रूप में कम नहीं करता है। यह केवल इस तथ्य को रेखांकित करता है कि उड़ीसा के दलित जातीय उत्पीड़न को चुपचाप सह रहे हैं। इसका एक कारण उड़ीसा में दलितों के सामाजिक-आर्थिक जीवन के स्तर से हो सकता है क्योंकि जो उस स्तर तक परिवर्तित नहीं हो पाया जिस रूप में अन्य जगहों, उदाहरणस्वरूप महाराष्ट्र के दलितों का हुआ। अगर कुछ जगह आंदोलन हुए भी तो उन्हें तुरंत दबा दिया गया लेकिन इनमें महत्त्वपूर्ण बात यह रही कि सत्ताधारी वर्ग ने आम लोगों के बीच प्रचलित जगन्नाथ की व्यापक उपासना का प्रयोग दलितों की चेतना को बदलने में किया, जिसने उनके प्रतिरोध की तीक्ष्णता को कुंद कर दिया।

शूद्र मुनि सरलादास (15वीं शताब्दी) मध्यकालीन उड़ीसा में हुए सामाजिक विरोध आंदोलन के अगुआ थे। सरलादास अपने तीन महत्त्वपूर्ण काव्य ग्रंथों में लोगों की वास्तविक जिंदगी की परिस्थितियों से संबंधित निकट अतीत की घटनाओं तथा विविध सांस्कृतिक विषयों को केंद्र में रखते हुए इन्होंने उसे जनसामान्य की भाषा में अभिव्यक्त किया। अत: यह उन दरबारी लेखकों तथा कवियों के प्रति एक प्रकार का विरोध था जिनके लेखन का माध्यम संस्कृत था, जो इस समय वर्चस्व तथा शक्ति की भाषा का प्रतीक था और जिसका अत्यधिक सरोकार राजसी चरित्र के साथ था।

सरलादास ने अपने लेखन से विरोध की जिस भावना को अभिव्यक्त किया, उसे पंचसखा के कवियों–बलरामदास, जगन्नाथदास ने अपने लेखन से और अधिक गहराई तथा तीक्ष्णता प्रदान की। इन कवियों ने एक शताब्दी तक ओड़िसा साहित्य को प्रभावित किया। इन पाँच कवियों ने एक स्वर में साहित्य में संस्कृत भाषा के वर्चस्व को अस्वीकार करते हुए लोकभाषा को अभिव्यक्ति के माध्यम के रूप में बढ़ावा दिया। इस प्रकार उन्होंने ओडिया साहित्य में सामान्य लोगों की ओडिया भाषा के प्रयोग में महत्त्वपूर्ण योगदान दिया। इन्होंने ओडिया साहित्य में अग्रणी माने जाने वाले सरलादास के मार्ग का अनुसरण किया तथा हिंदुओं की पवित्र पुस्तकों को जनसाधारण तक पहुँचाने के लिए उन्हीं की भाषा का प्रयोग किया। बलरामदास रचित 'जगमोहन रामायण' और 'लक्ष्मी पुराण', जगन्नाथदास रचित 'ओडिया भागवत', अच्युतानन्ददास रचित 'हेतुदय भागवत' काव्य ग्रंथ इस दिशा में महत्त्वपूर्ण उदाहरण हैं।

इन कवियों ने मंदिरों तथा मठों में व्याप्त जीवन संबंधी कठोर अनुशासन और आचारनिष्ठा का भी विरोध किया एवं वाद-विवाद के दोहरे मानदंड से ऊपर उठने का प्रयास करते हुए धर्म को बौद्धिक शास्त्रार्थ तथा अनभिज्ञ लोगों के पूर्वाग्रह के रूप तक सीमित कर दिया। इसमें इन कवियों को काफी विरोध, आलोचना और कट्टरपंथियों के षड्यंत्र का सबसे सामना करना पड़ा, जिन्होंने शासक वर्ग को इनके विरुद्ध भड़काया। शासक वर्ग द्वारा कई दमनकारी कदम उठाने के बावजूद आंदोलन पूरी तरह समाप्त नहीं किया जा सका, बाद में इसे आखिरकार प्रभुत्व संपन्न ब्राह्मणवादी तंत्र से समझौता करना पड़ा।

पंचसखा के कवियों के पश्चात् सामान्य लोगों के जीवन तथा भाषा को अभिव्यक्त करने वाले विरोधात्मक साहित्य लेखन की परंपरा अचानक समाप्त हो गई। साहित्य के प्रतिपाद्य और शैली दोनों में एक महत्त्वपूर्ण स्पष्टता देखी जा सकती है। राजपरिवार के सदस्यों ने इस दिशा में अग्रणी भूमिका निभाई, जो प्राचीन संस्कृत ग्रंथों की विषयवस्तु, स्वरूप, अलंकृत शैली और प्रांजलता से भली-भाँति परिचित थे। इनका साहित्य लेखन अभिजातवर्गीय रहना स्वाभाविक ही था।

भीम भोई के आगमन के साथ ओडिया साहित्य में दलितों के द्वारा विरोध का दूसरा दौर प्रारंभ होता है, जो प्रारंभिक दौर से निश्चित रूप से भिन्न है। भीम भोई ने विशुद्ध धार्मिक विषय की प्रधानता वाले साहित्य के चंगुल से मुक्त कर विरोधात्मक साहित्य को एक बार पुनः प्रतिष्ठापित किया। कोंध परिवार में जन्मा भोई महिमा धर्म का अनुयायी था। महिमा धर्म मूल निवासियों का एक धार्मिक आंदोलन था, जिसने 19वीं शताब्दी में उड़ीसा में अपनी उपस्थिति दर्ज की। इसके ज्यादातर अनुयायी समाज के निम्नतम तथा उत्पीड़ित वर्ग के थे। स्तुति चिन्तामणि, श्रुतिनिषेध गीता और निर्वेद साधना भीम भोई के सर्वाधिक प्रसिद्ध ग्रंथ हैं। इसके अतिरिक्त भोई के कई महिमा भजन भी मिलते हैं, जिसकी भाषा इतनी सरल है कि अनपढ़ व्यक्ति भी उसे याद रख सकता है। अपने पूर्ववर्तियों की भाँति भोई ने भी ओडिया समाज में विद्यमान रूढ़िवादी कर्मकांडों, अनुष्ठानों तथा रीति-रिवाजों पर कड़ा प्रहार किया। उनका साहित्य सामाजिक प्रतिमानों, चलन तथा व्यवहार को पुनर्व्याख्यायित करने तथा मान्यताओं की नवीन परिकल्पना का प्रयास करता है।

भोई महिमा धर्म के एक सक्रिय अनुयायी थे। उन्होंने जीवन जीने के वैकल्पिक मार्ग का प्रचार किया, जिससे महिमा धर्म के अनुयायियों के जीवन में क्रांतिकारी परिवर्तन आए। ऐसा माना जाता है कि भीम भोई की प्रेरणा पाकर महिमा धर्म के कुछ अनुयायियों ने 1874 ई. में पुरी के जगन्नाथ

मंदिर में देवताओं की मूर्ति को जलाने के लिए विरोध जुलूस निकाला। उनका मानना था कि भगवान जगन्नाथ राज्य के मूल निवासियों, आदिवासी तथा निम्न जातियों के देवता हैं न कि ब्राह्मणों तथा उच्च वर्ण के। इस प्रकार भोई की धार्मिक-साहित्यिक चेतना ने नए रूप में प्रकट हो रहे सार्वजनिक कार्यक्षेत्र में आरंभिक संगठन तथा आंदोलन को जन्म दिया।

भोई के विचार तथा कार्यक्रम इस चेतना का प्रतिनिधित्व करते हैं कि हिंदू समाज की जीर्ण-शीर्ण मान्यताओं ने अंदर तक जकड़ रखा है तथा जो स्वयं अपने समाज के सदस्यों को बिना किसी दोष के सताने और दबाने से नहीं झिझकता। औपनिवेशिक शासन के दौरान भी एक लंबी अवधि तक उड़ीसा में दलितों को अन्य प्रदेश के लोगों की भाँति प्राथमिक शिक्षा का कोई लाभ नहीं मिला। 20वीं शताब्दी के पहले दशक में जाकर ही कुछ दलित साक्षरता तथा शिक्षा के द्वारा सभ्य समाज के अंग बन गए। लेकिन संरचनात्मक असमानता, धार्मिक असंतुलन तथा राजनैतिक छल के कारण उनके बीच शिक्षा का समुचित रूप से प्रसार नहीं हो सका। अन्य स्थानों के विपरीत उड़ीसा में दलितों के बीच शिक्षा क्षेत्र में मिशनरियों का आगमन काफी देर से हुआ।

20वीं शताब्दी के सातवें और आठवें दशक में जाकर उड़ीसा के दलितों ने संगठित स्तर पर तो नहीं लेकिन व्यक्तिगत स्तर पर अवश्य अपनी रचनाओं के माध्यम से 'दलित साहित्य' का निर्माण किया। इनमें से अधिकतर शिक्षक, वकील, डॉक्टर तथा अन्य सरकारी कर्मचारी हैं, ये एक ऐसी अग्रिम पंक्ति का निर्माण करते हैं, जो अत्यंत पिछड़े और विभाजित लोगों में बढ़ती चेतना का प्रतीक है। इन्होंने जिस साहित्यिक शैली का प्रयोग आरंभ किया है, वह अभी कविता, कहानी, नाटक तथा आलोचनात्मक निबंधों तक ही सीमित है। उपन्यास, आत्मकथा तथा अन्य प्रकार का साहित्य दुर्लभ है। अभी ओडिया दलित लेखक अपनी सशक्त उपस्थिति दर्ज करा नहीं पाए हैं। उन्होंने जिस साहित्य का निर्माण पिछले कुछ वर्षों में किया है, उसे अभी व्यापक पाठक वर्ग मिलना शेष है। लेकिन ओड़िसा दलित साहित्य के सम्यक् अवलोकन से स्पष्ट है कि ये लेखक किसी भौगोलिक सीमा से बँधे हुए नहीं हैं। उनकी रचनाओं में विश्व के किसी भी क्षेत्र में अपनी स्वतंत्रता और अधिकार के लिए संघर्षरत मनुष्य का स्वर सुना जा सकता है।

सामाजिक-सांस्कृतिक दुर्बलताओं के कारण उड़ीसा के दलितों पर अम्बेडकर की विचारधारा कोई गहरा प्रभाव नहीं डाल सकी। इसने कुछ राजनैतिक हलचल अवश्य उत्पन्न की। उड़ीसा के दलितों के मध्य यह किसी प्रकार की साहित्यिक जागरूकता उत्पन्न करने में विफल रहा। इसी काल में हमें उच्चवर्गीय लेखकों द्वारा दलितों की जीवन-स्थिति से संबंधित कुछ रचनाएँ मिलती हैं, जो प्राय: राष्ट्रवादी विचारधारा के दायरे में लिपटी रहीं।

ओडिया में कहानियों की रचना करने वाले दलित लेखकों की संख्या अच्छी खासी है। इन कहानियों की विषयवस्तु काफी विस्तृत और विविधता लिए हुए है। ये जातीय उत्पीड़न, आर्थिक शोषण, लैंगिक प्रताड़ना तथा अन्य प्रकार की सामाजिक समस्याओं से जुड़े हुए हैं। दलित जीवन के अनछुए पहलुओं तथा भावनाओं को इन लेखकों ने अभिव्यक्त किया है।

प्रश्न 2. 'उम्मीद अब भी बाकी है' कहानी का प्रतिपाद्य स्पष्ट कीजिए।

अथवा

'उम्मीद अब भी बाकी है' कहानी में अभिव्यथा दलित स्त्री के संघर्षशील बिंदुओं को रेखांकित कीजिए।

उत्तर– 'उम्मीद अब भी बाकी है' कहानी में बाबा स्वप्न देखता है कि भविष्य में मुन्ना या तो आई.ए.एस. बनेगा या पुलिस ऑफिसर, लेकिन ऐसा होता नहीं है। मुन्ना का पिता, बाबा अपने समुदाय के लोगों के लिए एक बेहतर भविष्य का स्वप्न देखता है। वह हाड़ी समुदाय का है, जिसका पारंपरिक कार्य है शौचालय तथा सड़कों की सफाई। प्रारंभ से ही जातिवादी समाज यह निश्चित करता है कि मुन्ना अपनी शिक्षा जारी नहीं रख पाए। अत: माइनिंग स्कूल से उसका नाम काट दिया जाता है। मुन्ना की माँ उसे गुरुकुल में प्रवेश दिलाने का प्रयास करती है, परंतु ब्राह्मण शिक्षक कहता है कि गुरुकुल में मुन्ना जैसे दलित लड़के के लिए कोई स्थान नहीं है। अत: मुन्ना का शिक्षा पाने का सपना, जिससे कि वह भविष्य में सरकारी नौकरी पा सके, पूरा नहीं हो पाता है। शिक्षा के द्वारा एक सुंदर भविष्य के निर्माण का मुन्ना का मार्ग बंद हो जाता है तथा अन्य दलितों की भाँति वह भी अपने भविष्य के लिए चिंतित होने के लिए विवश हो जाता है।

'उम्मीद अब भी बाकी है' कहानी में दलित स्त्रियों का संघर्ष उभर कर सामने आता है। मुन्ना की माँ और पिंकी–दोनों चरित्र दलित स्त्री का प्रतिनिधित्व करने के साथ दो अलग पीढ़ियों का भी प्रतिनिधित्व करती हैं। माँ आर्थिक समस्याओं से जूझते अपने परिवार को बचाने तथा उनका पेट भरने के लिए एक पंजाबी ड्राइवर की रखैल बनने को मजबूर होती है। अपने पुत्र को शिक्षित बनाने की इच्छा लिए वह गुरुकुल जाती है, लेकिन वहाँ उसे उच्च वर्ण के आचार्य के जातीय उत्पीड़न और भेदभाव का शिकार होना पड़ता है। दूसरी ओर पिंकी का चरित्र है जो मुन्ना से प्यार करती है और उससे शादी कर लेती है। चाय-बीड़ी का दुकानदार रघु की बेटी पिंकी से प्यार करने लगता है। पिंकी भी मुन्ना को चाहने लगती है और उसका ख्याल रखती है। वह मुन्ना को हमेशा परिस्थितियों का दृढ़तापूर्वक मुकाबला करने के लिए प्रोत्साहित करती है। एक दिन पिंकी अपना घर छोड़कर मुन्ना के साथ रहने लगती है। मुन्ना के आर्केस्ट्रा ग्रुप का साथी शादी करने में उनकी मदद करता है। लेकिन एक नाबालिग लड़की के साथ शादी करने के जुर्म में पुलिस मुन्ना को पकड़ लेती है। मुन्ना और पिंकी को हिरासत में लेकर प्रताड़ित किया जाता है, लेकिन वे दृढ़ता से उसका सामना करते हैं। पिंकी उन्हें बताती है कि वह उन्नीस वर्ष की हो चुकी है तथा अपने स्कूल के सर्टिफिकेट से इसकी जाँच कर लेने की सलाह देती है। लेकिन पिंकी इस प्रयास का प्रतिरोध करती है और पुलिस को करारा जवाब देती है। पिंकी को पुलिस के जुल्म से बचाने के लिए मुन्ना हिरासत के रेलिंग की एक छड़ तोड़कर थाना बाबू के सिर पर जोर से प्रहार करता है। फलस्वरूप थाने में उसे पुलिसिया जुल्म का शिकार होना पड़ता है, लेकिन वह समर्पण करने की जगह उनसे टकराती है। अत: यह कहानी दलित स्त्रियों के साथ होने वाले उत्पीड़न, दुर्व्यवहार और यौन-शोषण जैसी समस्याओं को उठाती है। दलित स्त्रियों का जीवन पुरुषों की अपेक्षा कहीं अधिक संघर्षपूर्ण, कष्टमय और कठिनाई से परिपूर्ण है। एक ओर जहाँ उन्हें घरेलू जिम्मेदारियाँ संभालनी होती हैं, वहीं दूसरी ओर घर की आर्थिक स्थिति में योगदान करने के लिए भी हाथ बँटाना पड़ता है जिसके लिए घर से बाहर काम के लिए निकलना पड़ता है। फलत: उन्हें कई प्रकार के शोषण का शिकार होना पड़ता है। दलित स्त्रियों के बीच शिक्षा का अभाव इस शोषण में वृद्धि ही करता है। यह कहानी दो पीढ़ियों की बदलती मानसिकता और सोच को भी रेखांकित करती है। माँ यद्यपि गुरुकुल के आचार्य की जातीय भेदभाव का प्रतिरोध करती है, लेकिन वह अपने परिवार को छोड़कर पंजाबी ड्राइवर की रखैल बनकर उसके साथ बाहर चले जाने को मजबूर होती

है। वहीं पिंकी मुन्ना के साथ पुलिसिया जुल्म का विरोध करती है, वह अपने अधिकारों की बात करती है। यह परिवर्तन शिक्षा के कारण ही संभव हो पाता है। यद्यपि उसने तीसरी कक्षा तक ही शिक्षा प्राप्त की है। इस प्रकार मुन्ना की माँ तथा पिंकी के माध्यम से लेखक ने दलित महिलाओं के जीवन संघर्ष तथा समस्याओं को अभिव्यक्त किया है।

'उम्मीद अब भी बाकी है' कहानी में संपूर्ण पुलिस बल उच्च जाति का है, जो हिरासत में पिंकी के साथ दुर्व्यवहार करने की योजना बनाने से नहीं हिचकते। इस कहानी में बताया गया है कि दलित स्त्रियाँ उच्च जाति के पुरुषों के द्वारा हमेशा यौन शोषण की वस्तु के रूप में देखी जाती हैं। मुन्ना की माँ भी इस प्रकार की स्थिति का सामना करती है, जब वह उच्च जाति के शिक्षक से गुरुकुल में मिलती है। पुलिस अधिकारियों के विरुद्ध पिंकी द्वारा दृढ़तापूर्वक आवाज उठाना स्पष्ट करता है कि दलित स्त्रियों को अपनी आजादी की रक्षा के लिए स्वयं जागरूक होना होगा। कहानी में यह बताया गया है कि उच्च जाति के लोगों के द्वारा दलित लगातार विभिन्न जातीय भेदभाव और उत्पीड़न के शिकार रहे हैं।

प्रश्न 3. 'वर्णबोध और मधुबाबू की कहानी' का प्रतिपाद्य स्पष्ट कीजिए।

अथवा

'वर्णबोध और मधुबाबू की कहानी' में स्वतंत्रता के बाद भी शिक्षा से वंचित दलितों की समस्याओं को उठाया गया है। उदाहरण सहित स्पष्ट कीजिए।

उत्तर– मधुबाबू की कहानी 'वर्णबोध' में वक्ता बताता है कि कैसे कई पीढ़ियों से, उसके दादा के समय से लेकर स्वयं उस तक, शिक्षा प्राप्त करना एक महँगा कार्य बन गया है। अन्य स्थानों की तरह उड़ीसा में भी दलितों को न केवल विद्यालय जाने से हतोत्साहित किया जाता है, बल्कि यदि वे विद्यालय जाने का प्रयास करते हैं तो उच्च जाति के शिक्षकों से मिलने वाले दुर्व्यवहार से उन्हें यह एहसास कराया जाता है कि शिक्षा उनके लिए अंतिम रास्ता है। वे यह समझते हैं कि शिक्षा उच्च जाति के लोगों के लिए ही उपयुक्त है। केवल जातीय भेदभाव ही नहीं अपितु पतित पावन रथ जैसे शिक्षक भी दलित बच्चों को पढ़ाई अधूरा छोड़ने के लिए मजबूर करने के दोषी हैं। पढ़ाई छोड़ने वाले ये दलित उच्च जाति के परिवारों के लिए कृषि मजदूर और दिहाड़ी मजदूर बन जाते हैं। कहानी के अंत में, कथावाचक का पिता मधुबाबू की उस योजना को नहीं समझ पाता, जिसके अंतर्गत मधुबाबू दलित बाल श्रमिकों के लिए पाठशाला स्थापित कर रहे हैं, जबकि दूसरी तरफ वह डैम, सड़क, मकान आदि बनाने की कई परियोजनाओं पर व्यस्त है। अतः यह कहानी दलितों को उच्च जाति के षड्यंत्रों से सावधान करती है, जिसके तहत वह दलित उत्थान के नाम पर ठगा जा रहा है। यह कहानी दलितों को शिक्षित होने का आह्वान करती है, जिससे कि वह उच्च जाति की विद्वेषपूर्ण चालों को समझकर उनके विरुद्ध खड़ा हो सके।

'वर्णबोध और मधुबाबू की कहानी' दलितों को शिक्षा से वंचित रखने के उच्चवर्गीय समाज के षड्यंत्रों और दोहरी मानसिकता को उजागर करती है। एक तरफ तो दलितों के उत्थान, शिक्षा प्रदान करने और बाल श्रमिक प्रथा को समाप्त करने की ऊँची-ऊँची बात की जाती है, वहीं दूसरी तरफ सोची-समझी चाल के तहत दलितों के लिए बाल श्रमिक पाठशाला खोली जाती है। इस पाठशाला में कहने के लिए तो दलित बच्चों को शिक्षा देने की योजना है, लेकिन इसका वास्तविक

उद्देश्य है मधुबाबू के कारखानों के लिए कुशल कारीगरों का निर्माण करना, न कि उनकी चिंतन-शक्ति विकसित करना। शिक्षा मनुष्य की चिंतन-क्षमता को विकसित करती है तथा इससे उनमें अपने अधिकारों के प्रति जागरूकता भी उत्पन्न होती है। लेकिन एक षड्यंत्र के तहत दलितों के लिए मधुबाबू बाल श्रमिक पाठशाला खोलते हैं, ताकि ये दलित भविष्य में उनके विरुद्ध आवाज न उठा पाएँ।

यह कहानी दलितों को शिक्षा से वंचित रखने की भेदभाव की नीतियों को रेखांकित करती है। विद्यालय में दलित बच्चों को अलग-अलग करने के लिए उन्हें सबसे पीछे बैठाया जाता है। डोम, घासी, चमार आदि जातिसूचक नाम लेकर उन्हें जातीय उत्पीड़न का शिकार बनाया जाता है। इसके अतिरिक्त छोटी-से-छोटी गलती पर भी इन बच्चों की जमकर पिटाई की जाती है, जिससे उनके बाल अंतर्मन में भय व्याप्त हो जाता है। दलित बच्चों के मस्तिष्क पर विद्यालय की एक ऐसी छाप अंकित कर दी जाती है, जिससे वह स्कूल जाने से डरता है और पढ़ाई बीच में ही छोड़ देता है जिसका कारण यह होता है कि वह शिक्षा से वंचित रह जाता है। इन सबके पीछे एक सोची-समझी सवर्ण मानसिकता कार्य करती है जिसके तहत दलितों को शिक्षा से वंचित रखकर उन्हें उनके मौलिक अधिकारों तथा समाज में बराबरी का दर्जा देने के अवसर से वंचित किया जाता है। अतः यह कहानी कई महत्त्वपूर्ण समस्याओं को सामने लाती है, जिसका सीधा संबंध शिक्षा से जुड़ा होता है।

केवल उच्च जाति के शिक्षक ही दलितों को शिक्षा से वंचित करने का प्रयास नहीं करते, अपितु नौकरशाही, पुलिस और अन्य सरकारी अधिकारी भी जातिगत आधार पर हमेशा दलितों का अहित करते हैं। जी.पी.एच. की पुस्तकों का मुख्य उद्देश्य ज्ञान के साथ-साथ अच्छे नम्बर दिलाना है।

प्रश्न 4. कोलाकलूरी इनाक के जीवन परिचय और उनकी रचनाओं पर प्रकाश डालिए।

उत्तर– कोलाकलूरी इनाक का जन्म 1 जुलाई 1939 को आंध्र प्रदेश के गुंटूर जिले के विजिंडेला गाँव के एक दलित परिवार में हुआ था। पिता रमैरूया और माता विशरानथम्मा के लालन-पालन से बालक शिक्षा की ओर लगनशील बन गया। अपनी जिंदगी में उबरने के लिए बालक ने संघर्ष आरंभ किया। कोलाकलूरी ने मात्र 19 वर्ष की अवस्था में ए.सी. कॉलेज, गुंटूर में शिक्षक का पद प्राप्त किया। वे इस शैक्षिक जगत् में अध्यापन की सीढ़ियाँ पार करते हुए एक दिन वाइस चांसलर के पद पर आसीन हुए। अकादमिक संसार में उनका नाम ऐसे व्यक्ति के रूप में लिया जाता है, जिसने यू.जी.सी., यू.पी.एस.सी. और अनेक शोध संस्थाओं में अपना महत्त्वपूर्ण योगदान दिया।

रचनात्मक लेखन के क्षेत्र में कोलाकलूरी इनाक का योगदान सराहनीय रहा है। उनकी साहित्यिक सक्रियता का दायरा लगभग 60 साल तक फैला है जिसमें लगभग 81 पुस्तकें प्रकाशित हैं। कविता, नाटक, आलोचना, उपन्यास, निबंध, लघु कहानी और अनुवाद आदि सभी विधाओं में उन्होंने अपनी रचनात्मकता का प्रदर्शन किया है। अब तक उनके नौ उपन्यास प्रकाशित हुए हैं, उनमें से पहले कई तेलुगू पत्रिकाओं में धारावाहिक के रूप में प्रकाशित हुए हैं। उनके नाटकों

में से कुछ ने तेलुगू विश्वविद्यालय और साहित्य अकादमी, हैदराबाद का पुरस्कार जीता। एक लघु कहानी लेखक के रूप में, उन्होंने छोटी कहानियों के ग्यारह संग्रह प्रकाशित किए हैं, उनकी छोटी कहानियों का अंग्रेजी, हिंदी, कन्नड़ और तमिल में अनुवाद किया गया है। कविताओं के बारह संग्रह प्रकाशित किए गए, उनकी कुछ ख्यातिपरक रचनाएँ निम्न हैं–

प्रकाशित पुस्तकें

काव्य

(1) आशा ज्योति
(2) कुलम धनम
(3) चेप्पलू
(4) वायस ऑफ साइलेंस
(5) आदि आँधरू
(6) निशब्द स्वरम

उपन्यास

(1) समथा
(2) सौंदर्यावती
(3) सौभाग्यवती
(4) अनंत जीवनम
(5) माँझी मनी
(6) काला मेघालू

नाटक

(1) कुंजी
(2) हिंद जय
(3) द फिफ्थ स्टेट
(4) साक्षी

कहानियाँ

(1) भवानी (संग्रह)
(2) इडा जीविथम (संग्रह)
(3) अस्पृश्य गंगा (संग्रह)
(4) स्त्री दर्शनम (संग्रह)

प्रश्न 5. 'गाँव का कुआँ' कहानी सवर्ण उत्पीड़न की लोमहर्षक दास्तान है। इस कथन को स्पष्ट कीजिए।

अथवा

'गाँव का कुआँ' कहानी की कथावस्तु पर प्रकाश डालिए।

अथवा

'गाँव का कुआँ' कहानी में अभिव्यक्त दलितों का उत्पीड़न एवं सवर्णवादियों के अमानवीय कृत्यों की चर्चा कीजिए।

उत्तर– कहानीकार इनाक ने अपनी कहानी 'गाँव का कुआँ' में सवर्ण उत्पीड़न के उन अनेक लोमहर्षक दृश्यों का सजीव वर्णन किया है, जिनसे भारत का लोकतांत्रिक मिजाज रोजाना लहुलूहान होता है। जाहिर है इन सबका नुकसान उन दलित लोगों को ही भुगतना पड़ता है, जिन्हें लगातार श्रम करने के बावजूद उत्पादन की समस्त उपलब्धियों से वंचित किया जाता है। उनको उनके श्रम के अनुसार हर सुख-सुविधा से वंचित रखा जाता है। इस कहानी में दो चमारों रामू और चिदंबरम (पिता-पुत्र) तथा चिदंबरम की पत्नी के माध्यम से दलित उत्पीड़न को रूपायित किया गया है। रामू का परिवार चमार जाति का है। हरिजन बस्ती और चमार बस्ती की बसावट गाँव के सर्वाधिक ऊसर बस्ती में है। उसकी शुष्कता का अंदाजा इससे लगाया जा सकता है कि वहाँ का एकमात्र कुआँ है लेकिन वो भी अर्से पहले सूख चुका था। अब जो गाँव के बचे कुएँ थे उन पर सवर्ण बस्ती के लोगों का कब्जा था। लिहाजा दलितों को पानी के लिए सवर्णों की रहम पर निर्भर रहना पड़ता था। इतना ही नहीं दलितों को खुद पानी भरने की इजाजत नहीं थी। कुएँ के पास जाकर भी दलितों को पानी तब तक नहीं मिलता था, जब तक कोई सवर्ण आकर दलितों

के पात्र में दूर से ही पानी न डाल दे। गाँव में दलितों को मंदिर प्रवेश का अधिकार नहीं था। जब सवर्ण और दलित दोनों पास हों, तो दलितों को बराबर बैठने का अधिकार नहीं था। चिदंबरम और उसकी पत्नी का दोष यही था कि उन दोनों ने इन रूढ़ियों को प्रश्नबिद्ध किया। प्रतिरोध के इस सिलसिले में चिदंबरम की पत्नी अपने पति से भी आगे है। इसका नुकसान उन्हें भुगतना पड़ा। वे सवर्णों की आँख में खटकने लगे। सवर्ण इस ताक में रहने लगे कि किसी तरह इन लोगों को मजा चखाया जाए। जब नांचरय्या का बैल मर गया और मरे हुए बैल का धड़ कुएँ में पाया गया, तब सवर्ण लोगों को वह अवसर हाथ लगा, जिसकी तलाश वे अर्से से कर रहे थे। अवसर आसानी से इसलिए मिल गया, क्योंकि रामू किसान के द्वारा ही नांचरय्या की खेती संपन्न की जाती थी। मुखिया ने चिदंबरम और उसके पिता को खंभे से बँधवा दिया तथा छड़ी से बेतहाशा पिटाई शुरू की गई यानी यातनाओं की लोमहर्षक दास्तान शुरू हुई। दिल दहला देने वाली यह घटना किसी बीमार समाज की ही बात हो सकती थी। सवर्ण उत्पीड़न की यह लोमहर्षक दास्तान जहाँ दलित बस्ती और संवेदनशील सवर्ण के लिए बेहद तकलीफदेह थी, वहीं उन सवर्णों के लिए यह सबक सिखाने का बहुप्रतीक्षित अवसर था जिनके लिए दलितों का जीवन महज सेवा करने का पर्याप्त था।

- **वहशी मुखिया के अमानवीय कृत्य**–'गाँव का कुआँ' कहानी में अमानवीयता की सारी हदें तोड़ दी जाती हैं। कहानी में सवर्ण उत्पीड़न का कर्ता-धर्ता मुखिया है। क्रूर मुखिया की अमानवीयता को कथाकार कोलाकलूरी इनाक ने बखूबी चित्रित किया है। मुखिया को यह गंवारा नहीं है कि हरिजन और चमार बस्ती का कोई आदमी स्वाभिमानपूर्वक जीवन जीते हुए संविधान प्रदत्त लोकतांत्रिक अधिकारों के साथ रहे। लेकिन कानून की पढ़ाई किए हुए चिदंबरम को यह अच्छी तरह मालूम है कि किसी भी मनुष्य को मानवोचित अधिकारों के साथ जीने का हक है। उसकी पत्नी भी अपने अधिकारों के प्रति सजग है और अपने प्रति किए गए किसी भी अत्याचार का मुँहतोड़ जवाब देती है। ऐसी परिस्थिति में चिदंबरम, पिता मोती और चिदंबरम की पत्नी के प्रति मुखिया के मन में सबक सिखाने की भावना आने लगती है। भारतीय गाँव छुआछूत और जातीय उत्पीड़न के सबसे ज्वलंत उदाहरण हैं। मुखिया के वहशी कृत्य के आईने में यह बात और साफ तरीके से समझ में आती है। जब नांचरय्या के मरे हुए बैल का खाल उतरा धड़ कुएँ में पाया गया तो जैसे मुखिया को मुँहमाँगी मुराद मिल गई। कारिंदे भेजकर पहले मोती फिर चिदंबरम को बुलाया गया। उन्हें बिना किसी प्रमाण के कृत्य का दोषी ठहरा खंभे से बाँध दिया गया। जब चिदंबरम ने पिता को खंभे से बाँधे और पीटे जाने का प्रतिवाद किया तब मुखिया पर जैसे पागलपन सवार हो गया। चिदंबरम ने कहा कि बापू तुम इजाजत दे दो मैं मुखिया को मार डालूँगा। इस पर मुखिया ने क्रोध से फुँफकारते हुए डंडे से चिदंबरम के सिर पर वार किया और वहशियाना तरीके से चाबुक एवं डंडे से तब तक पिटवाया गया, जब तक चिदंबरम और पिता मोती बेहोश होकर गिर न गए। कहानीकार ने लिखा है, 'मंदिर के भगवान के सामने फूटे नारियल की तरह चिदंबरम का सिर फट गया।' दरअसल मुखिया के इस कृत्य की पृष्ठभूमि उसी समय बन गई थी जब मनवांछित लड़की से शादी होने की मनौती पूरा होने पर चिदंबरम ने गाँव की तथाकथित परंपरा को बेकार बता दिया था। एक पुलिस अधिकारी

की सहायता से दलित होने के बावजूद चिदंबरम ने मंदिर प्रवेश कर अपनी मनौती पूरी की। मुखिया समेत अन्य सवर्णों ने चिदंबरम के मंदिर प्रवेश को रोकने की जी-जान से कोशिश की। एक और घटना ने मुखिया की घृणा में इजाफा किया। रेलवे स्टेशन पर सवर्णों की अनदेखी कर चिदंबरम अपनी पत्नी के साथ बेंच पर बैठा रहा। उसने परंपरा अनुसार स्वयं उठकर सवर्णों को आसन ग्रहण करने का प्रस्ताव नहीं किया। दलितों के लिए यह घटना बेहद तकलीफदेह थी। इस लोमहर्षक घटना के कारण चिदंबरम की पत्नी गहरे अवसाद से ग्रस्त हो गई। उसने घर में चूल्हा तक नहीं जलाया। वहशी मुखिया ने चिदंबरम और रामू को ही नहीं पूरी बस्ती को चोर कहकर अपमानित किया। गाँव में इस तरह की अनेक अपमानजनक परिस्थितियों के कर्ता-धर्ता मुखिया और उसके कारिंदे ही हैं। पर वही मुखिया जब चिदंबरम को मारता है और चिदंबरम का सिर बुरी तरह फट जाता है, तब उसे अपने कृत्य पर पछतावा होता है और उसमें बदलाव आता है।

- **सुविधा प्राप्त अवसरवादी : उत्पीड़न सहायक**—गाँव के यथास्थितिवाद से जिन लोगों को फायदा पहुँचता था, वे चाहते थे कि बदलाव न हो, जैसा है सब वैसा ही रहे। ऐसे में चिदंबरम के प्रतिरोधी तेवर की मौजूदगी से यथास्थितिवादी खासे परेशान थे। उनकी मंशा थी कि चिदंबरम समेत दलित बस्ती के लोगों को इस कदर लांछित-प्रताड़ित किया जाए कि उनके पास सवर्णों की सेवा के सिवाय अन्य कोई विकल्प न बचे। गाँव में ऐसे चरित्रों की भरमार थी। इस प्रक्रिया में वह तबका भी शामिल हो जाता है जो सरकारी मुलाजिम है। भारतीय संविधान की धज्जियाँ उड़ाने में दलित विरोधी सोच के साथ सक्रिय सवर्णों के साथ वे लोग भी शामिल होते हैं, जिन पर प्रशासनिक नुमाइंदगी के साथ संवैधानिक चेतना पहुँचाने की जिम्मेदारी थी। कथा में एक समय ऐसा भी आता है जब मुखिया को अपने किए की आत्मग्लानि होती है, साथ ही गाँव वालों को भी ऐसा लगता है कि चिदंबरम और मोती के साथ ज्यादती हुई है। ऐसे समय में भी गाँव का बुजुर्ग पटवारी एक अर्थ में दलित बस्ती के लोगों के मनोबल को तोड़ अपने मन के मुताबिक इस्तेमाल करने की साजिश रचता है। कथाकार ने इस पूरे घटनाक्रम को इस प्रकार चित्रित किया है—'गाँव के बुजुर्ग पटवारी के पास गए। अब की बार वे कुछ करने पर विचार कर रहे थे। कल सुबह तक घटी घटनाओं का आकलन किया गया था। यह काम किसी एक का नहीं, बल्कि पूरी बस्ती का काम था, इसलिए अब उस कुएँ की बात छोड़कर हरिजन बस्ती की बात सोचनी चाहिए। वे लोग हद से ज्यादा बढ़ रहे हैं, आज यह हुआ, कल क्या होगा, कौन जाने?' सुविधा प्राप्त अवसरवादियों की इस तरह की सोच के कारण वे कभी उत्पीड़न के कारक होते हैं तो कभी सहायक।

- **मनुष्यता के कुछ प्रसंग**—कहानी के सभी सवर्ण खलपात्र (बदमाश) नहीं हो सकते। कहानी के दो सवर्ण पात्र इस रूप में याद किए जा सकते हैं जिनकी सवर्ण चेतना पर मनुष्यता के संकल्प की जीत होती है। सत्यनारायण और नांचरय्या ऐसे ही सवर्ण पात्र हैं। उनमें भी सत्यनारायण की चेतना इस कदर विकसित है कि वह मुखिया के जुल्म

के खिलाफ कानूनी कार्यवाही करवाने तक की धमकी दे डालता है। सत्यनारायण ने शहर में वकालत की डिग्री हासिल की थी। वह गाँधीवादी था तथा स्वराज्य की माँग के सिलसिले में जेल भी जा चुका था। जब चिदंबरम ने सवर्णों के लिए स्टेशन की सार्वजनिक बेंच से उठने के लिए मना कर दिया, तब सत्यनारायण ने इस निर्णय के लिए न सिर्फ चिदंबरम की तारीफ की, बल्कि इसे बेहद जरूरी कदम भी बताया। बकौल सत्यनारायण, 'अभ्युदय-अभ्युदय कहकर कौओं जैसा चिल्लाने से अभ्युदय नहीं आएगा। परिवर्तन नहीं आएगा। वह कमाने से ही आएगा। कोशिश करने से ही अस्पृश्यता की बीमारी खत्म होगी। चिल्लाने से, दीवार खराब करने से, बाजारों में पैसा बाँटने से बीमारी खत्म नहीं होगी। दीवार पर बैठी बिल्ली के समान कारण बताने से कोई काम नहीं चलता। तुम लोग यदि प्रयत्न नहीं करोगे तो कुछ नहीं कर पाओगे। समानता देने वाली चीज नहीं है। लेने वाली चीज है। हरिजन बस्ती गाँव के लिए दोनों हाथ के समान है। हाथों को काटकर कोई काम नहीं कर सकता। हरिजनों को दूर रखकर गाँव ही नहीं, सारा देश अपना प्रयोजन प्राप्त कर नहीं पा रहा है। इस देश में यह छुआछूत की बीमारी फैली हुई है। यह देश के रक्त में प्रवाहित होकर विनाश की ओर देश को ले जा रही है। यह बीमारी कब दूर होगी? कब चंगे शरीर से मजबूत हाथ मिलेंगे? कब देश विकास की गति की ओर अग्रसर होगा?' कहना न होगा सत्यनारायण वर्गीय चेतना से बाहर होने का जोखिम उठाता है। मंदिर प्रवेश और अन्य अनेक मौके पर सत्यनारायण के तेवर की धारदार मौजूदगी मनुष्यता के विभिन्न प्रसंगों का आख्यान करती है। नांचरय्या भी एक ऐसा ही सवर्ण पात्र है। लेकिन उसकी असहमतियाँ उस तरह से मुखर नहीं हैं, जैसी सत्यनारायण की। वह मुखिया द्वारा चिदंबरम पर किए जा रहे अत्याचार के प्रति असहमति तो जताता है, लेकिन मुखर विरोध करने की हिम्मत नहीं जुटा पाता।

प्रश्न 6. 'गाँव का कुआँ' कहानी के चरित्र चिदंबरम पर टिप्पणी लिखिए।

उत्तर– कहानी का कथानायक चिदंबरम नई दलित चेतना का प्रतीक है। यह दलित अपने लोकतांत्रिक अधिकारों से अच्छी तरह परिचित है। वह शक्तिशाली है। वह खेती के काम में कई व्यक्तियों का काम अपने दम पर करता है। लेखक द्वारा बताया गया है कि चिदंबरम छह फुट का था। चौड़ी छाती। बलवान बाहु और पैर। बाप की ओर से पिलाई गई कर्मठता की दवा उसके शरीर में समा गई और पुष्ट कर गई। उसका शरीर अब तक किसी को कष्ट न देने के कारण और भी मजबूत बन गया था। लगता था कि उसी भरोसे वह सुदृढ़ है। तीन-चार पहलवानों को एक साथ पकड़कर परास्त करने की शक्ति उसमें दिखाई दे रही थी। घोर अन्याय के सामने खड़े होने का साहस उसमें है। दो बैलों द्वारा खींची जाने वाली भारी बैलगाड़ी को वह अकेला खींच सकता है। वह अस्पृश्यता को सिरे से खारिज करने का निर्णय एक ऐसे समाज में लेता है, जहाँ सामंती तेवर की मौजूदगी पाशविक स्तर तक है। वह किसी भी तरह का अन्याय बर्दाश्त नहीं करता।

- **विद्रोही चिदंबरम–**चिदंबरम के चरित्र की बुनियादी विशेषता है उसका विरोध। वह पिता के यथास्थितिवादी तेवर का विरोध तो करता है, पर कई बार पिता के दबाव के

कारण अन्याय बर्दाश्त करने के लिए मजबूर भी होता है। लेकिन विरोध की उसकी अंतर्वर्ती चेतना सदैव सक्रिय रहती है। कथा में उसके प्रतिरोधी तेवर का एक स्थान पर प्रतीकात्मक ढंग से बेहद प्रभावी चित्रण किया गया है। जब चिदंबरम की पत्नी के साथ सवर्ण युवक हाथ पकड़कर जबरदस्ती करने की कोशिश करता है, तब उसकी पत्नी हाथ छुड़ा कर भाग कर घर आ गई। जब वह घर आई, तब चिदंबरम का पिता आसन्न संकट को भाँप कर चुप रहने की नसीहत देता है। कहानीकार इसके बाद की घटना का इस तरह वर्णन करते हैं, 'उसी समय ताड़ के फलों का गुच्छा कंधे पर रखकर चिदंबरम वहाँ पहुँचा। उसकी कमर में हँसिया था सब बात उसकी समझ में आई। कमर से हँसिया निकालकर ताड़ के एक फल पर जोर से मारा वह उसमें गड़ गया।' उसका प्रतिशोधी तेवर यहाँ देखा जा सकता है। मनपसंद लड़की से शादी करने के लिए वह वेणुगोपाल मंदिर में पच्चीस नारियल फोड़ने की अनुमति माँगता है। लेकिन दलितों को मंदिर प्रवेश की इजाजत नहीं है। उसका प्रतिशोधी मन मंदिर प्रवेश के पुरातन नियम तोड़ मंदिर प्रवेश कर नारियल फोड़ने का संकल्प लेता है। गाँव का सामंती ढाँचा इसकी इजाजत नहीं देता। लेकिन एक पुलिस अधिकारी की सहायता से वह मंदिर में प्रवेश कर अपनी मनौती पूरी करता है। उसी तरह रेलवे स्टेशन पर सवर्णों के तथाकथित सम्मान में वह सार्वजनिक बेंच से उठने से इंकार कर देता है। ये दोनों घटनाएँ सवर्णों को बेहद अपमानजनक लगीं और वे चिदंबरम को सबक सिखाने की जुगत भिड़ाने लगे। जब गाँव के कुएँ में मरे हुए बैल का धड़ पाया गया, तब जैसे सवर्ण मुखिया और उनके खैरख्वाहों को मनमाँगी मुराद मिल गई। इस कृत्य के लिए बिना किसी प्रमाण के चिदंबरम को दोषी ठहरा दिया गया। जब चिदंबरम को पिता समेत सजा दी जाने लगी उस समय भी चिदंबरम ने विद्रोही तेवर का परिचय देते हुए पिता से मुखिया को लक्ष्य कर कहा, 'बापू! तू मुझे इजाजत दे दे। मैं इसे मार डालूँगा।' यहाँ चिदंबरम का विद्रोही स्वर दिखाई देता है।

- **समग्र मनुष्य**—चिदंबरम न केवल विद्रोही चेतना का परिचय देता है, वह एक समग्र मनुष्य के रूप में कथा में उपस्थित होता है। जैसे वह सच्चा प्रेमी है। इतना सच्चा कि अपनी या विश्व दृष्टि का परिचय देता है। जहाँ उसके पिता सवर्ण अनुकूलित दलित हैं, वहीं वह बदलती हुई दलित दृष्टि का परिचय देता है। वह समग्र मनुष्य के रूप में हमारे सामने आता है।

प्रश्न 7. 'गाँव का कुआँ' कहानी में चिदंबरम की स्त्री को परंपरा की राह में प्रतिशोध बताया गया है। क्यों? अपने शब्दों में स्पष्ट कीजिए।

उत्तर— 'गाँव का कुआँ' कहानी में सर्वाधिक विद्रोही पात्र चिदंबरम की स्त्री है। चिदंबरम का विद्रोह पिता मोती के कारण अनेक बार समझौते के लिए विवश होता है। लेकिन चिदंबरम की पत्नी कभी समझौता नहीं करती। वह बला की सुंदर और सुघर है। उसके माँसल सौंदर्य पर सवर्णों के भोगवादी नजरिए की गिद्ध दृष्टि रहती है। पर वह सवर्णों के आतंक से किसी भी सूरत में समझौता नहीं करती। वह एक बलशाली स्त्री है तथा पति के खेती तथा अन्य कामों में सहयोग

करती है। वह पारंपरिक समाज में सृजन और प्रतिशोध की इबारत लिखती है। कथा लेखक ने एक बहुत अर्थपूर्ण संकेत के द्वारा चिदंबरम की पत्नी की मेधा और प्रतिशोध भावना का चित्रण किया है। जब चिदंबरम की पत्नी की बाँह को सवर्ण युवक पकड़ने की कोशिश करता है, तब चिदंबरम की पत्नी न सिर्फ बाँह छुड़ाकर भागती है, बल्कि प्रतिशोध का निर्णय भी लेती है। मरे हुए बैल के धड़ को किसने कुएँ में डाला इस बात का जिक्र कहानी में नहीं है। पर रस्सी में जिस गाँठ का प्रयोग किया गया था और चिदंबरम को प्रताड़ित करने के बाद रात में सोए हुए मुखिया को रस्सी की जिस गाँठ से बाँधा गया था वे दोनों गाँठें एक थीं और उन दोनों गाँठों पर चिदंबरम मुग्ध होता है। यह मुग्ध होना अपनी पत्नी पर चिदंबरम के मुग्ध होने के नजरिए का ही विस्तार है। 'चिदंबरम बहुत देर से सोच रहा था। कुएँ में लगे रस्से! रस्सों में पड़ी गाँठें। सुंदर-सुंदर गाँठें। कुशलता से लगाई गई गाँठें।' इस तरह के अन्य अनेक प्रसंगों को कथा विकास में पिरोया गया है, जिनसे यह प्रकट होता है कि चिदंबरम की पत्नी का व्यक्तित्व बदलती हुई नई दलित स्त्री के रूप में विकसित होता है। कहानी के एक प्रसंग में जब मुखिया को अपने किए का पछतावा होता है, तब दूसरी तरफ लोग मरे हुए बैल के धड़ को कुएँ से निकालने की कोशिश में लग गए, पर असफल रहे। ऐसे में चिदंबरम की पत्नी अकेले दम पर बैल को कुएँ से निकालने के लिए उद्यत होती है। फिर अन्य लोग हाथ बँटाते हैं। फिर सभी मिलकर कुएँ के खराब पानी को बाहर निकालते हैं और गाँव के सवर्ण-दलित समूह मिलकर यह निर्णय लेते हैं कि अब कुएँ के पानी का सभी उपयोग कर सकते हैं। एक तरह से चिदंबरम की स्त्री व्यवस्था परिवर्तन का कारक बनती है। वह कहानी की एक विद्रोही पात्र के रूप में उपस्थित है। वह क्रांतिकारी विचारधारा रखने वाली स्त्री है।

प्रश्न 8. 'गाँव का कुआँ' कहानी से उन दो प्रमुख पात्रों की चर्चा कीजिए जिनके माध्यम से कथाकार ने परंपरा के अनुभव और भविष्य की दृष्टि के सवाल को उठाया है।

उत्तर– जिन कथा पात्रों से कथा दृष्टि का निर्माण हुआ है, उनमें दो प्रमुख पात्र मोती और चिदंबरम इन दो पात्रों के माध्यम से कथाकार ने परंपरा के अनुभव और भविष्य दृष्टि के सवाल को उठाया है। मोती ने अपने जीवन अनुभवों से जो हासिल किया है, उसमें विचार की एक सुसंगत प्रक्रिया है। मोती के चरित्र की विशेषताएँ कुछ इस प्रकार से प्रकट होती हैं, उन प्रसंगों में एक प्रसंग कथा के आरंभ में है जब वह अनुकूलित दलित की विवश चेतना के रूप में नजर आती है, तब मोती उससे कहता है–'चुप रह! कोई बच्चा बदमाशी कर गया है। इसके लिए इतना रोने की क्या जरूरत है? इससे क्या मिलेगा? उसका पाप उसे ही खा जाएगा। क्यों पागल बनते हो? हर तालाब के मेंढक को अपने ही तालाब में रहना शोभा देता है। भगवान ने जिसको जो दिया है, वही मिलता है। जैसी करनी वैसी भरनी। खामखाह हम क्यों पागल बनें। मुँह बंद कर, सब अपने-अपने काम में लगें।' दलित बस्ती में अवस्थित कुएँ के सूख जाने के बाद गाँव में बचा वह एकमात्र कुआँ जिसमें पानी था, वह दलित और सवर्ण बस्ती के ठीक बीचों-बीच बसा था। उस कुएँ से सवर्ण पानी भर सकते थे, लेकिन दलितों को पानी भरने की इजाजत नहीं थी। दलित पानी तभी ले सकते थे, जब कोई सवर्ण उन्हें दूर से पानी दे। अस्पृश्यता और सामंती उत्पीड़न के अनेक प्रसंगों के कारण मोती को वह कुआँ गुलामी का प्रतीक लगता था। मोती कहता है कि–

'वह कुआँ पीढ़ियों से मनुष्य की गुलामी का प्रतीक था। शिथिल और विकृत संस्कृति, संस्कृति के ऊपर जमी गंदगी-सा बैल का धड़।' रामू को जूते बनाने में महारत हासिल थी। लेकिन वह यह सोचकर दुःखी होता था कि ऐसे हुनर से क्या फायदा कि खुद उसी के बच्चे-चिदंबरम के पैर खुले रहते हैं, उसे जूता-चप्पल नसीब नहीं। इस तरह के अनेक प्रसंग कथा में गुँथे हुए हैं, जिनसे उसके जीवन अनुभवों में मौजूद दलित पीड़ा और उसकी अमानवीयता से रू-ब-रू होने का पता चलता है। कथा में जहाँ मोती परंपरा के अनुभव का प्रतीक है, वहीं चिदंबरम भविष्य दृष्टि के तेवर के साथ कथा में उपस्थित होता है। चिदंबरम अस्पृश्यता से सर्वथा असहमत था। उसके जीवन के अनेक प्रसंगों से भविष्य के दलित का पूरा खाका सहज ही उपलब्ध होता था। वह मंदिर में दलित प्रवेश के नकार को सिरे से खारिज करते हुए विरोध के बावजूद मंदिर में प्रवेश करता है। स्टेशन के सार्वजनिक बेंच पर सवर्णों के आने पर भी उनके वर्चस्व को नकारते हुए उठता नहीं है वरन् बैठा रहता है। पत्नी की विद्रोही चेतना का सम्मान करता है। पिता मोती को जब जमींदार और उसके कारिंदे मारते हैं, तब चिदंबरम उन सबों को मार डालने की बात करता है। इन सभी प्रसंगों से चिदंबरम की भविष्य दृष्टि का पता चलता है।

प्रश्न 9. 'गाँव का कुआँ' कहानी की भाषा और शिल्प पर टिप्पणी लिखिए।

उत्तर— 'गाँव का कुआँ' कहानी में जिस शिल्प का प्रयोग किया गया है, उसकी अनेक विशेषताएँ हैं। कहानी में अतीत और वर्तमान की आवाजाही है। कहानी की शुरुआत में गाँव के उस प्रसिद्ध कुएँ का जिक्र है, जिसमें मरे हुए बैल के धड़ का चित्रण है। यह कथा में वर्तमान है। फिर कहानी आगे बढ़ती है और अतीत के उन अनेक प्रसंगों का उल्लेख मिलता है, जिनसे कथानायक चिदंबरम से जुड़े वे पहलू अवतरित होते हैं, जिनमें चिदंबरम की मानसिकता के विद्रोही तेवरों का वर्णन है, वहाँ सवर्ण दंभ को चुनौती है। जनतांत्रिक जीवन की माँग का सिलसिला गाँव के जीवन में दस्तक देता है। कहानी फिर वर्तमान में आती है और अपने उद्देश्यों को पूरा करती है। कहानी की भाषा के बिंब अनेक स्थानों पर उल्लेखनीय हैं। जैसे मुखिया के क्रोध का वर्णन करते हुए लेखक लिखता है कि-'मुखिया की आँखें लाल-लाल हो गईं। ये क्रोध भरे शब्द ऐसे लग रहे थे कि मुखिया की मूँछों से सरककर दाँतों के बीच पैने होकर बरस रहे थे।' सवर्ण-दंभ को चुनौती देती चिदंबरम की अभिव्यक्ति में मौजूद बिंब भी देखने लायक है-'उसकी कमर में हँसिया था। सब बात उसे समझ में आई। कमर से हँसिया निकालकर ताड़ के एक फल पर जोर से मारा वह उसमें गड़ गया।' यहाँ कथा में वातावरण चित्रण के लिए जिस भाषा का प्रयोग किया गया है, वह भी अनेक दृष्टियों से उल्लेखनीय है। उदाहरण के लिए, मुखिया की सामंती ठसक का चित्रण करते हुए इनाक कहते हैं-'मुखिया अपने घर की चारदीवारी के पास बैठें। कुछ आसामी सामने खड़े हो गए। मुखिया ने एक नौकर के हाथों तंबाकू का पत्ता लिया। उसका सिगार बना लिया। सुलगाया। चार बार धुआँ अंदर खींचा। धुएँ को अपने गालों में भरकर कुछ देर तक स्वाद लिया और फिर छोड़ा अंत में धुएँ के एक फूँक के साथ जोड़कर जोर से बोला, चिदंबरम ही। चिदंबरम का नाम ऐसे निकला मानो वह धुएँ की मशीन से निकले धान का गोला हो।' कहानी न सिर्फ कथ्य की दृष्टि से उल्लेखनीय है, इसमें व्यवहृत शिल्प भी प्रभावी है।

प्रश्न 10. रचनाकार बोया जंगय्या के जीवन और कर्म को संक्षेप में समझाइए।

उत्तर– बोया जंगय्या का जन्म 1 अक्तूबर, 1942 को तेलंगाना क्षेत्र के नालगोंडा जिले में हुआ था। बोया को तेलुगू जगत् में जातरा जंगय्या के नाम से ख्याति प्राप्त है। उनके पहले ही उपन्यास 'जातरा' 1998 को पोट्टू श्रीमालू तेलुगू विश्वविद्यालय से सर्वश्रेष्ठ उपन्यास का पुरस्कार मिला। उन्होंने अपना पहला नाटक कसथा सुखालू सन् 1963 में लिखा। तब से उनके लेखन की अनवरत यात्रा जारी है। उनके लिए जीवन का दूसरा नाम ही यात्रा है। वे कहते हैं–'देश भर घूमना और लोगों को देखते जाना ही उनका उद्देश्य है'।

देश भर में घूमने ने ही उनके जन जीवन से गहरे लगाव की आधार भूमि तैयार की है। उन्होंने दलित समाज की पीड़ा और साधारण जनता के त्रास को ही साहित्य की विभिन्न विधाओं में व्यक्त किया है। उनके रचना संसार में कहानी विधा इस कार्य में प्रमुख रूप से आई है। उनके 'बाजा कथालू', 'अडविपूलु', 'मंन तेलुगू', 'बडिलो चेप्पनि पाठालु', 'आट-पाटलु' आदि चर्चित कहानी संग्रह रहे हैं। जातरा 1988 और जगड़म 2003 उपन्यासों के माध्यम से उन्होंने जीवन की हकीकत को बड़े कैनवास पर उतारा है। इसके अलावा दलित समाज के लिए अपना जीवन लगाने वाले महान् नेताओं-विचारकों की जीवनियों के लेखन का कार्य किया है–भारत रत्न डॉ. अम्बेडकर, समतावादी बाबू जगजीवन राम और देशाध्यक्ष के.आर. नारायणन ने। उनकी रचनाएँ लगातार विभिन्न पत्र-पत्रिकाओं में प्रकाशित होती रही हैं। रचना जगत् में उनके योगदान के लिए उन्हें कई पुरस्कारों से सम्मानित किया गया है। इन्हें गुर्रम जाषुआ, एन.टी.आर., स्वराज्य लक्ष्मी, प्रतिभा आदि पुरस्कारों के साथ दलित साहित्य अकादमी की फेलोशिप प्राप्त हुई। इन्होंने मलेशिया में आयोजित दूसरी तेलुगू अंतर्राष्ट्रीय कांफ्रेंस में भागीदारी की।

प्रश्न 11. बोया जंगय्या की कहानी 'परती जमीन' की मूल वस्तु और संवेदना पर प्रकाश डालिए।

अथवा

'परती जमीन' की कथावस्तु पर संक्षिप्त टिप्पणी लिखिए।

[जून-2015, प्रश्न सं.-10 (ख)]

उत्तर– बोया जगय्या अपनी कहानी 'परती जमीन' में दिखाते हैं कि दलितों को दलित बनाए रखने के उच्च जातियों के हर तरह के नए-नए तरीके आज निकलकर सामने आ रहे हैं। धर्म तथा सांप्रदायिकता इन्हीं में से एक है। 'परती जमीन' में दलित समाज के जीवन की एक कठोर हकीकत है। ऐसी जमीन जिसको बंध्या माना जाता है, जिस पर कुछ उगता नहीं है। आजादी के बाद दलित समाज को एक नागरिक के रूप में अधिकार और समानता मुहैया कराना कल्याणकारी राज्य का महत्त्वपूर्ण दायित्व था। भूमि के समान वितरण के प्रयास कई कानूनी दाँव-पेंच और अदालती कार्यवाहियों के बीच फँस गए। ऐसे में राज्य ने परती जमीन दलितों को मुहैया कराने का निर्णय लिया। यह एक लोकतांत्रिक और संवैधानिक निर्णय था। लेकिन जाति और वर्ण के हमारे घोर अलोकतांत्रिक समाज में यह निर्णय ही भारी विवाद को जन्म देता है। इस विवाद के साथ ही कहानी का आरंभ होता है। यह गाँव आजादी के बाद का आजाद गाँव है। लेकिन आरंभ में ही लेखक इस आजादी और इसकी उम्मीद की कलई खोल देता है–"छह-सात सौ घरों के उस

गाँव में ज्यादातर लोगों की जिंदगी मेहनत-मजदूरी पर निर्भर है। कई बरस पहले निजाम शासकों के राज्य का अंत होने के बावजूद, उनके प्रतिनिधि रामरेड्डी पटेल और मालिक रंगाराव अब भी जिंदा हैं।" यह एक राजनैतिक आजादी है, दलित समाज अभी भी पटेल और सामंत का गुलाम है। इस गुलामी के मूल में सदियों की जाति व्यवस्था है, जो सदियों से कभी बदली नहीं है। शासन भले निजाम का हो अथवा आजाद देश के हुक्मरान का। सरकार ने घोषणा की है कि बचत जमीन को गाँव के भूमिहीनों के बीच बाँटा जाएगा। इस गाँव में बचत में तीस एकड़ की परती जमीन पड़ी है। इस भूमि पर दलितों का दावा बनता है। वही गाँव में एकलौता समूह है जो भूमि के स्वामित्व से वंचित है।

गाँव की अन्य जातियाँ इस निर्णय के परिणामों के दूरगामी असर से वाकिफ हैं। जमीन एक अधिकार है, एक अधिकार व्यक्ति में आत्म गौरव की भावना जगाता है। किसी व्यक्ति के पास आत्म गौरव का भाव है तो वह कोई गुलामी स्वीकार कर ही नहीं सकता है। चाहे वह गुलामी जाति की हो अथवा धर्म की। ऐसे ही आत्म गौरव के क्षणों में महान दार्शनिक नीत्से ने भगवान के अंत की घोषणा कर दी और मानवता धर्म की गुलामी से मुक्ति के रास्ते पर चल पड़ी। जमीन के अधिकार की घोषणा मात्र से गाँव के जीवन में हलचल मच जाती है। गाँव की सभी जातियाँ एक ओर और दलित जनता दूसरी ओर। दलितों को परती जमीन साफ करने से मना किया जाता है। लेकिन अपने अधिकारों का स्वाद चख चुके दलित कबीरदास की उक्ति—

'सूराँ ते पहचानिए जो लड़ै दीन के हेत-
पुर्जा पुर्जा होइ मरै कबहुँ न छाँड़ै खेत'

उक्ति के अनुसार जमीन पर डटे रहे। उनके इस कार्य में राजि के बेटे गोपाल का सहारा है। वह गाँव में पढ़े-लिखे दलित के रूप में सामने आता है। वैसे कहानी में गोपाल कहीं भी प्रत्यक्ष रूप में उपस्थित नहीं है, लेकिन जूलियट सीजर की तरह वह रचना में अनुपस्थित रह कर भी उपस्थित लोगों से कहीं अधिक प्रभावशाली साबित होता है। उसका होना ही दलितों के लिए नैतिक बल का काम करता है। यह अलग बात है कि इसकी उन्हें भारी कीमत चुकानी पड़ती है। गाँव की दबंग जातियाँ उनके घरों में आग लगा देती हैं। माहौल में दहशत पैदा करती हैं। लेकिन कहते हैं कि आत्मसम्मान के लिए कोई भी कीमत ज्यादा नहीं होती है। दलित समाज अब सबके लिए तैयार है। झोपड़ियों में आग लगाना उस खीझ का परिणाम है, जो हार गए लोगों में आशंका से पैदा होती है। इससे संघर्ष मिटता नहीं है जब तक कि दमन करने वाले मिट नहीं जाते हैं। कहानी का अंत यथार्थपरक है। दलित बस्तियों में आग भारतीय समाज में एक चलन की तरह सामने आती है।

प्रश्न 12. 'परती जमीन' कहानी आर्थिक शोषण के जातिपरक ढाँचे को उजागर करती है। सोदाहरण स्पष्ट कीजिए।

उत्तर— जाति प्रथा वेद-पुराणों में वर्णित दार्शनिक-सैद्धांतिक मतों पर आधारित है। संहिताओं में इसके पालन को अवश्य माना गया है। इस समूचे बौद्धिक कसरत के पीछे आर्थिक दोहन का मंतव्य है—दलित समाज के श्रम पर एकाधिकार। गाँव के दलित को परती जमीन मिल गई तो वह पटेल के खेत पर मजदूरी क्यों करने जाए? कमीना शब्द किसी के अपमान के लिए गाली के तौर पर इस्तेमाल किया जाता है। यह भी एक ऐतिहासिक तथ्य है कि 'कमीना' शब्द मध्य

काल में उस किसान के लिए इस्तेमाल किया जाता था, जो किसी दूसरे की जमीन पर दूसरे के उपकरणों से खेती-बाड़ी का काम करता था। ऐसे में उसकी सामाजिक प्रतिष्ठा मिट्टी में मिल गई। उसका पेशा ही जाति बन गया और जाति ही गाली बन गई। इस दर्द को कबीरदास ने कुछ इन शब्दों में व्यक्त किया है–"हम तो जात कमीना"।

'परती जमीन' कहानी में दलित समाज भी इसी दर्द से गुजरता है। जब उसका जमीन का स्वप्न साकार होता दिखता है तो उनमें बिजली की फुर्ती आ जाती है। उनकी दशा लेखक के शब्दों में इस प्रकार से है–'हर घर से एक के हिसाब से लगभग साठ हिरजन पेड़ काट रहे थे। उनके बच्चे, उनके बुजुर्ग सारे कूड़े को एक जगह पर जमा कर रहे थे। उनकी औरतें टोकरियों में खाना ले आई थीं और उन टोकरियों को मेंड पर रखकर कूड़े के ढेरों को जला रही थीं।' इस समाज में केवल आदमी और औरत ही नहीं बच्चे और बूढ़े भी श्रम के काम में लगे हैं। कोई भी सदस्य आराम करता नहीं जान पड़ता। दूसरी ओर हम गाँव के सुखासीन समाज (लेजर क्लास) की ओर रुख करते हैं। इसमें पटेल, मालिक और पटवारी शामिल हैं। ये कोई काम नहीं कर रहे हैं केवल बातें कर रहे हैं और करते ही जा रहे हैं। इनकी बातों से भी कोई आभास नहीं मिलता है कि उन्हें कभी श्रम की आदत रही है। आश्चर्य की सीमा तब नजर आती है जब ये सुखासीन लोग दलित समाज को काहिल और नकारा कहते हैं–'जमीन उन्हें किसलिए चाहिए? अगर सरकार उन्हें जमीन दे देगी तो वे उसे कितने दिन रख पाएँगे? किसी लोट-घाट, बीमारी या शादी के लिए न भी हो तो पीने-पाने के लिए क्या वे जमीन को गिरवी नहीं रख देंगे।' यह भंगिमा ही भारतीय गाँव ही नहीं समूचे समाज की विडम्बना की ओर संकेत करती है। सुखासीन जातियाँ इस देश में कामगारों को, मजदूरों को उनके योगदान के महत्त्व के एहसास से वंचित करती हैं। यह बात भारत में केवल गाँवों में ही नहीं बल्कि पढ़े-लिखे शहरी मध्य वर्ग के बीच भी बदस्तूर जारी है। इसका कारण हो सकता है कि हर काम करने वाला व्यक्ति 'वाला' कहलाता है–रिक्शेवाला, सब्जीवाला, टैक्सीवाला, रजाईवाला, प्रेसवाला, बिजलीवाला, फलवाला, दूधवाला, कामवाली आदि। 'वाला' प्रत्यय लगा देने मात्र से ही उस व्यक्ति का मानवीय अस्तित्व समाप्त हो जाता है और साथ में ही उसके श्रम के लिए अहसानमंद होने की सहज मानवीय भावना की आवश्यकता भी समाप्त हो जाती है। कई बार रिक्शेवाले को 'रिक्शा' संबोधित करके ही बुला देते हैं। एक वस्तु और एक व्यक्ति के बीच भेद को ही मिटा देते हैं। इसके बाद बिना किसी अपराध भावना के मानवाधिकार आयोग के महत्त्व पर चर्चा सुन सकते हैं। मध्य वर्ग के बीच श्रमिकों की कामचोरी की शिकायतें उनके टाइम पास का बड़ा माध्यम होती हैं। श्रम के लिए हिकारत की यह मुद्रा हमारी भाषा की भंगिमा में समा गई है। पटेल जब दलित समाज को कामचोर कहता है तब उसकी हिकारत ही नजर आती है वरना दलित और कामगारों की हाड़तोड़ मेहनत से ही उनके सुख और समृद्धि की इमारत खड़ी है।

जाति व्यवस्था सुखासीन समाज को सहूलियत देती है कि वह स्वयं श्रम से बच सकता है, दूसरे से अनथक श्रम करवा सकता है और श्रम का कोई मूल्य न चुकाने की अपराध भावना से मुक्त रह सकता है। आर्थिक नियंत्रण और जातीय भेद की अस्पृश्यता के बीच के संबंध को स्पष्ट करते हुए वे कहते हैं–यह एक आर्थिक तंत्र के रूप में बिना किसी दायित्व के बेपनाह शोषण की इजाजत देता है। अस्पृश्यता केवल अपरिमित शोषण ही नहीं बल्कि अनियंत्रित आर्थिक दोहन का दूसरा नाम है।

इस कहानी में दलित दूसरों को अपने आर्थिक उत्पादन का समूचा लाभ औने-पौने रूप में दे रहे हैं। इसलिए जब उनके पास परती जमीन के रूप में आर्थिक आत्मनिर्भरता का अवसर आता है, तब समूचा गाँव विरोध में खड़ा हो जाता है। लेकिन इस विरोध के दिन बहुत नहीं हैं। दलित समाज जजमानी व्यवस्था की जकड़न से आजाद है। आज आर्थिक स्वायत्ता उसे राजनैतिक स्वतंत्रता की तरह उपलब्ध है। आगजनी की कुछ घटनाएँ उसके मनोबल को गिरा नहीं सकतीं क्योंकि गोपाल जैसे दलित नवयुवकों के भीतर उससे कहीं प्रचंड आग उनके दिलों में लगी हुई है।

प्रश्न 13. 'परती जमीन' का धार्मिक ताना-बाना पर टिप्पणी कीजिए।

उत्तर– जमीनी हकीकत के आधार पर लेखक ने कहानी को बुना है। गाँव को थकी-हारी मानवता के लिए पनाह की तरह माना गया है। शहरी मध्य वर्ग के लिए यह तो कभी-कभार भ्रमण की रूमानी जगह है। लेकिन गाँव के सामाजिक जीवन का घेर अलोकतांत्रिक ढाँचा कमजोर व्यक्ति के जीवन को नरक बना सकता है। आजादी के बाद पंचायत जैसी संस्थाओं को पुनर्जीवित करने और अधिकार देकर संपन्न बनाने की बात चली। महात्मा गाँधी तो ग्राम स्वराज्य का शासन चाहते थे, लेकिन डॉ. अम्बेडकर ने इसका विरोध किया। गाँव का जातिपरक और मूल्यविहीन रूप भारत में नवजात लोकतंत्र का गला घोंट सकता था। सामाजिक मूल्य भावना के अनुसार भूमिहीन दलित को परती जमीन का अधिकार दिया जाना चाहिए। गाँव अगर एक समुदाय है तो इस समुदाय के सभी सदस्यों को मानवीय गरिमा के साथ जीने का अधिकार मिलना चाहिए। परती जमीन का संसाधन भूमिहीनों को यह गरिमा उपलब्ध कराने की क्षमता रखता है और गाँव समुदाय से दलित समाज की यह माँग नितांत औचित्यपूर्ण है। रूसो के शब्दों में कहें तो 'समान हित और समान शुभ के आधार पर गाँव अथवा किसी समुदाय का समझौता संपन्न होता है।' लेकिन गाँव के गैर-दलित इस जायज माँग का नाजायज रूप से विरोध करते हैं। यहाँ तक कि वे भूमिहीनों की झोपड़ियों में आग लगा देते हैं। इसके बावजूद अपराध बोध की सहज मानवीय भावना की कोई रेखा गैर-दलितों में दिखाई नहीं देती है – पुजारी के कहने पर कि भगवान की मूर्ति को देव की मूर्ति को कूढ से हिला देने से ही हरिजनों की बस्ती जल गई। तब मालिक रंगा राव ने हाँ कहकर अपनी सम्मति दे दी।

कहानी में गाँव का वर्णन है जिसमें केवल दलित ही नहीं, विभिन्न जातियों के लोग शामिल हैं। केवल पटेल और पंडित ही नहीं, धोबी, ग्वाला और अन्य जातियाँ भी हैं। लेकिन दलितों के परती जमीन के सवाल पर पूरा गाँव दलित और गैर-दलित के बीच विभाजित हो जाता है। चरवाहे और धोबी जैसी कामकाजी जातियाँ भी पटेल पटवारी और पंडित के साथ हो जाती हैं जबकि सामान्य विवेक के अनुसार उन्हें दशाओं में समानता और शोषण की समाप्ति के लिए दलितों के साथ होना चाहिए। यहीं धर्म की भूमिका उभर कर आती है। जातियाँ एक-दूसरे से घृणा के रिश्ते से जुड़ती हैं। हमेशा एक-दूसरे से ऊपर उठने की होड़ में रहती हैं। इस स्थिति के बारे में 'एनहिलेशन ऑफ कास्ट्स' में डॉ. अम्बेडकर जाति की समुदाय विरोधी भूमिका दर्शाते हुए कहते हैं–हिंदू लोग अक्सर गिरोह और गुट के समाज विरोधी व्यवहार की शिकायत करते हैं। वे बहुत सुविधापूर्वक भूल जाते हैं कि समाज विरोधी भाव स्वयं उनकी जाति व्यवस्था का स्वभाव है। एक जाति दूसरी जाति के लिए नफरत के गीत उसी तरह से गाती है जिस प्रकार के गीत विश्वयुद्ध

के दुश्मन अंग्रेज और जर्मन एक-दूसरे के लिए गाते थे। दलितों के विरोध में सभी जातियाँ चाहे वे पटवारी हों या पंडित हों या गडेरिया एक हो जाती हैं।

'परती जमीन' कहानी के झगड़े में ऐसा ही होता है। उनके बीच अंतर्विरोधों का समाहार सनातन धर्म की भूमिका पर होता है। पुरोहित गाँव के समाज का वैचारिक नेतृत्व करता है। वह अपनी व्याख्या, परंपरा और आचार संहिता के आधार पर समस्त गुटबंदियों की व्यवस्था और उनका संचालन करता है। 'परती जमीन' कहानी में जब दलित परती जमीन को छोड़ने को तैयार नहीं है, तब सनातन धर्म की जुगत काम आती है। यह धर्म अस्पृश्यता की दीवार से दलितों को अलग कर देता है। उनके सामने बनावटी नैतिक संकट खड़ा करता है–भगवान के नाम पर इस जमीन का पट्टा करा दिया जाए तो भले मानस खेती कर सकेंगे और गाँव की प्रजा की ओर से इस मंदिर में पूजा-पाठ भी किया जा सकता है। भगवान के नाम के इस्तेमाल से पुरोहित ने एक तीर से कई शिकार कर लिए। एक ओर पूरे गाँव को भावनात्मक आधार पर दलितों के खिलाफ एकजुट कर लिया दूसरी ओर परती जमीन के दलितों के पास जाने की किसी संभावना को ही खत्म कर दिया। दलितों ने जब परती जमीन को जोतने की कोशिश की तो सदा की तरह गाँव में ही आश्चर्यजनक रूप से भगवान की एक मूर्ति निकल आई।

मूर्ति के रक्षण और उसके लिए मंदिर की जरूरत को पूरे गाँव ने महसूस किया। परती जमीन पर दलितों के अधिकार को ध्वस्त करते हुए उनकी झोपड़ियों में आग लगा दी जाती है। लेकिन नई पीढ़ी के प्रतिनिधि गोपाल पर इस धार्मिकता का कोई प्रभाव नहीं है। उसके हाथ धर्म के आगे याचना की भंगिमा में नहीं बल्कि प्रतिरोध की मुद्रा में हैं।

प्रश्न 14. कहानी 'परती जमीन' की भाषा और शिल्प पर टिप्पणी लिखिए।

उत्तर– 'परती जमीन' कहानी का शिल्प यथार्थपरक है। लेकिन यहाँ अर्थ के प्रतीकों का भी सहज प्रयोग दिखाई पड़ता है। कहानी का शीर्षक 'परती जमीन' इसी प्रकार का एक प्रतीक है। परती जमीन एक प्रकार से उपेक्षित जमीन है, दलित समाज भी जाति व्यवस्था के द्वारा उपेक्षित समाज है। दोनों ही एक-दूसरे से स्वाभाविक रूप से जुड़ते हैं। दूसरे स्तर पर परती जमीन में इसके उपजाऊ बन जाने की संभावना समाहित है। दलित समाज में चेतना के बीज पड़ चुके हैं। यह चेतना ही गोपाल जैसे युवकों की नई फसल तैयार कर रही है। अकारण नहीं है कि कहानी के अंत में परती जमीन का सपना गोपाल की प्रतिरोध भावना से जुड़ जाता है। यह परती जमीन के उपजाऊ बन जाने की दिशा की ओर संकेत करता है।

कहानी में लेखक ने भाषा के स्तर पर कम शब्दों से काम लिया है। लेकिन इन थोड़े शब्दों में गाँव की जटिलता को बखूबी उभार दिया है। कहानी में सभी सवर्ण पात्र अपने पदनाम अथवा जाति सूचक नामों की प्रतिष्ठा के साथ उपस्थित हुए हैं। वहीं दलित पात्र लिंगग्या, रंगग्या और लच्चया जैसे चलताउ नामों अथवा अनाम रूप में आते हैं। ये नाम ही गाँव में उनकी महत्त्वहीनता को उजागर करते हैं। केवल राजि के बेटे ने शिक्षा प्राप्त की है। अपने लिए एक सम्मान अर्जित किया है। उसका नाम इस सम्मान के अनुकूल भंगिमा के साथ आता है। लेखक ने कौशल से गाँव में जाति संरचना की सत्ता को कहानी की भाषा संरचना में अभिव्यक्त कर दिया है।

प्रश्न 15. कन्नड़ दलित साहित्य की पृष्ठभूमि का वर्णन कीजिए।

उत्तर– कन्नड़ में दलित साहित्य का उद्देश्य दलित समाज की मुक्ति है। इस उद्देश्य के साथ पहली बार भक्ति आंदोलन में कविता के रूप में साहित्य ने आंदोलन का कार्य किया था। चेनैय्या एक ओर अपना मोची का काम करते थे और दूसरी ओर कविता की रचना करते थे। दलित कवि कालवै ने 12वीं सदी में अपनी कहानियों से आक्रोश और सरोकारों को व्यक्त किया है। आध्यात्मिक स्तर पर इनकी कविताओं में मुक्ति की जो आकांक्षा है उसका अभिप्राय वास्तव में लोक संसार में उनके साथ होने वाले भेदभाव से मुक्ति से है।

आधुनिक कन्नड़ साहित्य में प्रगतिशील धारा ने दलितों के जीवन को अपनी रचनाओं का विषय बनाया और उनके ऊपर काफी रचनाएँ लिखी गईं। प्रगतिशील साहित्य आगे चलकर बंद्या और दलित साहित्य की धाराओं में बँट गया। इसमें यू.आर. अनंतमूर्ति, चंद्रशेखर पाटिल और वामपंथी विचारधारा के लेखकों ने बंड्या या बंद्या साहित्य को संपन्न बनाया। वहीं दलित साहित्य में सिद्धलिंगैय्या, कृष्णय्या और देवनूर महादेव जैसे लेखकों ने अपनी रचनाओं में अनुभवों से दलित जीवन संसार को एक भिन्न रूप और संवेदना के साथ व्यक्त किया। कन्नड़ दलित साहित्य के ऊपर मराठी दलित चेतना का गहरा प्रभाव पड़ा है। दलित पैंथर्स ने विद्रोह की जो मशाल जलाई थी उससे कन्नड़ भाषी समाज प्रभावित हुए बगैर नहीं रह सकता था। कन्नड़ समाज में दलित जीवन का कमोबेश वही दमन जारी था जो पूरे भारत में सामाजिक चलन और धार्मिक कर्त्तव्य के रूप में मान्य रहा था। इस दमन का प्रतिरोध भी समानांतर रूप से उपस्थित था। इस प्रतिरोध में मुख्य भूमिका शैक्षिक ऊर्जा से भरे हुए दलित नवयुवकों ने निभाई। विख्यात दलित साहित्यकार सिद्धलिंगैय्या ने अपनी आत्मकथा में इन परिस्थितियों की ओर संकेत किया है। दलित छात्र अपने सामाजिक वजूद के लिए निरंतर बेचैनी महसूस कर रहे थे। अपने संघर्ष की दिशा तय करने के लिए, वैचारिक प्रेरणा के लिए सभी दिशाओं में प्रयास किए। यहाँ तक कि सिद्धलिंगैय्या और उनके साथियों ने महान् बुद्धिवादी विचारक ई. रामास्वामी पेरियार को भी आमंत्रित किया। इन परिस्थितियों के बीच चिंगारी का काम किया–बी. बासवलिंगप्पा ने जो कर्नाटक में देवराज उर्स सरकार में दलित मंत्री थे। दलितों के सशक्तिकरण के लिए वे संस्थागत उपाय के लिए हावनूर आयोग की सिफारिशों को लागू किए जाने की माँग कर रहे थे। इस बीच एक इंजीनियरिंग कॉलेज में 'दलित विद्यार्थी संघ' की सभा हुई। इस सभा में बोलते हुए बासवलिंगप्पा ने मुख्य धारा के कन्नड़ साहित्य को भूसा कह दिया। इस कठोर वाक्य से कन्नड़ भाषी संसार में तहलका मच गया। दलित विरोधी भावनाएँ खुल कर सामने आ गईं। अस्मिताओं का दबा हुआ सवाल फिर से सतह पर आ गया। जातियों के बीच कटुता खुलकर होने वाले संघर्षों में बदल गई। संस्थाओं में दलितों का विरोध हुआ और उन पर हमले भी किए गए। बासवलिंगप्पा को अपने मंत्री पद से इस्तीफा देने को मजबूर होना पड़ा। दलितों पर होने वाले हमलों का राजनैतिक और वैचारिक स्तर पर मुकाबला करने के लिए ही शिवमोगा जिले के भद्रावती स्थान पर 'दलित संघर्ष समिति' की स्थापना हुई।

'दलित संघर्ष समिति' ने दलित बौद्धिकों और अनपढ़ दलित समाज के बीच संवाद कायम कर लिया। इस समिति के नेतृत्व में पूरे प्रदेश में यात्राएँ आयोजित की गईं। दूर-दराज के कोलार, चिक्कमंगलूर जैसे क्षेत्रों से राजधानी बैंगलोर की ओर की जाने वाली यात्राएँ एक प्रकार के सांस्कृतिक उत्सव की तरह होती थीं। इनमें क्रांतिकारी गीत गाए जाते थे, दलित जीवन की घटनाओं और विषयों पर नाटक खेले जाते थे। इन संघर्षों की रचनात्मक ऊर्जा से ही कन्नड़ दलित साहित्य

का विकास हुआ। आरंभ में दलित साहित्य की परिभाषा और परिधि को लेकर प्रगतिशील और बंड्या साहित्य से अलग करने का प्रयास किया गया। प्रगतिशील परंपरा सभी शोषित लोगों को दलित मानने का जतन करती थी। दूसरा शूद्र और दलित को लेकर शुरुआती उहापोह रही। लेकिन दलित साहित्य अपनी प्रेरणा का मुख्य आधार अम्बेडकर और फुले की विचारधारा को स्वीकार करता है। यह अनुभूति पर बल देता है। ऐतिहासिक सामाजिक दशाओं से उभरी वंचना और अछूतपन की वेदना को अनुभूति देने का कार्य वही कर सकता है जो इन दशाओं से खुद गुजर कर निकला हो। प्रसिद्ध दलित लेखक के लिए प्रगतिशीलता के सरोकार और ऐसे साहित्य की आकांक्षा करता है जो दलित जीवन की मुक्ति की आवाज बन सके। तमाम विवादों के बावजूद यह मानवीयता का अपना आधार बनाता है। यह एक ओर दलित की मानवीय गरिमा की स्थापना करता है। दूसरी ओर शोषक जातियों को उनकी अमानवीयता से भी मुक्त करता है।

प्रश्न 16. देवनूर महादेव का जीवन परिचय बताते हुए उनके भाषा संबंधी दृष्टिकोण पर प्रकाश डालिए।

उत्तर– देवनूर महादेव दलित साहित्य के अत्यंत सशक्त व प्रतिनिधि कथाकार हैं। देवनूर महादेव का जन्म सन् 1948 में कर्नाटक के मैसूर जिले के नंजुगुडा तालुक में देवनूर ग्राम में हुआ था। उन्होंने मैसूर विश्वविद्यालय से कन्नड़ साहित्य में 1974 में परास्नातक उपाधि प्राप्त की। उन्होंने अपने विद्यार्थी काल से ही साहित्य रचना आरंभ कर दी। 'नर' पत्रिका का संपादन किया। उनकी सात कहानियों का संग्रह सन् 1974 में 'द्यावनूर' नाम से प्रकाशित हुआ। उनके सन् 1989 में प्रकाशित 'औडलाळ' के लिए भारतीय भाषा परिषद् और कर्नाटक सरकार द्वारा सम्मानित किया गया। उनका उपन्यास 'कुसुमबाले' मिथ और यथार्थ को एक काव्यात्मक रूप में प्रस्तुत करता है। इस उपन्यास को साहित्य अकादमी का पुरस्कार दिया गया। उनको कर्नाटक सरकार द्वारा राज्योत्सव प्रशस्ति से भी सम्मानित किया गया है। यह माना जाता है कि देवनूर महादेव ने कन्नड़ साहित्य में भाषा की नई भंगिमा का विकास किया है। इन्होंने दलित वर्ग के जीवन को बड़े समीप से देखा है।

देवनूर महादेव का भाषा संबंधी दृष्टिकोण–भाषायी साम्राज्यवाद का विरोध करना देवनूर महादेव के साहित्यिक कर्म का अगला महत्त्वपूर्ण अंग है। यह भाषा श्रेष्ठता फेरबदल के साथ बहुत कुछ जाति श्रेष्ठता का ही विस्तार है। प्राचीन काल में समूचा अमूर्त चिंतन संस्कृत भाषा में संपन्न किया गया जबकि नाटकों में साधारण जन बोलचाल के लिए प्राकृत भाषा का प्रयोग करते रहे। आज साधन संपन्न लोग अपने नौकरों के साथ हिंदी अथवा क्षेत्रीय भाषाओं का प्रयोग करते हैं। मुंबईया फिल्मों में घर में काम करने वाली बाई जी की भाषा मराठी टोन की होती है, केले का ठेला लगाने वाले भय्या की भाषा गँवारू हिंदी होती है। लेकिन अभिजात्य की भाषा आज भी अंग्रेजी है। सामाजिक विमर्श की एकमात्र गंभीर पत्रिका 'इकोनॉमी एण्ड पॉलिटिकल वीकली' की भाषा अंग्रेजी है, देश में योजना आयोग के प्रस्तावों की भाषा अंग्रेजी होती है और सर्वोच्च न्यायालय के निर्णयों के लिए प्रमाणिक भाषा अंग्रेजी है। यह एक प्रकार का भाषायी साम्राज्यवाद है जिसमें भाषा ही विशेषाधिकार के द्वारा विषमता और भेदभाव का माध्यम बन गई है। अंग्रेजी एक भाषा के रूप में महान् भाषा है क्योंकि इसमें आधुनिक युग की ऊर्जा, लोकतंत्र के चिंतन का स्पंदन मिलता है। लेकिन जब यह भेदभाव का हथियार बन जाए तो इसका विरोध करना जायज है। उच्च

शिक्षा और चिंतन की भाषा के रूप में इसके एकाधिकार ने मौलिक चिंतन की संभावना का ही अंत कर दिया है। उदाहरण के लिए अंग्रेजी में हम गर्मी लगने की भावना दिखा सकते हैं लेकिन लू लगने की वेदना को अभिव्यक्त नहीं कर सकते हैं। 'लू लगना' अंग्रेजी के अपने परिवेश के अनुभव जगत् का विषय कभी नहीं रहा। भारत की अथवा कहें कि ऊष्ण कटिबंधीय मानसूनी जलवायु के तहत ही इसको अनुभूत किया जाता है, भूमध्य सागरीय जलवायु के अंग्रेजों को कभी इसका अनुभव नहीं होता है। अत: उनकी अंग्रेजी भाषा में इस जीवनानुभव के लिए शब्द नदारद हैं। शहर में रहने वाले के लिए चावल ही एकमात्र आनुभविक वस्तु है। वहीं किसान के लिए जब यह खेत में खड़ा है तब धान है खलिहान में जब इससे पुआल फिर भूसी निकालने के बाद जो बचता है वह चावल है। यह चावल जब पक कर थाली में आता है तब वह भात है। एक चावल के लिए शहरी के पास केवल एक शब्द है जबकि किसान के पास इससे जुड़े अनेक शब्द हैं। तो भाषा के रूप में जब बोलचाल की भाषा और चिंतन मनन की भाषा के बीच फॉक रहेगी तब तक नवीनता और आविष्कार के लिए कोई गुंजाइश नहीं होगी। ऐसे समाज का भविष्य अंधकार से भरा होता है। विश्वगुरु कहे जाने वाले इस देश में उच्च शिक्षा को सौ साल से अधिक हो गए हैं लेकिन आज तक एक मौलिक समाजशास्त्रीय सिद्धांत इस देश की जमीन से विकसित नहीं हो पाया। यही वजह है कि देवनूर महादेव बोलचाल और चिंतन के बीच मौजूद फर्क को समाप्त करने पर जोर देते हैं। वे कन्नड़ को केवल बोलचाल की, मनोरंजन की अथवा साहित्य की ही नहीं बल्कि चिंतन-मनन की और उच्च शिक्षा की भाषा बनाने पर जोर देते हैं। जब राज्य सरकार ने उनके इस मत को निरंतर उपेक्षा और अवमानना के साथ देखा तो उन्होंने इसका सक्रिय विरोध किया। उन्हें जब 2010-11 में पाँच लाख रुपए का नृपतुंग पुरस्कार दिया गया तो उन्होंने सरकार की भाषा नीति में कन्नड़ की उपेक्षा पर यह पुरस्कार ठुकरा दिया। वे कन्नड़ भाषा को केवल आधारभूत शिक्षा और गाने-बजाने की भाषा ही नहीं बल्कि उच्च शिक्षा और गहन बौद्धिक विमर्श की भाषा बनाने के पक्षधर हैं। कभी प्रेमचंद ने कहा था कि साहित्य राजनीति के आगे चलने वाली मशाल है। साहित्य समाज और राजनीति को मूल्यों के स्तर पर सही रास्ता दिखाने का कार्य करता है। देवनूर महादेव ने इसको जमीनी स्तर पर हकीकत में उतारा है।

प्रश्न 17. कन्नड़ दलित कहानीकार देवनूर महादेव की कहानी 'अमावस' की विषय-वस्तु और संवेदना पर प्रकाश डालिए। [जून-2015, प्रश्न सं.-7]

उत्तर– 'अमावस' कहानी एक आधुनिक कहानी है। इसमें एक ओर किस्सागोई की परंपरा चलती है तो दूसरी ओर यह आधुनिक दृश्यात्मक रूप में भी चलती है। इसमें एक के बाद एक दृश्यों का एक प्रवाह है, एक धारा है। इस धारा में कन्नड़ लोक जीवन के कई रंग आते रहते हैं। सबसे गहरा रंग काला रंग है जो अंधेरे का रंग है, यह अफसोस की बात है। यह कहानी अमावस के फलक पर लिखी गई है इसलिए अंधेरा इसका मुख्य विषय है जो कहानी के मुख्य पात्र अमासा का रंग है। वह ग्यारह साल का एक बच्चा है। उसके माँ-बाप बचपन में ही गुजर चुके हैं। कहानी अमावस के वर्णन से आरंभ होती है। लेखक अमावस के नामकरण के पीछे कारण का बयान करता है। शायद अमावस के दिन पैदा होने के कारण उसका नाम अमासा है या कहा जा सकता है कि अमावस की रात की तरह काले होने के कारण उसका नाम अमासा है। इस अनाथ को सहारा मिला मारी के मंदिर में। यह मंदिर गाँव के जीवन का केंद्र है। इस मंदिर में

ही अमासा का आसरा है। उसके साथ ही यह कुरियय्या का भी ठिकाना है। अंधेरा और इसका काला रंग कहानी में बार-बार आते हैं। अंधेरे की उपस्थिति इतनी सशक्त है कि कई बार उसमें जीवन आ गया है जिसे शास्त्रीय अर्थ में लोग मूर्त हो जाना कहते हैं। जब अमासा दौड़ने लगता है तो अंधेरा भी गतिशील हो जाता है—"रात जब घिर आती है तो हम उसमें अमासा को भागते नहीं देख सकते हैं। लेकिन अगर आँखें निकालें तो देख सकते हैं कि उसके दौड़ने से अंधेरा हिलने लगता है।" अमासा अगिया बेताल की तरह दौड़ता है। यह भूख के खिलाफ जिंदगी की दौड़ थी तो अंधेरे का हिल जाना स्वाभाविक लगता है। अमासा और कुरियय्या का पूरा वजूद इस मारी मंदिर में घंटी के बजने और खाना मिलने की क्रिया पर ही आश्रित है। यह अलग बात है कि दोनों की उम्र और अनुभव में जमीन-आसमान का अंतर है। अमासा ग्यारह साल का बच्चा है। उसके भीतर ऊर्जा का भंडार है। पूरा जीवन जीने को और पूरी दुनिया हासिल करने के लिए उसके सामने पड़ी है। वहीं कुरियय्या उम्र के ढलान पर है। लेखक उसका कुछ इन शब्दों के साथ परिचय देता है— "अमासा के अलावा एक बूढ़ा आदमी भी वहाँ रहता था। वह बहुत बुजुर्ग था। वह इतना बुजुर्ग था कि उसके सिर से लेकर पैर तक के सभी बाल पक कर सफेद हो चुके थे। उसे आज तक किसी ने भी उस कोने से उठते नहीं देखा था जहाँ वह बैठा करता था।" लेखक ने कुरियय्या का चरित्र कई जटिलताओं के साथ रचा है। कुरियय्या का वजूद केवल उसके पुराने होने तक ही था। वरना उसमें मनुष्य जीवन की क्षमताओं की कोई हलचल दिखाई ही नहीं देती है। इसलिए लेखक उसके बारे में बात करते हुए कंबल के बारे में बात करता है। कंबल की विशेषता केवल इतनी है कि वह बहुत पुराना है। कुरियय्या की उम्र की तरह कंबल के वजूद का भी कुछ पता नहीं। कंबल और उसमें एक और समानता रंग की है। दोनों का रंग काला है। लेखक उसके नामकरण की ओर मुड़ता है। उसका नाम 'कुरि' अर्थात् बकरियाँ चराने वाला है। उसने बकरियाँ चराना तो छोड़ दिया है। लेकिन बकरियों ने शायद उसे अभी नहीं छोड़ा है। आज भी अचेत दशा में वह अपनी बकरियों को उँगली पर गिनता रहता है।

इस दृश्य के बाद मंदिर का दृश्य आता है। मंदिर गाँव के लिए सांस्कृतिक केंद्र का काम करता है। यह संस्कृति के निर्माण और संचालन का केंद्र है। यह संचालन विधि-विधानों के अलावा उत्सवों के माध्यम से किया जाता है। मारी उत्सव के आगमन से मंदिर का आँगन जीवंत हो उठता है। उत्सव के लिए साफ-सफाई की व्यवस्था की जा रही है। मंदिर एक बार फिर से काया पलटने के लिए तैयार है। लेकिन कुरियय्या की दशा नहीं बदलेगी बस उसका स्थान बदल गया। गाँव के सफाईकर्मी बसण्णा को इस बदलाव का अभ्यास है, तभी वह उसे धीरे से बाबा कहकर बुलाता है। लेकिन कुरियय्या सामने सफेद कपड़ों में लोगों को देखते-देखते पुरानी यादों में खो जाता है। कहानी अतीतावलोकन में चली जाती है। कई साल पहले का किशोर कुरियय्या सामने आ जाता है। वह शेर का स्वांग रच कर नाच रहा है। उसके नाच पर सभी लोग मुग्ध हैं। गाँव के मुखिया 'बड़े गौडा' उसे अपने पास बुलाते हैं। वह उनके यहाँ पेट भर खाने और तन ढकने की सुविधा मात्र पर भेड़-बकरियाँ चराने लगता है। आर्थिक शोषण की यह बेलगाम छूट है, जो जाति और कर्मफली के ढाँचे में बहुत सहजता से न्यायोचित बनाकर फिट हो जाती है। बसण्णा के दोबारा आवाज लगाने पर कुरियय्या की चेतना फिर से वर्तमान में वापस आ जाती है। लेकिन अतीत और वर्तमान कहानी में एक-दूसरे को काटते हुए चलते हैं। वर्तमान में मंदिर में मारी उत्सव के आयोजन का उत्साह है। झाड़-पोंछ कर मंदिर के पुराने रूप को नया बनाया जा रहा है। लेकिन कई चीजें

हैं जिनमें कोई बदलाव नहीं आया है। नारियल का पेड़ इस बदलाव से अछूता है। वह मंदिर को बूढ़े कुरियय्या की देन है। उसे उसने लगाया था कि नारियल के बहाने ही दुनिया में उसका एक नाम रह जाएगा।

बूढ़ा कुरियय्या अतीत में डूबा है लेकिन अमासा अपने वर्तमान के उत्सव को लेकर बहुत उत्साहित है। वह तैयारी के हर कार्य में या तो शामिल है और नहीं शामिल है तो उसमें बहुत रुचि और जिज्ञासा दिखाता है। जब बसण्णा अपने ढोल की आवाज निकालता है तो अमासा अपने आपको रोक नहीं पाता है। उसके कदम थिरकने लगते हैं और नृत्य में शामिल हो जाता है–"उसकी ध्वनि गाँव में गूँजने लगी। चारों ओर से घेरे हुए बच्चे नाचने लगे। बसण्णा नाचने लगा। बच्चे भी उसके कदमों का साथ देने लगे। अमासा को पता नहीं किसने सिखाया था ... उसके पैर बहुत सही पड़ रहे थे। सब हैरान होकर 'वाह वाह' कर उसी की ओर देखे जा रहे थे।" कुछ पल के नृत्य में वह उस स्वतंत्रता को जी लेता है जो उसे अपनी जिंदगी में नसीब नहीं हुई। उसके अंदर का प्राण नाच उठता है जिसकी लय दर्शकों को भावनाओं में डुबो जाती है। उसके नृत्य ने दर्शकों के मन की गाँठ को खोल दिया है। उसके नृत्य ने सबको भाव-विभोर कर दिया, जिसके कारण मानो बच्चे के लिए उनके मन में चाहत का बाँध टूट पड़ा।

मारी का त्योहार धीरे-धीरे अपने पूरे उभार की ओर आगे बढ़ता है। अब दो बकरे लाए जाते हैं और उन्हें माला पहनाई जाती है। पुजारी अपने मंत्रों और विधि-विधान से उन्हें पवित्र करता है। कसाई उनकी गरदनें अलग कर देता है। इस बीच एक लड़का बकरे के खून से सनी माला लाया। उसने यह माला मजाक में ही अमासा के गले में डाल दी। इस अप्रत्याशित घटना से अमासा दहशत में आ गया। त्योहार की यह रात उसके लिए खौफ की रात बन जाती है। इस रात में रेलवे गैंगमैन सिद्दप्पा शराब पीकर अपने होशो-हवास खो देता है। वह नेता, अधिकारी, सूदखोर और ठेकेदारों को गालियाँ देता है। इस दशा में वह सत्ता और व्यवस्था के विरुद्ध विद्रोह का आह्वान करता है। लेकिन यह विद्रोह शायद नशा उतरने के बाद स्वयं शांत हो जाने वाला था। अतः स्थितियों में इस विद्रोह से कोई अंतर नहीं आता है। अगले दिन स्वांग करने का दिन था। अमासा शेर के बच्चे का स्वांग धर कर नाचता है। भूस्वामी गौडा भी उसका नाच देखता है। उसकी पहचान के बारे में पता चलने पर वह कहता है कि अरे! यह तो बड़ा हो गया है अर्थात् उसके यहाँ बेगारी करने लायक हो गया है। कई साल पहले उसके बाप 'बड़े गौडा' ने इसी तरह कुरियय्या को भी शेर के स्वांग में देखा था। उसी दिन से वह चाकर बन गया। जीवन भर इस गुलामी से उसे मुक्ति नहीं मिल पाई। आज वही बात अमासा के साथ दोहराई जाने वाली है। इसका संकेत देते हुए कहानी समाप्त हो जाती है। यह कहानी दलितों की स्थितियों का वर्णन बखूबी करती है।

- **अमावस : सामाजिक-आर्थिक दबाव और शोषण के संदर्भ**–'अमावस' कहानी में दृश्यों का प्रवाह है। घटनाओं का कहीं सिलसिलेवार निरूपण नहीं है। लेखक ने कहीं भी जाति शोषण का नाम नहीं लिया है लेकिन दृश्यों के बीच ही विषमता के द्वारा जाति की विषमता को उभार दिया है। कहानी में एक ओर उत्सव का माहौल है, तो दूसरी ओर कुरियय्या की दुर्दशा और अमासा के भविष्य का अंधेरा है। दोनों ही जाति व्यवस्था के द्वारा खोखले हो चुके हैं या खोखले किए जाने वाले हैं। जाति व्यवस्था एक प्रकार के आर्थिक शोषण की बेपनाह छूट है। इसमें शोषित होने वाले के पास बचाव का कोई

उपाय नहीं है। कानून उसकी रक्षा करने के लिए नहीं आता है क्योंकि ऐसा कोई मानवीय कानून हिंदू धर्म में मौजूद ही नहीं है। समाज उसके बचाव में नहीं आता क्योंकि इस शोषण को धर्म के द्वारा सामाजिक मान्यता मिली हुई है। कहानी के आरंभ में ही दिखाया गया है कि कुरियय्या बचपन में ही भूस्वामी 'बड़े गौडा' के द्वारा नौकर के रूप में अपना लिया जाता है। एक बार इस गुलामी में फँसने के बाद उसके जीवन का कोई निस्तार नहीं होता है। उसकी जिंदगी मालिक की बकरियों को चराने में ही बीत जाती है। हिंदू धर्म में व्यक्ति के जीवन में चार फल – धर्म, अर्थ, काम और मोक्ष बताए गए हैं। लेकिन समस्या यह है कि यह धर्म ऊपर की जातियों को छोड़ कर शूद्रों और दलितों को शायद मनुष्य स्वीकार ही नहीं करता है। तभी कुरियय्या के जीवन में मालिक की बकरियाँ ही धर्म हैं, काम हैं, अर्थ हैं और मोक्ष भी हैं। "जब से लेकर उसे समझ में आया तब से जंघों की शक्ति खत्म होने तक वह गौडा की बकरियाँ चराया करता था। आज भी वह जब अधमुँदी आँखों से अपनी अंगुलियाँ गिनने बैठता है तब लगता है कि एक उँगली एक बकरी है। दिन में बिन नागा वह पाँच-छह बार ऐसा करता है।" उम्र ने जब तक साथ दिया तब तक वह काम करता है। अशक्त होने पर उसने बकरियों को चराना छोड़ दिया। लेकिन बकरियों ने उसका पीछा अभी नहीं छोड़ा है। वे अभी भी उसके सपनों में आती हैं। यह गुलामी, जाति की गुलामी है जिसमें गुलाम का निस्तार नहीं है। वह जाति की जजमानी में फँसा हुआ है, इसमें उच्च जाति की सेवा करते जाना ही नियति है।

कहानी में कहीं भी अमावस और कुरियय्या की जाति का उल्लेख नहीं मिलता है लेकिन जिन दशाओं में वे जी रहे हैं, वे शांति भरी चीख के साथ उनके दलित जीवन की ओर संकेत कर रही हैं। दलित समाज के श्रम को मान्यताओं ने खुला छोड़ रखा है। अर्थशास्त्र में सेवा का उसके स्वरूप के साथ विनिमय मूल्य होता है–शोषण। कहानी में कुरियय्या और अमासा दोनों ही एक-दूसरे के पूरक लगते हैं। कुरियय्या एक जीवन जी चुका है और अमासा के रूप में वह अपने आपको देखता है। अमासा का जीते जाना वास्तव में उसके जीवन को दोहराना है। कहानी के अंत में बड़े गौडा का लड़का 'गौडा' भूस्वामी के रूप में आता है। वह ग्यारह साल के बच्चे को शेर का स्वांग करते हुए देखता है तो आश्चर्य में पड़ जाता है और जब उसे मालूम होता है कि बच्चा और कोई नहीं अमासा है, वह खुश हो जाता है। आखिर उसे पेट भर खाने पर उम्र भर काम करने वाला गुलाम मिल गया।

आखिर मारी और कुरियय्या जैसे व्यक्ति विद्रोह और प्रतिरोध नहीं करते हैं। यही नहीं जब कुरियय्या अपने पुराने जीवन को याद करते समय अपने मालिक 'बड़े गौडा' का उल्लेख करता है तब उसमें कोई शिकायत का स्वर भी नहीं सुनाई पड़ता है। जाति व्यवस्था ने अपनी गुलामी को सहनीय बनाने के लिए धर्म की अफीम का सहारा लिया है। उसने धर्म की व्यवस्था में कर्मफल और आत्मा जैसे विचारों को दलित और शूद्र समाज के संस्कारों का अंग बना दिया है। निम्न जातियों में अपनी जाति के नाम से ही हीनता का बोध भर दिया गया है। ऐसे ही धार्मिक संस्कार में रचा-बसा कुरियय्या अपने शोषण को शायद अपनी नियति मान कर स्वीकार करता है। अपनी गुलामी के

लिए रोष में आने के बजाय वह बड़े गौडा का एक प्रकार से अहसानमंद दिखता है। पूरी कहानी में गैंगमैन सिद्दप्पा ही धार्मिक संस्कारों के विरोध में दिखता है।

- **विद्रोह का स्वरूप**—कहानी के पात्रों में विद्रोह की एक चिंगारी भी उपस्थित है। सिद्दप्पा के द्वारा यह कार्य व्यक्तिगत रूप से संपन्न होता है। गाँव में सरकारी नौकरी करने के कारण उसमें ही विद्रोह करने की शक्ति भी है। लेकिन यह विद्रोह बहुत निरीह लगता है क्योंकि यह अकेले का विद्रोह है, व्यक्तिगत विद्रोह है। किसी सत्ता के लिए इकलौते विद्रोह से निपटना कहीं आसान है। डॉ. अम्बेडकर ने अपने अनुयायियों से इसीलिए कहा—"शिक्षित बनो, संगठित बनो और संघर्ष करो"। संगठित होने के लिए उन्होंने शिक्षा की आवश्यकता बताई। अगर वह अपने लक्ष्य के लिए कठोर हिंसा का सहारा लेगा तो वह डाकुओं के गिरोह के समान होगा। कहानी में सिद्दप्पा का विद्रोह संगठन की शक्ति के अभाव में ही निरीह लगता है। जाहिर है कि उसमें राजनैतिक चेतना का अभाव है। उसे समाज में विषमता ही सबसे दर्दनाक लगी। यही कारण है कि वह नेता, ठेकेदार और सूदखोरों को जी भर कर गालियाँ देता है—

  "वह उस खंभे को राजनीतिज्ञ, नेता, ठेकेदार, रेलवे बॉस समझ कर, इकन्नी रुपए सूद पर देने वाला मादप्पा समझ कर, हट हरामजादे सफेद कपड़े पहन कर देश का बड़ा नेता बन रहा है। हमें देखकर नाक-भौं चढ़ाता है। हम तो अनाथ हैं, जहाँ-तहाँ रास्ते में पड़े रहते हैं।"

  चेतना अपने विकास के चरण में राजनैतिक रूप अख्तियार कर संगठन की ओर बढ़ती है। सिद्दप्पा में विरोध की चेतना है लेकिन वह विकसित होने की ओर नहीं है। उसकी राजनैतिक चिंतन धारा कम्युनिस्ट पार्टी की ओर बढ़ती है। गाँव में जुल्म की इबारत जाति की दीवार पर लिखी गई, वर्ग की रचना पर नहीं। सो उसकी चेतना का झुकाव जाति भेद के विरोध की ओर जाना चाहिए था, वर्ग भेद के विरोध की ओर नहीं। गाँव की भेदभाव संस्कृति में सभी प्रकार के भेदभाव हैं, बस वर्ग का भेदभाव नहीं क्योंकि वर्ग इस प्रागैतिहासिक आभास के गाँव में किसी के बोध का अंग नहीं है। यही नहीं भारत की कम्युनिस्ट पार्टी के नीति चिंतन काल में लंबे समय तक जाति कभी विश्लेषण का विषय ही नहीं बनी। यह चरित्र अपनी असफलता के बावजूद कहानी में प्रभाव छोड़ जाता है। क्या यह ट्रेजडी नहीं है कि कहानी की मूल प्रेरणा की बातें, सबसे समझदारी की बातें जो शख्स कह रहा है, वह पूरी तरह से शराब पी कर खुद अपने होशो-हवास में नहीं है। शायद होशो-हवास में रहता तो वह ऐसी बातें करता ही नहीं। गाँव की जाति सत्ता किसी विरोध को सहन करने अथवा उपेक्षित करने की आदी नहीं है।

प्रश्न 18. 'अमावस' कहानी की भाषा और प्रतीकात्मकता का उल्लेख कीजिए।

उत्तर— दलित जीवन को व्यक्त करने वाले दलित कथाकारों ने नितांत भिन्न भाषा को अपनाया है। 'अमावस' कहानी में लेखक का ध्यान मुख्यत: विषय पर है। इसकी प्रमाणिकता इसकी भाषा में है। इस भाषा की अभिव्यक्ति में शोषण और दमन के गहरे रंग मिलते हैं। देवनूर महादेव के पाठक उनके प्रतिरोध और तेवर से संतुष्ट हैं। उनके पाठकों की भारी संख्या है। इस

तुष्टि का कारण देवनूर की भाषा है। वैसे तो सभी दलित साहित्यकार दलित जीवन के अनुभव को दिखाते हैं लेकिन देवनूर का अंदाज-ए-बयान दूसरों से अलग है।

देवनूर महादेव की भाषा का अंदाज ही अनोखा है। उन्होंने दलित जीवन की भाषा की सर्जनात्मक शक्ति को उभारा है। दलित जीवन की भाषा दूसरे से अलग होती है। इसे हिंदी के वाक्यों के उदाहरण द्वारा समझा जा सकता है–

- तुमने मेरे दस रुपए का नुकसान कर दिया।
- तुमने मेरे दस रुपए व्यर्थ करवा दिए।
- तुमने मेरे दस रुपए का खून करवा दिया।

पहले दो वाक्य व्याकरण की दृष्टि से सही हैं लेकिन उनकी भाव धारण करने की क्षमता कम है। लेकिन तीसरे वाक्य ने दस रुपए से जुड़ी भावनाओं का अंबार भर दिया है। यही दलित जीवन की भाषा का मिजाज है। जब जीवन में साधन का अभाव होता है तो उसकी भरपाई भावनाओं की संपन्नता से की जाती है। दलित जीवन भावनाओं से भरपूर होता है। इसी कारण जब दलित लेखक आत्मकथा लिखता है तो उसका जीवन बयान संघर्ष और शोषण के दृश्यों के बावजूद पाठक के लिए साहित्य बन जाता है। देवनूर महादेव की भाषा ने इस मिजाज को पकड़ा है। उन्होंने कन्नड़ की मानक भाषा के साथ दलित जीवन की अपनी भाषा का संतुलन साध लिया है। उनकी इस विशेषता पर जी.एच. नायक कहते हैं–"कुछ अंशों में तेजस्वी और देवनूर की कहानियों में एक साम्य दिखाई पड़ता है। लेकिन महादेव ग्राम्य भाषा का कथा के निरूपण की भाषा के रूप में प्रयोग करने के साथ-साथ यह भी स्पष्ट करने का प्रयास करते हैं कि इस भाषा में भी अभिव्यक्ति की शक्ति है।" यहाँ ग्राम्य भाषा के प्रयोग से संदेह हो सकता है। वास्तव में ग्राम्य भाषा में भी सामाजिक बनावट के अनुसार टोन के अलग-अलग स्तर होते हैं। जैसे रेणु की कथा भाषा में गाँव के पटवारी और बैलगाड़ी के गाड़ीवान की भाषा का बाहरी रूप एक समान होने पर भी उनकी टोन अलग है। कुछ ऐसा ही कौशल देवनूर महादेव को सिद्ध है। 'अमावस' कहानी में पात्रों के अनुरूप भाषा के कई स्तर दिखाई पड़ते हैं।

कहानी में सारगर्भित प्रतीक है। ये प्रतीक ही विवरण को विश्लेषण की ओर ले जाते हैं। बकरों की बलि के प्रसंग में खून से सनी माला अमासा के गले में डाल दी जाती है। यह इस बात का संकेत है कि आगे होने वाली बलि का बकरा वही है। फर्क इतना है कि उसकी बलि कसाई नहीं गौडा के द्वारा चढ़ाई जाएगी। इसी नारियल का पेड़ एक प्रकार से कुरियय्या से जुड़ता है। उसने भी सदा ही गौडा परिवार के लिए फलदार पेड़ का काम किया है। इनके बदले उसे कुछ भी नहीं मिला है। कहानी के अंत में गौडा परिवार का नौकर पेड़ से बाकी बचे फल तोड़ कर ले जाता है। इसी प्रकार अमावस का काला रंग भी कई स्थानों पर प्रतीक बन कर आया है। काला रंग दुर्भाग्य का और दमन का रंग है। यही उनकी विशेषता है कि वे अपने प्रतीकों के माध्यम से व्यवस्था पर करारी चोट करते हैं।

प्रश्न 19. कहानी 'मोची की गंगा' की विषय वस्तु और संवेदना की विवेचना कीजिए।

अथवा

कहानी 'मोची की गंगा' की पृष्ठभूमि बताते हुए उसकी सांस्कृतिक विरासत और समकालीनता पर प्रकाश डालिए।

अथवा

'मोची की गंगा' कहानी में सांस्कृतिक विरासत और समकालीनता का चित्रण है। टिप्पणी कीजिए।

उत्तर– भारतीय पुराण एवं इतिहास के साथ दलितों का अटूट संबंध है। आज दलित समाज के हाशिए पर पड़े हुए हैं। लेकिन एक जमाने में वे इस जमीन के मूल निवासी थे तथा शासक भी थे। दलित समाज इस देश के कण-कण के साथ अपना रिश्ता रखता था, जिसके कारण से उनकी अपनी सांस्कृतिक विरासत है। 'मोची की गंगा' दलितों की अपनी इस निजी विरासत से जुड़ी कहानी है। गंगा नदी के साथ भारतीय संस्कृति एवं सभ्यता एकाकार हो गई है। गंगा केवल एक नदी नहीं भारतीय सभ्यता का मूल स्रोत है। दलित भावनात्मक रूप से गंगा के साथ एकाकार हैं। दलितों की इस भावना के रेशे-रेशे को अभिव्यक्ति देने में 'मोची की गंगा' सार्थक कहानी है। दलित लोग 'गंगा' को केवल अपनी माता ही नहीं अपनी बेटी मानते हैं। वे स्वयं गरीब हैं लेकिन अपनी बेटी के प्रति उदार हैं। गंगा एवं दलितों का यह सांस्कृतिक संबंध ही इस कहानी की पृष्ठभूमि है।

हमारे देश में गंगा को लेकर अनेक पुराण कथाएँ प्रचलित हैं। जानी-मानी पुराण कथा यह है कि–वह शिव की पत्नी है, शिव ने उसे अपनी जटा पर धारण कर लिया था। धरती की प्यास बुझाने के लिए मुनि भगीरथ ने शिव की जटा से उतारकर गंगा को धरती पर लाया था। लेकिन इस कहानी में गंगा का स्वरूप कुछ अलग है। गंगा यहाँ शिव की पत्नी नहीं, देविस्वरूपिणी नहीं, बल्कि एक साधारण, गरीब, चिथड़ों से लदे मोची की बेटी है। बूढ़ा मोची अपनी बेटी गंगा को हल्दी, कुमकुम, पान-सुपारी देने की प्रबल इच्छा रखते हुए भी गंगा तक जाने की शक्ति नहीं रखता। इसलिए काशी जाने वाले जजमान को हल्दी, कुमकुम और पान-सुपारी देकर अपनी बेटी गंगा को देने की प्रार्थना करता है। जजमान काशी से वापस आते वक्त, बस कौतूहल वश नदी के किनारे खड़े होकर तीन बार गंगा को पुकारता है तो दो सुंदर हाथ ऊपर आते हैं और बूढ़े मोची के दिए हुए हल्दी, कुमकुम और पान-सुपारी स्वीकारते हैं। इस बीच जजमान उन दोनों हाथों में से एक रत्न जड़ित कंगन चुरा लेता है। यह वर्तमान और फैंटसी का मिला-जुला पहला आयाम है।

दूसरे स्तर पर चुराए गए कंगन बेचकर जजमान मालामाल होना चाहता है। इस कंगन की दैवी सुंदरता कानों-कान, चारों दिशाओं में फैल जाती है और उसे देखने के लिए लोगों का समुंदर उमड़ पड़ता है। लोगों की बातों से प्रभावित होकर बूढ़ा चमार अपनी शक्ति बटोरकर कंगन देखने आता है तथा उस दैवी कंगन को देखकर चिल्ला पड़ता है कि–यह मेरी बेटी का कंगन है। चिथड़े में लथ-पथ इस बूढ़े की बात सुनकर लोग ठहाके मारते हैं। कहते हैं कि यह पगला है। कुछ लोगों को गुस्सा भी आता है कि जान-बूझकर यह कंगन की नीलामी में बाधा डालना चाहता है, इसलिए उसे लात भी मारते हैं। लेकिन बूढ़ा टस से मस नहीं होता। बूढ़े को कड़ी सजा देने की बात चलती है। लेकिन बूढ़े की बातों पर रहम कर उनके पास होने वाले दूसरे कंगन देखने चले जाना तथा खाल भिगोने के लिए रखी माटी की हांडी में गंगा का प्रत्यक्ष होना तथा गंगा के देव स्वरूप के सामने लोगों को आँख अंधेरे में रह जाना एवं लोगों द्वारा अविश्वास करना, दूसरी बार गंगा को बुलाना और गंगा का बाढ़ बनकर उग्र रूप धारण कर आना आदि सब पुराण और फैंटसी का दूसरा स्तर है।

सांस्कृतिक विरासत और समकालीनता—'मोची की गंगा' कहानी में गंगा और मोची के पिता-बेटी के रिश्ते को कल्पना के रूप में बताया है। इसके द्वारा वर्तमान स्थिति की अभिव्यक्ति अपने आप होती है। कहानी को इस तरह से रचा गया है कि सबके सामने दलितों की सांस्कृतिक विरासत अपने आप खुल जाती है तथा दलितों को किस तरह अपनी संस्कृति से अलग किया गया तथा उनके सांस्कृतिक रिश्तों को संशय की दृष्टि से देखा गया है, इसका सजीव चित्रण कहानी में मिलता है।

'मोची की गंगा' कहानी में बूढ़े मोची की स्थिति एवं गति के माध्यम से दलितों की स्थिति एवं परिस्थिति का परिचय दिया गया है। दलितों की संस्कृति, उनका इतिहास यहाँ गंगा, मोची के रक्त संबंध के माध्यम से अभिव्यक्त हुआ है। एक जमाने में दलित यहाँ की संस्कृति के प्रतिनिधि थे, लेकिन बाहर से आए हुए लोगों ने उसे अपनी संस्कृति से अलग किया। यदि दलित अपनी सांस्कृतिक विरासत की बात करता है तो कोई उस पर विश्वास नहीं करता क्योंकि वह जो अपनी वैभवपूर्ण-सांस्कृतिक परंपरा की बात करता है उसके साथ आज की उनकी स्थिति मेल नहीं खाती।

बूढ़े को भीड़ मार-मार कर अधमरा कर देती है, खून बहता है, माँस-मज्जा मिट्टी में मिल जाते हैं और बूढ़े के खून एवं माँस-मज्जा से पेड़-पौधों को खाद्य मिलता है। उनमें फल-फूल होने लगते हैं। कहानी का अंतिम अंश यह प्रतिपादित करता है कि दलितों को जितना भी प्रताड़ित किया जाए, वह इस समाज की भलाई ही चाहेगा। कभी नुकसान नहीं पहुँचाएगा। कहानी का यह प्रतिपादन ही उसकी समकालीनता का प्रतीक है।

प्रश्न 20. 'मोची की गंगा' कहानी की भाषा और शिल्प पर प्रकाश डालिए।

उत्तर— 'मोची की गंगा' कहानी पौराणिक संदर्भों द्वारा वर्तमान दलित जीवन की विडम्बनाओं को उजागर करती है। यह भारतीय परंपरा को साथ लेते हुए उनमें नया अर्थ एवं प्रतिबिंब को खड़ा करने वाली कहानी है। इसमें केवल दो पात्र हैं—एक बूढ़ा चमार और काशी जाने वाला जजमान और एक पात्र गंगा है जिसका कहानी में शुरुआत से अंत तक प्रभाव है। कहानी की विशेषता है कि गंगा कहीं दिखाई नहीं देती लेकिन कहानी का मूल स्रोत वही है। पुराण और समकालीनता को फैंटसी के माध्यम से कहानीकार ने ऐसे जोड़ा है कि पाठक को लगता है कि वह खुद कहानी के सभी दृश्यों को देख रहा है। कभी-कभी पाठक बूढ़े चमार की जीवंतता में एक हो जाते हैं। गंगा और चमार के संबंध के चित्रण में कहानीकार ने एक ऐसी अनोखी शैली को अपनाया है कि बाप-बेटी के रिश्ते को पाठक नकार नहीं सकता। मानव मन की दुर्दशा का एक ऐसा चित्र यहाँ खड़ा किया गया है कि पुण्य कमाने काशी गए जजमान पाप ढोकर घर आता है। कहानीकार ने घटना एवं परिवेश के ताने-बाने ऐसे बुने हैं कि दोनों एक-दूसरे के पूरक हैं।

इस कहानी में गंगा एवं बूढ़े मोची के भावात्मक संबंध के माध्यम से वात्सल्य की कोमल भावनाओं को अभिव्यक्त किया गया है। वात्सल्य की अनुभूति को अभिव्यक्त करने के लिए कहानीकार मोगली गणेश ने बड़ी सावधानी से शब्दों का चयन किया है।

पुराण एवं फैंटसी के माध्यम से कहानी की घटनाएँ घटित होती हैं। कहानी में पौराणिक संदर्भ होने के कारण कहानीकार ने ऐसे शब्दों का चयन किया है जो बोलचाल में प्रचलित हैं। दलितों की बोलचाल में जैसे देशीपन होता है तथा देशीपन के कारण जो भाषायी ताजगी होती है, कहानीकार ने इस ताजगी को पूरी कहानी में बनाए रखने में सफलता हासिल की है।

दलितों की सेवा, मनोभावना तथा उसके प्रति कुछ भी न माँगने के स्वभाव को, जजमान के फटीचर जूतों को सिर से लगाकर नमस्कार करने के मोची के सात्विक स्वभाव के बारे में कहानीकार ऐसे वर्णन करते हैं कि 'उसने समझ लिया था कि मनुष्य की ऐड़ियों को ढोने वाले इन जूतों में अपने पूर्वजों की आत्मा रहती है।' केवल इस छोटे से वाक्य से पूरी दलित संस्कृति का स्वभाव, उनके विश्वास, रीति-रिवाजों का अनावरण होता है। कहानीकार मोगली गणेश की भाषा जीवन के अनेक रंगों को हमारे सामने बिखेरती है।

प्रश्न 21. 'हड्डा रोडी और रेहडी' कहानी की कथावस्तु पर प्रकाश डालिए।

उत्तर– 'हड्डा रोडी और रेहडी' एक पंजाबी दलित कहानी है। दलितों को लेकर ही कहानीकार ने इस कहानी का संपूर्ण ताना-बाना बुना है। आज के समय में भी दलित सभी प्रकार के मलिन काम करने को अभिशप्त हैं। कहानी पंजाब के एक पिछड़े देहात में रहने वाले मानसिक यंत्रणाएँ व आर्थिक अभावों तथा अस्पृश्यता का दंश झेलते हुए एक पंजाबी दलित परिवार की रौंगटे खड़े कर देने वाली कथा है। कहानी का आरंभ इसके केंद्रीय पात्र प्रगाश की मानसिक उहापोह के चित्रण से होता है। कहानी का यह दलित पात्र एक ऐसे सरकारी विभाग में निरीक्षक के तौर पर कार्यरत है जहाँ सरकारी अनाज को बड़े-बड़े निर्मित गोदामों में सहेज कर रखा जाता है। यहाँ उसका वेतन तो बढ़िया है ही साथ ही ऊपरी आमदनी के स्रोत भी कम नहीं हैं, जिसके द्वारा वह जल्दी ही आर्थिक रूप से सबल हो जाता है। गोदाम से पाँच-सात अनाज की बोरियाँ इधर-उधर कर लेना उसके लिए अधिक कठिन नहीं होता। लेखक के अनुसार इस विभाग में कार्यरत चतुर्थ दर्जे के कर्मचारी चनणसिंह की भी अपनी एक निजी कोठी है। इस कहानी के पात्र ने भी गाँव स्थित अपने जीर्ण-शीर्ण मकान की कायाकल्प करके रख दी है। यह सब कुछ वह कुछ वर्षों में ही कर लेता है। इसके अतिरिक्त वह एक स्कूटर तो खरीद ही लेता है तथा एक भू-भाग भी खरीदने में सफल रहता है।

उसे इस बात का गर्व भी है कि उसके ऊँची जाति वाले मित्र उसके आगे-पीछे 'बाबू जी-बाबू जी' करते घूमा करते हैं। इसके साथ उसे इस बात का दु:ख भी है कि वह इन मित्रों को अपने घर पर नहीं ला सकता। इसके पीछे एक बहुत बड़ा कारण है। उसके नए-नवेले घर के प्रांगण के एक कोने में उस रेहडी की उपस्थिति है जिस पर उसका पिता मुर्दार लाद कर हड्डा रोडी में पहुँचा कर उसकी खाल उतारा करता है। चूँकि वह अपनी रईसी की बात अपने इन ऊँची जाति के मित्रों के सम्मुख हाँकने में कोई कसर नहीं छोड़ता, इसलिए यह आवश्यक है कि अपना वैभव दिखाने अपने घर पर भी उन्हें आमंत्रित करे। परंतु घर के प्रांगण में खड़ी यह गाड़ी उसे सबसे बड़ा अवरोध लगती है। इस गाड़ी के कारण उसकी असलियत सामने आ सकती है। उसकी जाति का पता सबको हो सकता है तथा साथ ही उसके बाप द्वारा मुर्दार ढोने के कारण उसकी सामाजिक स्थिति भी निम्न स्तर पर आ सकती है।

यह आशंकाएँ उसे सदैव भयभीत किए रहती हैं। वह उसके भीतर निकृष्ट भावना उपजाने वाली इस रेहडी को समूल नष्ट कर देना चाहता है। वह सदा प्रयासरत है कि वह इस जाति-पाँति वाले समाज में अपना मुकाम किसी भी प्रकार सर्वोच्च बनाए रखे। वह अपार धन-संपदा का स्वामी बनना चाहता है ताकि वह इस नीच जाति के शिकंजे से किसी प्रकार छूट सके। उसकी इस

छटपटाहट में भ्रष्टाचार जैसी व्याधि का कोई अर्थ नहीं रहता। आर्थिक समृद्धि ही एक सबसे बड़ा मूलमंत्र ही उसे दिखाई पड़ता है। 'वह किसी भी प्रकार इस जाति-पाँति की अंधेरी गली से निकल भागना चाहता है जिसने उसे सदियों तक हाशिए पर रखा है।' इसका एकमात्र समाधान यह है कि वह अपार धन-संपदा का स्वामी बन कर इस समाज के ऊँचे पायदान पर जा पहुँचे। उसे निर्धनता एक अभिशाप लगती है जिसका वह बचपन में शिकार रहा है।

इन सबके बावजूद भी इस पात्र की एक विशेषता यह भी है कि वह निर्धन व असहाय व्यक्ति के प्रति अति संवेदनशील है। वह किसी भी श्रमिक को कठिन परिश्रम करते हुए देख द्रवित हो उठता है। इसका कारण यह है कि वह स्वयं इन अंधेरी गलियों से जूझकर बाहर निकला है। उसको अपनी दरिद्रता भूली नहीं है। वह इतना संवेदनशील है कि किसी भी श्रमिक स्त्री को चौकीदार या अर्दली के द्वारा अपमानित होते हुए देखता है तो उसकी आँखें छलछला उठती हैं। सरकारी अनाज के गोदामों में यह श्रमिक औरतें जो कि अधिकतर दलित जाति से ही संबंधित होती हैं, अनाज की साफ-सफाई करती हुई देखी जा सकती हैं। इनसे कोई भी दुर्व्यवहार करता हुआ देखा जा सकता है। इनके साथ होते दुर्व्यवहार को देख कहानी के इस पात्र को असीम वेदना का अनुभव होता है।

प्रगाश की एक सगी बहन भी है जिसके विवाह को लेकर वह अक्सर चिंता में रहता है। उसे इस बात की चिंता लगी रहती है कि उसकी बहन के विवाह के उपरांत घर की रसोई कौन जलाएगा? इसी कारण वह सोचता है कि उसकी बहन की विदाई से पहले उसका अपना विवाह हो जाए। अपना विवाह वह किसी संपन्न परिवार में करना चाहता है। निर्धनता को वह एक कलंक मानता है। इसी के चलते वह बहुत से रिश्ते ठुकरा चुका है। अपने जैसे किसी समृद्ध परिवार से संबंध बनाना, उसकी प्राथमिकता है। लेकिन यहाँ भी घर के कोने में खड़ी वह रेहडी उसके लिए एक अभिशाप बन कर खड़ी है। एक बार तो लगभग तय समझा जाने वाला रिश्ता, अपने अंतिम क्षणों में इस रेहडी के कारण हाथ से निकल जाता है।

गाँव चत्तों वालों ने उसका सुंदर घर-बार देखकर इस रिश्ते के लिए अपना मन लगभग बना ही लिया था। शगुन की बात अंतिम पड़ाव में पहुँचने ही वाली थी लेकिन लड़की के भाई जसवंत की दृष्टि प्रांगण में खड़ी उस रेहडी पर गई जिसको देखकर वह स्तब्ध रह गया था। उसको एक असामान्य-सी स्थिति प्रतीत हुई, उसे समझ नहीं आ रहा था कि इतने शानदार मकान के प्रांगण में इस रेहडी का क्या औचित्य। वह बहुत कुछ समझने का प्रयास कर रहा था। उसके मन में ढेरों प्रश्न उमड़ रहे थे। उसके चेहरे पर इसी सतर्कता के भाव स्पष्ट उभरे हुए थे।

इसका अंतिम परिणाम यह हुआ कि लड़की का भाई जसवंत अधिक देर तक वहाँ रुका न रह सका। बिना कोई बात किए वह वहाँ से निकल गया। उन्होंने इस रेहडी के कारण इस रिश्ते को नकार दिया था, क्योंकि बहुत दिनों की प्रतीक्षा के बाद भी उन्होंने कोई जवाब नहीं दिया। घर में जमी इस रेहडी ने एक बार फिर सारा खेल बिगाड़ दिया था। प्रगाश इस रेहडी का नामोनिशान ही मिटा देना चाहता था। उसके लिए यह छकड़ा जैसे एक अभिशाप बन गया था। उसे लगा कि गाड़ी उसके मार्ग में एक बड़ा अवरोध था जिसे वह चाह कर भी नहीं हटा सकता था। वह चाह कर भी इसे नेस्तनाबूद नहीं कर सकता था। वह जब भी इस रेहडी के अस्तित्व को मिटाने का निश्चय करता तो उसके सामने बापू का झुर्रियों से अटा चेहरा उभर आता। एक ऐसा चेहरा जिसने

इस रेहडी पर मुर्दार ढोते हुए अपने जीवन का बचपन तथा संपूर्ण जवानी होम कर दी हो। वह बापू को यह मुर्दार ढोने जैसा काम छोड़ने को बाध्य करता, बापू उतनी ही कठोरता से उसकी इस बात को ठुकरा देता।

वैसे तो उसके पास ढेरों तर्क होते लेकिन उन तर्कों को वह चाह कर भी काट नहीं पाता। वह हर बार बापू के तर्कों के सामने परास्त हो जाता। बापू अपने कार्य को छोड़ने की बात सोच भी नहीं सकता था। उसके लिए यह एक अकल्पनीय बात थी। उसके लिए तो वह कार्य जैसे पूजा से भी बढ़ कर था। बापू अपनी रूआंसी आवाज में इस कार्य को न छोड़ने के कई कारणों का उल्लेख करता। बापू का सबसे बड़ा यह तर्क होता कि इस पैतृक काम ने हम सबको भूखों मरने से बचाया है। वह प्रगाश को बताता कि उसकी माँ का महीनों इलाज होता रहा, जिस पर ढेरों रुपए खर्च हुए। वह उसे बताता है उसके पास ऐसा कौन-सा कारूँ का खजाना था जिसमें से पैसे निकाल कर उसकी माँ पर लगाता रहता। इस उपचार पर लगा ढेरों पैसा इस रेहडी के कारण कमा कर खर्च किया गया था, अन्यथा उसकी माँ वर्षों पहले ही इस संसार से रवाना हो गई होती। प्रगाश को इस रेहडी का महत्त्व बताते हुए उसके बापू का स्वर भरभरा उठता था। उसके लिए यह रेहडी जैसे एक कारूँ का खजाना ही थी। इस रेहडी के बल पर प्रगाश की पढ़ाई जारी रही थी। बापू प्रगाश को स्मरण करवाता है कि गाँव में उसकी जाति वाला उसके अतिरिक्त और कोई भी अपनी पढ़ाई जारी नहीं रख सका।

चूँकि प्रगाश ही उसकी जाति में एकमात्र लड़का है जो अपनी शिक्षा के बाद सरकारी नौकरी प्राप्त करने में सफल हो सका है। बापू उससे प्रश्न करता है कि वह इन सबके उपरांत भी कैसे कह सकता है कि वह यह पैतृक धंधा छोड़ दे। वह प्रगाश को समझाने का प्रयास करता है कि कोई भी कार्य अच्छा या बुरा नहीं होता। यह तो मनुष्य का सोचना है। बापू बताता है कि जो काम उन्हें दो वक्त की रोटी उपलब्ध करवाता है, वह बुरा या घटिया किस प्रकार हो सकता है। बापू के इन तर्कों के समक्ष प्रगाश का सिर हमेशा झुक जाता है। बापू की इन बातों का प्रभाव बहुत दिनों तक उसके मन पर बना रहा। परंतु इस गाँव चत्तो वाली घटना से यह प्रभाव अब तक एक क्रोध में परिवर्तित हो चुका था। उसका रिश्ता पुनः टूट चुका था। उसका हृदय फिर विचलित हो उठा था। कोने में अटल खड़ी रेहडी उसे अब सब विपत्तियों का कारण लग रही थी। वह घृणा से उस गाड़ी को देख रहा था। यह गाड़ी अब उसे एक विष-बुझे तीर-सी प्रतीत हो रही थी। वह किसी भी मूल्य पर इसे हटाना चाहता था। वह इसे आग लगाकर नष्ट कर देना चाहता था।

उसने बाहर निकल कर इधर-उधर देखा। इस समय घर पर कोई भी मौजूद नहीं था। उसकी बहन किसी सहेली के यहाँ विवाह पर गई हुई थी तथा उसका बापू भी गाँव में किसी के घर एक पंचायत के फैसले पर गए हुए थे। वह सोचता है कि जब से उनकी आर्थिक स्थिति सुदृढ़ हुई है, उसके बापू का सारे गाँव में सम्मान होने लगा है। उसको पंचायतों में बुलाया जाने लगा है।

प्रगाश घर में इस समय नितांत अकेला था। मौका पाते ही वह रेहडी को जला देना चाहता है। उसके अस्तित्व को खत्म कर देना चाहता है। उसे लगा कि इस रेहडी के अस्तित्व को समाप्त करने का यह एक सुनहरा अवसर था। उसने बाहर झाँक कर देखा। उसे कोई भी व्यक्ति दिखाई नहीं दिया। दूर उसे हड्डा रोडी में गिद्दें ही दिखाई दीं जो कि पशुओं की हड्डियों से माँस ढूँढ़ने में व्यस्त थीं। उसका रेहडी को जलाने का निश्चय बन चुका था। वह इस हड्डा रोडी को भी जला देना चाहता है। यह स्थान उसे सभी मुसीबतों की जड़ लगता है। उसे पिछले दिनों घटित

एक घटना का स्मरण हो आता है। उस दिन चाय की गर्म-गर्म चुस्कियों के साथ एक नवागत निरीक्षक शर्मा से उसकी देश की सामाजिक, आर्थिक समस्याओं पर बातचीत हो रही थी। बातों-बातों में शर्मा ने प्रगाश से कहा था कि यदि निम्न जाति वाले लोग यह चमड़ा उठाना बंद कर दें तो सभी ओर गंदगी के ढेर जमा हो जाएँ। प्रगाश का जाति को दबाए रखने में विश्वास रहता है। इस चर्चा ने प्रगाश को जैसे अवसाद से भर दिया था। प्रगाश के चेहरे पर उभरे असहजता के चिह्नों को शर्मा ने शायद भाँप लिया था। इसके बाद उसने वह चर्चा वहीं समाप्त कर दी थी। उस दिन उसकी संवेदनाओं में शर्मा का वह कथन गूँजता रहा था। इसी कारण वह उस दिन आधे दिन का अवकाश लेकर घर आ गया था। वह उस मानसिक वेदना से छुटकारा पाना चाहता था। निम्न जाति के प्रति शर्मा के विचार उसकी मानसिकता में जैसे जम गए थे। हड्डा रोडी में बिखरी हुई हड्डियाँ, गिद्धों का जमघट तथा उसमें भौंकते हुए आवारा कुत्तों का शोर जैसे उसके जेहन में खुद गए थे। वह जब भी आँखें मूँदता तो सारा दृश्य जैसे एकदम साकार हो उठता।

वह कब खाट से उठता है और मिट्टी के तेल का डिब्बा कब उठाता है—यह सब उसे पता भी नहीं चलता। वह फैसला करता है कि इस गाड़ी के अस्तित्व को मिटा देगा। सभी वेदनाओं का कारण यही गाड़ी तो है। इस गाड़ी के अस्तित्व के नेस्तनाबूद होने के साथ ही उसके सभी दुःखद अनुभव समाप्त हो जाएँगे। हड्डा रोडी में भिनभिनाती हुई मक्खियाँ, बदबू का उठता रेला और भौंकते हुए कुत्तों का शोर ये सभी उसके मानस पटल से हट जाएँगे, जब यह रेहडी यहाँ से हट जाएगी।

अछूतों पर वर्ण व्यवस्था द्वारा थोपे गए धंधों को छोड़ने के बाद भी उनके साथ चिपकी हुई निम्न जाति की पहचान उसके जन्म से लेकर मृत्यु तक कायम रहती है। चाहे जातिगत व्यवसाय से जुड़े चिह्नों को नष्ट भी कर दे अथवा अच्छी नौकरी और आधुनिक जीवन प्रणाली को अपनाने के बाद भी जातिगत पहचान को अन्य जन भुला देना नहीं चाहते। आर्थिक समानता के बावजूद चमार, पासी, खटीक, भंगी, चुहड़े जैसे जाति के संबोधन से आज भी अछूतों को पुकारा जाता है। इनकी तरक्की या बौद्धिक क्षमता या गुणवत्ता को जातिवादी मानसिकता नकार करके इनकी जाति से जुड़ी व्यक्तिगत पहचान को बरकरार रखकर इन्हें हीन दृष्टि से देखा जाना साधारण बात है। उसको अपने बचपन से ही इन सब दृश्यों का एक लंबा अनुभव हो चुका है। उस समय उसे यह काम बुरा प्रतीत नहीं होता था, क्योंकि उसकी नन्ही-सी बुद्धि में अच्छे-बुरे की समझ नहीं थी। हाथों में पैनी छुरी पकड़कर मुर्दार की आँतों को बाहर निकाल देना, उसके लिए जैसे अति सहज क्रिया होती थी। मुर्दार की खाल उतार कर घर के कच्चे फर्श पर सूखने डालने पर पूरा घर दुर्गंध से भर उठता था। इस दुर्गंध का वह आदी हो चुका था। यही दुर्गंध शायद उसके शरीर और कपड़ों में समा जाती होगी तभी तो उसके सहपाठी उससे दूर रहा करते थे। तब उसकी नन्ही बुद्धि में इस कार्य के प्रति घृणा समा गई थी। उसकी स्मृति में यह रेहडी उभरती जिसे वह एक बैल के सहारे हाँका करता था। उसके नन्हे-नन्हे हाथ बापू की सहायता किया करते थे। उसे अच्छी तरह स्मरण है कि जब पशु की खाल इस रेहडी पर लाद दी जाती थी तो वह बड़े उत्साह से रेहडी के ऊपर बैठ, उसको हाँकता हुआ घर तक ले जाया करता था। खाल के ऊपर भिनभिनाती हुई मक्खियाँ भी साथ-साथ चलती हुई उसे बुरी नहीं लगती थीं। कभी-कभी वह पशु चराने वाले लड़कों से मिल कर बीड़ी पीने की हरकत भी कर बैठता था। बापू को एक दिन इसका पता चल

गया था। अपनी रूआँसी आवाज में बापू ने उसे डाँटते हुए कहा था कि बीड़ी पीना अच्छे व्यक्तियों का काम नहीं। बापू कहते थे कि वह एक बहुत निर्धन व्यक्ति है। वह इसी आशा में जीवित है कि एक दिन उसका बेटा बड़ा होकर तथा पढ़-लिख कर उसे सुख देगा उसने अपने पिता के आँसुओं से भीगे चेहरे को बहुत ध्यान से देखा था। पिता की बात जैसे उसके जेहन में कहीं गहरे बैठ गई थी। इसका परिणाम यह हुआ कि वह नियमित पाठशाला जाने लगा था। अपने हमउम्र लड़कों से उसने खेलना लगभग बंद कर दिया था। उसकी रुचि पढ़ाई की ओर बढ़ती चली गई। उसके सामने बापू का झुर्रियों भरा चेहरा घूमता रहता था। उसका स्कूल में जाना नियमित हो चुका था। उसमें दायित्व बोध जग चुका था। पढ़ाई के बाद घर आ कर वह अपने बापू का हाथ भी बँटाता था। अपने बैल के लिए घास लाना भी उसकी दिनचर्या में शामिल होता था।

सारा दिन काम की अधिकता से थकान से चूर हो कर वह अपनी बीमार माँ की खाट के समीप आ कर सिसकने लगता था। उसकी माँ भी उसकी दशा देख रोने लग पड़ती थी। उसके रोने का कारण यह होता था कि उसके मरने के बाद उसे कौन संभालेगा। अपनी माँ की मृत्यु का दृश्य जैसे उसके सामने एकदम घूम जाता है। उसे अच्छी तरह याद है कि वह उस दिन स्कूल से आधी छुट्टी को घर खाना खाने आया था। उस दिन घर में बहुत-सी महिलाओं का रूदन सुनकर वह एकदम भयभीत हो उठा था। उसकी माँ के निर्जीव शरीर से चिपक कर वह बहुत रोया था। उसे बाद में पता चला था कि उसकी माँ को क्षय रोग था।

माँ की मृत्यु के बाद प्रगाश के जीवन में बहुत-सा परिवर्तन आ जाता है। अब वह अपने पिता के साथ काम में हाथ बँटाते नहीं थकता। मुर्दार की दुर्गंध का एहसास उसकी नाक में अब नहीं होता। तमाम प्रकार के आर्थिक अभावों के बाद भी पिता ने उसकी पढ़ाई जारी रखी थी। इन घोर आर्थिक संकटों में मुर्दार ढोने वाली यह रेहडी उनके परिवार को डूबते को तिनके का सहारा होती थी। यदि इस प्रांगण के कोने में यह रेहडी न खड़ी होती तो वह कदापि अपनी शिक्षा आगे पूर्ण न कर पाता। यदि उसकी शिक्षा पूर्ण न हो पाती तो वह आज इस सुखद स्थिति में कभी भी न पहुँच पाता। उसे अच्छी तरह याद है कि गाँव के अन्य लड़के अपनी पढ़ाई को बीच में ही छोड़ चुके थे। लेकिन इस रेहडी ने उसे अधोगति से उबार लिया था। आज वह जिस स्थिति में है, उसका सारा श्रेय इस रेहडी को ही जाता है–यह तथ्य उसे भली-भाँति ज्ञात हो जाता है। रेहडी, हड्डा रोडी तथा रेहडी पर पड़ी खाल की बदबू और उस पर भिनभिनाती हुई मक्खियाँ उसकी स्मृति में पुन: उभर आती हैं। अपने शैशवकाल से लेकर अब तक की घटनाएँ जैसे उसके सामने साकार हो उठती हैं। उसकी आँखों से बहती अविरल धारा उसके होठों को जैसे नमकीन कर जाती है। उसे पता भी नहीं चलता कि कब हाथ में उठाया हुआ मिट्टी के तेल का कनस्तर उसके हाथों से छूट कर नीचे भूमि कर गिर जाता है और उस कनस्तर का सारा घासलेट पृथ्वी पर छितरा जाता है। उसको रेहडी को लेकर उपजी हीन भावनाओं पर लज्जा का आभास होने लगता है। वह चाहता है कि दौड़ कर अपने बापू के पास जा पहुँचे और उसके पाँवों से लिपट कर जोर-जोर से रोए और उनसे क्षमा माँगे। रेहडी तथा हड्डा रोडी को लेकर उपजी हीन भावना उसमें एकदम पंख लगाकर फुर्र से उड़ जाती है। उसके भीतर नए उत्साह का संचार होता है। वह खाली कनस्तर वहाँ से उठाता है और बड़े आराम से उसी खाट पर जा पसरता है, जहाँ से वह उठा था। कहानीकार गुरमीत कड़ियालवी ने दलितों की स्थिति का वर्णन बड़े ही प्रभावशाली ढंग से किया है। निम्न जाति को लेकर उपजी कुंठाओं का चित्रण इस कहानी का संवेदनशील पहलू है।

प्रश्न 22. 'हड्डा रोडी और रेहडी' कहानी में दलित जीवन से जुड़ी यातनामयी यादों को नष्ट कर हीनताबोध से मुक्ति की आकांक्षा की गई है। चर्चा कीजिए।

उत्तर– कहानी में नायक की हीनता बोध से मुक्ति की छटपटाहट को स्पष्ट रूप से देखा जा सकता है कि किस तरह नायक प्रगाश अपने अंदर पनपती हुई हीनता से बाहर आने के लिए मुक्ति पाना चाहता है। कहानी में छुपी हुई हीनता बोध की वेदनाएँ सामने उभर कर स्पष्ट रूप में आ जाती हैं। दलित जीवन की त्रासदी का वर्णन करती हुई यह कहानी जहाँ पंजाब के ग्रामीण जीवन को चित्रित करती है, वहीं दलित संवेदनाओं द्वारा पाठक के अंतर्मन को छूने में भी सक्षम है। नारकीय जीवन को भोगते हुए दलित वर्ग की दशा का चित्रण करती हुई कहानी के पात्र यहाँ आर्थिक विषमताओं से जूझते हुए दिखाई पड़ते हैं, वहीं वे जातिगत टिप्पणियों के कारण पीड़ित भी नजर आते हैं। इस पीड़ा से बचने के लिए वे अपनी जाति छुपाने पर बाध्य होते हैं। इस कहानी का केंद्रीय पात्र प्रगाश जाति की ग्रंथि से पीड़ित हो अपनी जाति छुपाने पर बाध्य होता है। नवागत निरीक्षक शर्मा के संवाद दलित जाति को लेकर की गई टिप्पणियों द्वारा ऊँची जाति की मानसिकता को प्रदर्शित करते हैं। एक ऊँची जाति वाला व्यक्ति किस प्रकार अपने जातिगत गर्व से पीड़ित है, इसका जीता-जागता उदाहरण शर्मा की मानसिकता से मिलता है। हड्डा रोडी की गिद्धें जो कि उस स्थान में पड़े माँस का भक्षण कर, एक सफाई अभियान का कार्य भी करती हैं, मुर्दार उठाने वाले दलितों के काम से समानता दर्शाती हैं। दलित भी मृत पशुओं को घरों-बाजारों से न उठाएँ तो उसकी सड़न से सारा क्षेत्र दुर्गंध से भर सकता है, ठीक उसी प्रकार जिस प्रकार गिद्धें यदि हड्डा रोडी में पड़े मुर्दारों के लोथड़ों को न खाएँ तो वह सारा क्षेत्र बदबू से भर जाएगा। शर्मा की दृष्टि में मुर्दार खाने वाली गिद्धें तथा मुर्दार ढोने वाले व्यक्ति यदि आज भी अपना पैतृक पेशा छोड़ दें तो लोग शहर-बाजार छोड़ कर भाग उठें।

जाति को लेकर पैदा हुई हीनता की ग्रंथि का प्रभाव मानव मन पर कितना होता है, इसे भी प्रगाश की मानसिकता से देखा जा सकता है। उसका संपूर्ण अस्तित्व जैसे ठहर जाता है। वह एकदम अवसाद से भर उठता है। इसी अवसाद से उबरने के लिए उसे तीन दिन का अवकाश भी लेना पड़ता है। वह उन तमाम प्रश्नों से बचना चाहता है जो उसके वजूद को छलनी कर सकते हैं। लेखक के अनुसार–'ऐसे प्रश्नोत्तर जिनका सामना करने से प्रत्येक निम्न जाति वाला भागना चाहता है–मानसिक पीड़ा को उभारते प्रश्न। खुद को अपनी दृष्टि में गिराते हुए प्रश्न....।'

जो प्रश्न कहानी में उठाए गए हैं, ऐसे प्रश्नों से इस कहानी का पात्र ही नहीं जूझता बल्कि आज का संपूर्ण दलित वर्ग जूझ रहा है। यात्रा करते हुए, किसी कार्यशाला या दफ्तर में कार्य करते हुए, इन प्रश्नों से जूझना पड़ सकता है। आपकी पहचान–यदि आप दलित वर्ग के हैं–यह नहीं कि आप एक उत्तम या अधम व्यक्ति हैं, आप कोई व्यापारी हैं या एक कर्मचारी हैं, आप नेता हैं या एक कुशल अभिनेता, आप एक कुशल कारीगर हैं या एक अकुशल कामगार, आप एक चोर हैं या पुलिस, आप एक आला दर्जे के सरकारी अफसर हैं या एक चतुर्थ दर्जे के कर्मचारी। आपकी पहचान यह है कि आप अमुक जाति के हैं। आज भी इस देश का नागरिक थानों में, अदालतों में जाति के तौर पर चिह्नित किया जाता हुआ देखा जा सकता है। लेकिन यहाँ त्रासदी यह है कि कथित ऊँची जाति वाला व्यक्ति इन प्रश्नों से उत्पन्न मानसिक पीड़ा से नहीं जूझता, जबकि ठीक इसके विपरीत दलित वर्ग का व्यक्ति इन प्रश्नों से ढह जाता है। वह जानता है कि

इस प्रश्न के बाद उसका भरा-पूरा व्यक्तित्व एकदम बौना हो कर रह जाएगा तथा उसका धरातल खिसकता चला जाएगा। इसके उपरांत कोई भी मनोवैज्ञानिक उसको पुनः स्थायित्व प्रदान नहीं कर सकता। ऐसी स्थितियों को उभारने में यह कहानी पूर्णतया सक्षम है। आज भी यही समस्या कुछ जगहों पर यूँ ही बनी हुई है और इन सबसे जूझते हुए, छटपटाते हुए प्रगाश के द्वारा इस समस्या को बखूबी दिखाया गया है।

प्रश्न 23. 'हड्डा रोडी और रेहडी' कहानी में प्रस्तुत आर्थिक शोषण में जाति संरचना की भूमिका की चर्चा कीजिए।

उत्तर– 'हड्डा रोडी और रेहडी' कहानी का पात्र प्रगाश सबसे अपनी जाति छुपाता है और पूरी कहानी में वह इस हीन भावना से कभी उबर ही नहीं पाता है। कहानी की कथावस्तु का एक दूसरा सशक्त पक्ष भी सामने उभर कर सामने आता है वह है निम्न काम से पनप रही हीन भावना से उबरने की तमाम कोशिशें दलितों के मनोवैज्ञानिक स्थितियों से हमें रू-ब-रू करती हैं। इस कहानी का पात्र प्रगाश पूरी कहानी में हीन भावना से जकड़ा हुआ प्रतीत होता है। घर के प्रांगण में खड़ी रेहडी इस हीन भावना का मुख्य स्रोत है। जो गाड़ी उनके जीवन का पहिया घुमाती रही, वही उसके लिए दुःखद स्थितियाँ भी पैदा करती है। उसका रिश्ता भी इसी रेहडी के कारण टूटता दिखाया गया है। यह रेहडी उनके व्यक्तित्व पर लगा हुआ एक कलंक प्रतीत होती है। बहुत से रिश्ते इस रेहडी के कारण टूट जाते हैं। कहानी में वर्णित यह घटना यह तथ्य भी उद्घाटित करती है कि मलिन कार्य करने वाले दलितों की सामाजिक स्थिति अति दलित जैसी बन जाती है। कोई भी उनसे अपने आंतरिक संबंध स्थापित नहीं करना चाहता। उसकी सामाजिक स्थिति अति दयनीय बन जाती है तथा बाद में उसकी एक अति निम्न जाति बन जाती है। आज भी ऐसी स्थितियाँ बनती देखी जाती हैं। मलिन कार्य करने वाले दलितों से, कोई भी स्वच्छ व्यवसाय करने वाला दलित वैवाहिक संबंध स्थापित करने से गुरेज करता है। ऐसी स्थितियाँ भी प्रगाश की हीन भावना का कारण बनती हैं। स्कूल में उसकी स्थिति एक अति दलित जैसी ही है। उसके सहपाठी उससे दूर रहना चाहते हैं क्योंकि वे जानते हैं कि यह एक मुर्दार उठाने वाले व्यक्ति का बेटा है। इन सब घटनाओं से उत्पन्न स्थितियाँ उसको अति बौना बनाने में सहायक होती हैं। वह इस काम से बचना चाहता है। वह हाथ में पैनी छुरी लेकर खाल नहीं उतारना चाहता। वह दुर्गंध से भरी हड्डा रोडी से बचना चाहता है। वह इस काम से बचने के लिए पशु चराने वाले लड़कों की बुरी संगति में पड़ जाता है। लेकिन अपने पिता के यह समझाने पर कि कोई भी कार्य बुरा नहीं होता, व्यक्ति की सोच ही बुरी होती है, उस पर मनोवैज्ञानिक प्रभाव पड़ता है तथा अपनी हीन भावना पर काबू पाने में समर्थ हो जाता है। इसी प्रकार की हीन भावना से बाहर निकल कर वह रेहडी जलाने के लिए पकड़ा हुआ घासलेट से भरा हुआ कनस्तर, नीचे गिरा देता है तथा रेहडी को लेकर उपजी तमाम हीन भावना एकदम समाप्त हो जाती है। जिस रेहडी ने पूरे परिवार का भरण-पोषण किया हो, वह एक कलंक कैसे हो सकती है? इस प्रकार की मनोवैज्ञानिक घटनाएँ निम्न कार्य को लेकर तथा निम्न जाति को लेकर पैदा हुई हीन भावना को दूर करने में सक्षम सिद्ध होती हैं।

कहानी का केंद्रीय बिंदु जाति को लेकर गर्व करने में नहीं, बल्कि निम्न जाति में व्याप्त कठोर आर्थिक विषमताओं में जूझते हुए दलित वर्ग के विषम जीवन के कटु यथार्थ से संघर्षरत रहने में

ध्वनित होता है। प्रगाश के पिता निधान सिंह का व्यक्तित्व इस मूल-मंत्र से कभी नहीं भटकता। वह स्वयं संघर्षशील तो है ही, अपने बेटे प्रगाश को भी संघर्षशील होने की प्रेरणा देने में कोई त्रुटि नहीं छोड़ता। वह स्वयं भी अपने पैतृक व्यवसाय से कभी हीन भावना से ग्रस्त नजर नहीं आता तथा अपने पुत्र को भी इस हीन भावना से बाहर आने को प्रेरित करता रहता है। उसका व्यक्तित्व एक ठोस चट्टान के सदृश है जो संघर्ष से पीछे कभी नहीं हटता दिखाई देता। वह अपने इस संघर्ष के प्रति इतना सजग है कि अपने बेटे के क्रियाकलापों पर पैनी दृष्टि रखता हुआ, उसको संघर्षों से सदा जूझते रहने की सीख देता है। इस व्यक्तित्व की सबसे बड़ी विशेषता यह है कि वह संघर्षरत रहता हुआ भी अपना मानसिक संतुलन बनाए रखता है। वह अपने विवेक तथा संघर्ष के प्रति प्रतिबद्ध रहने के कारण ही अपने पुत्र को यह समझाने में सफल हो जाता है कि संघर्ष से ही इस नारकीय स्थिति से बाहर निकला जा सकता है।

कहानी की पृष्ठभूमि पंजाब की है, लेकिन इसमें उल्लिखित घटनाएँ व परिस्थितियाँ संपूर्ण भारत के दलित समाज की ही कही जा सकती हैं। मुर्दार उठाना तथा फिर उसकी खाल उतारना जैसे मलिन काम दलित की ही विरासत बना दिए गए हैं। वह चमड़ा कमाता है, जूते बनाता है तथा हड्डा रोडी की दुर्गंध में सारा-सारा दिन बड़े मनोयोग से काम करता है। उसका आँगन इन्हीं दुर्गंध भरी खालों से पटा रहता है। वह गाँव से हट कर रहता है जिसे लोग छूने से भी डरते हैं। वह जिस स्थान पर रहता है, वहाँ से सवर्ण जाति के लोग नाक-मुँह ढक कर ही गुजरते हैं। यही चित्र संपूर्ण भारत के दलित परिवार और उसके व्यवसाय का हो सकता है। सूखे हुए चेहरे, बेजान टाँगों से अपना वजूद उठाए दलित की स्थिति कहीं भी भिन्न दिखाई नहीं देती। मुर्दार की खाल निकालने के बाद मुर्दार माँस खाकर जीने की बेबसी को झेलते रहे। दलित साहित्य विशेषकर आत्मकथनों में इसका बहुत विवरण मिलता है। डॉ. अम्बेडकर कई बार दलितों को मुर्दार खाने से रोकते रहे हैं। त्रासदी यह है कि आज भी देश के कई भागों में मुर्दार न खाने का आह्वान किया जिसे स्वीकार करके दलितों ने मुर्दार खाना छोड़ दिया और मलिन कार्य करने भी छोड़ दिए हैं। दलित मुक्ति के प्रयासों के अंतर्गत दलितों को उनकी सामाजिक-आर्थिक स्थिति को बदलने के लिए डॉ. अम्बेडकर ने 'शिक्षित होने, संघर्ष करने और संगठित होने' का नारा दिया था जिसे लगभग भारत के सभी दलितों ने स्वीकार कर जीवन में लागू किया। कहानी में शिक्षा के महत्त्व पर बहुत प्रकाश डाला गया है। यह कहानी का एक सशक्त पहलू है। कहानी के पात्र प्रगाश तथा उसका बापू निधान सिंह द्वारा शिक्षा किसी एक जाति की विरासत नहीं है और शिक्षा ही दलित जीवन में नया बदलाव ला सकती है, इसके महत्त्व को पहचाना और उस पर अमल किया। वास्तविकता का यह पक्ष प्रस्तुत कहानी में बहुत सशक्त रूप में सामने आता है। प्रगाश के बापू के मार्मिक संवाद, पाठक के समक्ष, शिक्षा के महत्त्व को भली-भाँति उभारने में सक्षम होते हैं।..... 'मेरी तो सारी उम्र निकल गई गंदगी में हाथ चलाते हुए...एक तुम पर आशा लगी थी कि पढ़-लिखकर सुख देगा, परंतु तू....?' जैसे संवाद शिक्षा की अनिवार्यता को सिद्ध करते हैं।

जाति व्यवस्था ने समाज के दलित वर्ग को नारकीय जीवन बिताने पर मजबूर करके मानवता के प्रति अन्याय किया। इस कहानी में उल्लिखित घटनाएँ इस वास्तविकता से हमें रू-ब-रू कराती हैं। दलित साहित्य का उद्देश्य भी यही है कि जाति उन्मूलन से ही समाज में समता की भावना विकसित होकर समतावादी समाज में दलित को स्वतंत्र नागरिक की पहचान हासिल होगी। इस

कहानी ने दलित जीवन की भीषण सच्चाइयों को उघाड़ कर सबके सामने प्रस्तुत किया है। निम्न जाति के बारे में घृणा भाव एक बीमार समाज की सोच को दर्शाता है।

प्रश्न 24. 'बिच्छू' कहानी की कथावस्तु और संवेदना पर प्रकाश डालिए।

उत्तर– कहानी में एक ओर जाति की पहचान को छुपाकर सवर्णों के बीच सम्मान से जीने की इच्छा तो दूसरी ओर हीनताबोध से मुक्ति की छटपटाहट के बीच फँसे दलित अधिकारी की मानसिक दशा को बताया गया है। कहानी का ताना-बाना इसके मुख्य पात्र इन्द्रसिंह कटारिया, जो जाति से चमार है, उनके इर्द-गिर्द बुना गया है। जो लोग अब चमड़े का काम नहीं करते उनको भी चमार ही कहा जा रहा है क्योंकि आज यह शब्द जाति में परिवर्तित हो चुका है। जाति के अर्थ यहाँ एक अपरिवर्तनशील प्रक्रिया से ध्वनित होते हैं अर्थात् इसमें जन्म से लेकर मृत्युपर्यन्त दलित व्यक्ति इसके चंगुल से कभी आजाद नहीं हो सकता। इन्द्रसिंह कटारिया के साथ कुछ ऐसा ही घटित होता दिखाई पड़ता है। वह एक कुशल अधिवक्ता है। अपनी जाति छुपाने में ही वह अपनी तथा अपने काम की भलाई देखता है। अपने नाम के पीछे 'कटारिया' उपजाति लगाना उसकी इसी मानसिकता का परिचायक है। लगभग यही मानसिकता उसके वरिष्ठ अधिवक्ता 'चोपड़ा' की भी है। वह भी एक अति निम्न जाति 'मेहतर' से संबंधित है। उन्हें यह भय होता है कि यदि लोगों को उनकी जाति का पता चल गया तो वे जीवन में आगे नहीं बढ़ पाएँगे। वर्ण व्यवस्था कभी भी यह आज्ञा नहीं देती कि कोई निम्न जाति का व्यक्ति अपना पैतृक काम छोड़कर अन्य स्वच्छ व सम्मानित कार्य करे। अन्यथा निम्न जाति को छुपाना चोपड़ा तथा इन्द्रसिंह कटारिया की अनिवार्यता क्यों बन जाती है। इन्द्रसिंह के नाम के आगे कटारिया चिपकाना एक स्वाभाविक सी प्रक्रिया लगती है। कभी जब इन्द्रसिंह कटारिया चोपड़ा के पास वकालत के दाँव-पेंच सीखा करता था कटारिया की पत्नी चोपड़ा की पत्नी को नापसंद किया करती थी। खुद इन्द्रसिंह भी चोपड़ा की अधीनता को स्वीकार नहीं कर पाता है। इसके पीछे सबसे बड़ा कारण चोपड़ा का अति निम्न जाति का होना है। जिस प्रकार उच्च जाति वाला व्यक्ति अपने से एक पायदान नीची जाति को नीच समझता है उसी प्रकार निम्न जाति वाला व्यक्ति, अपने से एक पायदान वाली नीच जाति से स्वयं को श्रेष्ठ घोषित करने में संतुष्टि का अनुभव करता है। यही जाति का कटु यथार्थ है।

दोनों जब मिलते हैं तो एक-दूसरे को 'चोपड़ा साहेब' तथा 'कटारिया साहेब' जैसे सम्मानपूर्वक शब्दों में अभिवादन करते हैं। उनका यह परस्पर व्यवहार का प्रदर्शन भारतीय समाज की आंतरिक दशा को प्रकट करता है। भारत का वर्तमान समाज इन्द्रसिंह कटारिया तथा चोपड़ा की इसी मानसिकता का प्रतिनिधित्व करता हुआ दिखता है। यहाँ विभिन्न जातियों वाले लोग परस्पर मिलते-जुलते दिखाई तो अवश्य देते हैं, लेकिन उनकी आंतरिक मनोदशा इसके विपरीत होती है।

इन्द्रसिंह कटारिया तथा चोपड़ा, दोनों ही जातीय हीन भावना से पूर्णतया मुक्त हो चुके हैं। सरकारी योजना का लाभ मिलने तथा सरकारी छात्रवृत्तियों की सहायता को वे अब अपने दिमाग से निकाल चुके हैं। उस याद को उन्होंने भूला दिया है जब चपरासी के यह कहने पर कि 'एस. सी. लड़के अपनी-अपनी छात्रवृत्ति दफ्तर से जा कर प्राप्त कर लें', के समय में महसूस होने वाली आत्म-ग्लानि से वे अब भी उबरे नहीं तब सारी कक्षा उनको हेय दृष्टि से देखती होगी। ऐसा अनुभव लगभग उन सभी दलित विद्यार्थियों को झेलना पड़ता है जो स्कॉलरशिप लेकर अपनी पढ़ाई पूरी

करने की चाह में सरकारी अनुदान ग्रहण करते हैं। स्कूल के तथाकथित उच्च जाति के अध्यापक तथा बच्चे जिन नजरों से टटोलते हैं, उसका अनुभव वही व्यक्ति कर सकता है जो सोपानीकृत व्यवस्था के कारण आर्थिक अभाव को झेलता है। इन्द्रसिंह कटारिया तथा चोपड़ा इसी प्रकार की चुभन से गुजर चुके हैं। अब उनका लक्ष्य सिर्फ यही है कि वे जैसे-तैसे भी अपनी जाति को छुपा कर समाज के एक सम्मानित अंग बन कर जिएँ। इसलिए उनका उठना-बैठना तथाकथित उच्च जाति के घरों में रहता है। उनके साथ ही वे अपना दुःख-सुख बाँटते हैं। ऐसा लगता है कि वे अपने अतीत को जला कर राख कर देना चाहते हैं। साथ ही अपनी जाति की जोंक को अपने बदन से दूर झटक देना चाहते हैं। उनकी आँखें अब हरा-भरा मैदान देखना चाहती हैं, सूखे चटियल मैदानों से वे अब कोई संबंध नहीं रखना चाहते। ऐसी धारणाएँ उस प्रत्येक व्यक्ति की हो सकती हैं जो सूखे मरुस्थल से गुजर कर हरे-भरे प्रदेश में पहुँचा हो। वह पुनः मरुस्थल का विचार तक भी अपने जहन में उतरने नहीं देता।

इन्द्रसिंह कटारिया के भवन की ऊपरी मंजिल निर्मित हो रही है। घर-आँगन में मजदूरों की खूब रेल-पेल दिखाई पड़ रही है। मॉडल टाऊन जैसे संभ्रात मुहल्ले में बनी कोठी की ऊपरी मंजिल तैयार हो रही हो तो इन्द्रसिंह को आरा मशीन की कर्कश आवाज भी मधुर प्रतीत होती है। घर में एक उत्सव का माहौल है। कोठी में लगाने के लिए लाल पत्थर भी रखा हुआ है। ऊपरी मंजिल की दीवारें लगभग ऊपर उठ चुकी हैं। छत डालने के लिए कुछ और मजदूरों की आवश्यकता पड़ने पर और अधिक मजदूरों को लाने के लिए उसे जाना है। उसे आशंका है कि उसके जाने के बाद मजदूर मन लगाकर काम नहीं करेंगे। उसे पुनः अपना अतीत स्मरण हो आता है जब वह स्कूल में पढ़ता हुआ छुट्टी वाले दिन दिहाड़ी किया करता था। यह स्थिति बहुत से दलित परिवारों में अब भी देखने को मिलती है। बहुत से विद्यार्थी अब भी अपनी पढ़ाई का खर्च इसी प्रकार दिहाड़ी कमा कर पूरा करते हैं। इसी बीच इन्द्रसिंह कटारिया का ध्यान अपनी नेम प्लेट की ओर चला जाता है। उसको प्लेट पर खुदा हुआ अपना नाम ही एक हँसी मात्र लगता है। उसका अतीत फिर उभर आता है। दसवीं पास करने के बाद भी वह अपनी उपजाति 'जुल्लड़' लिखा करता था जिस पर उसके सहपाठी हँसी-मजाक किया करते थे। उसके पुरखे बुनकरों का काम किया करते थे। बी.ए. के अंतिम वर्ष में उसने अपने नाम से जुल्लड़ हटा कर एक अन्य गोत्र 'अणखी' चिपका लिया था। अन्य नवयुवकों की भाँति उसने उन दिनों कविता लिखना भी आरंभ कर दिया था। एल.एल.बी. करने के बाद उसने यह नाम भी अपने नाम से हटा लिया था। स्कूल के बाद विश्वविद्यालयों तक की यात्रा इसी प्रकार के मानसिक परिवर्तन का सूचक है। कहानी का पात्र भी इसी मानसिक परिवर्तन का शिकार है। वह अपने अतीत से घृणा करता हुआ साँप की भाँति जर्जर हो चुकी पुरानी केंचुली को उतार फेंकना चाहता है। लेकिन वह यह नहीं जानता कि इस जन्म में तो जो जाति उसकी है वह उसी के साथ चिपकी रहेगी। युवा मन एक नया परिवेश ढूँढ़ता है। शायद यह एक अवश्यंभावी परिवर्तन की प्रक्रिया है जिससे प्रत्येक युवा मन प्रभावित होता है।

प्रश्न 25. 'बिच्छू' कहानी में अभिव्यक्त दलित अस्मिता एवं संघर्ष चेतना को रेखांकित कीजिए।

उत्तर– एक अच्छे सरकारी पद पर कार्य करने वाले कटारिया की आज की आर्थिक स्थिति से वह अतीत में झेली गरीबी, दरिद्रता और जिल्लत भरी जिंदगी की तुलना करके, उसे भूल जाना

चाहता है। जिस जिंदगी को उसने अपने बचपन में झेला था। एक नई पहचान के लिए आज भी उसका मानसिक द्वंद्व जारी है। उन दर्द भरी यातनामयी यादों से छुटकारा पाने की कोशिश में यादें पुनः-पुनः उसे गुजरे हुए अनुभवों की ओर ले जाती हैं। कटारिया जब सब्जी मंडी के पास से गुजरे तो सब्जी मंडी उसकी स्मृति में उभर उठी। उसका पिता यहाँ से सब्जी खरीद कर साइकिल पर लाद गाँव-गाँव बेचा करता था। एक पूरी बोरी उसकी साइकिल पर लदी होती थी और उस लदी साइकिल को वह बहुत कठिनाई से खींचा करता था। उसके पिता का जाति भेद के प्रति बहुत पुराना और कड़वा अनुभव था। उसके पिता को अब भी भली-भाँति स्मरण है कि जब वह ऊँची जाति वालों के दिहाड़ी पर जाया करते थे तो जाट मालिक जब कभी उन्हें खाने की कोई वस्तु दिया करते थे तो वे दूर से ही खाने वाली वस्तु को उछाल दिया करते थे जिसे उन्हें लपकना पड़ता था। उन दिनों एक परंपरा यह भी थी कि यदि कोई दलित किसी जाट या ऊँची जाति के बर्तनों में पानी या खाना खा लेता था तो इन बर्तनों को आग में तपा कर शुद्ध किया जाता था। चपातियों को बाँटते समय ऊपर से ही गिराया जाता था ताकि उनके हाथों से छूने से छूत न चिपक जाए। इस भयानक अनुभव से बचने का एक ही उपाय था; वह था जाटों से संपर्क तोड़ देना। जाटों से संपर्क तोड़ देने का अर्थ था भूखों मरना या अन्य कोई पेशा अपनाना। इन्द्रसिंह कटारिया का पिता जाटों वाला खेती का काम छोड़ कर सब्जी बेचने का काम करने लगता है। इस वृत्तांत में एक क्रांतिकारी संदेश यह प्रसारित होता है कि अपना परंपरागत पेशा छोड़ कर आधी मानसिक दासता स्वतः समाप्त हो जाया करती है। इन्द्रसिंह कटारिया का पिता भी यह अनुभव करता है। उसके बाद उसे लगता है कि जैसे उसकी जाति बदल गई हो। वह गाँव-गाँव घूम कर सब्जी बेचा करता और घर लौटते समय उसकी साइकिल के साथ लटकी झोली अनाज के दानों से भरी होती। उन दिनों वस्तु का विनिमय नकद बहुत कम हुआ करता था। दुकान से या फेरी वाले से कोई वस्तु खरीदनी होती थी तो उसके एवज में अनाज दिया जाता था। दलित वर्ग इसी प्रकार खाने-पीने की वस्तुएँ प्राप्त किया करता था। कटारिया का पिता महसूस करता है कि उससे कोई उसकी जाति नहीं पूछता।

इन्द्रसिंह कटारिया को ये बातें सोचते हुए हँसी आ जाती है। उसके पीछे बैठा जाटों का लड़का उससे पूछ बैठता है कि उसका गाँव कौन-सा है। कटारिया उसके गाँव का नाम सुनकर चौंक उठता है क्योंकि यह उसका ननिहाल है। उसे लगता है कि उसने इस लड़के को कहीं देखा हुआ है। कटारिया का मामा गुल्लू गुजण जमींदार का नौकर था। उसी जमींदार का एक सुंदर-सा गाजर-सा लाल लड़का हुआ करता था। कटारिया अनुमान लगाता है कि शायद यह वही लड़का हो। दूसरे ही पल कटारिया इस अनुमान को रद्द भी कर देता है। इसी बीच वह अपने भीतर उपजी खुशी, गर्व तथा ईर्ष्या से आंदोलित हो उठता है जब वह पंजाबी लड़का यह सूचित करता है कि वह अपना खाना साथ नहीं लाया इसलिए वह उनके यहाँ खाना भी खाएगा। कटारिया अब उससे और बातचीत नहीं करना चाहता क्योंकि उसे यह भय बना रहता है कि और अधिक जान-पहचान बढ़ेगी तो यह पहचान उसके अस्तित्व पर जाकर ही समाप्त होगी। यह एक प्रकार की भारतीय मानसिकता है कि जब दो अपरिचित व्यक्ति मिलते हैं तो एक-दूसरे का नाम तथा पेशा जानने की पृष्ठभूमि में अधिकतर उसकी जाति टटोलने की प्रक्रिया छुपी रहती है। निम्न जाति वाला व्यक्ति इन प्रश्नों से सदैव बचना चाहता है, लेकिन ऊँची जाति वाला व्यक्ति इन प्रश्नों का सामना बड़ी शान से तथा आत्मविश्वास से करता देखा गया है। इन्द्रसिंह कटारिया भी इस स्थिति से बचने की प्रक्रिया

अपनाना चाहता है। उसकी मानसिकता पर इन प्रश्नों से बचने का दबाव सदैव बना रहता है। वह इन नाजुक पलों में संवादहीनता ही पसंद करता है। उसका मानना है कि 'ज्यादा बातें करने से सारे पर्दे उठने लगते हैं। ऐसा आदमी अपनी ही दृष्टि में गिर जाता है' आदि। एक सम्मानित कॉलोनी में रहने तथा सम्मानित पेशा अपनाने के उपरांत भी एक निम्न जाति वाला व्यक्ति कभी अपनी जाति से उपजी कुंठा से पीछा नहीं छुड़ा पाता; बल्कि इन प्रश्नों से वह और भी अधिक भयभीत दिखाई पड़ता है। वह दूसरों की दृष्टि में सम्मानित बना रहे, इसके लिए जाति को छुपाना ही श्रेयस्कर मानता है। कहानी का यह भाग निम्न जाति के भी उठे द्वंद्व को बहुत महीनता से वर्णित करता है तथा जाति से उपजे दंश को इन्द्रसिंह की मनोदशा द्वारा गहराई से व्यक्त करते आगे बढ़ता है। इन्द्रसिंह का स्कूटर जब टैंपू-ट्राली यूनियन के सामने से गुजर रहा होता है तो उसके पीछे बैठे पंजाबी युवक ने स्कूटर थोड़ी देर के लिए रोकने को कहा तो कटारिया ने स्कूटर रोक दिया लेकिन इससे उसे झुंझलाहट भी होती है।

वह पंजाबी युवक उसके स्कूटर से उतरकर सामने खड़े एक ट्रक के चालक से बतियाने लगता है। वह उस ट्रक चालक के पास अपनी पगड़ी के एवज में कुछ पैसे उधार लेता है तथा कहता है कि वह उसके पैसे लौटाकर अपनी पगड़ी वापिस ले लेगा। ट्रक चालक जब अपना ट्रक आगे बढ़ा लेता है तो वह पंजाबी युवक थूकता हुआ अपनी घृणा का प्रदर्शन यह कहते हुए करता है कि 'यह साला कंजर चमार अब सीधे मुँह बात भी नहीं करता, ड्राइवर क्या बन गया, साहब समझने लगा है स्वयं को।' कहानी के इस भाग में जाति के अंदर छुपी घृणा का आभास दिखाई पड़ता है। जिस ड्राइवर से वह कुछ धनराशि उधार लेता है, उसको ही जाति के नाम की भद्दी गालियाँ देकर अपनी घृणा का प्रदर्शन करता है। उसका यह व्यवहार कटारिया को अवाक् कर देता है। कटारिया को यह घृणा से लबरेज संवाद सुनकर बहुत क्रोध आना स्वाभाविक ही है। वह उसका मुँह तमाचे मार-मार कर तोड़ देना चाहता है तथा उसका हुलिया बिगाड़ देने की इच्छा रखता है। इस घटना से उसका यह अनुमान तो शत-प्रतिशत सही सिद्ध होता है कि यह पंजाबी लड़का जाटों का ही लड़का है। वह लड़का उसको इस घटना का पूर्ण विवरण बताता है कि 'यह ड्राइवर हमारे गाँव के चमारों का लड़का है कल मेरी दिहाड़ी नहीं लगी थी इसलिए मैंने इससे 20 रुपए माँगे थे, साले ने पगड़ी रख कर पैसे दिए।' कटारिया को यहाँ पर यह आत्म-संतुष्टि प्राप्त होती है कि इसने मुझे पहचाना नहीं। निस्संदेह जाति छुपी हुई ही भली प्रतीत होती है। भारतीय समाज में जाति छुपाई जा रही है, इसको खत्म नहीं किया जा रहा—कहानी का यह अंश पूर्णतया इसी उक्ति को दोहराता हुआ प्रतीत हो रहा है। यहाँ त्रासदी इस बात को लेकर है कि जिन्हें जाति को नष्ट करने के लिए अग्रिम पंक्ति में दिखाई देना चाहिए, वे ही इसे सौ पर्दों में ढँकने के प्रयास में लगे हुए दिखाई पड़ रहे हैं। अतः दलित साहित्य का लक्ष्य दलित समाज को स्वाभिमान एवं उनकी अस्मिता के लिए कृत संकल्प होकर जूझने का संदेश है।

प्रश्न 26. जातिगत पहचान को छुपाने की कुंठाग्रस्त मानसिकता को कहानी 'बिच्छू' के माध्यम से रेखांकित कीजिए।

उत्तर— कटारिया अपनी जाति तो छुपा लेता है लेकिन फिर भी उसके दिल में कहीं-न-कहीं अपनी जाति को लेकर डर बना रहता है कि कहीं कोई उसकी जाति को पहचान न ले। वह अपनी

जातिगत पहचान को छुपा कर नया नाम धारण करने के बावजूद और आर्थिक रूप से सबल होने पर भी सदैव जाति कुंठा से ग्रस्त रहता है क्योंकि उसे हर समय यह डर लगा रहता है कहीं जान-पहचान वाला उसकी इस पहचान को कहीं खोल न दे। मिस्त्री का काम करने आया पंजाबी लड़का उसे जाना-पहचाना लगने लगता है, तो यह डर और गहरा होने लगता है। निर्माण का कार्य कर रहा मिस्त्री वह पंजाबी लड़का अपने कार्य में अनुभवहीन लगता है। सीमेंट में अधिक मात्रा में पानी मिला देने के कारण वह लड़का इन्द्रसिंह कटारिया के कोप का भाजन बनता है। वह उस लड़के को काम से हटा कर एक 'भइया' को उसकी जगह लगा देता है। वह लड़का वस्तुत: अपने काम से जी चुराने का आदी लगता है। वह प्रत्येक कार्य को धीमी गति से करने में विश्वास करता है। उदाहरणतया जब वह ईंटें उठाने का कार्य करता है या ईंटों को भिगोने पर लगाता है तो सब कार्य धीमी गति से करता है। कटारिया उसे तेज कार्य न करने के कारण उसके स्वास्थ्य के बारे में पूछता है ताकि उसे यह एहसास हो कि उस पर तीक्ष्ण दृष्टि रखी जा रही है। वह उस लड़के का नाम भी पूछता है। लड़का अपना नाम 'हरदम' बताता है। लड़के का नाम ज्ञात होते ही कटारिया एकदम चिंहुक उठता है। उसे एहसास होता है जैसे किसी बिच्छू ने डंक चुभो दिया हो। उसके जहन में गज्जण जमींदार के गाजर रंग के लड़के का वजूद उभर आता है। उसे उस लड़के का स्मरण हो आता है जो कि उसके पीछे-पीछे घूमता रहता था। कटारिया के मुँह से गंदी-सी गाली एकदम रेंग गई। वह उसको वहीं छोड़ कर नीचे पत्नी के पास आ गया जो कि टी.वी. पर कोई सीरियल देख रही थी। वह थोड़ी देर वहाँ रुका फिर शीघ्रता से ऊपर आ गया। वह पंजाबी लड़का एक ईंट के टुकड़े से अपनी जूती खुरचने में लगा हुआ था। ऊपर आते ही उसने उस पंजाबी युवक से उसके परिवार का नाम पूछा। लड़के ने जिस गोत्र का नाम लिया था वह कटारिया की ननिहाल के घर के सामने ही था। अब उसे पूर्ण विश्वास हो चला था कि यह सचमुच ही गज्जण सिंह का ही लड़का था। लेखक यहाँ कटारिया की मनोस्थिति का वर्णन करते हुए कहता है कि उसकी छाती जैसे गर्व से फूल जाती है। उसे गर्व होता है कि उसने एक ऊँची जाति जाट को अपने यहाँ मजदूर लगा कर जैसे कोई पुराना बदला चुका लिया है। लेखक की इन पंक्तियों में जाति में निहित एक विशेष प्रकार के मनोविज्ञान की झलक मिलती है। इस कहानी का केंद्रीय चरित्र इन्द्रसिंह कटारिया उस समय वैसा ही महसूस कर रहा था जैसे ऊँची जाति सदियों तक निम्न जाति को अपने पाँवों पर बिछते हुए देखकर अपनी जातिगत उच्चता पर गर्व करती रही है। यह मनोविज्ञान भारत की सभी जातियों पर प्रभावी देखा जा सकता है। अपने से निम्न को हेय दृष्टि से देखता है, वैसा ही कहानी के इन दोनों पात्रों द्वारा महसूस किया जा रहा है।

इस पंजाबी युवक हरदम को शायद नशे की लत भी है। चाय के समय वह पानी के साथ एक गोली गटक लेता है। कटारिया निरंतर उस लड़के की गतिविधियों पर दृष्टि रखे हुए है। वह महसूस करता है कि यह लड़का निरंतर काम से जी चुरा रहा है तथा ईंटें रखकर सीढ़ियों में ही बैठा हुआ है। उसकी दृष्टि कुछ विशेष वस्तु को ताक रही है। लेखक के अनुसार उसका ध्यान भी उखड़ा-उखड़ा दिखाई पड़ रहा है। वह किसी और ही दुनिया में गुम दिखाई पड़ रहा है तथा अपने होठों को बना-बिगाड़ रहा है। मुँह से वह कुछ बुदबुदा भी रहा है। कटारिया इसका कारण पूछते हुए उसे घर जाने की सलाह भी देता है। कटारिया को यह पूर्ण विश्वास हो चला है कि यह जाटों का लड़का किसी मद्यपान का आदी है। वह उसको काम से हटाने का मन बना रहा

होता है, क्योंकि लेखक के अनुसार उसे यह भय है कि काम की उसकी धीमी गति अन्य कार्यरत मजदूरों को भी प्रभावित कर सकती है। लड़के ने अपनी मदमस्त आँखों से कटारिया को झाँका। वह लड़के की दृष्टि की चुभन को पता नहीं क्यों सहन नहीं कर पाया।

वह लड़का अब तेजी से कार्य कर रहा था। कटारिया यह समझने में असमर्थ था कि लड़के में इतनी चपलता अचानक कहाँ से प्रवेश कर गई है। वकील कटारिया यहाँ देखता है कि यह पंजाबी लड़का हरदम टी.वी. के सामने बैठी उसकी पत्नी को देखता हुआ एक कुटील-सी हँसी हँसता हुआ आगे बढ़ जाता है तथा मुँह से बुदबुदाता है कि–'जो भी हो, है यह वही...।' कटारिया को इस जाट लड़के की भाव-भंगिमाएँ जरा भी नहीं सुहातीं। वह उसके दाँत तोड़ देना चाहता है। परंतु वह अन्य मजदूरों की उपस्थिति के कारण ऐसा करने में असमर्थ होता है। कहानी के इस अंश का विवरण ठीक वही स्थितियाँ उत्पन्न करता है जो कि किसी व्यक्ति द्वारा अपनी जाति छुपाने में असमर्थ रहने पर पैदा होती हैं। इस अंश में कहानी का केंद्रीय पात्र अधिवक्ता इन्द्रसिंह कटारिया उस पंजाबी युवक की जाति को चिह्नित तो कर लेता है लेकिन वह स्वयं इस तथ्य से अनभिज्ञ दिखाया गया है कि वह जाटपुत्र भी उसकी जाति की खोज कर चुका है। वह उसकी भाव-भंगिमाएँ महसूस कर अपने मन में भारी-भरकम गालियाँ देकर अपना क्रोध शांत कर लेता है। वह यह महसूस करता है कि यह लड़का उसकी पत्नी को उसके सुंदर होने के कारण देख रहा है लेकिन लड़का उसकी सुंदरता को नहीं, उसकी जाति की पहचान को पुख्ता करने के लिए लगातार उसकी ओर निहार रहा है। वकील कटारिया इस स्थिति से यहाँ नितांत बेखबर दिखाई पड़ता है। इसी धुन में वह अपनी पत्नी को भी यह एहसास करवा देता है कि यह लड़का तुम पर लट्टू हो रहा है।

ईंटें उठाता हुआ हरदम अचानक कटारिया के सामने तन कर खड़ा हो जाता है तथा अर्द्ध नशे की दशा में उसके सामने प्रश्न उछाल देता है कि उसकी गाँव कोट फत्तेह में क्या रिश्तेदारी है? कटारिया साफ मना करते हुए उत्तर देता है कि उसकी वहाँ कोई रिश्तेदारी नहीं। लेकिन इस उत्तर को नकारता हुआ वह लड़का जैसे कटारिया को धरती पर पटकने की पूरी तैयारी किए बैठा हो। वह बिना किसी भूमिका के कटारिया को कह देता है कि उसे तो लगता है कि जैसे गुल्लू चमार के घर उनकी कोई रिश्तेदारी अवश्य है। कटारिया तो जैसे इस उद्घोषणा से अर्श से फर्श पर आ गया हो। उसका हृदय जैसे बेंध दिया गया हो। कटारिया इस क्रोध, हीनता तथा ग्लानि की स्थिति से उभरना चाहता है। वह इस रिश्तेदारी को एकदम नकारना चाहता है तथा हरदम को यह कहकर कि उसकी वहाँ कोई सगी रिश्तेदारी नहीं, वह अपना चुपचाप काम करे। वह इसी आहत अवस्था में अपने मकान की सीढ़ियाँ उतर नीचे आ जाता है। लेकिन उसके भीतर एक अंतर्द्वंद्व छिड़ जाता है। वह सोचता है कि उसने यह सफेद झूठ क्यों बोला। क्या यह सफेद झूठ बोलने से उसका अपना ननिहाल छूट जाएगा क्या? ऐसे बहुत से प्रश्न उसके अंतर्मन में उत्पन्न हो जाते हैं। दूसरे ही क्षण वह सोचता है कि यह झूठ तो वह कई सालों से कहता चला आ रहा है। वह जुल्लड़ से कटारिया बना बैठा है। इस बोझ को हल्का करने के लिए वह स्वयं ही तर्क उठाने लगता है। वह सोचता है कि यह आवश्यक तो नहीं है कि वह जुल्लड़ बनकर उनकी दासता स्वीकार करता रहता।

इस घटना के उपरांत कटारिया को लगने लगा कि वह सामने से निकलता हुआ उसका उपहास उड़ा रहा है। वह उसके समक्ष स्वयं को बौना महसूस करने लगा। उसे ऐसा प्रतीत होने

लगा कि वह एक वकील होते हुए भी इस धरती का अति क्षुद्र जीव है। कहानी का यह अंश निम्न जाति से उपजी हीन भावना से ओत-प्रोत दिखाई पड़ता है। महान् से महान् व्यक्ति भी इन स्थितियों में स्वयं को असहाय पाता है। कोई भी मनोविज्ञान उसको इस स्थिति से उबार नहीं पाता। उसका पूर्ण वजूद जैसे झुलस जाता है।

प्रश्न 27. निम्न जाति के बोध से उत्पन्न कुंठा से बौना होते व्यक्तित्व पर एक टिप्पणी कीजिए।

उत्तर— निम्न जाति बोध से उत्पन्न कुंठा एक अच्छे-भले, खाते-पीते व्यक्ति को अपनी ही नजर में बौना बना देती है। उसको अपनी जाति के मालूम हो जाने का डर सदैव बना रहता है। इसी वजह से वह हमेशा एक कुंठा से घिरा रहता है क्योंकि जाति व्यवस्था न केवल सामाजिक श्रेणी निर्धारित करती है बल्कि सांस्कृतिक और आर्थिक संबंधों को भी तय करती है।

दोपहर का समय हो चुका था। मजदूर तथा मिस्त्री खाना खाने नीचे आ चुके थे। वे नीचे के नल से हाथ धोने लगे थे। कटारिया इस प्रतीक्षा में था कि वह जाट लड़का हरदम उससे खाना माँगेगा। वस्तुत: हरदम ने मजदूर मंडी से आते समय कटारिया से कह दिया था कि वह दोपहर का खाना उनके यहाँ खाएगा। वह सोच रहा था कितना अच्छा लगेगा जब एक जाट का लड़का उससे माँग कर खाना खाएगा। वह इसी समय का इंतजार करता है कि कब वह आकर उससे खाना माँगेगा और यह मुझपे होगा कि मैं उसको कैसे खाना दूँ। थाली में दे या अचार डाल कर दूर से ही फेंक दे। जब कुछ देर तक वह लड़का खाने के लिए नहीं आया तो वह खुद ही उसको देखने निकल पड़ा। वह उसे अंदर ला कर खाना खिलवाना चाहता था। यदि उसको कटारिया की जाति का पता चल ही गया है तो क्या हुआ। कटारिया उसको खाना खिला कर अपनी हीन भावना से उबरना चाहता था। भीतर वह शीशे के सामने खड़ा यही सोच रहा था। सामने से हरदम आता हुआ दिखाई दिया। उसने बाएँ हाथ का अंगूठा दाएँ हाथ से दबाया हुआ था। पहले तो कटारिया को यह सोच कर बुरा लगा कि यह सीधा अंदर घुसा चला आ रहा है। फिर उसका अंगूठा देख कर वह थोड़ा-सा नर्म पड़ गया। वह सीधा अपना अंगूठा पकड़े कटारिया के पास आ खड़ा हुआ। हरदम के चेहरे पर वेदना के चिह्न कहीं नहीं दिखाई पड़ रहे थे। कटारिया के पूछने पर उसने बताया कि उसके अंगूठे पर बिच्छू ने डंक मारा है। कटारिया ने उसके अंगूठे को बहुत ध्यान से देखा। उसको अंगूठे पर किसी भी प्रकार के डंक का निशान दिखाई नहीं पड़ा। कटारिया ने भाँप लिया था कि यह लड़का या तो काम से जी चुराना चाहता था या यहाँ से भागना चाहता था, क्योंकि इस धूप से तपती ईंटों में बिच्छू होने की संभावनाएँ बहुत कम थीं। लड़के ने अपनी आधी दिहाड़ी के तीस रुपए माँग लिए थे। उसका कहना था कि वह बाहर जाकर टीका वगैरह लगवाना चाहता है। वस्तुस्थिति ऐसी नहीं थी। वह वहाँ से निकल जाना चाहता था। कटारिया ने उसके चेहरे को बहुत ध्यान से देखा था। कटारिया ने उसकी आँखों में किसी प्रकार की वेदना के चिह्न नहीं देखे। उसको उसकी आँखों में वेदना के स्थान पर कुछ व्यंग्य के चिह्न उभरे दिखाई पड़े। उसे लगा कि उसकी आँखें जैसे घोषित कर रही हों कि उसने कटारिया की असली पहचान सात समुद्रों से भी निकाली हो क्योंकि उसने उसके भीतर छुपे गुल्लू चमार के भानजे को ढूँढ़ निकाला था। हरदम का यह व्यवहार कटारिया को उचित ही बिच्छू के डंक जैसा अनुभव होता है।

इस कहानी की अंतिम पंक्तियाँ बहुत मार्मिक बन पड़ी हैं। लेखक का यह कथन कि इस बिच्छू का डंक उस जाट-पुत्र हरदम को नहीं, बल्कि कटारिया के संपूर्ण वजूद को लगा है, कहानी के सारांश को व्यक्त कर जाता है। इस प्रकार यह कहानी अपनी अंतिम पंक्तियों द्वारा जाति-पाँति के दंश को बखूबी चित्रित करने के साथ-साथ भारतीय समाज में व्याप्त इस विसंगति को उसके गर्भ से उभार कर, ऊपरी सतह पर ले आने में सक्षम है। कहानी के पात्र–चोपड़ा तथा कटारिया के चरित्रों द्वारा यह सिद्ध करने में भी सफल है कि जातियों में व्याप्त उपजातियों का दर्शन वर्ण व्यवस्था की कड़ियों को और भी अधिक सुदृढ़ करता आ रहा है। अतरजीत की कहानी 'बिच्छू' निम्नता बोध के एहसास से दबे एक दलित सरकारी अधिकारी की अस्मिता, संघर्ष को रूपायित करने में अत्यंत सफल हुई है।

प्रश्न 28. '**बिच्छू' कहानी में मजदूर दलित वर्ग की जीवन व्यथाओं को मुखर किया गया है। सोदाहरण स्पष्ट कीजिए।**

उत्तर– 'बिच्छू' कहानी का नायक नया मकान बनाने की योजना बना चुका है और अपने मकान की छत डालने के लिए मजदूरों की मंडी में पहुँचे इन्द्रसिंह कटारिया को दूर तक मजदूरों की भीड़ दिखाई पड़ रही है। हाथों में अपने-अपने औजार पकड़े, बीड़ियाँ फूँकते आते-जाते प्रत्येक व्यक्ति पर नजरें गड़ाए हम अक्सर देखते हैं। सब्जी मंडी में जिस प्रकार तरकारी का ढेर लगा होता है, मजदूरों की मंडी में अपने पिचके हुए चेहरे लिए हुए मजदूरों का जमावड़ा लगा होता है। सभी की आँखों में एक आशाभरी तथा निवेदनयुक्त परछाइयाँ लहराती हुई अक्सर देखी जाती हैं। एक-आध दिन की दिहाड़ी के लिए उनकी आँखों में कई-कई हजार मिन्नतें भरी होती हैं। इन्द्रसिंह कटारिया भी जब वहाँ पहुँचता है तो मजदूरों का रेला उसकी ओर लपकता है। इन मजदूरों में अधिकतर दुर्बल, ठिगने, बिहारी, पंजाबी तथा उत्तर प्रदेश के मजदूर हैं। ऐसे सभी मजदूरों को पंजाब में 'भइया' कहा जाता है। पंजाब में यही 'भइया' लोग खेतों, कारखानों तथा दुकानों में काम करते हैं। सर्दियों में ठंडी प्लास्टिक की सस्ती जूतियाँ पहने ये लोग रिक्शा खींचते यह 'भइया' लोग शहर की हलचल बनाए रखते हैं।

मजदूरों की भीड़ का हजूम इन्द्रसिंह को मक्खियों की भिनभिनाहट जैसा प्रतीत होता है। इतनी सारी भिनभिनाती हुई आवाजों से इनका चुनाव करना उसे बहुत कठिन लगता है। उसे पुन: अपने मजदूरी के दिन स्मरण हो आते हैं। उसके कानों में उन सेठानियों के स्वर गूँज उठते हैं जहाँ-जहाँ वह दिहाड़ी करता रहा है। 'किसी का कोई दीन-ईमान ही नहीं रहा। पैसे गिन कर ठीक-बजा कर लेते हैं परंतु काम आधी दिहाड़ी का भी नहीं करते।' इस प्रकार के वाक्य उसके कानों में पुन: गूँज उठते हैं। इन्द्रसिंह कटारिया उन मजदूरों के हजूम से जब दिहाड़ी का रेट पूछता है तो वह उसे उस बोर्ड को पढ़ने का इशारा करते हैं जिस पर प्रति मजदूर, मिस्त्री आदि की दैनिक दर का ब्यौरा छपा हुआ है। यह बोर्ड देखकर कटारिया को अपने कॉलेज में बनी विद्यार्थी मजदूर यूनियन का स्मरण हो आता है। वह कॉलेज में इस यूनियन का कामरेड भी बना था। तब उसे यही प्रतीत होता था कि इंकलाब तो द्वार पर ही आना चाहता है। इन मजदूरों को देख उसके भीतर संवेदनाएँ जाग पड़ी थीं। वह सोच रहा था कि ये सभी मजदूर उसकी ही जाति के भाई-बंधु हैं–ये एहसास उसको पिघला रहे थे। दूसरे ही क्षण इन एहसासों पर जैसे 'कटारिया साहिब' भारी हो उठा था।

उसकी गर्दन गर्व से ऊपर तन गई थी। अब वह पहले का एक असहाय श्रमिक नहीं रहा, वह एक शहर का सम्मानित वकील बन चुका है जिसकी शहर के सबसे सम्मानित क्षेत्र में कोठी बन रही है और वह इसी कोठी के लिए कुछ मजदूर लेने आया है। वह बहुत ही रूआब में मजदूरों से उनकी दिहाड़ी की दर निश्चित करने को कहता है। वह जानता है कि सामने बोर्ड पर लिखी दर 'हाथी के दाँत दिखाने के और तथा खाने के और' की उक्ति के समान है। यहाँ बोर्ड उसे एक मक्कार वकील जैसा दिखाई दिया। कटारिया उन लोगों के पिचके चेहरे, सूखे होंठ तथा कमजोर शरीर देख कर दुविधा में पड़ जाता है। उसकी दुविधा यही है कि क्या ये लोग छत डालने जैसा भारी-भरकम काम कर भी पाएँगे? मजदूरों ने शायद उसकी दुविधा को भाँप लिया था। वे इन्द्रसिंह कटारिया को आश्वस्त करते हैं कि वे देखने में भले ही दुर्बलता की प्रतिमूर्ति लगते हों लेकिन वे अपने कार्य में पूर्ण सिद्धहस्त सिद्ध होंगे। अचानक सामने से एक पंजाबी युवक प्रत्यक्ष होता है और इन बिहारियों के साथ वह भी उसके यहाँ दिहाड़ी पर जाने का आग्रह करता है। कटारिया उसकी ओर ध्यानपूर्वक देखता है। इन्द्रसिंह कटारिया ने उसके कंधे पर लटके कढ़ाईदार थैले को देख अनुमान लगा लिया था कि यह सोच कर वह पुलकित हो उठा कि जाटों का लड़का उसके यहाँ दिहाड़ी करने जा रहा है। उसने लड़के को 'हाँ' करके अपने स्कूटर के पीछे बैठा लिया तथा दूसरे दिहाड़ी मजदूरों को मॉडल टाऊन स्थित गुरुद्वारे में पहुँचने का आदेश देकर वहाँ से निकल पड़े।

अध्याय 4

भारतीय दलित आत्मकथन

भूमिका

साहित्य के क्षेत्र में आत्मकथन दलित साहित्य की प्रमुख विधा ही नहीं, बल्कि समसामयिक परिस्थितियों और दलित जीवन की वास्तविकता को समझने का एक महत्त्वपूर्ण दस्तावेज भी है। दलित रचनाकारों ने अपनी आत्मकथाओं के माध्यम से दलित जीवन संदर्भों को बड़ी ही शिद्दत से मुखर किया है। दलित आत्मकथन में भारतीय समाज की संरचना, विषम सामाजिक परिस्थितियाँ, दलित जीवन के कठोर अनुभव एवं संघर्ष, वेदना, उत्पीड़न, मानवीयता के पहलू, जीवन संवेदनाओं की सच्चाई, विद्रोह एवं प्रतिरोध और दलित लेखकों के सामाजिक-सांस्कृतिक सरोकार आदि को देखा व समझा जा सकता है। दलित आत्मकथन दलित मुक्ति संघर्ष से विकसित चेतना का ही विस्तार नहीं है बल्कि पारिवारिक स्नेह संबंध अथवा जीवन स्थिति को समझने का महत्त्वपूर्ण दस्तावेज है।

प्रश्न 1. 'अक्करमाशी' होने के एहसास से गुजरते लेखक के मानसिक अंतर्द्वंद्व की स्थिति का मूल्यांकन कीजिए।

अथवा

'अक्करमाशी' में दलित जीवन की सबसे बड़ी त्रासद भूख है। इस कथन को स्पष्ट करते हुए टिप्पणी लिखिए।

उत्तर– समाज की निगाह में अमान्य संबंधों से जन्मी संतान को मराठी में 'अक्करमाशी' कहते हैं। अक्करमाशी हर समाज की सच्चाई है। इसी शीर्षक से प्रसिद्ध मराठी लेखक शरणकुमार लिंबाळे ने यह किताब भी लिखी है। इसमें समाज में अछूत कहे जाने वाले और शोषित-पीड़ित तबके के लोगों की तकलीफ को बहुत संजीदगी और गहराई से बया किया गया है।

आत्मकथन 'अक्करमाशी' में जिस नायक की आपबीती का साक्षात्कार है, वह समाज से बहिष्कृत, अपमानित और लांछित दलित जीवन की गिरफ्त में कैद है। आत्मकथन का नायक न केवल वर्ण श्रेष्ठता के अत्याचारों और सामंती उत्पीड़न का शिकार है, बल्कि वह अक्करमाशी अर्थात् अवैध संतान होने के चलते दलितों के बीच भी उपेक्षा और घृणा का पात्र बनता है। उसे अकेलेपन के दर्द से गुजरना पड़ता है। बढ़ती उम्र के साथ पीड़ा के अंतहीन विस्तार के साथ-साथ कहीं-कहीं सुख द्वीपों का भी एहसास होता है।

ज्ञान के दुर्ग में बहिष्करण की प्रक्रिया–समझ आदमी के जीवन में अस्मिता निर्माण का सबसे बड़ा कारक होता है। जिस व्यक्ति में अस्मिताबोध होगी वह व्यक्ति गुलामी और अपमान से भरे जीवन से असहमत होगा। उसके खिलाफ खड़ा होगा बल्कि ऐसी परिस्थितियों का प्रखर विरोध भी करेगा। सवर्णपोषक व्यवस्था ने दलितों को ज्ञानार्जन की प्रक्रिया से दूर करने के लिए अनेक तरीकों का इस्तेमाल किया। इन्हीं तरीकों में एक था ज्ञान के सार्वजनिक जीवन में बहिष्करण। शरण अपने जीवन के इस पक्ष का मार्मिक वर्णन करते हैं। स्कूली जीवन के उन दिनों को याद करते हुए कहते हैं–'बनियों तथा ब्राह्मणों के लड़के कबड्डी खेल रहे थे। हम अछूत बच्चे उनसे अलग-अलग ही बैठे थे। मल्या, मारत्या, उंबर्‍या, परश्या, चंदया आदि छूना-पानी का खेल शुरू कर चुके थे। दलितों का खेल अलग, सवर्णों का खेल अलग। दो-दो खेल दो-दो आँधियों की तरह।'

बनिए, ब्राह्मण, मारवाड़ी, मुसलमान, सुनार, ठाकुर, जाट आदि जमात के सौ लड़के, शिक्षक बरगद के पेड़ के नीचे, खाने के लिए बैठे-गोलाकार में और हम अछूत बच्चे-बच्ची अलग पेड़ के नीचे। श्लोक के साथ उन्होंने खाना शुरू किया। हम उस श्लोक का अर्थ भी नहीं जान पाए। प्रकृति द्वारा दिए गए उपहार को देने में भी भेदभाव किया जाता। लेखक कहते हैं–'हमारा पेड़ भी छितराया हुआ था, हमारी ही तरह। हवा का झोंका आता कि धूप लगती। गरम हवा का एहसास होता।' बाद में सवर्णों का जूठन दलित बच्चों को दिया गया, जिसे अर्से से भरपेट भोजन से महरूम दलित बच्चों ने खूब चाव से खाया। अगले दिन जब वन भोज पर निबंध लिखने के लिए कहा गया, तब लेखक ने जो महसूस किया, वह बेहद मार्मिक है, 'क्या लिखूँ, समझ में नहीं आ रहा था। वन-भोजन का वह दृश्य आँखों के सामने आया। वे कतारें, अलग-अलग बैठने की योजना, हमारा स्पर्श न हो इस भय से–परोसने वाली वे लड़कियाँ, वह छितराया हुआ पेड़, कागज में बाँधकर दी गई वह जूठन, माँ तथा शिक्षक द्वारा पूछे गए प्रश्न। कहाँ से शुरू करूँ निबंध?' संवेदनशील महार जाति के द्वारा मन में सवालों की लंबी सूची उभर कर आती। उसे लगता कक्षा

में पढ़ाया जाता था कि बच्चे ईश्वर द्वारा निर्मित फूल हैं। तो क्या हम भगवान द्वारा निर्मित फूल नहीं हैं? वास्तव में, हम लोग गाँव के बाहर फेंके गए कूड़े-कचरे की तरह थे। एक ही स्कूल में अनेक जाति की इकाइयाँ थीं। दलित भेद को बदस्तूर जारी रखने की व्यवस्था स्कूल में मजबूती से निभाई जाती। शरण की आँख को इस तरह के दृश्य दिखते और वह बेचैन होता, 'जब स्कूल मारवाड़ी की कोठी में लगता तो मैं बैठक के नीचे बैठता। लड़के-लड़कियाँ ऊपर बैठते। शिक्षक और ऊँची जगह पर बैठकर के सवर्णों के लड़कों को गणित समझाते और हमें नीचे जूतों की तरफ बिठाया जाता। सभी ओर चप्पल और जूते। शिक्षक की चप्पलों को मैं छूता तक नहीं था। सोचता, चप्पलों को छूत लग जाएगी।' इस तरह की विभेदमूलक परिस्थितियाँ सामान्यतः पूरे भारतीय समाज में पाई जाती हैं।

भूख सबसे बड़ा सच–'अक्करमाशी' के नायक को बार-बार यह एहसास होता है कि दलित जीवन की सबसे बड़ी त्रासद भूख है क्योंकि इंसान भूखा नहीं रह सकता। जहाँ सवर्ण समाज तृप्ति के शिखर पर, वहीं दलित जीवन पर सदैव मंडराती भूख की अंतहीन कालिमा। भूख से ऐठती अंतड़ियों की अकुलाहट बढ़ जाती जब शरण को लगता कि, 'ईश्वर ने पेट देकर गलती की है। नानी संतामाय की वात्सल्य भरी दुनिया में भूख को शामिल करने के लिए अक्सर जो विधि अपनाई जाती वह किसी भी मानवीय समाज के लिए दारुण अभिशाप है। फसल के दिनों में जब जानवर ज्यादा खा लेते तब गोबर में ज्वार के जैसे अनाज के दाने भी निकलते। संतामाय के साथ गोबर समेटने वाला शरण गोबर से दाने निकाल कर भूख से लड़ने की तरकीबें ढूँढ़ते देखता। उन दिनों को याद करते हुए लेखक लिखते हैं, 'गोबर से निकले दाने पीसने के बाद संतामाय उठतीं। कड़ी धूप तथा बंजर धरती पर घूम आई संतामाय का चेहरा तथा बदन सूखा हुआ होता। भूख को मारने की आदी हो गई है वह।' पर ऐसे अवसर कम ही आते जब भूख मिटाने का कोई-न-कोई इंतजाम होता। बिन खाए सोना जैसे परिवार की नियति हो गई थी। शरण कहते हैं, 'अन्न का अभाव तो मैं बचपन से ही महसूस करता रहा हूँ। सभी बहनें भूखी सो जातीं। उन्हें खाने के लिए कोई जगाता भी नहीं था क्योंकि रोटियाँ ही नहीं होती थीं।.. माँ केवल पानी ही पी लेती। दादा बीड़ी पीकर भूख को जलाते।' भूख से लड़ते दलित अवैध शराब बेचते। भूख से पीड़ित शरण का परिवार नारकीय जीवन गुजारता। आत्मकथन का यह वर्णन कितना मार्मिक है, 'पेट की आग बुझाने के लिए हम लोग नदी-नालों के किनारे घूमते। केकड़े पकड़ते। मछलियाँ पकड़ते। मधुमक्खियों के छत्ते निकालते। बगुलों को पकड़ते। खरगोशों का शिकार करते। गोह निकालते। गिलहरियाँ भूनकर खाते। ...मूँगफलियों की चोरी करते।' भूख की त्रासदी और उनके संधान के अनेक मार्मिक प्रसंग 'अक्करमाशी' को एक मार्मिक कृति बनाते हैं जो दलितों के जीवन को उनके यथार्थ के साथ उकेरती है।

प्रश्न 2. 'अक्करमाशी' में भारतीय गाँवों की बसावट और उनमें मौजूद दलित भेद को दर्शाइए।

उत्तर– 'अक्करमाशी' आत्मकथा में लेखक अनेक परिस्थितियों का वर्णन करते हैं। इन वर्णनों में मौजूद सूक्ष्म दृष्टि विशिष्ट और उल्लेखनीय है। जातियों की बसावट, अछूतों के बीच काम के बँटवारे, अकाल की भयावहता जैसे अनेक प्रसंग आत्मकथा में आते हैं। इन सबके बीच सर्वाधिक महत्त्वपूर्ण है लेखक के मन में उठने वाला संकल्प और विवेक।

- **भारतीय गाँव और दलित भेद**–पहले से चल रही परंपरा के अनुसार दलित जातियाँ प्राय: गाँव के दक्षिण में बसाई जाती रही हैं। इसके साथ ही इस बात का विशेष ध्यान रखा जाता है कि सवर्ण श्रेष्ठता का पालन हर लिहाज से हो। जमींदार के साथ सभी सवर्ण दलित बस्ती में तभी आते, जब कोई जानवर मर जाता और उसकी लाश को दलितों से उठवाना पड़ता या फिर यौन स्वैराचार के लिए दलितों की बस्ती में सवर्ण चक्कर लगाते। दलितों को हाड़-तोड़ मेहनत के बावजूद भूखे रहना पड़ता। जानवरों का मरना दलितों के लिए उत्सव की तरह होता। लेखक बताता है कि, 'जिस महीने में जानवर अधिक मरते थे, महारों के लिए वह खुशी का महीना होता था। जिस माह में जानवर नहीं मरते, वह महीना अकाल की तरह लगता।' स्कूल में भी भेदभाव का दंश झेलना पड़ता। गाँव के स्कूल में भी दलित भेद को बदस्तूर जारी रखा जाता। प्रकृति प्रदत्त उपहारों में भी यह खास व्यवस्था होती कि उसका इस्तेमाल इस तरह हो कि दलितों के हिस्से अपशिष्ट ही पहुँचे। दलितों को सभी सुख-सुविधाओं से वंचित रखा जाता। शरण कहते हैं, 'एक दिन मैं नदी के बीच, पानी में खड़े होकर पानी पी रहा था। किसी माँ ने अपने छोटे बच्चे का मैले भरा कपड़ा शायद धोया था। उसी मैले का सैलाब मेरे नजदीक आ रहा था। उबकाई आई, पर कहूँ किससे? और फिर जल से अधिक पवित्र कौन-सी वस्तु है? सवर्णों के घाट से आए गंदे पानी को हम लोग पचा रहे थे।' ऐसी लोमहर्षक स्थितियों का वर्णन 'अक्करमाशी' की प्रभावक्षमता को यथार्थबोध के विशिष्ट तेवर से संपन्न करता है। यह आत्मकथन हर समाज की सच्चाई है। इसमें समाज में अछूत कहे जाने वाले और शोषित-पीड़ित तबके के लोगों की तकलीफ को बहुत ही संजीदगी और गहराई से बयान किया गया है।
- **अछूतों के बीच काम का बँटवारा**–'अक्करमाशी' का नायक महार जाति का है। वर्ण व्यवस्था प्रदत्त कार्य व्यवस्था में महारों के लिए मरे हुए जानवरों के चमड़े का व्यवसाय निर्धारित है। लेखक बताता है कि किस तरह से महारों के बीच काम को बाँटा जाता था। इस काम के बदले सवर्णों द्वारा ज्वार या अन्य आसानी से उपलब्ध अनाज दिया जाता था। लेखक ने इस सिलसिले में सवर्ण पाखंड का भी उद्‍घाटन किया है। गोपूजन को सर्वश्रेष्ठ अनुष्ठान मानने वाली तथाकथित पूज्य संस्कृति गाय की मौत के बाद अछूत महारों की खोज शुरू कर देते कि जल्दी से जल्दी मरे जानवर की लाश उठे। लेखक की प्रश्नवाचक मुद्रा है, 'हिंदू लोग गाय को माँ के रूप में पूजते हैं। माँ की मृत्यु के बाद उसका क्रिया-कर्म करते हैं, परंतु यहाँ इसी गाय की मृत्यु के बाद महारों को बुलाते हैं।' कहना न होगा यह तथाकथित सवर्ण व्यावहारिकता चरित्र की असलियत को बेनकाब करता है। महारों के काम के बँटवारे को 'पाडेवार' कहा जाता है। 'पाडेवार' का अर्थ होता है–अछूतों के काम। नए वर्ष की शुरुआत में ही काम का बँटवारा कर दिया जाता। जानवरों के शरीर के विभिन्न अंगों का बँटवारा हैसियत के मुताबिक होता। दारुण गरीबी के कारण अक्सर एँठने वाली आँतड़ियों की आग बुझाने के लिए अतिरिक्त माँस की बोटियाँ सुखाकर रख दी जाती, जिन्हें 'चानी' कहते थे। अस्पृश्यता बचपन में ही कैसे परवान चढ़ती है, इसका चित्रण लेखक ने इस संदर्भ

में बेबाकी से किया। लेखक उन दिनों को याद करते हुए कहते हैं, 'मैं जब स्कूल गया, तब गाँव के बच्चे उंबऱ्या, मारूति को परेशान कर रहे थे। 'धेड़-धेड़' (सवर्णों द्वारा दी जाने वाली गाली) कहकर चिल्ला रहे थे।' मेरे अंदर जाने के बाद कहने लगे, 'लो एक और धेड़ आ गया। इसने हमारा बछड़ा खाया है।' यह विरोधाभास ही है कि जिसके कारण सवर्णों की परेशानी दूर होती थी उन्हीं के बच्चों के साथ सवर्ण बच्चे आदतन दुर्व्यवहार करते थे। लेखक ने निजी जीवन के सच के बहाने उस सच को बयान किया है, जो सदियों से शोषण, अपमान और पीड़ा की बुनियाद पर खड़ा है। शक्ति संपन्न तबके द्वारा अपने ऊपर ढाए हर जुल्म को बड़ी बेबाकी से बताया है।

- **विवेक की उठान और सवालों की सलीबें**–दलित समाज की नारकीय विवशताओं को ग्रामीण रूढ़ियों के बीच उम्र के पतझड़ और वसंत का सामना करते हुए शरण ने विवेक के अनेक क्षितिजों का स्पर्श किया। इस प्रक्रिया में उनके हमसफर के रूप में सवालों की अंतहीन सलीबें उनके साथ रहीं। ये सवाल कभी भाषा को लेकर होते तो कभी गाँव को लेकर, कभी जाति तो कभी धर्म। इन सवालों की कोख से उपजती विवेकसंपन्न दृष्टि। ब्राह्मणों का अपना इतिहास था तो शूद्रों की अपनी विरासत। शरण स्वयं कहते हैं कि, 'मेरी माँ अछूत तो पिता सवर्ण! माँ झोंपड़ी में, पिता कोठी में! पिता जमींदार, माँ भूमिहीन। और मैं? अक्करमाशी!'

गाँव, भाषा, माँ, पिता, जाति, धर्म–इन सभी दृष्टियों से मैं अंजान था। गुमशुदा व्यक्तित्व लिए जीने वाले मेरे अस्तित्व को जारत कहकर सतत् अपमानित किया गया है। ब्राह्मणों से लेकर शूद्रों तक सभी अपने खानदानी अभिमान और खानदानी अस्मिता के लिए जीते हैं। 'परंतु यहाँ मेरी अस्मिता पर बलात्कार हुआ।' महार जाति पारंपरिक भारतीय समाज में मरे हुए जानवरों को भोजन के रूप में इस्तेमाल करती है। लेखक का मन इस रूढ़ि से संगति नहीं बैठा पाता। लेखक इस मनःस्थिति पर टिप्पणी करते हैं, 'धीरे-धीरे मुझे मृत जानवरों से घृणा होने लगी। मृत जानवर का माँस खाने वालों पर भी गुस्सा आने लगा।' भूख से मजबूर होकर चोरी या अन्य अपराध करने वालों पर लेखक की समझ बनी, 'काले व्यवसाय करने वाले नेता बन जाते हैं और भूख से मजबूर होकर चोरी करने वाले गुनहगार।' हर कदम पर अस्पृश्यता का सामना करने वाले लेखक के बाल बनाने के लिए नाई द्वारा मना करने पर यह लगा कि, 'गाँव के भैंसों के भी बाल साफ करने वाले उस नाई के लिए पता नहीं मैं क्यों अपवित्र था?' समाज की खंडित दृष्टि को लेकर लेखक के मन में गहरे असंतोष का भाव रहता था। अस्मिता के सवालों के संदर्भ में भी लेखक की प्रश्नाकुल मुद्रा मुखर थी–'यों मेरा बाप लिंगायत। उसके दादा-परदादा भी लिंगायत, इसलिए मैं लिंगायत। मेरी माँ अछूत, महार, इसलिए मैं भी दलित, अछूत! पर जन्म से लेकर आज तक मुझे मेरे नाना ने मतलब महमूद दस्तगीर जमादार नामक मुसलमान ने पाला-पोसा है, इसलिए मैं मुसलमान! मैं मुसलमान क्यों नहीं, दादा की ममता मुझ पर अपने धर्म का हक क्यों नहीं जताती?' इस तरह लेखक के सवाल उसके विवेक की जमीन तैयार करते हैं, जिसमें परिवर्तनकामी चेतना की अकुलाहटें सक्रिय थीं। ऐसे ही अनेकों सवाल उनके मन में उठते, जिनके जवाब मिलने अभी बाकी थे।

प्रश्न 3. 'अक्करमाशी' में दलित समाज की आंतरिक अस्पृश्यता को उजागर किया गया है। उदाहरण सहित समझाइए।

अथवा

अक्करमाशी होने के एहसास से गुजरती लेखक की मानसिक अंतर्द्वंद्व की स्थिति का मूल्यांकन कीजिए।

उत्तर— ब्राह्मणवादी व्यवस्था ने भारतीय समाज को अस्पृश्यता का दर्शन दिया जिसकी जड़ में दलित समाज की आंतरिक व्यवस्था भी आ गई। लेखक इनसे गहरे स्तर पर जुड़ा हुआ था। इसके अनेक प्रसंग आत्मकथन में मौजूद हैं। सांतामय द्वारा घाट से पानी लेने के लिए मातंग भीमू पर रोक लगाने पर लेखक के मन में सवाल उठा—'भीमू आदमी नहीं है क्या? फिर उसके स्पर्श से पानी अपवित्र कैसे हो जाएगा' खेल के दौरान भी यह अस्पृश्यता बदस्तूर जारी रहती—'इस खेल में मातंग के बच्चे आते। परंतु वे हमसे काफी दूर-दूर ही रहकर खेलते।' उसी तरह जब महारों के घर कोई मांगलिक अनुष्ठान होते तो मातंग सरीखी जातियों से अस्पृश्यता का व्यवहार किया जाता।

यातना का जीवन : सुख-दुःख का द्वंद्व—शरणकुमार लिंबाळे के जीवन में सुख-दुःख के अनेक एहसास शामिल थे। यह उनके जीवन अनुभवों से निकली हुई किताब है, जो दलितों की असहाय पीड़ा व उनके दर्द को बताती है। प्रेम, अक्करमाशी होने की पीड़ा, जन्म की कहानी और परिवार का सच, वर्ण श्रेष्ठ का यौन-व्यभिचार और दलित पीड़ा जैसे कुछ प्रसंग इस प्रकार हैं—

- **प्रेम का बसंत—**यातना भरे जीवन में प्रेम का सुखद एहसास शरण के लिए अविस्मरणीय घटना थी। शरण की बस्ती में रहने वाली शेवंता उस समय दस-बारह साल की थी। लेकिन उसका विवाह हो चुका था, गौना अभी बाकी था। नारकीय जीवन के बीच शेवंता का आना शरण के लिए अलग तरह का एहसास था, 'जिस दिन शेवंता की आँखों से परिचय हुआ, उन दिनों बेचैनी भी खूबसूरत लगने लगी। ... वह जब घर में होती, मैं सीटी बजाता। गाना गाता। मेरी आवाज सुनकर झोंपड़े से बाहर आती, ...शेवंता पानी लेने के लिए आई मैंने उस पर पानी उछाला, जैसे फूल हों। उसके चेहरे पर, बालों पर खाली हो जाऊँ। उसके साथ खेलूँ। वह भी पानी उछाले और फिर हम दोनों इंद्रधनुष के पीछे छिप जाएँ।' प्रेम के आत्मीय क्षणों की खबर जब बस्ती के लोगों को पता चली तब संतामाय ने शरण को नसीहत दी कि वह शेवंता को भूल जाए। वक्त बीतता गया और एक दिन शेवंता अपने पति के घर चली। जब शरण ने उसे बस स्टैंड पर गर्भवती होकर वापस मायके आते देखा तब उसे लगा, 'यों हम दोनों भी चाह रहे कि बाँहें डालकर खूब रो लें। ...किसी के लिए जीना, यह भाव ही जिंदगी को जीवंतता प्रदान करता है।' शरण जब शोलापुर पढ़ने गए, तब अक्सर वहाँ घरों में झाड़ू-पोंछा कर गुजारा करने वाली शेवंता दिख जाती। वह अक्सर रास्ते में मिलने पर दस पैसे शरण को देकर यह कहती मेरे नाम पर चाय पी लेना। धीरे-धीरे प्रतिकूलताओं के बीच शेवंता से प्रेम कब रुखसत हुआ पता नहीं चला और उसका स्थानापन्न हुआ शरण से कुसुम से विवाह से उपजा दांपत्य-प्रेम।

- **अक्करमाशी होने का एहसास—**हणमंता लिंबाळे और मसाई के बेटे शरण के जीवन की सबसे बड़ी पीड़ा और विडम्बना थी, 'अक्करमाशी' होने का कारुणिक एहसास।

हणमंता को यह कतई मंजूर नहीं था कि शरण के साथ उसका नाम जुड़े। इस संपत्ति के उत्तराधिकार में शरण का दावा हो यह मंजूर नहीं था। अपने द्वंद्व को शरण ने अनेक स्थानों पर प्रकट किया है। बकौल शरण, 'मेरे जन्म के साथ ही पटेल और जमींदारों की तमाम खानदानी कोठियाँ बेचैन हुई होंगी। मेरे प्रथम उच्छ्वास से दुनिया की नीति घबरा गई होगी। मेरे क्रंदन से तमाम कुंतियों की छाती से दूध निकल आया होगा। ... मेरे जन्म के बाद किसने बाँटी होगी मिठाई? किसने लाड किए मुझ पर? किसने दी होगी साड़ी-चोली मेरी माँ को? किसने किया होगा मेरा नामकरण संस्कार? मेरा खानदान कौन-सा? मैं किस वंश का दीया? किस अधिकारी पिता का मैं पुत्र?'

एक स्थान पर उन्होंने लिखा, 'मैं मनुष्य था। सिवा मनुष्य शरीर के मेरे पास था ही क्या? यहाँ इस देश में मनुष्य जाति-बिरादरी और धर्म से पहचाना जाता है। बाप से पहचाना जाता है। मेरे पास बाप का नाम नहीं, धर्म और जाति नहीं है, न मैं किसी बाप का उत्तराधिकारी हूँ।' तात्पर्य यह है कि लेखक को कदम-कदम पर अक्करमाशी या तथाकथित अवैध संतान होने की पीड़ा का समाज द्वारा एहसास कराया गया। अक्करमाशी अवधारणा का संबंध दलित जीवन से है।

- **पिता का नाम मिलने की कहानी**—बचपन में शरण अपने पिता का नाम नहीं जान पाते। जब उनका दाखिला स्कूल में हुआ तब पहली बार दस्तावेजों में पिता का नाम लिखने की जरूरत महसूस हुई। अध्यापक भोंसले गुरु ने इस सिलसिले में शरण की माँ मसाई से बात की और पिता के नाम की जगह हणमंता लिंबाळे का नाम लिखा। इसके बाद जमकर हंगामा हुआ और हणमंता ने नाम न लिखने के लिए रिश्वत की पेशकश भी की। इस पूरे वाक्य को याद करते हुए शरण कहते हैं, 'स्कूल में मेरे नाम के आगे हणमंता लिंबाळे का नाम लिखा गया। कहीं से हणमंता को इसका पता चल गया। चार-पाँच लोग लिए वह तुरंत हन्नूर आया। गाँव के दोस्तों और बिरादरी के लोगों को साथ लिए वह हेडमास्टर से मिला। उन दिनों भोंसले गुरुजी हेडमास्टर थे। शिक्षकों का वेतन सत्तर रुपए था। हाथ में सौ का नोट लेकर हणमंता भोंसले गुरुजी के पास गया। बंदूक का डर भी दिखा रहा था। पर भोंसले गुरुजी जबर्दस्त व्यक्ति थे। निर्भीक। उन्होंने दृढ़ शब्दों में कहा, 'इस लड़के का बाप कौन है, यह इसकी माँ बतलाएगी और उसके द्वारा बतलाया गया नाम ही मैं हाजिरी रजिस्टर में लिखूँगा।' झगड़ा हुआ। हणमंता ने बहुत कोशिश की। गिड़गिड़ाने लगा। पर कुछ नहीं हो सका। भोंसले गुरुजी के कारण मुझे पिता का नाम मिल गया। इस तरह एक निर्भीक अध्यापक की साफगोई से शरण को दस्तावेजी जिंदगी में पिता का नाम मिला।

प्रश्न 4. शरण कुमार लिंबाळे के जीवन को दिशा देने में नाना की भूमिका को रेखांकित कीजिए।

उत्तर— जीवन के व्यावहारिक प्रसंगों में पिता की गैर-मौजूदगी के बीच नाना महमूद दस्तगीर और नानी संतामाय के स्नेहिल संसार का आसरा, विवाह की अड़चनें और वैवाहिक जीवन में दुःख के सैलाब आदि संदर्भ इस सिलसिले में उल्लेखनीय हैं। जीवन विकास के क्रम में लेखक का गाँव

और शहर के ध्रुवांतों का महसूस करना एवं उनके द्वारा आर्थिक स्थिरता के लिए किए गए प्रयासों को भी देखा जा सकता है।

लहूलुहान जीवन और नाना की मौजूदगी—लेखक के जीवन में जहाँ पीड़ा और दर्द है उसी के साथ उसके जीवन में नाना व उसकी नानी भी है जिन्होंने उसको बहुत प्यार दिया है। लेखक के अभावमय जीवन में नाना जिसे वह दादा भी कहता था की मौजूदगी ने उम्मीद के नए एहसासों को संभव किया। संतामाय यानी लेखक की नानी ने लेखक को माँ से बढ़कर स्नेह का आँचल दिया। पहली पत्नी के भाग जाने के बाद महमूद जमादार संतामाय के साथ रहने लगा। महमूद बस में हमाली का काम करता था। दादा को याद करते हुए लेखक कहते हैं, 'जाति-बिरादरी के परे जाकर उन्होंने मुझे प्यार दिया। अपने बच्चों की तरह उन्होंने मेरी देखभाल की।' दादा परिवार यानी संतामाय और भारण के भरण-पोषण के लिए कड़ी मेहनत करते। मेहनत के वक्त उन्हें तन-मन की सुध तक नहीं रहती। दादा बेसब्री से बस का इंतजार करते। एक गठरी के लिए दस पैसे की हमाली मिलती। शनिवार और रविवार को जब हमाली नहीं मिलती तो दिन और रात पहाड़ की तरह गुजरते। सोमवार को अक्कलकोट का बाजार लगता। उस दिन इतनी हमाली मिलती कि बुधवार तक का खर्च चल जाता। दस पैसे की चाय हमारे लिए बहुत कीमती लगती। इन दस पैसों के लिए दादा मौत के वजन ढोते। एक तरफ दादा और संतामाय का अविस्मरणीय स्नेहिल साथ तो दूसरी तरफ सगी माँ की दारुण बेरूखी। शरण उन दिनों को याद करते हुए लिखते हैं, 'मसा माँ—सगी माँ—मुझसे सौतेली माँ का व्यवहार करती। इसी कारण मैं संतामाय का हो चुका था। मसा माँ मुझे पीटतीं तो संतामाय मुझे छुड़ाती। फिर दोनों झगड़ती। एक बार मुझे लेकर दोनों में खूब झगड़ा हुआ। परिणामतः संतामाय ने महारों की बस्ती में रहना ही छोड़ दिया। स्टैंड पर रहने आईं। वहीं हमाली करते, वहीं खाते, वहीं सोते।' स्नेह की इस दुनिया में संतामाय और बाबा भले भूखे रह जाएँ पर शरण भूखा न रहे, इसकी पूरी कोशिश होती। एक कारूणिक प्रसंग को याद करते हुए शरण कहते हैं, 'उस दिन संतामाय ने बहुत देर तक चूल्हा नहीं सुलगाया। बची हुई एक रोटी हम तीनों कैसे खाते? मुझे तो भूख लगी थी। संतामाय ने आटे का डब्बा दिखाया।' कहने लगीं, 'आटा है बाद में रोटी बनाऊँगी। तू खा ले। हमारी चिंता मत कर।' मैंने डब्बा उठाकर देखा। वजनदार लगा। लगा कि अनाज पीसकर लाई होगी। इसलिए मैंने बची हुई रोटी खा ली। पेट भर कर पानी पी गया। संतामाय बाहर निकल गई। मैंने आटे का डब्बा खोलकर देखा। भीतर आटा नहीं था। थे दो पत्थर। डब्बा वजनदार लगे, इसलिए पत्थर रखे गए थे।' स्नेह संसार के अन्य अनुभव खंड भी आत्मकथन में सम्मिलित हैं। यह प्रसंग अक्करमाशी के जीवन में उनकी नाना और नानी के स्नेह को दर्शाता है। खुद भूखे रहकर उसको भूखा नहीं रखते। ऐसे कुछ प्रसंग आत्मकथा को और भी रोचक बनाते हैं।

प्रश्न 5. अक्करमाशी के विवाह में कौन-सी अड़चनें व दुःख आते हैं और वे इन सबसे मुक्ति किस प्रकार पाते हैं? स्पष्ट कीजिए।

उत्तर— शरण के विवाह में कई अड़चनें सामने आती हैं और इसका मुख्य कारण उसका अक्करमाशी होना था। पारंपरिक समाज में अक्करमाशी होना अच्छा नहीं समझा जाता। शरण की मुशिकलें ऐसी थीं जो पीछा ही नहीं छोड़ रही थीं। सबसे बड़ी समस्या थी शरण का अक्करमाशी

होना। दूसरी तरफ एक युवती ऐसी थी जो मातंग समाज की थी और जिसके पिता पटेल समाज के थे यानी वह भी अक्करमाशी थी। वह लड़की डफली बजाकर अपना जीवन गुजार रही थी। उसकी माँ मसा माँ की सहेली थी। सहेली शराब बेचने का काम करती थी। जब कोई ग्राहक आता तो वह पूछती, 'पटेल की रखैल के लड़के हैं क्या लड़की के विवाह के लिए?' लड़की का पिता था मयाप्पा लिंबाळे। उसकी माली हालत ठीक नहीं थी। लेखक ने अनेक प्रसंगों में आर्थिक सहायता की। वह रुपए वापस करने का आश्वासन देता, पर वापस नहीं कर पाता। वह बार-बार शराब के लिए रुपए माँगता। एक बार तो शरण ने अपनी शिष्यवृत्ति के रुपए भी दे दिए। शरण आगे की एक घटना का उल्लेख करते हुए बताते हैं, 'वह मुझे मिला और मेरे विवाह की बात उसने निकाली। वह अपनी लड़की मुझे देना चाहता था। लड़की न देखते हुए भी मैंने हाँ कर दी, क्योंकि मुझे कोई लड़की दे नहीं रहा था।' शरण की शादी कुसुम से तय हो गई। कुसुम के भाई समेत अनेक लोगों ने इसका विरोध किया। विभिन्न बाधाओं के बावजूद शादी हो गई। शरण के न चाहने के बावजूद विवाह में हिंदू अनुष्ठान हुए। शरण ने चीख-चीख कर कहा हम बौद्ध पद्धति से विवाहबद्ध होने वाले हैं। इसलिए हम पर जिनका स्नेह है, वे यहाँ से लौटे नहीं। कुछ अतिथि रुके, पर विस्थापितों की तरह।

वैवाहिक जीवन में दुःख और उनसे मुक्ति–शादी के बाद भी समस्याएँ थमीं नहीं। सास ने विदाई नहीं की। कुसुम को शरण के साथ यह कहकर भेजने से मना कर दिया कि शरण के घर पर शराब बेची जाती है, वहाँ लोगों की चाल-चलन ठीक नहीं है। दूसरी तरफ शरण के घर में भी कई तरह की प्रतिक्रियाएँ होतीं। मसा माँ कहती, 'तू उसे कभी लेकर मत आ। पड़ी रहने दे। मायके में ही सड़ने दे।' संतामाय कहतीं, 'शादी हुई है ना। एक बार उसके पास सोकर आ।' ससुराल के लोग कहते जब नौकरी लगेगी तब कुसुम को ले जाना। शरण बार-बार ससुराल जाते पर वहाँ इस मुद्दे पर सिवाए झगड़े के और कुछ नहीं होता। एक और समस्या यह भी थी कि दादा के धर्म को लेकर कहा जाता कि मुसलमान रिश्तेदार कैसे हो सकता है? एक दिन विदाई के मुद्दे पर शरण की अपने सास-ससुर से काफी लड़ाई हुई। शरण उस दिन निश्चय कर चुके थे पत्नी कुसुम ने भी साथ दिया। वे अपनी पत्नी को साथ लेकर आए। कुछ दिन बाद ही शरण की नौकरी अहमदपुर में टेलीफोन ऑपरेटर के रूप में लग गई। फिर शोलापुर तबादला हो गया। लंबे समय तक शरण ने सामाजिक यंत्रणा के भय से अपनी जाति छुपाई। लेकिन धीरे-धीरे वे इस व्यामोह से मुक्त हो गए। बेटा हुआ और उसका नाम रखा गया–'अनार्य'। तथाकथित परंपरा और धार्मिक रूढ़ियों को ढोने वाला समाज और इन्हें बदस्तूर महिमामंडित करने वाले विशेषाधिकार प्राप्त लोगों से शरण कुमार लिंबाळे आत्मकथन के अंत में साफ-साफ सवाल करते हैं–'मेरे जन्म को ही अगर अनैतिक घोषित किया गया हो तो मैं किन नीतियों का पालन करूँ?'

प्रश्न 6. 'अक्करमाशी' में यथास्थितिवादी परिस्थितियों के बीच अभिशप्त दलित जीवन की विडम्बनाओं पर टिप्पणी कीजिए।

उत्तर– 'अक्करमाशी' शरण कुमार लिंबाळे के जीवन अनुभवों से निकली हुई किताब है। अक्करमाशी के रूप में अछूत रूप में, दरिद्र के रूप में मैं जो जीता रहा, उसी को मैंने शब्द दिए हैं। तथाकथित वैयक्तिक, सामाजिक और ऐतिहासिक विकास का जीवंत चित्रण करते हुए

'अक्करमाशी' का लेखक यह कहना नहीं भूलता कि ऐसे समाज में दलित हित में विकास की कोई संभावना दूर-दूर तक नजर नहीं आती। स्वयं लेखक के शब्दों में, मेरा बचपन मुझे अभी भी याद है। मेरे गाँव में प्रतिवर्ष सावन के महीने में पोथी पुराण बाँचे जाते। हर साल मेले के बहाने धार्मिक नाटक मंचित किए जाते। मेरे काका यशवंतराव पाटील सवर्ण और फिर गाँव के मुखिया। वे मुझे रामायण, महाभारत की कहानियाँ सुनाते। पढ़ने के लिए धार्मिक ग्रंथ लाकर देते। मेरे नाना महमूद दस्तगीर जमादार मुसलमान। वे मुझे जादू की, भूत-प्रेत की, राजकुमार की कहानियाँ सुनाते। मेरी दादी भी ऐसी ही कहानियाँ सुनातीं। मेरे जो मित्र थे—मारत्या और इल्या—उनकी दुनिया ही अलग थी। वे बड़ा इंद्रजाल पढ़ते। मोहिनी मंत्र की साधना कर लड़कियों को पटाना उनका लक्ष्य था। यह हुआ मेरे आस-पास का परिवेश। ... मेरा गाँव—एक छोटा-सा देहात। उन दिनों वहाँ सुधार या विकास की कोई हलचल नहीं थी। जाति व्यवस्था का कठोरता से पालन हुआ करता था। सवर्णों और दलितों में भेदभाव करना आम बात थी। शरण कुमार लिंबाळे ने विभिन्न संदर्भों में इस यथास्थितिवाद का विवेचन किया है। धर्म की रूढ़ियों के अनेक प्रसंगों का बेहद मार्मिक वर्णन आत्मकथन की बोधकता को और भी प्रखर करता है। दलित लड़कियों को यौनव्यभिचार में इस्तेमाल किया जा सके और उनसे पैदा हुए बच्चों को भी कोई जिम्मेदारी ना उठानी पड़े, यथास्थितिवादी प्रवृत्ति की यह संस्कृति बरकरार रखने की उत्पीड़नवादी, शोषणकारी व्यवस्था का धार्मिक व्यवस्था द्वारा संवर्धन हो रहा था। लेखक को यह सवाल परेशान करता है कि 'दलित में ही ये रूढ़ियाँ क्यों भगवान के नाम पर छोड़े गए स्त्री-पुरुष के विवाह नहीं होते। उनका विवाह तो ईश्वर से हो जाता है ना! देवदासी की संतान को 'अक्करमाशी' कहते हैं। उन्हें 'बलूत' का अधिकार नहीं होता। ईश्वर के नाम पर उन्हें भीख माँगकर जीना पड़ता।' लेखक खुद एक दलित माँ और सवर्ण पिता से जन्मी संतान है जिसकी वजह से उसे अक्सर अपमानित होना पड़ता है। लेखक ने भूमिका में कहा भी है, 'जिन यादों को कहने की इच्छा हुई, जो यादें अधिक हरी हो जाती थीं, उन्हें ही मैंने कहा है।'

प्रश्न 7. 'अक्करमाशी' के आलोक में सवर्ण-दलित संबंधों में मौजूद अमानवीयताओं की चर्चा कीजिए।

उत्तर– ईश्वर ने सभी मनुष्य को एक बनाया है फिर क्यों एक मनुष्य दूसरे मनुष्य से भेदभाव करता है। एक को सवर्ण और दूसरे को अछूत मानकर उसका तिरस्कार करता है। यहाँ लेखक को इस अमानवीय व्यवस्था से तीव्र असहमति है, वह तथाकथित ईश्वरीय और सामाजिक व्यवस्था को प्रश्नबद्ध करता है, 'ईश्वर मनुष्य-मनुष्य में भेद करता है। एक को अमीर, दूसरे को गरीब। एक को सवर्ण और दूसरे को अछूत। मनुष्य-मनुष्य में द्वेष फैलाने वाला यह कैसा ईश्वर है? सभी ईश्वर के पुत्र हैं ना? फिर हम अस्पृश्य कैसे? हमें गाँव के बाहर खदेड़ने वाला ईश्वर, धर्म या देश हमें मान्य नहीं है।' 'अक्करमाशी' इस अर्थ में अन्य दलित आत्मकथनों से अलग है कि इसमें सवर्ण-दलित संबंधों की अंतरयात्रा का आख्यान करते समय अनेक स्थानों पर तथाकथित अवैध संतान (अक्करमाशी) की पीड़ा का भी मार्मिक वर्णन किया गया। वर्ण श्रेष्ठता के दंभ ने यौन शोषण को अपना अधिकार समझकर सदियों से दलित स्त्री को अपमानित किया और इन थोपे गए संबंधों से उत्पन्न संतान को साफ तौर पर अस्वीकार कर दिया। लेखक इस अमानवीय

समाजशास्त्र पर तल्ख टिप्पणी करते हैं, 'इस काले पत्थर की कोठी से हमारा कहाँ संबंध है? इस पटेल की हम कौन-सी संतान हैं? पटेल से जन्म लेकर भी इस कोठी में हमें नहीं रहने दिया जाता? ये खानदानी दीवारें क्यों नहीं स्वीकार करतीं मुझे? यह कोठी मौन क्यों है? यह गूँगी क्यों हो गई है? इसकी जीभ कहाँ लापता हो गई है?' गाँव में सवर्ण और दलित संबंधों में एक तरफ भोग-ही-भोग था तो दूसरी तरफ शोषण-ही-शोषण। सवर्ण परंपरा से शोषक तो दलित परंपरा से शोषित। लेखक की टिप्पणी यहाँ दिलचस्प है, 'मेरा गाँव—एक छोटा था देहात। उन दिनों वहाँ सुधार या विकास की कोई हलचल नहीं थी। जाति व्यवस्था का कठोरता से पालन हुआ करता था। हम अछूत थे, इसे स्वीकार कर हम जी रहे थे। सवर्णों में जो दो-चार हमारी अछूत बस्ती में आते, वे या तो शराब पीने के लिए आते या बस्ती में जो दो-एक परित्यकताएँ थीं, उनके संग मजा मारने अथवा मजदूर इकट्ठे करने आते। गाँव का और हमारी बस्ती का बस इतना ही संबंध था।' लेखक कहता है कि दिन-रात हाड़-तोड़ मेहनत के बाद भी दो वक्त की रोटी का न मिलना कितनी त्रासद स्थिति है। भूख के कारण झूठन तक खानी पड़ती। इस तरह 'अक्करमाशी' अमानवीयता के क्रूर चेहरे (सवर्ण-दलित संबंध) की असलियत को बेनकाब करती चलती है। यथार्थ को सबके सामने लाती है। इन्हीं सब स्थितियों को लेखक ने 'अक्करमाशी' के माध्यम से बयान किया है।

प्रश्न 8. 'अक्करमाशी' के माध्यम से 'यातना के पिंजरे से मुक्ति के एहसास' को समझाइए।

उत्तर– 'अक्करमाशी' में अवैध संतान की गहन पीड़ा का मार्मिक चित्रण किया गया है। अवैध का दंश अछूतों के बीच रचनाकार को अछूत करार देता था। इस आंतरिक अस्पृश्यता का दंश बेहद भयानक था। दर्द के गहरे समंदर में डूबा मन 'हमारे को हरिनाम' पर भरोसा करता। लेखक उन दिनों को याद करते हुए कहते हैं, 'मुझ जैसे जो बच्चे थे, वे भी मुझे 'अक्करमाशी' कहकर चिढ़ाते। अक्करमाशी का अर्थ ही था कि तेरा जन्म अनैतिक संबंधों से हुआ है। सवर्ण हो या अवर्ण कि अछूत, सभी के मजाक का मैं विषय बन चुका था। वे मुझे अपमानित करते। अछूत भी मुझे अछूत सिद्ध करते। स्कूल के दिनों में मैं बहुत ही धार्मिक और ईश्वर पर प्रगाढ़ श्रद्धा रखने वाला था।' अपमान, तिरस्कार और वंचना से पीड़ित शरण को उस समय सुकून मिला जब रचनात्मक अन्विति के रूप में आत्मकथन लेखन का रास्ता उन्होंने अख्तियार किया। आत्मकथन शरण के लिए पिंजरे से उन्मुक्त होने का एहसास था। बकौल लेखक, 'अक्करमाशी लिखने के पूर्व मैंने करीब-करीब सभी दलित आत्मकथाएँ पढ़ीं। मराठी में प्रकाशित अन्य आत्मकथाएँ भी पढ़ गया। इन सबमें व्यक्त जीवन से मेरा जीवन भिन्न है—इसका विश्वास हुआ। यह भिन्नता ही आत्मकथन लिखने के लिए मुझे प्रवृत्त करती गई। मैं लिखता गया। केंचुल फेंककर साँप जैसे बाहर आता है, वैसे मैं अक्करमाशी से बाहर आ गया। अब मुझे किसी से भय नहीं। कोई हीन-ग्रंथि नहीं।' उन्होंने अपने पर बीती हुई सच्चाई को शब्द दिए और उनकी यातनाओं के सफर का रूपांतरण प्रतिबद्धता के स्वर में हुआ।

प्रश्न 9. दलित आत्मकथनों पर यथास्थितिवादी सौंदर्यशास्त्र द्वारा लगाए गए आक्षेपों और उनकी असलियतों की चर्चा कीजिए।

उत्तर— दलित आत्मकथनों के साथ ही 'अक्करमाशी' पर भी विभिन्न आरोप लगाए गए। इसके शीर्षक पर ही ढेरों प्रश्न उठाए गए। पुस्तक का शीर्षक आकर्षक होना चाहिए। यह मानव पर गाली है। शरणकुमार लिंबाळे ने विस्तार से द्वितीय संस्करण की भूमिका में उनका उल्लेख किया है। उन्होंने आरोपों की वास्तविकता का भी विश्लेषण किया है। शरण लिखते हैं—'दलित आत्मकथन पर दूसरा सबसे बड़ा आरोप यह लगाया जाता है कि इसके लेखकों ने अपने भोगे हुए दु:खों की पूँजी पर यातनाओं का, दु:खों का बाजार सजाया है।' दरअसल दलित आत्मकथन की प्रमुख मान्यता ही यही है कि साहित्य का मानदंड कल्पना मात्र से प्रेरित न होकर यथार्थ पर आधारित हो। मुख्यधारा की साहित्यिक आलोचना को ऐसा लगना लाजिमी है कि दलित आत्मकथन दु:खों का बाजार सजाती है। पर सच तो यह है कि दलित रचनाएँ छूट गए या उपेक्षित समाज के भोगे गए सच को ज्यों-का-त्यों कहने का साहस करती हैं और इस तरह नए तरह के सौंदर्यबोध को साहित्य की दुनिया से रू-ब-रू कराती हैं। लेखक कहते हैं कि इस प्रकार के आरोप के मूल में दलित आत्मकथनों की लोकप्रियता और उनके पुरस्कृत हो जाने की घटनाएँ कारणभूत रही हैं। एक आरोप यह लगाया गया कि, 'दलित आत्मकथन विस्फोटक होते हैं।' ऐसा संभव है कि अभिजात्यता की काल्पनिक और मनोरंजन प्रधान साहित्यिक अभिव्यक्ति अच्छी लग सकती है तो उत्पीड़ित समूह को सच को पूरे प्रतिरोधी तेवर के साथ अभिव्यक्त करना अनिवार्य लगता हो। लेखक की मान्यता दिलचस्प है, 'वास्तव में यह विस्फोटकता पाठकों की समझ तथा अनुभव के विश्व पर आधारित होती है। मराठी ललित साहित्य (लेखक का आशय तथाकथित मुख्यधारा के मराठी साहित्य से है) मुझे विशुद्ध मनोरंजन प्रधान लगता है। ठीक इसी प्रकार औरों को दलित साहित्य अश्लील और सनसनीखेज लग सकता है।' लेखक इतना कहकर अपने पक्ष का तिरोभाव नहीं कर देते वे उन परिवेशों का जिक्र भी करते हैं, जिनके बीच ऐसी समझ बनती और परवान चढ़ती है। वे कहते हैं, 'हम दलित लेखक जब कभी किसी सभा सम्मेलन हेतु किसी मध्यवर्गीय सवर्ण संयोजक के घर जाते हैं, तो वहाँ का सजा-सँवरा सुविधा से परिपूर्ण वातावरण देख आश्चर्यचकित हो जाते हैं। ठीक उसी प्रकार मध्यवर्गीय चौखट के लोग जब झुग्गियों के जीवन को तथा उस जीवन के प्रतिबिंब को साहित्य में देखते हैं तो वे आश्चर्यचकित हो जाते हैं, उसे न समझ पाते हैं और न ग्रहण कर पाते हैं।' लेखक विस्तार से अन्य आरोपों की चर्चा भी करते हैं।

- **आरोपों की मुखरता और प्रतिपक्ष का दर्शन—**लेखक आरंभ में ही अपना पक्ष इस प्रकार रखते हैं, 'मैं 'अक्करमाशी' (अपने आत्मकथन) की ओर एक कलाकृति के रूप में नहीं देखता। यह एक दस्तावेज है। कैफियत है। इस आत्मकथन की ओर सामाजिक अत्याचार के रूप में पाठक देखें, ऐसा मेरा आग्रह रहा है।' लेकिन इस विनम्रता के बावजूद यह कहना तर्कसंगत होगा कि 'अक्करमाशी' की भी एक कलात्मक मुद्रा है, यह अलग बात है कि इस सौंदर्यबोध का संबंध पारंपरिक सौंदर्यबोध से अलग है जिसकी मूल चेतना श्रमशील उपेक्षितों के सच और सपने से जुड़ती है। उन दिनों मैं शोलपुर में सेवारत था, वहाँ इस आत्मकथा को लेकर कई चर्चाएँ थीं। कुछ लोग कहते कि अपनी आत्मकथा को प्रकाशित करने के लिए लिंबाळे ने प्रकाशक को 10 हजार रुपए दिए हैं। ऐसे आरोप लगाने वाले मुझे अमीर समझते हैं, दस हजार रुपए मेरे लिए बड़ा स्वप्न हैं। मैं हमेशा लॉटरी की टिकट खरीदता, अनेक स्वप्न देखता रहता, परंतु आज तक कभी भी पाँच-दस रुपए से अधिक लॉटरी नहीं निकली। उसी

तरह लेखक को सवर्णों द्वारा लगाए गए इस आरोप से भी जूझना पड़ा कि पिता के लिंगायत होने के कारण उसे वीरशैव साहित्य का ही सृजन करना चाहिए। कुछ लोगों को 'अक्करमाशी' काल्पनिक लगी। वे कहते कि अब जाति व्यवस्था की कट्टरता कहाँ रही? कुछ कहते कि 'आप तो अभी बहुत जवान हैं। ऐसी कोई जिंदगी आपने जी होगी, ऐसा मुझे नहीं लगता।' जाहिर है ऐसा इसलिए कहा जाता क्योंकि पारंपरिक आत्मकथाएँ प्राय: प्रौढ़ावस्था में लिखी जाती हैं, जबकि 'अक्करमाशी' का लेखक युवा था। पारिवारिक सदस्यों और मित्र मंडली के बीच इस बात पर नाराजगी जाहिर की जाती कि अब इन बातों को दोहराने का क्या औचित्य? दलित समाज का एक तबका कहता कि अब दलित साहित्य रचने का क्या प्रयोजन जबकि वे बौद्ध हो गए हैं। पर लेखक ने निर्भयता और प्रतिबद्धता के साथ प्रत्येक प्रश्न का उत्तर दिया और अपनी रचनाधर्मिता को सृजनशीलता के नए आयाम से समृद्ध किया। लेखक के अनुसार सोशल सेंसर की अपेक्षा सर्जनशील लेखक के सेंसर का महत्त्व होता है। जिस प्रकार समाज किसी कलाकृति पूर्ण करते समय किसी प्रसंग को अच्छा या बुरा निश्चित करता जाता है। नीति, परंपरा, कानून, समाज, नाते-रिश्ते, व्यक्तिगत जीवन, अनेकानेक हित संबंध तथा प्रतिष्ठा के दबाव के नीचे लेखक जीता रहता है। आत्मकथन लिखते समय पूर्णत: निर्भय तथा निर्लज्ज हो जाना जरूरी है। कुछ लोग कहते एक ओर लेखक के रूप में तुम्हारी पहचान बनती है तो दूसरी ओर समाज की बदनामी होती है, दलित स्त्रियों पर बलात्कार होते, तुम्हें ऐसा नहीं लिखना चाहिए था। शरण कुमार कहते हैं कि वे इसे एक आत्मकथा के रूप में नहीं देखते। यह एक दस्तावेज है, कैफियत है। इस आत्मकथा की ओर सामाजिक अत्याचार की एक घटना के रूप में पाठक देखें, ऐसा मेरा आग्रह रहा है।

- **अक्करमाशी का पक्ष**—समाज में अछूत कहे जाने वाले और शोषित-पीड़ित तबके के लोगों की तकलीफ को बहुत संजीदगी और गहराई से बताया गया है। एक तो दलित ऊपर से 'अक्करमाशी'। अस्तित्व पर ही सवाल उठाने वाले तथाकथित सफेदपोश लोगों पर लेखक की टिप्पणी बेहद तीखी और सही है–'गाँव, भाषा, माँ, पिता, जाति, धर्म–इन सभी दृष्टियों से मैं खंडित हूँ। गुमशुदा व्यक्तित्व लिए जीने वाला मेरे अस्तित्व को 'जारज' कहकर सतत् अपमानित किया गया है। ब्राह्मणों से लेकर शूद्रों तक सभी अपने खानदानी अभियान और खानदानी अस्मिता लिए जीते हैं, परंतु यहाँ मेरी अस्मिता पर ही बलात्कार हुआ है। बलात्कारित स्त्री की तरह मेरा यह जीवन। यहाँ की नीति ने मेरे साथ एक अपराधी की तरह ही आचरण किया है मेरे जन्म को ही यहाँ अनैतिक घोषित किया गया है।' किसी भी अत्याचारी व्यवस्था का महिलाएँ और बच्चे आसान शिकार बनते हैं। दिल दहला देने वाली एक सच्चाई यह भी है कि व्यवस्था अत्याचार के बाद शिकार को ही दोषी ठहरा देने का वीभत्स खेल खेलती है। पर संवेदनशील लेखक इसका प्रतिकार करते हुए बलात्कृत माँ को व्यभिचारी करार देने वाली व्यवस्था से सतत् लड़ता रहता है; 'यह माँ का व्यभिचार नहीं है, अपितु वह प्रस्थापित समाज व्यवस्था की शिकार है–इस बात का एहसास मुझे दलित साहित्य तथा दलित आंदोलन ने दिया।'

प्रश्न 10. 'अक्करमाशी' में प्रतिशोध का दर्शन और विद्रोह को स्पष्ट कीजिए।

उत्तर– 'अक्करमाशी' में निजी जीवन के सच के बहाने उस समाज के सच को बताया गया है, जो सदियों से शोषण और पीड़ा की बुनियाद पर खड़ा है। 'अक्करमाशी' की रचना प्रक्रिया का एक प्रमुख सरोकार है–सवर्ण आधिपत्य के अस्वीकार की मुखरता। उसी से निर्मित होता है प्रतिशोध का दर्शन और प्रतिशोध के इस दर्शन की स्वाभाविक परिणति है–विद्रोह। 'अक्करमाशी' में इस चेतना के अनेक रूप हैं, जिनसे न सिर्फ जन सरोकार का पता चलता है, बल्कि नए तरह की सौंदर्य दृष्टि के सृजन की आकुलता भी नजर आती है। किशोरावस्था में जब सवर्ण शोभी द्वारा अछूत किशोर शरण और परश्या को बार-बार अपमानित करना बेहद नागवार लगता है ऐसे में प्रतिशोध की आग में तपते शरण और परश्या द्वारा शोभी का रास्ता रोकना एकदम स्वाभाविक लगता है। लेखक लिखते हैं, "अचानक परश्या ने शोभी का हाथ पकड़ा। मैं परेशान। पर मन में प्रतिशोध की भावना थी, हम अछूत हैं। हमारे स्पर्श से पानी अपवित्र हो जाता है ना, तो फिर नदी क्यों नहीं अपवित्र होती? हमारे स्पर्श से अगर आदमी अपवित्र हो जाता है, तो क्यों नहीं हुई तू पीली काली? क्यों नहीं तेरे सिर पर की रोटियाँ सड़ गईं? हमें अछूत कहती हो तो दो इन प्रश्नों के उत्तर?" ऐसे अनेक प्रश्न उठते हैं 'अक्करमाशी' में जिनका जवाब शायद किसी के पास नहीं है।

उसी तरह सार्वजनिक होटल में अछूतों के लिए चाय के बर्तन अलग रखने पर युवा दलितों को बेहद अपमानजनक लगता। गाँव में दलितों की युवा पीढ़ी में जिस नई समझ का तेजी से विकास हो रहा था, वह था स्वाभिमान। बकौल लेखक, 'हम गाँव में स्वाभिमान से घूमते। इस कारण गाँव के सवर्ण युवक खार खाते। उन्हें नहीं चाहिए था हमारा स्वाभिमान। स्वाभिमान में एक अलौकिक ताकत होती है इसका एहसास मुझे हो रहा था। हम थोपी गई शूद्रता में जलकर राख नहीं होना चाहते थे। छटपटाते थे। शिवराम के होटल के बाहर रखा गया कप सॉसर हमें हमारी जाति का अपमान लगता। पुरानी पीढ़ी उस अपमानित कप-सॉसर में चुपचाप चाय पीती।' लेखक और परश्या इस सिलसिले में थाने पहुँचे। पुलिस के हवलदार ने पहले दबाव बनाने की कोशिश की पर लेखक ने जब यह कहा कि वे लोग मुख्यमंत्री, प्रधानमंत्री को पत्र लिख रहे हैं तब माजरा बदला और होटल मालिक शिवराम को चिढ़ के साथ ही सही झुकना पड़ा।

प्रतिशोध के इस दर्शन का एक मुख्य प्रेरणास्रोत थीं–संतामाय। लेखक उन दिनों को याद करता है, 'संतामाय मुझे अन्याय की कहानियाँ सुनातीं। उनकी आँखों से टपकने वाले आँसू मुझे महाकाव्य की तरह लगते। उनकी एक-एक कहानी महायुद्ध की चिंगारी का एहसास दिलाती। जिस को हम जी चुके हैं, वह कितना भयावह है, इसका एहसास मुझे होने लगा। मेरी व्यथा मुझ तक सीमित नहीं है। वह व्यथा आज की नहीं है। इस अन्याय की जड़ें हजारों वर्षों के इतिहास में धँसी हुई हैं। मेरा दुःख बुद्ध द्वारा देखा गया दुःख है।' 'अक्करमाशी' की यात्रा बदलते समाज में अतीत से अनुकूलन के बरअक्स प्रतिशोध के दर्शन की इबारत संभव करती है।

प्रश्न 11. दलित संघर्ष की परिणति और बदलाव के स्फुलिंग को 'अक्करमाशी' के माध्यम से समझाइए।

उत्तर– रचना शुरू से लेकर अंत तक अमानवीय तंत्र में मानवीय गरिमा के लिए संघर्ष करती है। वर्ण व्यवस्था की दुरभिसंधियों के साथ यदि तथाकथित अवैध संतान का भी दारुण दुःख जुड़

जाए तब यह संघर्ष बेहद कठिन हो जाता है, जिसके साक्ष्य 'अक्करमाशी' में अत्यंत संवेदनशील रूप में मौजूद हैं। शिक्षा, संघर्ष और उपलब्धि के रूपों की चर्चा आत्मकथा में मौजूद है। कुछ साक्ष्य इस प्रकार हैं–

- सबैरे मैं बार्शी निकला। निकलते समय नजर अचानक लॉज पर गई। एक नया विश्व दर्शन हो रहा था। चंद्या और उसकी पत्नी लॉज में थे। ...... अब नौकरी, सुशिक्षित पत्नी है। अब वह मध्यवर्गीय हो चुका है।
- 'कुसुम के लड़का हुआ है। लड़के का नाम 'अनार्य' रखने का निश्चय मैं पहले ही कर चुका था।'
- 'माने-मेरा मित्र। देहात का भयावह दरिद्रता से संघर्ष करते हुए यहाँ तक पहुँचा है। अब वह किसी बैंक में नौकरी कर रहा है। उसके आचार-विचारों में क्रांतिकारी परिवर्तन हुआ है।'

आत्मकथा में मौजूद बदलाव के स्फुलिंग हमें आश्वस्त करते हैं कि उस मानवीय व्यवस्था की जरूरत तब तक बनी रहेगी, जब तक व्यक्ति का व्यक्तित्व उसकी प्रतिभा से तय होगा न कि उसकी जाति से या फिर तथाकथित अवैध जन्म के अतीत से। व्यक्ति को प्रतिभा से देखा जाना चाहिए न कि उसका जन्म किस जाति में हुआ है या वह अवैध संतान है, सवर्ण है या दलित।

प्रश्न 12. 'अक्करमाशी' में विचार की चौहद्दी में आरक्षण के सवाल पर टिप्पणी लिखिए।

उत्तर– आजादी के बाद संविधान निर्माताओं की सजग दृष्टि ने उपेक्षित समाज के न्यायोचित अधिकार प्राप्ति के लिए आरक्षण का प्रावधान रखा, जिसका सवर्ण समाज ने आक्रामक विरोध किया। 'अक्करमाशी' की संरचना इस सवाल से भी रू-ब-रू होती है। आरक्षण का विरोध करने वालों से लेखक बहस की मुद्रा में सवाल पूछता है, 'आरक्षण रद्द करना है तो फिर हमें 'दलित स्थान' मिल जाना चाहिए। इस उम्र में जानवरों की रखवाली करना और माँ-पिता की जिम्मेदारियों में हाथ बँटाना जरूरी होता है। पर मैं उस समय कॉलेज में पढ़ रहा था। माँ-पिता रात-दिन मेहनत-मजदूरी कर रहे थे। किताब के प्रत्येक पन्ने पर उनके श्रम, भूख और आशा को मैं देखता।'

असल में संस्थाओं में आरक्षण की व्यवस्था होने और दिए नहीं जाने से उसे समाप्त कर दिया जाना बेहतर है। जब यह अनुभव हो चुका है कि 48 साल आरक्षण लागू रहने पर भी दलितों को पशु जैसा जीवन जीना पड़ रहा है। तब अपमान, अत्याचार, निरक्षरता, गरीबी और बेरोजगारी के नारकीय साम्राज्य के नीचे गुलामगिरी कर रहे दलितों को आरक्षण के सब्जबाग दिखाने के मायने क्या हैं? हाँ दलितों में जिन लोगों की स्थिति पहले से ही कुछ मजबूत थी, वे ही लोग आरक्षण का लाभ उठा पाए हैं। ये लोग समाज से यहाँ तक कटे हुए हैं कि उन्होंने गैर-दलित वर्ग से रोटी-बेटी के रिश्ते करने के प्रयास तक कर डाले हैं और अपने पिछड़ गए सगे-संबंधियों तक को पहचानना छोड़ दिया है।

आरक्षण के बाद जब स्थितियाँ तेजी से बदलीं तब अन्य तरह का दलित उत्पीड़न सामने आया, 'दलितों को मिलने वाली सुविधाएँ, शिक्षा के कारण उनमें उभरती अस्मिता व स्वाभिमान और इस नई अस्मिता से जीने वाला दलित समाज, आंदोलनों के कारण उभरने वाला विद्रोही युवक,

नौकरियों के कारण सुखी जीवन जीने वाला अछूत, धर्मांतर के कारण थोपे गए कामों के प्रति उसकी अरुचि–इन विविध कारणों से सवर्ण हिंदू चिढ़ गए थे। हजारों वर्षों से कुत्ते-बिल्लियों की तरह उनके पैरों के निकट गुलाम बनकर जीने वाला यह समाज उनकी बराबरी करने की कोशिश करने के लिए वे कतई तैयार नहीं थे।' 'अक्करमाशी' की रचना प्रक्रिया में शामिल यह सवाल उसकी प्रासंगिकता को नए आयाम से समृद्ध करता है।

प्रश्न 13. बेबीताई कांबळे के जीवन परिचय को संक्षिप्त में प्रस्तुत कीजिए।

उत्तर– बेबीताई कांबळे का जन्म 2 फरवरी 1929 को फलटण की एक दलित बस्ती में मान्य पंढरीनाथ मिस्त्री के घर हुआ था। 14 साल की उम्र में इनका विवाह कोंडीराम कांबळे से हुआ। ससुराल में लोगों का पैतृक व्यवसाय खेती-बाड़ी था।

मराठी दलित साहित्य और अम्बेडकरवादी आंदोलन में बेबीताई कांबळे का विशेष योगदान रहा है। वह एक घरेलू एवं अल्पशिक्षित स्त्री थी। इनके पिता एक सामाजिक कार्यकर्त्ता थे और बाबासाहेब अम्बेडकर आंदोलन से जुड़े हुए थे। यही विरासत उनकी बेटी को भी मिली। उन्होंने भी डॉ. अम्बेडकर के आंदोलन में सक्रिय होकर दलित समाज एवं स्त्री के शोषण और उत्पीड़न से मुक्ति के लिए कार्य किया। उनका व्यक्तित्व एक सामाजिक कार्यकर्त्ता का रहा है। उन्होंने किसी कार्यक्रम के बहाने अपने जो विचार प्रकट किए हैं जिससे उनके संघर्षशील व्यक्तित्व की पहचान होती है। वह अम्बेडकरवादी आंदोलन की एक निष्ठावान और प्रमाणिक कार्यकर्त्ता के रूप में कार्य करती रही है। उन्होंने समाज के अत्यंत गरीब तबकों की सेवा की। उन्होंने महाराष्ट्र राज्य शासन के समाज कल्याण विभाग की सहायता से घुमंतू जनजातियों के बच्चों के लिए तहसील फलटण में एक स्कूल स्थापित किया और लगातार 20 वर्ष तक अपना योगदान दिया।

इसी बीच उनका संपर्क एक अमेरिकी महिला मेक्सिन वर्नसन से हुआ। मेक्सिन वर्नसन बेबीताई कांबळे का लेखन देखकर बहुत प्रभावित हुई। एक दिन मेक्सिन ने उनके सारे लेखन को इकट्ठा कर प्रकाशक श्री रविन्द्र कुलकर्णी को प्रकाशित करने को दे दिया। यह पुस्तक मराठी में 'जीणं अमुचं' के रूप में प्रकाशित हुई। बाद में यह हिंदी में किताबघर प्रकाशन से 'जीवन हमारा' शीर्षक से प्रकाशित हुई। 'जीवन हमारा' आत्मकथा का फ्रेंच और स्पेनिश में अनुवाद हो चुका है। विश्व स्तर पर अनुवाद होने से बेबीताई कांबळे की यश-कीर्ति विश्व स्तर पर छा गई।

'जीवन हमारा' आत्मकथन में डॉ. अम्बेडकर के सामाजिक-सांस्कृतिक आंदोलन की कई छवियाँ दृष्टिगोचर होती हैं। इस आत्मकथन में दलित जीवन के संघर्ष, शोषण, उत्पीड़न और सामाजिक-सांस्कृतिक आयामों को उजागर किया गया है। भारतीय समाज में दलित स्त्री के प्रति समाज का जो नजरिया रहा है, उसे लेखिका ने 'जीवन हमारा' में चित्रित किया है। साथ ही भारतीय समाज की जड़ता और जाति भेद के खिलाफ चलाए गए दलित आंदोलन में दलित स्त्री की भूमिका और योगदान को बेबीताई कांबळे ने रेखांकित किया है। आत्मकथा के अलावा उन्होंने डॉ. अम्बेडकर के जीवन पर कई गीतों की रचना की है, जिसका संकलन 'भीमगीते' शीर्षक से प्रकाशित है। महाराष्ट्र सरकार के शिक्षा विभाग ने उन्हें राज्य पुरस्कार से सम्मानित किया। महाराष्ट्र साहित्य अकादमी द्वारा भी उन्हें यशवंत राव चव्हाण पुरस्कार से सम्मानित किया गया। सामाजिक जागृति और सामाजिक परिवर्तन के लिए संघर्षरत बेबीताई कांबळे का निधन 21 अप्रैल 2012 को

हुआ। बेबीताई कांबळे एक सजग, सचेत, संवेदनशील लेखिका, प्रतिबद्ध सामाजिक कार्यकर्त्ता थीं। वे जीवन के अंतिम क्षण तक लिखती रहीं तथा समाज को जागृत करने का कार्य लगातार करती रहीं।

प्रश्न 14. 'जीवन हमारा' की केंद्रीय विषयवस्तु में अभिव्यक्त समष्टिगत मूल्यों को रेखांकित कीजिए।

अथवा

आत्मकथा 'जीवन हमारा' पर संक्षिप्त टिप्पणी लिखिए।

[जून-2015, प्रश्न सं.-10 (ग)]

उत्तर– दलित लेखिका बेबीताई कांबळे की 'जीवन हमारा' मराठी के आत्मकथनों में महत्त्वपूर्ण रचना है। अस्तित्व बोध से जगी दलित चेतना ने विगत जीवन में अस्पृश्यता, गरीबी, गुलामी, यातना, उत्पीड़न के दर्दनाक अनुभवों का विशद चित्रण किया है। बेबीताई कांबळे ऐसी प्रथम दलित लेखिका हैं जिन्होंने दलित स्त्री जीवन में व्याप्त तिहरे शोषण को बहुत ही संजीदगी से रेखांकित करके दलित स्त्री जीवन की भीषण वास्तविकता को अभिव्यक्ति दी है। दलित स्त्री जीवन संबंधी आत्मकथन अन्य लेखकों के आत्मकथनों से इसलिए अलग और विशेष है कि इसमें गरीबी की भयावहता, भूख की असीमता, अपमानित होने के दंश के साथ-साथ बलात्कारित होने की विभीषिका के मर्मांतक दर्द को झेलने की स्त्री विवशता के अनछुए पहलुओं को बड़ी गंभीरता से अंकित किया है।

बेबीताई कांबळे सातारा जिले के फलटण तहसील में पली-बढ़ी और वहीं की पाठशाला में शिक्षा हासिल की। उस समय लड़कियों का स्कूल जाना बहुत मायने रखता था। बेबीताई सिर्फ चौथी कक्षा तक ही शिक्षा हासिल कर पाई थी। पिता पंढरीनाथ मिस्त्री ठेकेदार थे और अंग्रेजों के शासनकाल में पूना और फलटण में सरकारी कामों के ठेके लेकर अपना जीविकोपार्जन करते थे। महार जाति के सभी लोग मजदूर के रूप में उनके साथ इस ठेके के काम में शामिल होकर अपना रोजगार कमाते थे। काम न मिलने की स्थिति में पंढरीनाथ ठेकेदार अपने पैसों से सभी को खाना खिलाकर उन्हें भुखमरी के अभिशाप से बचा लेता। इसलिए बेबीताई लिखती है कि, 'मेरे पिता पंढरीनाथ ठेकेदार अर्थात् कर्ण का अवतार। मेरे पिता दयालु थे। धन-संपत्ति का संग्रह करना उनके स्वभाव में ही नहीं था। उनकी कोशिश हरदम इतनी ही रहती थी कि हर इंसान सुखी रहे।'

अच्छा पैसा कमाने के बाद भी वे सारा धन खर्च कर डालते थे। पंढरीनाथ पत्नी के झगड़ा करने और यह कहने पर कि इतना पैसा कमाने पर भी गाँव में एक रहने लायक घर भी न बनाया तो जवाब में कहते जैसे माँ-बाप द्वारा संचित धन बच्चों को स्वत: मिलता है, उसी तरह माँ-बाप द्वारा किए अच्छे-बुरे कामों का फल भी बच्चों को मिलता है। मेरे बच्चों को बहुत सुख मिलेगा। मैंने इस दुनिया में जो अच्छे काम किए हैं, उनका पुण्य-फल मेरे बच्चों को खुद-ब-खुद मिलेगा। इस व्यवहार शून्य प्रवृत्ति के कारण पति-पत्नी में झगड़े होते और उनके बीच हमेशा विवाद होता रहा। दरिद्र अवस्था से ऊब कर उसकी पत्नी का स्वभाव चिड़चिड़ा हो गया था।

आत्मकथन की रचना के लगभग पचास वर्ष पूर्व के समय के दलित जीवन में व्याप्त अंतहीन गरीबी, गुलामी के घेरे में घिरे दलित समुदाय की पीड़ा, उत्पीड़न के अमानवीय रूप, भूख मिटाने के लिए मरे हुए जानवरों का माँस खाने की विवशता, चिथड़ों में लिपटे बच्चे, स्त्रियाँ, बूढ़े, घर

के रूप में तीन बाँस पर फूस की छत के नीचे रहने की बाध्यता, अस्पृश्यता के चलते गाँव की सीमा से दूर कूड़े के ढेर पर बहिष्कृतों का जीवन जीने की विवशता का चित्रण प्रमुखता से किया गया है। बेबीताई ने अपने बचपन में करीब से देखे दलित समुदाय में दलित औरतों के दोहरे शोषण, यातना और पुरुष सत्ता के दबाव और उत्पीड़न को झेलने की विवशता का मार्मिक विशद चित्रण किया है। यही इस आत्मकथन की विशेषता है कि इसमें व्यक्तिगत जीवन और संघर्ष का चित्रण संकीर्ण है जबकि दलित वर्ग को संपूर्ण अच्छाइयों व बुराइयों के साथ चित्रित किया गया है।

दलित स्त्री के जीवन में पितृसत्ता का वर्चस्व अधिक था जैसा अन्य समुदायों की स्त्री के जीवन में था। लेकिन दलित स्त्री उत्पीड़न का एक पक्ष और सामने आता है और वह है सवर्ण पुरुषसत्ता के आतंक और उत्पीड़न को सहना बाल-बच्चों के पालन-पोषण और जीवनयापन के लिए पुरुषों के बराबर श्रम करने वाली दलित स्त्री को सवर्ण पुरुषों के जाति अहंकार के कारण अपमानित होने, दीन-हीन होकर वह किस प्रकार अपना बचाव करती है ऐसे कई प्रसंगों का जीवंत चित्रण बेबीताई ने अपने इस आत्मकथन में किया है।

दलित समाज में अल्पवय में किशोरियों की शादी करने की परंपरा सदैव रही है। उस छोटी-सी उम्र में ससुराल में तमाम श्रम के काम करने पर भी भरपेट अन्न नसीब न होने, सास द्वारा सताए जाने के और ससुराल के अन्य पुरुषों द्वारा मारपीट करने पर भी समाज द्वारा किसी प्रकार का विरोध न किया जाना, स्त्री की गुलामों जैसी अवस्था पर प्रकाश डालती है। सास द्वारा अमानुषता की हद तक सताए जाने के प्रसंगों द्वारा बेबीताई ने तत्कालीन समय में स्त्री के साथ किए जाने वाले अन्याय और अत्याचारों के संत्रासपूर्ण जीवन जीने की विवशता पर प्रकाश डाला है। दलित स्त्री के विवाह के बाद न केवल उसकी स्वाधीनता का हक छीना जाता है बल्कि उसे सभी अपना गुलाम समझ कर उस पर अत्याचार, दमन और उत्पीड़न का कहर बरपा देते हैं। पितृसत्ता समाज के घिनौना व खौफनाक चेहरे को बेबीताई ने सबके सामने रखा। स्त्री जीवन की बेबसी को बड़े ही मार्मिक रूप से अभिव्यक्ति दी है। व्यक्ति जीवन के सुख-दुखों के संदर्भ और प्रसंगों में अधिक समय न देकर बेबीताई उनके आस-पास की महिलाओं के जीवन, विश्व की वास्तविकता के दुःख-दर्द के एक-एक पहलू को उजागर करती है। महार समुदाय में स्त्री श्रम और परिश्रम के कामों में लगातार जुटी रहकर भी घर-परिवार में उसका अस्तित्वहीन होना उसके दर्द को और गहरा बना देता है। अगर किसी परिवार की आर्थिक स्थिति ठीक-ठाक होती तो उस घर की स्त्री को घर से बाहर न निकलने की हिदायत होती और परिवार इस बात पर गर्व करता कि उनके घर की महिलाओं का नाखून भी कोई देख नहीं पाता। यह उम्रकैद जैसी सजा झेलने वाली स्त्री बेजुबान बनकर इसे सहते रहती लेकिन कभी विद्रोह नहीं कर पाती। खेलने-कूदने की आयु में माँ-बाप बेटियों का विवाह कर देते थे, विवाह का अर्थ भी जिस बच्ची को पता नहीं होता उसके ऊपर ससुराल के सारे काम सौंप दिए जाते और थोड़ी भी गलती होने, देर होने पर सास-ससुर, ननद-देवर और बाद में पति भी मारपीट करने लगते। लड़की के बड़ी होने पर सास नहीं चाहती कि बेटा और बहू में प्रेम बढ़े, इससे उसके वर्चस्व में कमी आने का डर उसे सताने लगता है। बेबीताई ऐसी अनेक लड़कियों को देख चुकी थी जिनके ससुर ने बहू की नाक काटकर उसे घर से बेघर कर दिया था। स्त्री की गुलामी की यह दास्तान महज पचास वर्ष पुरानी है जिसे बेबीताई अत्यंत व्यथित हृदय से लिखकर बयान करती है।

बेबीताई की यह मान्यता है कि यातना उत्पीड़न से बचने के लिए अक्सर बहुएँ अपने शरीर में देवी माता के संचार का नाटक करके ससुराल की यातना से छुटकारा पा लेतीं। इस प्रकार अंधविश्वास, देवी-देवता, भूत-प्रेत की कहानियाँ रची जातीं और इस प्रकार के झूठ-मूठ के दैवी वातावरण में महिलाएँ ज्यादातर उन्हीं लोगों से अपनी सेवा-पूजा करवातीं जिससे वे क्रोधित और डरी-सहमी रहतीं। बेबीताई ने इसका जीवंत चित्रण अपने आत्मकथन में प्रभावपूर्ण तरीके से किया है। भूमिहीन मजदूरों को बासी बची-खुची रोटी देकर गाँव के जमींदार, सामंत और सवर्ण वर्ग दलितों पर बहुत बड़ा उपकार किए जाने का घमंड पाले हुए रहते थे। भीख पर पलने वाला दलित समुदाय सवर्णों के इस एहसान के नीचे दबा रहता। उनके मन में स्वाभिमान की भावना कभी पनप ही नहीं पाती। गुलामी के एहसास का अभाव तब तक बना रहता है जब तक आर्थिक रूप से दूसरों (सवर्णों) पर निर्भरता बनी रहती है। बेबीताई दलितों के अंधविश्वासों, रूढ़ि-रीतियों के निर्वाह करने की प्रवृत्तियों की आलोचना करते हुए दलितों की इस दयनीय अवस्था के लिए जिम्मेदार जाति प्रथा पर भी प्रहार किए हैं। 'सबसे महत्त्वपूर्ण पहलू जो सभी दलित लेखिकाओं के आत्मकथनों में उभरकर आया है, वह है पुरुष सत्तात्मक समाज में स्त्री का निरंतर शोषण, उसके अस्तित्व को बार-बार नकारा जाना, अस्मिता को कुचला जाना और इन प्रवृत्तियों के विरोध में स्त्री का संघर्ष। दलित स्त्री मध्यवर्गीय है अथवा निम्नवर्गीय, मजदूर है अथवा समाज कार्यकर्त्ता या कॉलेज में अध्यापिका, दलित और स्त्री होने की पीड़ा का एहसास सभी स्त्रियों का एक जैसा है।' बेबीताई कांबळे अपने और स्त्री वर्ग के जीवनानुभवों को अभिव्यक्त करते हुए स्त्री जीवन के सभी पहलुओं को चित्रित करती हैं। जी.पी.एच. की पुस्तकों का मुख्य उद्देश्य ज्ञान के साथ-साथ अच्छे नम्बर दिलाना है।

प्रश्न 15. 'जीवन हमारा' आत्मकथन में दलित मुक्ति आंदोलन से विकसित चेतना का विवेचन कीजिए।

उत्तर– बेबीताई ने स्त्रियों के बचपन से लेकर उनके प्रौढ़ अवस्था तक के जीवन को बड़ी गहराई के साथ रेखांकित किया है। उन्होंने दलित वर्ग में व्याप्त अज्ञानता, अंधविश्वास, रूढ़ि-रीतियों में आस्था और भाग्यवाद में अटूट श्रद्धा के कारण किसी भी सूरत में परंपराओं से चिपके रहने की प्रवृत्ति पर कठोर प्रहार किया है। उन्होंने इस वर्ग की प्रवृत्तियों को न बदलते देखकर बड़े ही दु:खी स्वर में इसे बगैर पूँछ के जानवर जैसा समाज कहा है। डॉ. अम्बेडकर के आह्वान से जागृत हो रहे समाज में बुजुर्ग पीढ़ी अभी भी येसकर की बारी, मरे हुए ढोरों का माँस खाने की प्रथा, पोतराज और देवदासी प्रथा जैसे घोर अंधविश्वासों, अमानवीय रूढ़ियों को अपने पुरखों की अमानत ही मानने को राजी थी। उन्हें बदलने के लिए बेबीताई के नाना-नानी के प्रयास भी जारी थे। रोज होते वाद-विवाद और चर्चाओं का असर दिखने लगा था। माँ-बाप अपने बच्चों को स्कूल भेजने को राजी होने लगे थे। येसकर की बारी को गुलामी का पर्याय मानना स्वीकार करने लगे थे और मरे हुए जानवरों का माँस खाने को वर्जित कर दिया था। डॉ. अम्बेडकर के छपे भाषणों को कोई एक पढ़ा-लिखा व्यक्ति चबूतरे पर बड़े लोगों को पढ़कर सुनाता। दलित वर्ग पर इसका प्रभाव बड़ी तेजी से होने लगा था। उन्हें गुलामी का एहसास होने लगा था, बच्चों की पढ़ाई-लिखाई उनके जीवन का उद्देश्य बन चुका था। उनके अंधकारमय जीवन में आशा का नया सूरज उगने

की आहट सुनाई देने लगी थी। सहज बोधगम्य भाषा में बेबीताई ने दलितों के जीवन संघर्ष के साथ-साथ डॉ. अम्बेडकर के मुक्ति संघर्ष के क्रांतिकारी प्रयासों का भी चित्रण किया है। मुक्ति संघर्ष में स्व निर्णय से सम्मिलित दलित समुदाय के भीतर जगी चेतना के पड़ाव-दर-पड़ाव विकसित होते जाने का क्रमवार ब्यौरा भी प्रस्तुत किया है। 'जीवन हमारा' आत्मकथन अपनी इन्हीं विशेषताओं के कारण दलित साहित्य रचनाओं में विशेष स्थान रखता है। इसमें महार जीवन के यथार्थ को बड़ी ही सहानुभूति और आत्मीयता के साथ उकेरा है। उनके जीवन के प्रत्येक पहलुओं पर प्रकाश डाला गया है।

प्रश्न 16. 'जीवन हमारा' में पंढरीनाथ मिस्त्री का चरित्र चित्रण कीजिए।

उत्तर— बेबीताई ने आत्मकथन में अपने पिता पंढरीनाथ मिस्त्री के चरित्र चित्रण द्वारा तत्कालीन समय में दलितों की गरीबी, बेहाली, बेचारगी और पूर्ण रूप से आर्थिक निर्भरता का प्रभावी चित्रण किया है। सारी बस्ती के रोजगार की चिंता उन्हें रहती, सबको पेट भर अन्न मिले और किसी का भी परिवार भूख से बिलखता न रहे—इसकी जिम्मेदारी बेबीताई के पिता सरकारी ठेके लेकर पूरा करने के प्रयास करते हुए दिखाई देते हैं। अंग्रेज सरकार के अधिकारी उसकी दीन-हीन स्थिति देखकर उसे ठेके पर काम देने की आनाकानी दिखाते हैं तो वे रोजगार की चिंता में झुंड बनाकर बैठे लोगों की तरफ इशारा करके कहते, 'ये जो मजदूरों का झुंड बैठा है, ये सब मेरे ही मजदूर हैं। इसके फौरन बाद पिता ने उन लोगों को पास आने का इशारा किया। तमाम लोग तत्काल उस गोरे साहब के पास दौड़कर आ गए। गोरा साहब गहरे आश्चर्य से तो भर गया, लेकिन ठेका उसने मेरे पिता को ही दिया।'

बचपन में अधिकतर बेबीताई अपनी माँ के साथ नाना-नानी के पास ही रही क्योंकि पिता पंढरीनाथ ठेकेदारी के काम से शहर-शहर जाते रहते थे। ठेके के पैसे मिलने तक अपने साथ काम करने वाले मजदूरों को खाना खिलाने के लिए वे चिंतित रहते। बेबीताई की मौसी जो सैनिक क्षेत्र में रहती थी उनका गहना गिरवी रखकर उससे पैसे उधार लेकर उन्होंने सारे मजदूरों के खाने की व्यवस्था स्वयं करके उन्हें भूखे रहने से बचाया। इसीलिए बेबीताई उनके बारे में लिखती है, मेरे पिता का नाम पंढरीनाथ था। पंढरीनाथ ठेकेदार अर्थात् कर्ण का अवतार। मेरे पिता अत्यंत दयालु थे। वे आगे कहती हैं कि धन संपत्ति का संग्रह करना मेरे पिता के स्वभाव में ही नहीं था। उनकी कोशिश हरदम इतनी ही रहती थी कि हर इंसान सुखी रहे। बेबीताई की माँ को अपने बच्चों के भविष्य की चिंता सताने लगती तब वह बेबीताई के पिता से कहती, 'इतना कमाया लेकिन गाँव में झोंपड़ा तक नहीं बनाया। इतना कमाने का फायदा क्या हुआ? आज भी अनाज हमारे लिए महँगा ही है।' आगे चलकर बच्चों का क्या होगा? माँ की यह वाजिब चिंता भी पिता के स्वभाव को बदल नहीं सकी। बेबीताई के माता-पिता में इस बात को लेकर अक्सर झगड़ा हो जाता, जिसके कारण उनकी माँ का स्वभाव चिड़चिड़ा हो गया। लेकिन पिता को अपनी मेहनत और ईमानदारी पर गर्व था। वे लिखती हैं, 'जिस-जिस गाँव में पिताजी ने काम लिया, वहाँ भरसक यही ध्यान रखा कि उनकी ईमानदारी सुरक्षित रहे और लोगों को कोई कष्ट न पहुँचे।' ठेकेदार वर्ग की क्रूरता नृशंसता और मजदूरों के प्रति तिरस्कार का भाव यह उसके स्थायी चरित्र का हिस्सा होता है। ज्यादातर ठेकेदारी का काम सवर्णों को उनके सरकारी अधिकारियों से संबंध और पैसों की लेन-देन

(भ्रष्टाचार) के कारण मिलता है और यही सत्ताधारियों की परंपरा भी रही है। पंढरीनाथ का ठेकेदार बनना इस परंपरा को तोड़ता है। वह भी उसकी ईमानदारी और दयाभाव के कारण उन्हें मिला था। बेबीताई द्वारा चित्रित पिता का चरित्र हमारे समक्ष दलित वर्ग के बीच आपसी भाईचारा, एक-दूसरे की मदद करने की वृत्ति तथा ईमानदार व्यक्तित्व को उभारता है। डॉ. भीमराव अम्बेडकर के भाषण से प्रभावित होकर बेबीताई का नाम पाठशाला में दर्ज करने का कदम भी उनके पिता ही उठाते हैं। ठेकेदारी के काम के सिलसिले में फलटण गाँव में बस गए बेबीताई के पिता ने बेबीताई की शिक्षा पूरी होने तक लगातार ध्यान दिया।

बेबीताई के पिता का कारोबार से मन उचटने से गरीबी की स्थिति में जीने को मजबूर परिवार को चाचा ने आर्थिक मदद करके आगे बढ़ाया। बेबीताई और उनके भाई की पढ़ाई-लिखाई का पूरा खर्चा चाचा ही उठाते थे। पिताजी ने गाँव से बाहर जाना एकदम बंद कर दिया था। अम्बेडकर के विचारों को सुनने के बाद वे सारा दिन चबूतरे पर बैठकर अम्बेडकर की जय-जयकार करने लगे। डॉ. अम्बेडकर के विचारों के प्रभाव के कारण बेबीताई के पिता पंढरीनाथ ठेकेदारी के काम को छोड़कर दलित समुदाय में चेतना जगाने के कार्य में पूरी तरह से जुट गए थे। फलटण के गिने-चुने दलित नेताओं ने एक बार डॉ. बाबासाहेब अम्बेडकर को फलटण में बुलाने का निश्चय किया और उन्हें आमंत्रित करने के लिए मुंबई जाना निश्चित हो गया। पंढरीनाथ मिस्त्री (बेबीताई के पिता) नाना मेंबर और कालू दादा तीनों ही मुंबई पहुँचकर बाबासाहेब को आमंत्रित कर उनके आने की तारीख निश्चित कर आए। बेबीताई इस प्रसंग से उत्साहित हुए दलित समुदाय के उत्साह और समारंभ की तैयारी के बारे में लिखती है, बाबा के आने की तारीख लेकर आने पर फलटण में जोर-शोर से तैयारियाँ होने लगीं। मैदान में भव्य मंडप सजाया गया। चौरासी गाँवों को निमंत्रण दिया गया। प्रत्येक घर में दस-दस किलो आटा देकर रोटियाँ बनवाई गईं। बेसन की कढ़ी बड़े-बड़े कड़ाहों में पकाई गई। मेहमानों को कढ़ी-रोटी खिलाई गई। बाबा के आने के दिन सारा जनसमुदाय पवली मोड़ पर जमा हो गया। चारों तरफ भीड़-ही-भीड़ थी। लोग धूप में पसीने से नहा रहे थे। सभी की नजर लोणंद गाँव की तरफ लगी थी। इतने में बाबासाहेब की कार आई। लेकिन कार आगे बढ़ने के लिए रास्ता ही नहीं था। लोग रास्ता देने के लिए तैयार ही नहीं थे। अंत में बाबा वहीं उतर गए। हम लड़कियाँ भी जिंद की तरह वहाँ उपस्थित थीं। हम लोगों ने कार का दरवाजा ही पकड़ लिया था। बाबा को हमने अपनी आँखों से देखा—जवान, ऊँची देह, गोरा रंग, चौड़ा माथा, आँखों पर चश्मा, हल्के नीले रंग का सूट और उसी रंग का कोट, पाँवों में काले जूते पहने वह रूआबदार व्यक्ति जनसमुदाय के बीचों-बीच खड़ा था। पूरे जनसमुदाय ने जमीन पर माथा रखके उन्हें नमस्कार किया। थोड़ी देर में बाबा स्टेज पर आए।

सारा जनसमूह डॉ. अम्बेडकर का भाषण सुनने के लिए अधीर हो उठा था। लोग उन्हें एकटक देख रहे थे। उनके एक-एक शब्द को ध्यान से सुन रहे थे।

ऐसे कई प्रसंग बेबीताई ने 'जीवन हमारा' में उद्धृत किए हैं जिनसे उनके पिता के चरित्र को बखूबी देखा जा सकता है।

प्रश्न 17. 'जीवन हमारा' में बेबीताई के नाना का चरित्र चित्रण कीजिए।

उत्तर– 'जीवन हमारा' में क्रांतिकारी व्यक्तित्व के रूप में बेबीताई ने अपने नाना का भी चरित्र चित्रण किया है। बेबीताई के नाना अंग्रेज अधिकारियों के साथ बटलर के पद पर काम करते

थे। इसलिए वे हमेशा अंग्रेजों के साथ रहने से अच्छी-खासी अंग्रेजी बोलते थे। अंग्रेज अधिकारी बड़े शहरों में ही रहते थे अतः नाना उनके साथ ही रहते थे। बेबीताई लिखती है, 'उनकी वर्दी भी बहुत सुंदर हुआ करती थी। सफेद इस्त्री किया हुआ कड़क सूट, कोट, साफा, साफे पर लाल पट्टा लगा हुआ और उस पर पीतल का बिल्ला। उनकी बड़ी ही इज्जत थी गाँव में। सभी लोग उनके पहनावे को देखकर उनको मंत्री समझा करते थे।' ब्रिटिश काल में नाना की महीने की तनख्वाह सोलह रुपए होती थी। शायद उस समय गाँव के दलितों ने एक साथ सोलह रुपए भी देखे नहीं होंगे। नानी के लिए प्रत्येक महीने में दस रुपए का मनीऑर्डर आने पर इसी की चर्चा में सारा गाँव सारा दिन लगे रहते। दलित परिवार या तो दिहाड़ी के मजदूर या बेगार करने को मजबूर रहते जहाँ उन्होंने दस रुपए भी एक साथ कभी नहीं देखे थे। पैसों के रूप में मजदूरी मिलना कम-से-कम गाँव में उन्हें नसीब नहीं था। सभी को नाना पर गर्व था कि वह गोरे साहब के पास नौकरी करता है, अंग्रेजी में बात करता है, अनेक भारी-भारी ग्रंथ रखता है और नानी के लिए अर्थात् सीता भाभी के लिए हर प्रदेश के कपड़े, जेवर लाना नहीं भूलते। नाना और नानी ने पहली बार जेजूरी में डॉ. भीमराव अम्बेडकर का भाषण सुना तो वे इतने हर्षोत्साहित हो गए कि उसी दिन से गाँव के चबूतरे पर डॉ. अम्बेडकर के भाषण में व्यक्त विचारों की सभी के साथ चर्चा करते। अम्बेडकर के भाषण से नाना-नानी इतने प्रभावित हुए थे कि वे गाँव में घूम-घूमकर बच्चों को पाठशाला भेजने के लिए माता-पिता को समझाने लगे। डॉ. अम्बेडकर के विचारों का प्रचार-प्रसार करने की पहल करने वाले दलित दंपत्ति जीवन भर इस कार्य को समर्पित रहे। बेबीताई ने अपने आत्मकथन 'जीवन हमारा' में इस बात को विस्तार से लिखा है।

नाना के चरित्र चित्रण से एक ऐसे पहलू पर प्रकाश डाला गया है कि दलितों में यह एहसास ही नहीं था कि उन्हें जिस हालत में जीने की आदत डाली गई थी वह उनके ऊपर अन्याय है। पहली बार डॉ. भीमराव अम्बेडकर के रूप में दलित समुदाय को गुलामी से मुक्त करने का प्रयास करने वाला नेता हुआ। नाना-नानी ने अपना अगला जीवन इसी परिवर्तन के कार्य के लिए सौंप दिया।

प्रश्न 18. 'जीवन हमारा' आत्मकथन की नानी का चरित्र चित्रण कीजिए।

अथवा

'सीता भाभी केवल उदार ही नहीं क्रांतिकारी विचारधारा की भी स्त्री थीं।' इस कथन को स्पष्ट करते हुए उनके चरित्र चित्रण पर प्रकाश डालिए।

उत्तर– नानी कभी नाना के साथ शहरों में नहीं रहीं वे सदा ही गाँव में रहती रहीं। बेबीताई उनकी माँ और भाई ननिहाल में ही रहते जहाँ बेबीताई का बचपन बड़े नाजों से पला। गाँव के अन्य दलित घरों में हमेशा अन्न का अकाल बना रहता। सभी औरतें सुबह उठकर चक्की पर आटा पीसतीं और कुछ रोटियाँ पकाकर बच्चों को खिलाकर खुद भी खा लेतीं। बेबीताई लिखती हैं कि जब भी उनकी नानी चक्की चलाने लगती तो अपनी गुदड़ी से निकलकर मैं उनकी दाहिनी जाँघ पर सिर रखकर सो जाती। नानी अपना बायाँ पैर लंबा कर लेती और अपना आँचल मेरे ऊपर फैला देती। नानी चक्की पीसते हुए अपने नाती के नाज-नखरों, शरारत, सुंदरता का वर्णन करती। नानी अपना सारा प्यार बेबीताई पर उड़ेल देती। उस गीत में ही वे तरह-तरह की कल्पनाएँ कर अपनी अभिलाषाओं को उतार लाती थीं–

मेरी नाती फूल है जाई
गोद में सोई है बेबीबाई
पड़ोसन की है नजर खराब
कहीं इसे आ न जाए बुखार
राई-नमक उतारूँ बारंबार
गोद में सोई है फूलों की बहार।

शहर में अंग्रेज अधिकारी के पास बटलर की नौकरी करने वाले नाना हर महीने नानी को दस रुपए का मनीऑर्डर भेजते। सारे गाँव में इसकी चर्चा चलती, नानी की आर्थिक स्थिति सभी दलित परिवारों से अच्छी थी लेकिन नानी को इस बात का घमंड करते कभी किसी ने नहीं देखा। जंगल से लकड़ी काटने भी वह जाती अन्य औरतें लकड़ी काटकर घर लौटने के बाद भूखी-प्यासी होतीं। घर में सुबह पकाई रोटी का एक कौर भी नहीं बचा होता। ऐसे में सभी को नानी का ही सहारा होता। नानी उन्हें धूप में सुखाए हुए टोकरी भर रोटी के टुकड़े देती, जिसे खाकर सभी औरतें भूख मिटातीं। बेबीताई के अनुसार नानी को दूसरों की मदद करने में सुकून मिलता। वह किसी को अपने घर से खाली हाथ नहीं लौटाती। पड़ोस में रहने वाली तुलसी पंद्रह दिनों से बहुत बीमार थी। एक दिन उसे रसेदार बोंबिल (सूखी मछली) खाने का बहुत दिल हुआ। पर उसके पास एक भी पैसा नहीं था। वह नानी के पास आई और कहने लगी–'सीता भाभी, मैं बहुत बीमार हूँ। मुझे बोंबिल खाने का बहुत मन हो रहा है, लेकिन बोंबिल लाने के लिए पैसे नहीं हैं। आप मुझे एक गिन्नी उधार दे दो। लकड़ी बेचकर चुकता कर दूँगी।'

नानी ने तुरंत तुलसी को एक आना दे दिया। नानी केवल उदार विचारधारा की ही नहीं थी, बल्कि वे क्रांतिकारी भी थी। किसी भी तरह का अन्याय उनको सहन नहीं था। नाना के साथ जब वे डॉ. अम्बेडकर का भाषण सुनकर आईं तो दोनों ही अम्बेडकर के विचारों से प्रभावित होकर गाँव-गाँव, घर-घर घूमकर डॉ. अम्बेडकर के विचारों को बताते। एक दिन गाँव में मरे जानवर के मटन के बँटवारे के बाद नानी ने गुस्से से तिलमिलाकर यह आह्वान किया कि आज से जो लोग भी ढोर का माँस खाएगा, उसे सूअर की कसम, वो सूअर का माँस खाएगा। डोम और मुसलमान दोनों के धर्म में सूअर का नाम तक लेने की मनाही है। सूअर का नाम लेते ही लोग थू-थू करने लगे। लोगों ने अपने हाथ का मटन दूर फेंक दिया। नई पीढ़ी के युवा लड़कों ने सीता भाभी की बड़ी तारीफ की कि उनके कारण आज से गाँव के लोग शपथ लेंगे कि ढोर-डंगर का माँस नहीं खाएँगे। नानी अर्थात् सीता भाभी के चरित्र को एक परोपकारी स्त्री होने के साथ ही क्रांतिकारी कदम उठाने वाली स्त्री के रूप में भी चित्रित किया गया है। नानी के माध्यम से लेखिका ने तत्कालीन स्त्री के गरिमामयी चरित्र को रेखांकित कर अपने आत्मकथन को और भी रोचक बना दिया है।

प्रश्न 19. 'जीवन हमारा' के आधार पर दलित जीवन के सामाजिक, सांस्कृतिक और आर्थिक सरोकारों का विवेचन कीजिए।

उत्तर– अभिशप्त दलित महारों की बस्ती वीर गाँव के दक्षिण की ओर बसी हुई थी और गाँव तथा बस्ती के बीच में नागफनी की घनी बाड़ थी। यह कुदरती थी या अछूतों को देखने से अशुभ की आशंका से लगाई गई थी, इसे बड़े बुर्जुग ही जानते होंगे। यह दलित महारों की बस्ती

ब्राह्मणवाद के शिकंजे में पूरी तरह कसी हुई थी। 'जीवन हमारा' में दलितों की दयनीय आर्थिक स्थिति का चित्रण हमें मानव के पाषाण युग में जीने के तरीके की याद दिलाता है। "करीब-करीब कुल मिलाकर पंद्रह-सोलह घर थे। उनमें दो-तीन घर ही आर्थिक रूप से थोड़ा संपन्न थे। बाकी सारे घर चिर-दरिद्र कीचड़-मिट्टी से लिपे छोटे-छोटे घर थे। दरवाजों पर पानी पीने के लिए एक घड़ा होता था। उसी से लोग पानी पीते थे। वहीं दरवाजे पर टूटा हुआ चूल्हा होता था। चूल्हे के पास दो मिट्टी के बरतन थे। लकड़ी का चमचा, बीच में फूटा हुआ लोहे का तवा। आटा गूँथने के लिए लकड़ी की परात। रोटी पलटने के लिए लोहे का लंबे हाथ जैरा पतरा। एक कोने में आटा पीसने की चक्की। चूल्हे के ऊपर रस्सी। यह रस्सी हमारे लिए जनेऊ की तरह पवित्र होती, यह हमारे जन्म की निशानी होती। उस पर मरे हुए जानवरों की खाल सुखाने के लिए डालते थे। दूसरे कोने में मैला-कुचैला, फटा हुआ बिस्तर।" दलित गृहस्थी की इस सामग्री से घर के सारे लोगों की गुजर-बसर होगी। दरिद्रता, गरीबी, अभाव में जीने की यही परंपरा दलितों पर धर्म द्वारा थोपी गई थी। मनुविधान में स्पष्ट रूप से निर्देश है कि दलित धातु के बने बर्तन इस्तेमाल नहीं करेंगे। धन कमाना या संग्रह करने, भूमि खरीदने से उन्हें वर्जित किया गया। उनके लिए मनु का आदेश है कि दलित केवल उतरन पहनेंगे, बेगारी पर मजदूरी करके उसके बदले में सवर्ण के घर से रोटी माँग कर खाएँगे। इस परंपरा को तोड़ने पर गाँव के दबंग सामंत, बड़ी जाति वाले किसान महाजन, ब्राह्मण दलित का जीना मुश्किल कर देते। बलुतेदारी प्रथा का जन्म भी इन्हीं नियमों के पालन हेतु हुआ है जिसके हिस्से येसकर की बारी आती वह अपने आपको बहुत भाग्यशाली समझने लगता, सारे गाँव से रात की रोटी माँगकर लाने की जिम्मेदारी उसी की होती। इकट्ठा हुआ अन्न तब सभी परिवारों में बराबर-बराबर के हिस्से में बाँट दिया जाता। यह अन्न उनके दिन भर के खेतों, खलिहानों में काम करने, जानवरों की देख-रेख, गोबर इकट्ठा करने, गौशाला की सफाई, घरों की लिपाई-पुताई जैसे परिश्रम के काम के बदले में मिलता। साल के ग्यारह महीने रात की बची-खुची रोटी और बासी दाल-सब्जी खाने के आदी हो चुके महार बस्ती के लोगों के लिए 'आषाढ़ के पूरे चार सप्ताह डोम गाँव में खुशी की लहर-सी छाई रहती। हर मंगलवार और शुक्रवार चस्कर डोम बड़े-बड़े टोकरे लेकर देवी के मंदिर में बैठता था। सारे गाँव वाले देवी के लिए पाँच पकवानों की नैवेद्य लेकर आते। तली हुई वस्तु, दही, भात, पकौड़े, सब्जी इस तरह की अनेक खाने की चीजें होतीं। देवी की गोद-भराई के लिए ब्लाउज का कपड़ा और चूड़िया होतीं। दो-तीन टोकरे उस चढ़ावे से भर जाते। एक-दो टोकरे तो नारियल से ही भर जाते। शाम होने पर दो-तीन लोग उन टोकरों को नीचे चबूतरे पर लाते। एक बड़ा-सा कंबल चबूतरे पर बिछाकर नैवेद्य की सामग्री उस पर उलट दी जाती। फिर दूसरे कंबल पर गाँव के बाकी डोम परिवारों के लिए बराबर के हिस्से किए जाते। उसके बाद एक डोम पूरे गाँव में चिल्लाता फिरता-'अरे लोगों, बच्चों, औरतों आओ रे, आकर अपना-अपना हिस्सा ले जाओ।'

'आवाज सुनते ही हर घर की टोली तड़ातड़ उस चबूतरे की तरफ दौड़ पड़ती, एक-एक घर से सात-सात, आठ-आठ नंग-धड़ंग नाक बहाते बच्चे उस टोली में होते चबूतरे के चारों ओर पहुँची ये टोलियाँ अपने-अपने हिस्से पर टूट पड़तीं। जैसे अन्न के गोदाम पर भूखों का आक्रमण हुआ हो।'

अच्छे अन्न को देखने को तरसते लोग स्वाभाविक रूप से पकवान को पाकर अपना लोभ संवरण नहीं कर पाते। भूख और गरीबी जिनके जीवन का हिस्सा बन चुका हो उन्हें अच्छे अन्न

की हमेशा आस लगी रहेगी। भूख दलित जीवन का अभिन्न हिस्सा है संपत्तिहीनता साधनहीनता ने जीवन में सदैव आर्थिक विवंचना भर दी है। गाँव-गाड़े की रखवाली करना मरे ढोरों को उठाना, सवर्णों के घरों में गाय-भैंसों का गोबर साफ करना, पानी देना, खेतों में बंधुआ मजदूर के रूप में काम करना, रात को गाँव में पहरा देना, गाँव-गाँव जाकर सवर्णों के विवाह और मौत की खबर पहुँचाना। इसे येसकर का काम माना जाता रहा। काम के बदले में रात के समय घर-घर घूमकर रोटी के लिए गुहार लगाना। हर घर से मिले बची-खुची रोटी के टुकड़े लाकर सबके साथ बाँटकर खाना। सवर्णों पर निर्भरता ने दलितों को जीवन भर गुलाम बनाकर रखा। 'जीवन हमारा' में भूख मिटाने के लिए मुर्दार का माँस खाने की बेबसी को बेबीताई ने चित्रित किया है। भूमिहीन दलितों को धन कमाने के कोई भी संसाधन उपलब्ध नहीं थे। पेट की क्षुधा को शांत करने के लिए मुर्दार माँस उन्हें सहज उपलब्ध हो जाता। 'पहले जानवर अक्सर बीमार पड़ जाते थे। इन दिनों डोम लोगों की चाँदी रहती। जानवर के मरने पर माँस मिलने की उम्मीद होती। डोम गृहिणियाँ पाँच-छह टोकरे भरकर सूखा माँस रख लेतीं। अन्न का दाना नहीं है तो कोई चिंता की बात नहीं। निकाला सूखा माँस, डाला बर्तन में, सूखी चर्बी में पकाया। फिर बड़े और बच्चे मोहल्ले में खाते हुए घूमते।' 'जीवन हमारा' में भूख और लाचारी के अंतर्संबंधों तथा दलित श्रमजीवी वर्ग की दयनीय आर्थिक स्थिति को बड़ी मार्मिकता से उकेरा गया है।

सामाजिक संरचना में सबसे निचली पायदान पर खड़ी दलित स्त्री सदियों से जीवन की मूलभूत आवश्यकताओं को पाने के लिए अनथक परिश्रम करके भी हीन-दीन स्थिति में जीने को अभिशप्त है। उसको सभी प्रकार की सुख-सुविधाओं से वंचित रखा जाता था। बहिष्कृतों का वंचित जीवन जीते हुए। दिन-रात दलित परिश्रम से गाँव के सामंतों, जमींदारों के खेत जोतकर अन्न के गोदाम भरते हैं, वे ही अन्न के दाने-दाने के लिए मोहताज हो जाते हैं। गाँव, समाज का वे भी अभिन्न हिस्सा हैं और समाज का संपन्न वर्ग केवल उन्हीं के श्रम पर ऐशो-आराम का सुखमय जीवन जी रहा है। दलितों के अतिरिक्त श्रम का मूल्य उन्हें कभी भी धन के रूप में नहीं दिया गया। उनके अतिरिक्त श्रम के बदले में उन्हें बासी बचा-खुचा खाना, उतरन, खेतों की मिट्टी में मिला हुआ अनाज लेने का अधिकारी होने के झाँसे में रखकर और इसे ही 'बलुतेदारी' के नाममात्र अधिकार देकर सदियों तक शोषण किया जाता रहा। हजारों वर्षों की आर्थिक विपन्नता ने दलित जीवन को मात्र भूख, याचना, निर्भरता का पर्याय बना दिया। दलित सबसे ज्यादा श्रम करते और उन्हीं को ही भुखमरी का सामना करना पड़ता। बेबीताई कांबळे दलित जीवन के हर एक पहलू को बहुत स्पष्ट और साफ शब्दों में अभिव्यक्ति देकर सामाजिक संरचना में उपस्थित भीषण सच्चाई से हमें रू-ब-रू कराती हैं।

प्रश्न 20. 'जीवन हमारा' में अस्पृश्यता की अमानवीय प्रथाओं पर प्रकाश डालिए।

उत्तर– हिंदू धर्म ने समाज के सबसे अधिक श्रम करने वाले दलित समुदाय को सामाजिक निम्नताबोध के एहसास से इस कदर दबाकर रखा कि वह अपने निम्न होने को अपना भाग्य मान बैठा। हिंदू धर्म अपने को श्रेष्ठ व निम्न जाति को तुच्छ समझकर उससे घृणा करते थे और निम्न जाति वाले इसको अपना भाग्य समझ बैठते। दलितों को अभद्र-से-अभद्र गालियाँ देना, हर पल अस्पृश्य होने का एहसास कराना तथा परिश्रम के काम करने की जिम्मेदारी के बोझ से उनको

लाद दिया जाता। धर्म और परंपराओं के दबाव में जीवन की जिजीविषा के कारण अपार कष्ट करके गाँव की अधीनता के कारण कभी विरोध या संघर्ष करने का विचार भी वे नहीं कर सके। वेदना अपमान झेलते रहने के आदी बन गए क्योंकि किसी भी प्रकार का नकार दर्शाने पर अथवा विद्रोह करने पर मौत के घाट उतारना सवर्ण वर्ग की हिंसात्मक अहंवादी प्रवृत्ति बन चुकी थी। बेबीताई अस्पृश्यता के दंश को झेलने के अपमानजनक प्रसंगों का चित्रण करके दलित स्त्रियों की बेबसी को बयान करती है। "गर्मी में औरतें लकड़ियाँ लाकर बेचतीं, तो बारिश में घास लाकर बेचा करतीं, रात को ही कुल्हाड़ी की धार तेज कर ली जातीं। कुल्हाड़ी और रस्सी को एक कोने में रख दिया जाता। सुबह एक-दूसरे को आवाज देकर सभी औरतें लकड़ी लाने निकल पड़तीं। एक-दो बजे तक औरतें सिर पर लकड़ियों का बोझ लिए लौटतीं।" दिनभर के परिश्रम से जंगल से काट लाई लकड़ियों के गट्ठर बनाकर जब औरतें लकड़ियाँ बेचने के लिए घर से निकलतीं तो वे अपने झुंड के साथ सड़क के एकदम किनारे-किनारे चलतीं। रास्ते में गाँव का कोई सवर्ण दिखाई पड़ जाता तो ये औरतें रास्ता छोड़ किनारे के झाड़-झंखाड़ में उतर जातीं। जैसे ही सवर्ण व्यक्ति ऐन सामने आता, वे सब औरतें आँचल से सिर ढककर एक स्वर में कहतीं–'अन्नदाता, हम डोमनियों का आपको पायलागू।' वह सवर्ण गर्व से गर्दन तान, बड़ी अकड़ से हूँ-हूँ में जवाब दे आगे बढ़ जाता। औरतें झाड़-झंखाड़ से निकलकर फिर रास्ते पर आ जातीं। सारे रास्ते इन डोमनियों का यह पायलागू कार्यक्रम चलता ही रहता, फिर चाहे सड़क पर आ जाने वाला, किसी सवर्ण का नंग-धड़ंग नाक बहाता छोटा बच्चा ही क्यों न होता। यही सब इन डोमनी की दिनचर्या बन चुकी थी। अगर कोई नई-नवेली बहू उन डोमनियों के झुंड में होती और वह सवर्ण को देख पायलागू नहीं कह पाती तो सवर्ण बवाल मचा देता था। वह दहाड़कर बोलता–'ऐई, ये कौन मूर्ख घमंडी डोमनी है? क्या तुम्हारे पाटील की बहू है? क्या इसे पता नहीं है कि हम लोगों के साथ किस तरह का व्यवहार करना चाहिए?' इस प्रकार जाति श्रेष्ठता के घमंडी सवर्ण को डोमनियों का पायलागू न कहना बर्दाश्त नहीं होता। यही प्रथा दलितों को निम्नबोध का एहसास दिलाने और उन्हें उनकी हदों में रहने के लिए धमकाया जाना, अवमानित किया जाना जाति प्रथा की परंपरा को अधिक-से-अधिक कठोर बनाती जाती है। सवर्ण औरतें भी दलित औरतों को तिरस्कार की दृष्टि से देखते हुए उनसे छुआछूत का बर्ताव का अतिशय कठोर रूप और व्यवहार में उनको अपमानित करने की कोशिश करते नजर आती हैं। दलित औरतें लकड़ी के गट्ठर बेचने सवर्णों की गलियों में पहुँचते ही 'माई, डोमनी लकड़ी लाई है बेचने को' की आवाज लगाती। 'गट्ठर का मोलभाव हो जाने पर डोमनी महिला को वह गट्ठर घर के पीछे बने दालान में ले जाकर रखना होता था। दालान में पूरा-पूरा गट्ठर खोला जाता और एक-एक लकड़ी को बहुत ध्यान से देखा जाता।'

जाँच-परख के दौरान गृहस्वामिनी तेज आवाज में आदेश देती–'सुनो डोमनियों, लकड़ियाँ जरा ध्यान से देखकर रखो। कहीं बाल-वाल लगा होगा तो हमारा धर्म भ्रष्ट हो जाएगा। तुम्हें क्या फरक पड़ता है, लेकिन हमारी तो फजीहत हो जाएगी। पूरे घर की एक-एक वस्तु धोनी पड़ेगी। तुम लोगों की वजह से हमें कितना परेशान होना पड़ता है। भगवान हमसे नाराज हो जाएँगे। इसलिए कहती हूँ कि जरा लकड़ियों को अच्छी तरह देखकर रखो।' इस अपमानजनक माहौल से दलित औरतें भले ही परेशान होती होंगी लेकिन ऊपरी तौर पर वे भी सवर्ण औरतों के व्यवहार को और

धर्म के भय को स्वीकार करके जवाब देतीं, 'अरे भाई, हम पागल हैं क्या? हमें क्या पता नहीं है कि तुम लोग कितने नियम-धर्म वाले लोग हो? हम क्या देवताओं को अपवित्र करेंगे?' यह उन श्रमिक औरतों के श्रम के ऐवज में उन्हें ही हीनताबोध से ग्रसित होकर अपनी रोजी-रोटी को बचाए रखना होता। धर्म के भय से चुपचाप इसे सहते जाने के अलावा दलितों के पास विरोध की कोई गुंजाइश उनके पास नहीं थी। श्रम और श्रमिकों की ऐसी दुर्दशा अनादर और तिरस्कार की जड़ यहाँ के धर्म द्वारा निर्धारित श्रेणी विभाजन और श्रेणी के साथ व्यक्ति के सम्मान और अपमानजनक व्यवहार पर अमल करने में धर्म के आदेश के आवरण के नीचे जाति दंभ भी शामिल है। जाति उन्मूलन का सिद्धांत इस जाति दंभ से उत्पन्न श्रेष्ठ और निम्न श्रेणी विभाजन की जड़ पर प्रहार करता है। डॉ. अम्बेडकर इस देश की स्वाधीनता की बुनियाद जातिविहीन समतावादी समाज की निर्मिति पर रखने का आग्रह करते रहे। कांग्रेस के गरम दल के नेताओं ने स्त्री उत्थान के मुद्दों को स्वतंत्रता के मुख्य मुद्दों में स्थान नहीं दिया था। उनका मानना था यह हमारे सामाजिक-सांस्कृतिक मसले स्वाधीनता के बाद हम आपस में सुलझा लेंगे। देश की स्वाधीनता हमारी प्राथमिकता है। स्त्रियों को घर की चारदीवारी में बंद होकर पितृसत्ता के अधीन रहे इसके लिए तमाम हिंसा उत्पीड़न के जघन्य तरीके अपनाकर सामाजिक, आर्थिक, राजनीतिक भागीदारी से उन्हें दूर रखे जाने के प्रयास अभी भी जारी हैं। बेबीताई कांबळे ने स्वतंत्रता के पहले की स्थिति का चित्रण करके अपमानित शोषित मानवता की जटिल वास्तविकता से परिचित किया है। आत्मकथन व्यक्तिनिष्ठ अनुभवों से अधिक दलित समूह के दैनंदिन व्यवहार, हात की चक्की पर आटा पीसते हुए गाती दलित महिलाएँ, सवर्ण औरतों द्वारा उन्हें अपमानित किए जाने के प्रसंग, दलित औरतों की विशेषकर जच्चा की होने वाली दयनीय स्थिति, अंधविश्वासों के कारण होती मृत्यु, दरिद्रता, अभाव, शिक्षा के अभाव में स्वास्थ्य के प्रति नकारात्मक रवैया, दलितों के पाँच-छह दिन चलने वाले विवाह सभारंभ इत्यादि दलित जीवन के सामाजिक-सांस्कृतिक जीवन के विस्तृत चित्रण द्वारा उस समय के दलित जीवन का संपूर्ण फलक हमारे समक्ष खोलकर रख दिया है। इसी कारण 'जीवन हमारा' दलित साहित्य में अपना एक विशेष स्थान रखती है। दलितों के जीवन के सभी पहलुओं का मार्मिक चित्रण किया है।

प्रश्न 21. 'जीवन हमारा' में लेखिका दलित स्त्री के तिहरे शोषण की जघन्य परंपराओं को उद्घाटित करती है। सोदाहरण कथन की पुष्टि कीजिए।

अथवा

'जीवन हमारा' में दलित स्त्री शोषण की भीषण वास्तविकता को झेलती है। स्पष्ट कीजिए।

उत्तर— बेबीताई कांबळे ने दलित स्त्री के तिहरे शोषण की व्यथा कथा को अपने लेखन के माध्यम से बड़े ही रोचक रूप में अभिव्यक्ति दी है। पचास वर्ष पूर्व के महार समुदाय (दलित) की स्त्री, उसके हिस्से में स्त्री होने की विडम्बना, उत्पीड़न, यातना, अंतहीन श्रम और वेदना की मार्मिक पड़ताल की है। विवाह का मतलब न समझे जाने वाली लड़की पर पूरे घर की जिम्मेदारी को सौंप दिया जाता था। पितृसत्ता और जातिगत अपमान के बाहरी शोषण झेलने की दलित स्त्री जीवन की त्रासदी घरेलू हिंसा और शोषण को झेलने के लिए भी अभिशप्त है। बेबीताई ने चार-पाँच

दिन चलने वाले विवाह समारोह में वर-वधू को मिलने वाला सम्मान, हँसी-ठिठोली, बारात आने पर होने वाली वर और वर के परिवार की पूछताछ, तमाम रीति-रिवाजों के खुशगवार माहौल में विवाह समाप्त होने का विस्तार से वर्णन किया है। लेकिन चार दिन के बाद ससुराल आई वधू के लिए नए माहौल में खुशियों की जगह दुःख की घड़ी उसका इंतजार कर रही होती है। 'ससुराल पहुँचते ही उसके सिर पर मुसीबतों का पहाड़ टूट पड़ता। सबसे पहला काम उसे रोटी बनाने को दिया जाता और वह भी दो-दो टोकरी भरकर। ढेर सारी रोटियाँ सेंकनी पड़तीं और अगर कोई रोटी कच्ची रह गई या जल गई तो उसकी सास आस-पड़ोस के लोगों को बुलाती और उसकी बनाई रोटियाँ लोगों को दिखाती।'

सास द्वारा बहू को सताने की परंपरा का निर्वाह हमारी भारतीय संस्कृति की देन है। पुरुषसत्ता द्वारा स्त्री की स्वाधीनता छीनने के लिए चालाक पुरुष वर्ग स्त्री के द्वारा ही अपना मकसद पा लेता है। पुरुष अहंकार किस कदर हिंसक और शोषक हो सकता है इसे हम बेबीताई द्वारा चित्रित दर्दनाक रोंगटे खड़े करने वाली हिंसक प्रवृत्ति में देख सकते हैं। 'आदमी अपनी औरत को जानवरों की तरह पीटता। किसी औरत का सिर फूट जाता तो कोई बेहोश हो जाती। किसी की कमर टूट जाती। इतनी मार खाने पर भी उन पर किसी को तरस नहीं आता। पेट में अन्न नहीं, तन पर वस्त्र नहीं, बगैर तेल के बिखरे बाल, टूटा-थका बदन प्रत्येक घर की बहू का यही हाल होता। इस अपार दुःख को सहन न करने की स्थिति में दुखियारी बहू घर से भाग जाती। लड़की ससुराल से भागकर अपने घर आती तो पिता और भाई भी उसको मारते और पुनः उसको ससुराल भेज दिया जाता। भूख से व्याकुल वह अबला फिर कसाई के दरवाजे पर आ जाती थी।' जानवर को भी कोई इतनी बेरहमी से पीटता नहीं होगा। लेकिन पितृसत्ता की निघृणता ने स्त्री के रूप में जन्मी अबला के लिए इससे भी बड़ी सजा का प्रावधान किया है।

बेबीताई इस मर्मांतक प्रसंग को चित्रित करके पितृसत्ता की वहशीयत को बेनकाब करके स्त्री के दुर्भाग्य को बयान करती है। 'ससुराल पहुँचने पर उस पर एक नया कहर टूट पड़ता। पाँच किलो वजन की लकड़ी बढ़ई के पास ले जाकर गोल आकार में कटवाई जाती। उस गोल लकड़ी के बीचों-बीच पाँव भीतर घुसने जितना छेद बनवाया जाता। पाँव में पहनाने के बाद वह निकल न जाए, इसलिए छेद के बीचों-बीच एक सरिया लगा दिया जाता। इस लकड़ी को बहू के सीधे पाँव में पहना दिया जाता। इसे 'खोड़ा' कहा जाता है। यह खोड़ा पहनकर बहू को सारा काम करना होता था।' स्त्री का निरंतर शोषण और उसकी अस्मिता को कुचला जाना और उसके विरुद्ध स्त्री का जीवन जीने के लिए जीवट संघर्ष दलित महिला आत्मकथनों में पहली बार उजागर किया गया है। अन्याय, गुलामी, वंचना स्त्री के जीवन को एक भयावह दीनता, लाचारी की पीड़ा झेलने के लिए मजबूर कर देती है। 'जीवन हमारा' ने स्त्री जीवन की इस भीषण सच्चाई को उजागर करके स्त्री की समाज में दीन-हीन स्थिति पर प्रकाश डाला है। एक ऐसे ही हृदयविदारक प्रसंग का चित्रण बेबीताई करती है जिसमें पति द्वारा या ससुर द्वारा बार-बार मायके भागकर अपनी मुक्ति की राह ढूँढ़ती बहू की नाक काटने की दर्दनाक और अमानुषता को चित्रित किया है। इस भारतीय व्यवस्था में स्त्री को दोय्यम दर्जे की व्यक्ति मानकर उसकी स्वाधीनता को छीनने का हक पितृसत्ता ने अपने हाथ में रखा है। 'बाहरी जातिवादी प्रवृत्तियों से सतत् संघर्ष करने के साथ आंतरिक पितृसत्तात्मक सत्ता के दबाव को झेलना दलित स्त्री जीवन की सच्चाई है।'

'जीवन हमारा' जैसे प्रमाणिक दस्तावेज में दलित चेतना के साथ-साथ स्त्रीवादी चेतना भी बड़ी शिद्दत से अभिव्यक्त हुई है। लेखिका के अनुसार स्त्री पर होने वाले अन्याय और जुल्म से बचने के लिए स्त्री नाटक रचती। उसके शरीर में देवता आ गया है। अजीब तरह की आवाजें निकालती फिर उसका सब सम्मान करते अर्थात् उस पर हल्दी-कुमकुम चढ़ाकर सारथी से वृक्ष को छोड़ देने की प्रार्थना करते। इस अंध श्रद्धा में औरतें श्रद्धा से अधिक अपने सम्मान कराने के लिए एक तरह से नाटक रचती थीं। कुछ समय के लिए ही सही वह शोषण और यातना से छुटकारा पा जाती।

उस समय में दलित समुदाय को अंध श्रद्धा ने जकड़ रखा था। घर के सबसे बड़े बेटे को पोतराज बनाकर देवी को अर्पण किया जाता। इस प्रथा को उस समय प्रतिष्ठा की नजर से देखा जाता। अज्ञान के कारण और धर्म के भय से लड़की को देवदासी के रूप में देवी को समर्पित भी किया जाता और फिर वह कभी शादी करके घर-बार नहीं बसा पाती। देवदासी प्रथा ने हजारों-लाखों स्त्रियों के यौन शोषण का वास्ता धार्मिक आवरण में ढककर आसान कर दिया। आज तक भी यह प्रथा महाराष्ट्र, आंध्र प्रदेश, कर्नाटक, तमिलनाडु और ओड़िसा राज्यों में चली जा रही है। आधुनिक समाज में मध्य युग से चली आ रही स्त्री यौन शोषण को इस अघोरी अमानवीय परंपरा को धार्मिक, राजनीतिक, सामाजिक आश्रय मिला हुआ है। दलित वर्ग की बच्चियों को ही देवदासी बनाए जाने की यह प्रथा जितनी जाति आधारित है उससे अधिक दलित समाज में फैले अज्ञान और अंधविश्वासों के जाल में फँसे होने का फायदा मंदिर के पुजारी, गाँव के मुखिया-सवर्ण उठाते हैं। देवदासी प्रथा दलित स्त्री के यौन शोषण को धार्मिक आवरण में आसान बना दी गई जघन्य प्रथा है। उम्र ढलने के बाद देवदासियों को वेश्या व्यवसाय में बेच दिया जाता और इसके बदले में लाखों रुपयों की लेन-देन गाँव के दबंग और वेश्या व्यवसाय में लिप्त दलालों के बीच चलती है। दलित समुदाय अंधविश्वास और अज्ञान के कारण अपनी बेटी-बहिनों को देवदासी बनाए जाने पर गर्व महसूस करते हैं। बेबीताई के नाना-नानी ने जेजुरी में डॉ. अम्बेडकर के भाषण को सुना था, वे सभी उनके विचारों से सहमत होकर लौटे और गाँव-गाँव, घर-घर घूमकर उनके विचारों को सुनाते फिरते। 'रोज चबूतरे पर लोगों को इकट्‌ठा करते और अम्बेडकर की बताई एक-एक बात विस्तार से लोगों को बताते।' नानाजी गाँव के मुखिया के मुँह के आगे हाथ नचाते हुए कह रहे थे-'अरे मूर्खों, अब तो होश में आओ। अरे, वो गोरे लोगों के मुल्क से पढ़-लिखकर आया है। वो पागल नहीं है। अरे उसे अपने लोगों का भविष्य उज्जवल लगा होगा, तभी न हम लोगों को सुधारने की बात कही उसने। अब समझ लो कि हमें अपने डोमपने से बाहर आना है। शहर में जो अपने लोग हैं जरा देखो उन्हें, कितने सुधरे हुए हैं। सबसे पहले तुम अपने बच्चों को स्कूल भेजना शुरू कर दो। गाँव-भर की गंदगी साफ करना छोड़ दो। मरे हुए जानवर खाना छोड़ दो।' लेकिन अज्ञानता के अंधकार में डूबे डोम समुदाय को ये सब बातें समझ नहीं आतीं। वे लोग इसे अपना भाग्य समझकर जीना चाहते थे। वे अपने धर्म के आदेश का उल्लंघन करना नहीं चाहते थे। इससे ऊपर उठकर वे देखना ही नहीं चाह रहे थे। 'हम जैसे हैं, हमें वैसा ही रहने दो। भगवान ने जो हमारी सीमा तय कर दी है, हम वहीं तक रहेंगे। अरे, हमारा जन्म-धर्म यही है। यह हम छोड़ने वाले नहीं हैं।' ईश्वर, धर्म, ग्रंथ, कर्म और भाग्यवाद के फेरे में फँसे दलितों को अपनी दीन-हीन स्थिति का कभी एहसास किसी ने कराया नहीं और वे खुद कभी इस बारे

में सोचने की कोशिश नहीं करते। 'पीढ़ियों से हम लोग अपनी पहली संतान खंडोबा को समर्पित करते रहे हैं। मुरली हमारी कुल देवता के समान हैं। इसीलिए डोम के सभी बच्चों पर खंडोबा की कृपादृष्टि रहती है। देवदासी नहीं बनाएँ? अरे, नहीं कैसे...? जिस घर से यलम्मा देवी की नजर फिर जाएगी, वो घर बर्बाद हो जाएगा। यलम्मा देवी सारे घर को जलाकर राख कर देगी। पोतराजा तो असली गाड़ीवान है। हम लोगों का सबसे बड़ा मान-सम्मान पोतराजा है। नहीं, नहीं, ये कभी नहीं होगा। हमारे बुजुर्गों ने जैसा किया है, हम वैसा ही करेंगे।' नाना उन्हें समझाने में कोई कसर नहीं छोड़ते थे। कहते, 'ठीक है भाई, तुम लोगों को भगवान की भक्ति करनी है तो दिन-रात करो, लेकिन अपनी औलादों का जीवन तो बर्बाद मत करो।'

इस तरह की चर्चा लगातार डोम मोहल्ले में चलती, चबूतरे पर जमावड़ा इकट्ठा होता तो यही बातें उन्हें समझाई जातीं। नानाजी ने इसे अपने जीवन का एक अभियान ही बना लिया था। धीरे-धीरे ही सही, पर भीम की बातें लोगों को समझ आने लगीं। उनकी बातों को, उनके विचारों को लोग मानने लगे थे।

'जीवन हमारा' में दलित स्त्री संसार की व्यथा कथा के साथ दरिद्रता के अभिशाप और पितृसत्ता के दमन के अनेक पहलुओं की परत-दर-परत खोल कर रख दी है। स्त्री अस्तित्व, अस्मिता, स्वाधीनता के अधिकारों से वंचित किए जाने का किसी को न तो एहसास था न अपनी गुलामी के प्रति बोध। जैसा था, सब वैसे ही जी रहे थे उसको अपना भाग्य समझकर। इन सभी प्रसंगों को बेबीताई ने सफलतापूर्वक अपने आत्मकथन में जगह दी है।

प्रश्न 22. दलितों को उनकी शोषित-वंचित स्थिति से अवगत कराने में डॉ. अम्बेडकर की वैचारिकी की प्रेरक भूमिका को रेखांकित कीजिए।

अथवा

'जीवन हमारा' में डॉ. अम्बेडकर का मुक्ति आंदोलन दलितों पर क्या प्रभाव डालता है? प्रकाश डालिए।

उत्तर– डॉ. अम्बेडकर की जनसभाओं में अभिव्यक्त विचारों से दलित समुदायों को नई राह दिखाई देने लगी थी। सदियों से सोया हुआ समाज इस गहरी नींद से मानो जाग गया था। दलित भी वाद-विवाद करने लगे कि आखिर हम भी सवर्णों की तरह ही इंसान हैं, फिर हम गुलामी क्यों कर रहे हैं? हमारी बस्तियाँ अलग-थलग कूड़े के ढेर पर क्यों? हमारे पास उत्पादन का कोई साधन क्यों नहीं? हम अछूत क्यों कहे जाते? दलित वर्ग को डॉ. अम्बेडकर की हर एक बात अब समझ में आने लगी थी। वे जागरूक होने लगे थे। अपने बच्चों को पाठशालाओं में भेजने की सभी माता-पिता कोशिश करने लगे। बेबीताई के प्रस्तुत कथन से पता चलता है कि डॉ. अम्बेडकर के विचारों को सुनने की ललक बढ़ने लगी थी। 'हमारे घर के आगे इमली का बहुत बड़ा पेड़ था, चबूतरे पर जमा लोग अक्सर इमली के पेड़ के नीचे बैठा करते थे। सन् सैंतीस-अड़तीस में भीम की बातों का प्रचार होने लगा था। इमली के पेड़ के नीचे धीरे-धीरे भीड़ जमने लगी। उस समय डोम लोगों के लिए अम्बेडकर की चर्चा करना बड़े गर्व की बात हुआ करती थी। अम्बेडकर के गुणगान हर वक्त बखाने जाते थे। अम्बेडकर द्वारा आयोजित सभा के भाषण उन लोगों तक पहुँचे इसलिए गाँव के लोगों ने अखबार मँगवाना शुरू कर दिया था। आज कहाँ-कहाँ सभा है

या अम्बेडकर कहाँ-कहाँ जाने वाले हैं, ये सारी खबर उन्हें मिलने लगी। चबूतरे पर और किसी बात की चर्चा नहीं होती थी। ऐसा लगता था, मानो अम्बेडकर की आत्मा उन लोगों में आ गई हो। इस सबका इतना ज्यादा प्रभाव पड़ा कि लोगों ने अपने बच्चों को स्कूल में भेजना शुरू कर दिया।'

यह चेतना का ही प्रभाव था, जो सभी दलित अपने बच्चों को शिक्षित देखना चाहते थे और यह चेतना जागृत डॉ. अम्बेडकर के भाषणों से हुई थी। सदियों से गुलामी करते आए दलित समाज इसे ही जीवन समझ रहा था, लेकिन भीम के विचारों को सभी दलित मानने लगे थे। हर दलित स्त्री-पुरुष खुद को बदलने के लिए प्रस्तुत था। डॉ. अम्बेडकर ने दलितों को मुर्दार माँस न खाने का आह्वान किया तो उसे बेबीताई की नानी ने बड़े ही नाटकीय ढंग से गाँव के दलितों से मुर्दार माँस न खाने की कसम लेकर इससे हमेशा से मुक्ति दिलाई। बेबीताई ने इस प्रसंग को 'जीवन हमारा' में बड़े ही रोचक ढंग से चित्रित किया। 'बंबई से चंद्राबाई आई है। उसने कलेजा व रान लाने को कहा है, इसलिए मुझे ये चीजें मटन में चाहिए।' हिस्से करने वाला व्यक्ति बोला, 'ऐसा नहीं होता सीता भाभी, कौन अपना हिस्सा देगा? जिसको जो मिला है वही लेकर जाओ।' तब नानी बहुत खीज गई और गुस्से से तिलमिलाकर बोली, 'आज से जो लोग भी ढोर का माँस खाएगा, उसे सूअर की कसम, वो सूअर का माँस खाएगा।' डोम और मुसलमान दोनों के धर्म में सूअर का नाम तक लेने की मनाही है। सूअर का नाम सुनते ही लोग थू-थू करने लगे। लोगों ने अपने हाथ का मटन दूर फेंक दिया। कुछ औरतें नानी को मारने आईं तो कुछ औरतों ने नानी को 'सत्यानाश हो जाए' इस तरह की गंदी-गंदी गालियाँ दीं। शोर सुनकर कुछ जवान लड़के आ गए और यह प्रकरण देख उन्होंने नानी को शाबाशी दी।

'शाबाश, सीता भाभी। आज तुमने हम डोम लोगों की आँखें खोल दीं। आज से सब कसम खाओ कि इस तरह मरा जानवर नहीं खाएँगे।' डॉ. अम्बेडकर के विचारों का ही प्रभाव था जो लोगों ने मरा हुआ माँस न खाने की कसम खाई।

युवा वर्ग में आए आत्मभान का एक और प्रसंग चित्रित करके बेबीबाई डॉ. बाबासाहेब अम्बेडकर के परिवर्तनवादी विचारों को दलितों द्वारा ग्रहण करके व्यवहार में अवलंब करने की ओर सबका ध्यान आकर्षित करती हैं। 'शंकर हेरम मेरा चाचा था। कार्यकर्त्ताओं में वह सबसे कम उम्र का लड़का था। वह नाईक निंबालकर के राज्य में सिपाही था। ऊँची देह, रंग गोरा, गुस्सैल चेहरा और कड़क आवाज के उस लड़के को देखकर बच्चे बहुत घबराते थे। हेरम की माँ का मानना था कि उसके दोनों बेटे शंकर भगवान के आशीर्वाद से पैदा हुए हैं। इसलिए चैत्र महीने को काँवड़ उनके घर के आगे सबसे पहले आती। बाबा के भाषण के बाद हेरम काँवड़ के आने का बेसब्री से इंतजार करने लगा था। चैत्र महीने की एकादशी के दिन काँवड़ फलटण में आई और प्रत्येक वर्ष की तरह उनके दरवाजे पर उतारी गई। जैसे ही एक व्यक्ति ने कंधे से काँवड़ उतारी कि हेरम ने काँवड़ को जोर से लात मारी और पानी गिरा दिया, फिर गरजकर बोला-'खबरदार जो दोबारा मेरे दरवाजे पर काँवड़ लाए तो।' इस विद्रोही तेवर के पीछे सदियों से चले आ रहे विश्वास-अंधविश्वासों के कारण दलित समुदाय की गतिहीन दीन-हीन अवस्था से निकलकर नई पीढ़ी परिवर्तन की ओर बढ़ती नजर आती है।

रूढ़ि परंपराओं पर दलित समुदाय के गहरे विश्वास होने से और यहाँ की सामाजिक-धार्मिक व्यवस्था इसके लिए किस प्रकार जिम्मेदार है। इस पर बेबीताई अपना मत सरल रूप में व्यक्त

करती हैं। 'इस सबके पीछे का सच क्या है? यह आस्था क्या किसी पाखंड को ओढ़े खड़ी है? यह बात सवर्णों ने कभी इन लोगों को नहीं बताई। इन्हें कभी समझने ही नहीं दिया गया कि क्या सच है और क्या झूठ। हमारी पीढ़ियाँ-की-पीढ़ियाँ इसी तरह नष्ट कर दी गईं। आने वाली तमाम नस्लों को खोखला कर डाला गया। बर्बाद किया और सड़ा डाला।' डॉ. अम्बेडकर के मुक्ति संघर्ष से आए परिवर्तन के कारण बेबीताई जाति व्यवस्था के निर्माता ब्राह्मणवादी वर्ग पर जायज गुस्सा व्यक्त करती है। एक जागरूक समाज में यह सवाल उठना स्वाभाविक है, क्योंकि अभी तक के यातनामय दरिद्र जीवन जीने की उन पर की गई सख्ती केवल धर्म की नियति के अनुसार समाज के श्रेष्ठ कहे जाने वाले वर्ग ने अपने हित में की थी। बेबीताई ने 'डॉ. अम्बेडकर के क्रांतिकारी अभियान के महत्त्व का सम्यक् विवेचन किया है।'

'जीवन हमारा' में निजी व्यक्तिगत अनुभवों के स्थान पर समाज के अनुभवों की अभिव्यक्ति, संस्कृति, पीड़ा, यातना, गरीबी, बेचारगी व दलित जीवन की सच्चाई का अधिक चित्रण किया है। इस विशिष्ट पद्धति को अपनाने के कारण समूह के जीवन की आर्थिक, सामाजिक और सांस्कृतिक वास्तविकताओं तथा अनुभवों की सच्चाई को चित्रित किया है। दलित साहित्य आत्मबोध मानव मूल्यों को सर्वोपरि मानता है। यह परिवर्तनवादी और समाज को केंद्र में रखता है। दलित साहित्य व्यक्ति निर्मित न होकर समष्टि मन की अभिव्यक्ति है। दलित रचनाकार समाज परिवर्तन की आकांक्षा में पूर्ण रूप से डूबकर सृजन करके ही अपने उद्देश्य को हासिल कर सकेंगे। लेखक की प्रतिबद्धता ऐसे समुदाय से है जिसे अपने जीवन जीने की पद्धति का, गुलामी का एहसास ही नहीं है। ऐसे समाज को नींद से जगाकर अस्तित्व के एहसास को जगाना बड़ी जटिल प्रक्रिया थी। जिन्होंने हिंदू धर्म को जी-जान से बचाने की कोशिश इसलिए की कि वे नहीं जानते थे कि उनके त्रासद जीवन का रचयिता तो यही धर्म है। लेकिन रूढ़ि-रीति-परंपरा-आडंबर-अंधविश्वास के संजाल से बने धर्म की सही तस्वीर प्रस्तुत करने के लिए डॉ. अम्बेडकर के आने तक इन्हें इंतजार करना पड़ा। भारतीय सामाजिक संरचना पर प्रहार करके जाति उन्मूलन के सिद्धांत को समझाकर उन्होंने केवल दलित समुदाय को ही नहीं, संपूर्ण भारतीय मानस को झकझोर दिया। अज्ञान और घोर अंधविश्वास की गर्त में डूबे दलित समुदाय को गुलामी का एहसास करवाकर आत्मबोध जगाना डॉ. अम्बेडकर के जीवन का महत्त्वपूर्ण उद्देश्य था। दलित मुक्ति आंदोलन का शुरुआती संघर्ष दलितों के मानवीय अधिकारों का संघर्ष था। अब दलित पुरानी सड़ी-गली मान्यताओं से ऊपर उठकर देख रहे थे। उनको अब समझ आ रहा था कि यह सब मानव निर्मित है। डॉ. अम्बेडकर के विचारों का लोगों पर गहरा प्रभाव पड़ रहा था। दलितों ने हजारों वर्षों से पहनी साँप जैसी गुलामी की केंचुल फेंककर एक नए मानव, स्वाधीन मानव, मुक्त मानव के रूप में अपने आपको खोज निकाला। इसका साक्षात्कार 'जीवन हमारा' आत्मकथन में होता है।

अध्याय 5
भारतीय दलित उपन्यास

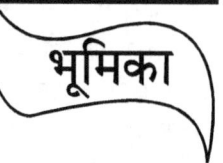
भूमिका

दलित साहित्य की अन्य विधाओं की तरह ही उपन्यास भी एक प्रमुख विधा है। दलित उपन्यासकारों ने समय, समाज एवं परिवेश के आलोक में दलित जीवन के सामाजिक, सांस्कृतिक, आर्थिक, राजनीतिक और धार्मिक पहलुओं को बड़ी गहनता (शिद्दत) से उजागर किया है। दलित उपन्यास समाज का यथार्थ रूप तथा संस्कृति का हक है, एक व्यक्ति का जीवन, एक परिवार का संघर्ष, साथ ही कला का एक उत्कृष्ट स्वरूप है। दलित उपन्यास दलितों के जीवन की जटिलताओं और सूक्ष्मता को सही रूप से अभिव्यक्ति देने वाली विधा है।

प्रश्न 1. पंजाबी दलित साहित्य का संक्षिप्त परिचय दीजिए।

उत्तर– पंजाब में जाति-विभाजन दूसरे देशों जितना तीव्र नहीं है, इसका कारण पंजाब में सिख धर्म की समाज सुधारक भूमिका का योगदान है, लेकिन इसके बावजूद पंजाब में कहीं-कहीं जातिगत विभाजन की घटनाएँ देखी जा सकती हैं। 1947 में भी जब हिंदू-सिख और मुसलमानों के बीच जघन्यतम सांप्रदायिक दंगे हुए, तो पाँच-छः लाख निर्दोष लोग इन दंगों की बलि चढ़े और मनुष्यों ने एक-दूसरे के साथ क्रूरतम व्यवहार किया। विशेषतः दोनों पक्षों की स्त्रियों को प्रताड़ित और सार्वजनिक रूप से बलात्कार और हिंसा की घटनाओं से अपमानित किया गया, यह इस दुःखद तथ्य को भी फिर रेखांकित करता है कि भावनात्मक स्तर पर उत्तेजित और भीड़-मनोविज्ञान से नियंत्रित जनता तर्क और मानवीयता और अपने ही फर्ज की परंपराएँ और उपदेश सब कुछ भूल जाती है और केवल हिंसा के तांडव-नृत्य में शामिल होकर मानवता को कलंकित करती है। 1947 में दोनों ही अर्थात् हिंदू-सिख एक तरफ और दूसरी तरफ मुस्लिम समुदाय ने गुरु ग्रंथ साहिब को भी और सूफी संतों बुल्लेशाह आदि की वाणी को नजरअंदाज करते हुए एक-दूसरे के साथ वह सलूक किया कि यह दंगे एक स्थायी कलंक के रूप में अंकित हैं।

गुरु गोविंद सिंह की यह वाणी है कि 'मनुष्य की जात समैए पहचानबौ' फिर भी यह बात पंजाब में भी व्यवहार में लागू नहीं होती। सिख धर्म को सबसे ज्यादा उदार मानने वाले विचारक चिंतक यह मानते हैं कि पंजाब में ही सिखों के भीतर तथाकथित उच्च-निम्न जातियों के लोग न तो विवाहादि संबंध करते हैं और न ही इसके लिए प्रचार करते हैं। यही कारण है कि पंजाब में भी दलित साहित्य की जरूरत पड़ी।

पंजाबी दलित साहित्य का आदिस्रोत तो स्वयं आदिग्रंथ ही है, जिसे पाँचवें सिख गुरु, गुरु अर्जुन देव ने 1604 ई. में संपादित किया था और जिसमें सिख गुरुओं के साथ-साथ सैंतीस भक्त कवियों की वाणी भी संकलित हैं। इन भक्त कवियों में सशक्त दलित कवि-कबीर, रविदास, नामदेव, सैन आदि शामिल हैं। सिख गुरुओं व भक्त कवियों ने जातिवाद की तीखी आलोचना की है। 'गुरु ग्रंथ साहिब' को मध्यकालीन दलित साहित्य का एक श्रेष्ठ ग्रंथ माना जाता है।

आधुनिक पंजाबी दलित साहित्य–आधुनिक काल में प्रायः सभी प्रभावशील लेखकों ने दलित जीवन और उनके चरित्रों को अपने साहित्य में बखूबी उभारा और उनको अपने लेखन का आधार बनाया और उनके जीवन संघर्षों को सहानुभूति व सह-अनुभूति दोनों से ही चित्रित किया। सुजान सिंह, नानक सिंह, बाबा बलवंत आदि प्रगतिशील लेखकों ने भी दलित जीवन की समस्याओं को अपने लेखन के जरिए उभारा।

पंजाबी दलित कथा-साहित्य में प्रभावशाली लेखकों–सुजान सिंह, संतोष सिंह धीर, गुरदयाल सिंह की परंपरा को आगे बढ़ाने वाले लेखकों में प्रेम गोरखी, किरपाल, कज़ाम अतरजीत, भूरासिंह कलेर, नछतट, लाल सिंह आदि शामिल हैं। सातवें दशक में अतरजीत की कहानी 'बठलू चमार' से दलित पीड़ा पंजाबी कथा-साहित्य के केंद्र में आई। प्रेम गोरखी की 'अर्जुन सफेदीवाला', भूरा सिंह कलेश कृत 'पूरे पन्ते' आदि कहानियों में दलित उत्पीड़न का प्रामाणिक यथार्थ प्रस्तुत हुआ। इसी क्रम में डॉ. राओ का 'मशालची' उपन्यास 1986 में छपा। इससे पहले गुरदयाल सिंह के उपन्यास तथा निदंर मिल का उपन्यास 'दास्ता दलित दी' 1993 में छपा था।

आठवें-नवें व सदी के अंतिम दशक में पंजाबी में दलित कहानी के नए हस्ताक्षरों ने अपनी पहचान स्थापित की। जिनमें भगवंत रसूलदुरी, मोहन लाल किल्लोरिया, देसराज काली, जिंदर, मक्खन मान, अजमेर सिद्धू आदि शामिल हैं।

आधुनिक पंजाबी कविता में दलित धारा काफी प्रबल है। पंजाबी कवियों की बड़ी संख्या दलित पृष्ठभूमि से संबंधित है। दलितों पर उपन्यास तो लिखे गए लेकिन दलितों को केंद्र में नहीं रखा गया उनकी संवेदनाओं, उनकी पीड़ा को केंद्र में नहीं रखा। फिर भी पाश जैसे गैर-दलित कवि की दलित संवेदना की कविताएँ भी काफी सशक्त हैं।

लालसिंह दिल को अब दलित कवि के रूप में अधिक प्रस्तुत किया जा रहा है, जबकि उनकी कविता की शुरुआत नक्सलवादी आंदोलन के प्रभाव के साथ, संतराम उदासी तथा अमरजीत मदन आदि के साथ ही हुई थी। अब लालसिंह दिल के साथ-साथ संतराम उदासी की भी क्रांतिकारी की बजाय दलित कवि के रूप में अधिक चर्चा की जाती है।

सही अर्थों में प्रतिनिधि दलित कवि गुरदास राम आलम हैं, जिन्होंने अपनी सभी कविताएँ और काव्य-संग्रह में दलित उत्पीड़न को ही आधार बनाया है। उनके बाद उदासी, स्वर्गीय मनजीत कादर, मदन वीरा, फर्म कम्भेआना, गुरजीत कल्लरवजी, द्वारका भारती आदि पंजाबी कवि दलित धारा का प्रतिनिधित्व करते हैं। पिछले दिनों मदन वीरा ने कुछ अच्छी और संवेदनशील कविताओं में दलित कथा को उभारा है।

पंजाबी दलित नाटक—पंजाबी नाटक में दलित जीवन सीधे तौर पर विषय बुनकर नहीं उभरा है, शुरू के नाटक में डॉ. गुरचरण सिंह ने 'रत्ता सालू' आदि नाटकों व बलवंत मार्गो ने 'लोहाकुट' 'केसरो' व स्वराजवीर जैसे नाटकों से इस दिशा में ध्यान केंद्रित किया है। स्वराजवीर ने अपने नाटक 'कृष्णा' में आदिवासी भीलों की संवेदना को केंद्र में रखा है तो चरणदास सिद्धू ने अपने नाटक 'शहीद भगतसिंह' में भगत सिंह की दलित वर्ग के प्रति संवेदना को रेखांकित किया है।

पंजाबी दलित आत्मकथा—पंजाबी में प्रथम दलित आत्मकथा 1994 में छपकर सामने आई। 'गैर हाज़िर आदमी' शीर्षक की इस आत्मकथा के रचयिता प्रेम गोरखी थे। पंजाबी में दूसरी व अधिक चर्चित आत्मकथा कवि लालसिंह दिल द्वारा रचित 'दास्तान' रही, जिसका प्रकाशन 1998 में हुआ। इसके बाद पंजाबी की प्रसिद्ध कथाकार वंचित कौर की आत्मकथा 'पगडंडियाँ' छपकर आई लेकिन उस पर इतनी चर्चा नहीं हुई। बलवीर माधोपूरी ने अपनी आत्मकथा 'छांग्या रूख' (चिला हुआ वृक्ष) में मराठी प्रदेश का कुछ पालन किया। यह आत्मकथा 2002 में छपी। इनके अतिरिक्त पंजाबी में ओमप्रकाश वाल्मीकि की 'जूठन' का अनुवाद अत्यधिक लोकप्रिय हुआ। इस आत्मकथा में नाट्यरूपांतरण हिंदी से भी पहले हुआ और बड़ी सफलता से इसके सैंकड़ों प्रयोग अब तक हो चुके हैं। शरणकुमार लिंबाळे की 'अक्करमाशी' व बेबी कांबले की आत्मकथा 'जीवन हमारा' का पंजाबी अनुवाद भी काफी लोकप्रिय हुआ है।

इस प्रकार आधुनिक पंजाबी दलित साहित्य में काफी सशक्त रचनाएँ उभर कर समाने आई हैं। हालाँकि, पंजाबी में दलित साहित्य के प्रति कुछ प्रतिरोध का भाव है और बहुत से प्रगतिशील लेखकों ने भी खुले मन से इन मानवीय धारा का स्वागत नहीं किया है, तो भी धीरे-धीरे भारतीय साहित्य में पंजाबी दलित प्रवृत्ति को स्वीकृति व सम्मान मिल रहा है।

प्रश्न 2. डॉ. गुरचरण सिंह राओ के जीवन और रचना पर प्रकाश डालिए।

उत्तर– गुरचरण सिंह राओ के जन्म संबंधी कोई सूचना उपलब्ध नहीं है। उनके देहांत के बारे में भी कोई जानकारी उपलब्ध नहीं है। लेखक की औपन्यासिक रचना 'मशालची' का नायक कटार सिंह है। जिसकी 1939 में, अमृतसर के मेडिकल कॉलेज से एम.बी.बी.एस. करने की सूचना उपलब्ध है। अत: यह अंदाजा लगाया जा सकता है कि लेखक का जन्म भी 1939-40 के आसपास का ही होगा। संभवत: लेखक का गाँव मुहल्लापुर दाखा (लुधियाना के पास) हो सकता है, जहाँ पर उन्होंने अपना अस्पताल स्थापित किया था। जिसे उनके परिवारजन अभी भी चला रहे हैं। लेखक ने आर्मी मेडिकल कॉलेज में पाँच वर्ष तक सेवा की और फिर कैप्टन के पद से रिटायर हुए। रिटायर होकर लुधियाना जिला के मुहल्लापुर दाखा में चिकित्सक के रूप में सेवा शुरू की, वहीं से अपने प्रयासों से 1986 में 'मशालची' उपन्यास छपवाया, जिसके कुछ ही समय बाद उनका देहांत हो गया।

लेखक ने अपने बचपन की दिलचस्प घटना व्यक्त की है, जिसमें एक बहुत कमजोर बुजुर्ग किसी सुनार से लाई राख को छानता रहता। दादा से पूछने पर दादा ने बताया कि कभी-कभार इस राख से सोने के कुछ कीमती कण मिल जाते थे। इसी प्रेरणा से लेखक ने भी बचपन में कचरे के ढेर धूरे को छानना शुरू किया तो कई बार उसे ऐसी-ऐसी कीमती चीजें (सोने का लौंग आदि) मिली। उसने बचपन की इन रुचियों से समाज द्वारा 'राख के ढेर' बनाकर रख दिए। इसी से उन्हें निम्न वर्गों (दलित) के जीवन पर उपन्यास लिखने की प्रेरणा मिली।

डॉ. राओ द्वारा अपने रचनाकार व्यक्तित्व निर्माण की जो बचपन की कथा कहीं गई हैं, वे वास्तव में तथ्यपरक तो हैं ही, इसके साथ ही कथा इस बात को भी रेखांकित करती हैं कि जिसे हम जीवन में कूड़ा-करकट या राख का ढेर मात्र समझते हैं, उसी प्रकार ऊँचे वर्गों द्वारा निम्न वर्गों से सलूक किया जाता है, उसी 'राख के ढेर' और कूड़ा-करकट से ऐसे मोती मिलते हैं कि देखने वाले दंग रह जाते हैं। लेखन-कर्म या सृजन-कर्म एक सौंदर्यमूलक कर्म है, लेकिन इसके लिए धूरे भी छानने पड़ते हैं और जो व्यक्ति जितने गहरे जाकर राख के ढेर छानते हैं उतने ही सुंदर मोती (साहित्यकार रचनाकार) चुनकर लाते हैं।

डॉ. गुरचरण सिंह राओ ने दो उपन्यासों की रचना की, जिनमें 'मशालची' तो छपकर बहुचर्चित हुआ, लेकिन उनका रचा एक और उपन्यास 'खारी गंगा' कुछ कारणों से नहीं छप पाया, हालाँकि 'मशालची' में ही यह सूचना दर्ज है कि यह उपन्यास (खारी गंगा) प्रकाशनाधीन है। यह उपन्यास न तो लेखक के जीवनकाल में ही छप पाया और न ही उनके देहांत के उपरांत इस उपन्यास की पांडुलिपि भी सुरक्षित है या नहीं, यह भी निश्चित नहीं है।

इसी प्रकार लेखक का एक कहानी-संग्रह–'समे द रंग' (समय के रंग) भी प्रकाशनाधीन बताया गया था, इस संग्रह संबंधी भी कोई सूचना नहीं कि इस संग्रह की पांडुलिपि अभी कहाँ पर होगी।

'मशालची' उपन्यास के छपने से पहले डॉ. राओ के दो कहानी-संग्रह छप चुके थे। 'डंगोरी' (अंधे की लाठी) कहानी संग्रह 1974 में छपा। जिसके संबंध में पंजाबी के वरिष्ठ मार्क्सवादी आलोचक स्व. संतसिंह सेखों का कथन है कि 'उच्च कला बोध का प्रमाण देती है।'

पंजाबी के इस प्रतिभाशाली कथाकार की असमय मृत्यु होने से पंजाबी दलित साहित्य को अपने आरंभ में ही बड़ी हानि उठानी पड़ी और पंजाबी के प्रथम सशक्त कथाकार को आलोचकों

की ओर से उपेक्षा की मार भी झेलनी पड़ी। केवल दो वरिष्ठ आलोचकों - संत सिंह सेखों, जिन्होंने 'मशालची' की भूमिका लिखी और पंजाबी की प्रतिष्ठित पत्रिका 'सिरजणा' के संपादक डॉ. 'रघुबीर सिंह सिरजणा' जिन्होंने इस उपन्यास पर गंभीर आलेख लिखकर इसका स्वागत किया। इसके अलावा पंजाबी लेखन-जगत में इस उपन्यास की उपेक्षा की गई। अभी हाल के वर्षों में डॉ. चमनलाल ने हिंदी में इस उपन्यास को दलित प्रसंग में चर्चा के केंद्र में रखकर फिर से उभारा है।

कुल मिलाकर डॉ. गुरचरण सिंह राओ का कथा-साहित्य दो कहानी संग्रह और उपन्यास 'मशालची' सार्थक व सोद्देश्य लेखन का उत्तम उदाहरण है। यदि उनकी दोनों अन्य रचनाएँ-कहानी संग्रह व उपन्यास 'खारी गंगा' भी छपेगी तो पंजाबी व भारतीय दलित-साहित्य और भी समृद्ध होने की संभावना है।

प्रश्न 3. 'मशालची' उपन्यास की कथावस्तु को अपने शब्दों में लिखिए।

उत्तर– 'मशालची' उपन्यास का आरंभ द्वितीय विश्वयुद्ध के आरंभ यानी 1939 से होता है लेकिन साथ ही इसमें 1942 के 'भारत छोड़ो' आंदोलन का जिक्र भी है। वे उपन्यास के आरंभ में ही कर्तार सिंह सराभा, भगतसिंह व सुभाषचंद्र बोस को क्रांतिकारी पथ के पथिक बताते हुए उनके महात्मा गाँधी के 'अहिंसावाद' से मतभेद बताते हैं। इस समय उपन्यास के एक दलित पात्र भगतू की पत्नी बचनी को बेटा पैदा होता है, जो भगतू की तरह काला, लेकिन जिसके नयन-नक्श बचनी की तरह सुंदर हैं। भगतू जमींदार के यहाँ गुड़ लेने जाता है तो जैलदारनी उसे सड़ा हुआ काला गुड़ दे देती है, इसे भगतू को अपनी बिरादरी में बाँटकर खुशी साँझी करनी होती है।

दलितों को सरकार व जमींदारों द्वारा बिना वेतन दिए बेगारी करवाए जाने के दृश्य तथा जमींदारों द्वारा दलितों को अपमानजनक ढंग से बुलाए जाने को भी उपन्यास में चित्रित किया गया है। भगतू के घर में बहुत अच्छी दूध देने वाली भैंस है, जिसे वह कर्ज के बदले जैलदार के घर बाँध आता है। हालाँकि बचनी बहुत शोर मचाती है कि नए जन्मे बालक को दूध पिलाने के लिए भैंस घर में ही रखें, पर वह मानसिक गुलामी में बंधा बच्चे की भी चिंता किए बिना भैंस दे आता है।

इस तरह के हालात में ही बचनी व भगतू का बेटा कट्टू या कटार सिंह आठ साल का हो जाता है। बचनी उसका नाम करतार सिंह रखना चाहती थी, लेकिन दलितों को करतार सिंह जैसा सुशोभित नाम रखने की इजाजत नहीं थी। भगतू की मानसिक गुलामी से तंग आई बचनी चाहती थी कि उसका बेटा स्कूल में पढ़-लिखकर इस माहौल से मुक्ति पाए। भगतू उसे अभी से जमींदारों की गुलामी में जकड़ देना चाहता था, लेकिन इस मामले में उसकी बात बचनी नहीं मानती और बेटे को नजदीकी गाँव के प्राइमरी स्कूल में दाखिल करवाने को ले जाती है। स्कूल का हेडमास्टर आनाकानी करने के बाद पहले तो दलित बच्चे को स्कूल में दाखिल कर लेता है, लेकिन कट्टू को बिठाया भी अलग जाता है और उससे बदसलूकी भी की जाती है। स्कूल में गरीब जाटों का लड़का शमिंदर ही उससे हमदर्दी रखता है और उन दोनों में दोस्ती भी हो जाती है।

सारे अवरोधों और बदसलूकियों के बावजूद जिनमें जमींदार के लड़कों और मास्टरों द्वारा की गई मार-पीट भी शामिल है, कट्टू पढ़ने में प्रतिभा दिखाता है और अच्छे अंक लेकर पास होता जाता है। स्कूल में दाखिल होते ही 1947 के विभाजन के साथ ही हिंदू-सिख और मुसलमानों के बीच सांप्रदायिक दंगे शुरू हो जाते हैं। कट्टू के प्यारे दोस्त नूरे और उसके परिवार सहित गाँव

के सारे मुसलमान गाँव छोड़ जाते हैं और उनके जाते ही उनके घरों को गाँव वाले ही लूट लेते हैं। उपन्यास के अध्याय में लेखक ने इन दंगों में हिंदू-सिखों द्वारा मुसलमानों व उनकी स्त्रियों के साथ की गई क्रूरताओं का विस्तृत वर्णन किया है। लेखक कहता है कि यदि पश्चिमी पंजाब में मुसलमानों द्वारा हिंदू-सिख स्त्रियों के साथ किए गए बर्बर व्यवहार के बदले में ऐसा किया गया है तो भी यह शर्मनाक कार्यवाही थी।

परीक्षाओं में प्रथम आकर कट्टू सातवीं कक्षा तक पहुँच जाता है। उसे मॉनिटर इसलिए नहीं बनाया जाता क्योंकि वह अछूत है, स्कूल में उसके साथ छुआछूत का व्यवहार होता रहता था वर्ना यह उसका हक बनता था। पढ़ाई करते-करते कट्टू नवीं कक्षा में आ जाता है। इसी बीच खेत में जैलदार तख्तसिंह बचनी से जबरदस्ती करने की कोशिश करता हुआ बचनी के हाथों बुरी तरह जख्मी हो जाता है। इस बीच प्राकृतिक प्रकोप से गाँव की फसल नष्ट होती है, गाँव के कामरेड मास्टर को बदलवाने और कट्टू के दसवीं श्रेणी तक पहुँचने का चित्रण इस उपन्यास में है। शमिंदर और कट्टू की निकटता को शमिंदर की माँ तो जातिवादी कारणों से पसंद नहीं करती थी, लेकिन कामरेड मास्टर के सिखाए वे दोनों आपस में पक्के दोस्त बन चुके थे। इस बीच जाति वाचक गाली देने से कट्टू स्कूल के पी.टी. मास्टर का हाथ पकड़ लेता है कि फिर जैलदार तख्तसिंह के भड़काने से लड़कों के संग उसे बुरी तरह मारता है। बस अब कट्टू पर मुसीबतों का पहाड़ टूटता है। वह दसवीं भी पास नहीं कर पाता और नौकरी पर लग जाता है, लेकिन उसकी जिंदगी तो दुखांत की ओर बढ़ रही है। भगतू को बैल सींग मार जाता है। कट्टू को पुलिस वाले इस कत्ल के केस में पकड़कर मार-मार कर रेलवे लाइन पर कट मरने के लिए फेंक जाते हैं। भगतू मर जाता है, उसकी माँ पागल हो जाती है और मरते-मरते कट्टू को बूढ़ा गैंगमैन, उसकी कराहें सुनकर गाड़ी आने के पहले बचा लेता है। यहीं से उसकी जिंदगी नया मोड़ ले लेती है।

कट्टू बुर्जुग गैंगमैन द्वारा की गई सेवा से धीरे-धीरे सेहतमंद होकर अपने ननिहाल चला जाता है, जहाँ उसके पिता की मौत के बाद उसकी माँ विक्षिप्त अवस्था में रह रही है। उधर कट्टू के अपने गाँव में कट्टू परिवार पर किए अत्याचारों के बाद गाँव में दलितों से बदसलूकी बढ़ जाती है, अब स्कूल में दलित बच्चे इतने अपमानित किए जाते हैं कि कोई स्कूल में टिक नहीं पाता। गाँव में दलित लड़की की इज्जत लूटने पर जमींदार के लड़के को पंचायत सिर्फ बीस रुपए जुर्माना करके छोड़ देती है। भगतू के मरने के बाद उसकी जगह मुर्दा मिट्टी को हासिल करते हुए एक और दलित जमींदारों का मानसिक गुलाम बन जाता है।

कट्टू ने अपने ननिहाल में जमींदारों के यहाँ काम करना शुरू किया और नौजवानों का क्लब बना कर उनमें जागृति लाने लगा। क्लब में आखिरकार प्रगतिशील पत्रिकाएँ लगवाई गईं। कट्टू के साथ रहने से उसकी माँ की दशा भी सुधरने लगी। लेकिन इस गाँव में भी छुआछूत और जाति उत्पीड़न के कारण समस्याएँ पैदा हुईं। 1957 का वर्ष आ गया था। सारे देश भर में 1951 की तर्ज पर गदर होने की अफवाहें फैली हुई थीं। इस गाँव के जैलदार दल्ल सिंह के मरने पर दलित भीतर से खुश लेकिन ऊपर से शोक का पाखंड कर रहे थे। कट्टू रात में अखबार पढ़कर सुनाते हुए आंध्र प्रदेश व बिहार में दलित हत्या कांडों की खबरें सुनाता है। इस बीच गुरूद्वारे के ग्रंथी की हरकतों के बारे में दूसरों से सुनकर व खुद उसके मुँह से सुनकर कट्टू उसे बुरी तरह मार बैठता है और पुलिस के हाथ पड़ने से पहले ही गाँव से भागकर उत्तर प्रदेश के शहर में पहुँच जाता

है। वहीं डाकिए की नौकरी पा जाता है। उसकी ठीक-ठाक सरकारी नौकरी के कारण उसे किराए पर घर भी मिल जाता है और वहीं वह आठ साल गुजार देता है। गाँव में उसकी माँ उसके जाने से फिर पागल हो जाती है और कुछ ही दिनों में मर भी जाती है। यू.पी. के शहर में कट्टू मजदूर बस्ती में रहता है और वहाँ भी वह जागृति लाने का प्रयास करता रहता है। अपने मृत पिता और चाचा के नाम संबोधित किंतु बिना भेजे खतों में भारत के पूँजीवादी समाज का विश्लेषण करता रहता है। इसी तरह करते-करते 1965 का भारत-पाक युद्ध का वर्ष आ जाता है। लेखक युद्ध विरोधी है और भाइयों के बीच युद्ध पर आक्रोश व्यक्त करता है।

उपन्यास में नक्सलवादी आंदोलन का संदर्भ भी दिखाया गया है। 1967 में शुरू हुए इस आंदोलन में कट्टू के गाँव व ननिहाल के कुछ युवक भी शामिल होते हैं। उधर कट्टू का बचपन का दोस्त शमिंदर भी किसान आंदोलन का सक्रिय कार्यकर्त्ता बनता है। वह सी.पी.एम. के नजदीक है और नक्सलवादी आंदोलन का आलोचक है। इन्हीं दिनों पंद्रह साल बाद शमिंदर और कट्टू की भेंट यू.पी. के उसी शहर में होती है, जहाँ कट्टू डाकिया है और शमिंदर किसान यूनियन की गतिविधि में वहाँ आया है।

1939-40 में जन्मा कट्टू 1970-72 तक तीस-बत्तीस वर्ष का युवक हो जाता है। इसी बीच वह वेश्याओं के मुहल्ले में जाकर वेश्याओं की दुर्दशा देखता है। वहाँ उसे माँ की शक्ल से मिलती लड़की मीना अच्छी लगती है, जिसे एक रात में सात दरिंदों ने बार-बार सेक्स-संबंध स्थापित कर घायल कर दिया है। जेब से पैसे उसकी मालकिन को देकर कट्टू मीना से मानवीय व्यवहार करता है और उसकी सेवा करता है। दोनों में फिर संबंध बनते हैं और कभी-कभार कट्टू उसके पास जाता है।

उसके बाद उपन्यास के घटनाक्रम में फिर एक मोड़ आता है, जब कट्टू नौकरी से इस्तीफा देकर अपने ननिहाल गाँव के आरक्षित क्षेत्र से आजाद उम्मीदवार के रूप में असेंबली चुनाव में कूद पड़ता है। साथ के ही अनारक्षित क्षेत्र से शमिंदर किसान यूनियन के प्रतिनिधि के रूप में चुनाव लड़ रहा है। इसके आगे उपन्यास के अंत में केवल चुनाव वर्णन है और इसके बहाने प्रोफेसर बघेल सिंह द्वारा देश के जातिवाद की व्याख्या की जाती है। इस व्याख्या में शोषकों द्वारा चलाई कहानी-'चानो बानो भाइयों की कथा' अर्थात् चमार-बनिया एकता का मिथक तोड़कर 'चानो-बानो एकता' अर्थात् चमार गरीब किसान (जाट) की एकता की दलील दी गई है। निम्न जातियों के साथ उत्पीड़न के अनेकों चित्र उपन्यास में चित्रित हुए हैं और उपन्यास का अंत भी विजय-पथ की ओर बढ़ रहे कट्टू की चुनाव से ठीक पहले ही चुनाव सभा में विरोधी दल द्वारा करवाई गई हत्या से होता है। उपन्यास का अंत लेखक ने कट्टू की हत्या के दुखांत से किया है, जो खुद दलितों के हाथों करवाई जाती है लेकिन लेखक ने इसी दुखांत चित्रण से दलित जीवन के यथार्थ को प्रभावित बनाया है। जिससे उपन्यास की गुणवत्ता बढ़ गई है।

प्रश्न 4. मशालची उपन्यास की रचनात्मक विशेषताएँ बताइए।

अथवा

मशालची उपन्यास की रचनात्मक विशेषताओं पर प्रकाश डालते हुए इसकी आलोचनाओं को संक्षेप में लिखिए।

उत्तर– डॉ. गुरचरण सिंह राओ रचित 'मशालची' उपन्यास 37 अध्यायों में विभाजित है। यह उनका पहला ही उपन्यास है, यद्यपि इससे पहले डॉ. राओ के दो कहानी-संग्रह छप चुके थे। इस उपन्यास की रचना भी डॉ. राओ ने 45 वर्ष की प्रौढ़ उम्र में की। डॉ. राओ दलित समस्याओं के प्रति सचेत रचनाकार थे और काफी हद तक उनका लेखन भी स्वत: स्फूर्त न होकर सचेत व पूर्व तैयारी से किया लेखन है।

औपन्यासिक संरचना के स्तर पर 'मशालची' उपन्यास की कथावस्तु में जिज्ञासा और मनोरंजन का पक्ष कुछ हद तक कमजोर दिखाई पड़ता है। उपन्यास में दलित जीवन की व्यथा के सामाजिक-राजनीतिक विश्लेषण पर अत्यधिक ध्यान देने के कारण कथा की स्वाभाविक गति में कुछ विचलन आया है। उपन्यास के आरंभ में ग्रामीण परिवार के दलित जीवन का चित्रण अत्यंत प्रभावशाली व प्रमाणिक रूप से हुआ है। उपन्यास के पहले सौ पृष्ठ सशक्त रूप में उभरकर सामने आते हैं। दलित वर्ग के अभावग्रस्त जीवन में गाँव के जमींदारों की क्रूरताएँ, बेजमीन या गरीब किसानों की खराब आर्थिक स्थितियों के साथ-साथ दलित वर्ग के साथ-साथ छुआछूत के अपमानजनक व्यवहारों का लेखक ने कथा-रचना में भगतू, बचनी, कट्टू परिवार व शमिंदर के जीवन के चित्रण से यथार्थ वर्णन किया है। उपन्यास की कथा के विकास में कई जगह लेखक की सायास योजना भी कथन को प्रभावित करती प्रतीत होती है। जैसे–नायक कट्टू का दसवीं श्रेणी पास करने से पहले ही जमींदारों/पुलिस द्वारा उसे लगभग मार दिया जाना, फिर एक और मारपीट के मामले (ग्रंथी को कट्टू द्वारा पीटे जाने पर) के बाद कट्टू का भागकर यू.पी. चले जाना और वहाँ नौकरी प्राप्त कर 15-16 साल वहीं बिताना और फिर अचानक नौकरी छोड़कर असेंबली के चुनाव में आजाद उम्मीदवार बनना और जमींदारों के गुंडों के हाथों मारा जाना। उपन्यास की कथा में कट्टू के वेश्या मीना के यहाँ जाने के संदर्भ द्वारा स्त्री प्रवेश भी करवाया गया है, जो उपन्यास की कई अन्य स्थितियों की तरह उपन्यासकार द्वारा आरोपित संदर्भ जान पड़ता है। वास्तव में लेखक गरीब किसानों, वेश्या, स्त्रियों को दलित वर्ग का स्वाभाविक साथी मानता है, क्योंकि उनकी जीवन स्थितियाँ भी सामाजिक उत्पीड़न का शिकार हैं।

'मशालची' की कथावस्तु में कहीं-कहीं ढीलापन भी मिलता है, लेकिन फिर भी उपन्यास पाठक की रुचि अंत तक बनाए रखने में कामयाब रहता है।

'मशालची' में लेखक ने पात्र बहुत अधिक नहीं रखे हैं। करतार सिंह अर्थात् कट्टू तो उपन्यास का दुखांत नायक है ही, उसके साथ मुख्य पात्रों में कट्टू की माँ बचनी, कट्टू का दोस्त शमिंदर सिंह और उनके उत्पीड़कों में जैलदार तख्तसिंह व कट्टू के ननिहाल गाँव के जमींदार दलसिंह आदि शामिल हैं। पुलिस का उत्पीड़न उपन्यास में चित्रित है, लेकिन कोई विशेष पुलिस अधिकारी या सिपाही पात्र ऐसा नहीं दिखाया जो उत्पीड़न में खास बदनाम हो। यह शायद सचेत रूप में हो कि पुलिस अपने संस्थागत चरित्र में ही उत्पीड़न का तंत्र है। इसलिए इस उत्पीड़न तंत्र का चेहरा कोई भी हो, किसी भी नाम से हो, कोई फर्क नहीं पड़ता। दलित वर्ग को तो इस उत्पीड़न तंत्र मे पिसा ही जाना है।

इनके अतिरिक्त कट्टू का पिता भगतू, कट्टू की जान बचाने वाला बुर्जुग गैंगमैन, दलित वर्ग की मुक्ति का समर्थक प्रोफेसर बघेल सिंह आदि चरित्र भी कुछ प्रभाव छोड़ते हैं। वेश्या मीना भी एक अध्याय में अपनी उपस्थिति दर्ज करवाती है।

उपन्यासकार का अधिक ध्यान कट्टू व शमिंदर के चरित्र व दोनों की दोस्ती पर अधिक केंद्रित हुआ है। उपन्यास के अधिकांश चरित्र प्रतिनिधिक यानी 'टाईप' चरित्र हैं। उनका व्यक्तिगत संस्कार व संस्करण भी उनके वर्ग प्रतिनिधि के दायरे में ही विकसित हुआ है। कट्टू यदि गाँव के दलित (चमार) वर्ग का प्रतिनिधि चरित्र है तो शमिंदर गरीब व भूमिहीन किसान वर्ग का तो जैलदार तख्तसिंह या जमींदार दल सिंह बड़े किसान वर्ग के प्रतिनिधि हैं, जो दलितों व खेत मजदूरों का उत्पीड़न करते हैं। पुलिस उत्पीड़कों के हाथों का खिलौना है, जो शोषितों-दलितों के उत्पीड़न के काम आता है। आजादी के बाद भी भारतीय पुलिस को संविधान के कानून से कुछ लेना-देना नहीं है। वह वक्त की सरकार और धनिक जमींदार-पूँजीपति वर्ग की सचेत एजेंट की तरह काम करती है।

कट्टू के चरित्र-चित्रण में लेखक ने कहीं-कहीं बड़ी संवेदना का परिचय दिया है। कट्टू के साथ ही शमिंदर का चरित्र भी मानवीय भावनाओं से ओत-प्रोत पात्रों के रूप में उभरा है, जबकि जमींदारों का चेहरा क्रूर व जालिम पात्रों के रूप में उभर कर सामने आया है। डॉ. राओ के उपन्यास के सभी पात्र कहीं-न-कहीं अपना प्रभाव छोड़ने में कायम होते हैं। जी.पी.एच. की पुस्तकों का मुख्य उद्देश्य ज्ञान के साथ-साथ अच्छे नम्बर दिलाना है।

प्रश्न 5. मशालची उपन्यास के परिवेश को प्रस्तुत कीजिए।

उत्तर– गुरचरण सिंह ने मशालची उपन्यास में ग्रामीण परिवेश को बड़ी ही खूबसूरती से बताया है। यह उपन्यास परिवेश चित्रण के पक्ष को बहुत ही सशक्त ढंग से प्रस्तुत करता है। उन्होंने अपने इस उपन्यास में पंजाब के मालवा क्षेत्र के ग्रामीण परिवेश को बड़ी सघनता से उघाड़ा है। इस परिवेश में 1940 और 60 में ज्यादा फर्क नहीं है। उपन्यास से यह पता लगता है कि 1947 से पहले भी दलित उत्पीड़न था और जिसमें 1947 के बंटवारे का आजादी के बाद काले रंग के शासकों के राज में भी कोई कमी नहीं आई थी।

परिवेश चित्रण की दृष्टि से यह उपन्यास काफी सशक्त है, क्योंकि उपन्यास का केंद्रीय उद्देश्य भी दलित उत्पीड़न के परिवेश का यथार्थ रूप में चित्रण करना ही है। यही इस उपन्यास का उद्देश्य भी है, जिसमें लेखक को पूरी सफलता मिली है।

'मशालची' में लेखक ने अपनी और दलित वर्ग की मुक्ति की विश्व-दृष्टि विकसित करने और उसे पंजाबी ढंग से चित्रित करने की ओर विशेष ध्यान दिया है। उपन्यासकार जहाँ एक ओर मार्क्सवादी विश्व-दृष्टि से प्रभावित होकर समाज के वर्ग-भेद का तार्किक विश्लेषण करता है, वहीं मार्क्सवादी विश्लेषण में जाति उत्पीड़न का समुचित विश्लेषण न होने की कमी को भी रेखांकित करता है। डॉ. राओ इस जाति उत्पीड़न के विश्लेषण के लिए डॉ. अम्बेडकर की विश्व-दृष्टि का सहारा लेते हैं और एक स्तर पर वे मार्क्सवाद और अम्बेडकर चिंतन दोनों से प्रभावित नजर आते हैं। यही दृष्टि उन दिनों पूरे हिंदुस्तान में भी विकसित हो रही थी, जिसमें मार्क्सवाद-लेनिनवाद के साथ-साथ अम्बेडकर चिंतन के संयोग के साथ भारतीय समाज में वर्ग-भेद, जाति-भेद के विश्लेषण पर जोर दिया जाता है।

कुल मिलाकर भारतीय दलित साहित्य की परंपरा में डॉ. गुरचरण सिंह राओ के उपन्यास 'मशालची' ने भी अपना एक स्थान बनाया है। उपन्यास की भाषा-शैली भी उपन्यास के विषय-वस्तु के अनुकूल होने के कारण उपन्यास का प्रभाव बढ़ाने में मददगार साबित हुई है। यद्यपि

उपन्यास के पात्रों के संवादों में इस्तेमाल भाषा इतनी अधिक स्थानीय रंग में रंगी है कि कई बार शहरी पाठक के लिए संप्रेषण बाधा आ सकती है या फिर उपन्यास के अंत में पिचासी पृष्ठों में फैला चुनाव वर्णन जिसमें लंबे चुनावी भाषणों का विवरण भी शामिल है, जिनके माध्यम से उपन्यासकार ने अपनी जीवन दृष्टि का ऊँचे स्वर में प्रचार किया है। जिससे उपन्यास का कलात्मक स्तर कुछ कमजोर हो जाता है। लेकिन अपनी कतिपय कमजोरियों के बावजूद पंजाब के दलित वर्ग के उत्पीड़न के यथार्थ को प्रस्तुत करने के लिए यह एक महत्त्वपूर्ण उपन्यास है और पंजाबी दलित साहित्य में अपना महत्त्वपूर्ण स्थान रखता है।

प्रश्न 6. 'मशालची' उपन्यास में दलित जीवन संदर्भों का परिचय दीजिए।

उत्तर– 'मशालची' उपन्यास के लेखक डॉ. गुरचरण सिंह ने बचपन से ही दलित जीवन को बहुत करीब से देखा व महसूस किया था। इसी जीवन को उन्होंने अपने उपन्यास में डालने की कोशिश की है। उनको जीवन में उच्च शिक्षा प्राप्त करने का अवसर मिला तो उन्होंने न सिर्फ एम.बी.बी.एस. तक की उच्च शिक्षा हासिल की, अपितु उन्होंने आर्मी में कर्नल के पद से रिटायर होकर एक बड़े अस्पताल की भी स्थापना की। डॉक्टर राओ के जीवन अनुभवों में भी गरीब व अभावग्रस्त जीवन जीने वाले लोगों की जीवन स्थितियों का अनुमान होता है। लेकिन डॉ. राओ तो वैसे भी सचेत लेखक थे और उन्होंने दलित मुक्ति के लिए खूब चिंतन भी किया था। इसलिए उपन्यास में उन्होंने दलित जीवन संदर्भों को चित्रित करते हुए वास्तविकता को आधार बनाया है और साथ ही इन परिस्थितियों को बदलने की दिशा बताते हुए मुक्ति संघर्षों की दशा के यथार्थ को भी बयान किया है।

उपन्यास का समर्पण ही उपन्यास के विचारात्मक परिप्रेक्ष्य को स्पष्ट करने वाला है। उपन्यास 'चानो व जानो भाइयों के नाम' समर्पित है। उपन्यास के विचारात्मक परिप्रेक्ष्य में चानो यानी 'चमार' और जानो यानी 'जाट' वर्ग की एकता की परिकल्पना शामिल है।

'मशालची' उपन्यास का आरंभ द्वितीय विश्वयुद्ध के आरंभ में 1939 में होता है। उस वर्ष जब दलित भगतू की पत्नी बचनी एक बेटे को जन्म देती है तो बचनी से ज्यादा खुशी भगतू को होती है। गाँव के जमींदार जैलदार तख्तसिंह की गुलामी में बंधा भगतू तो बेटे के जन्म से एक ओर गुलामी का सहारा बनने की कल्पना करता है, तो दूसरी ओर बचनी की कल्पना बेटे को इस गुलामी से मुक्ति के लिए उसे शिक्षा दिलाने में है।

उपन्यास का आरंभिक संदर्भ गरीब दलित भगतू के घर बेटा पैदा होने की खुशी में है, लेकिन गरीब की इस खुशी को जैलदार तख्तसिंह की औरत गंदा, सड़ा गुड़ देकर और बधाई का एक शब्द भी न कहकर, नष्ट कर देती है। उपन्यासकार ने उपन्यास के अगले ही अध्याय में दृष्टिहीन या दलित वर्ग से सरकारी काम के लिए बेगार करवाने का चित्रण किया है। यथार्थ जमींदार और सरकार दोनों के शोषक क्रूर रूप को उघाड़ा है। बेगार अर्थात् बिना पैसा दिए जबर्दस्ती मजदूरी करवाने में दलित औरतों को भी नहीं छोड़ा जाता था। दलित मर्दों से जमींदार काम ज्यादा लेने के लिए उन्हें अफिम खाने का आदी बना देते थे, जिससे वह शरीर को भीतर से जंक की तरह खा जाए और काम करते-करते थोड़ी उम्र में ही बूढ़े व बीमार होकर वे मर जाते थे। जमींदार दलित मजदूरों को छोटी-सी रकम भी ब्याज दर पर देकर उनका आर्थिक-सामाजिक व शारीरिक

शोषण करते हैं, यहाँ तक कि उनकी औरतों के दैहिक शोषण को भी अपना हक समझते हैं। गरीब भगतू की अच्छी दुधारू भैंस को जमींदार कर्ज के बदले बंधवा लेता है। जबकि उसकी पत्नी नवजन्में बालक के दूध के लिए तड़पती रहती है।

बचनी के बेटे का नाम कटार सिंह अर्थात् कट्टू रखा जाता है। बचनी तो करतार सिंह रखना चाहती थी, लेकिन ऐसे नाम जमींदारों - सरदारों के लिए 'सुरक्षित' थे। कट्टू के आठ साल के होने पर यानी 1947 के आस-पास बचनी उसे स्कूल में दाखिल करवाने की जिद पकड़ती है। सरकारी स्कूलों में पहली कक्षा में छह वर्ष का बालक दाखिल होता है। लेकिन दलित वर्गों में न तो इतनी जागृति थी और न ही उनके बचपन में मध्यवर्गीय घरों की तरह पढ़ाई की ओर ध्यान दिया जाता था। कट्टू का पिता भगतू उसे नहीं पढ़ाना चाहता। वह तो आठ साल की उम्र में ही बेटे से जमींदारों की गुलामी पर उतारू है। यथार्थ उपन्यास में बाल-मजदूरी की जीवन स्थितियों का भी चित्रण है। दिलचस्प बात यह भी है कि उपन्यास के घटनाक्रम में 1947 के बंटवारे व आजादी का चित्रण है, लेकिन वहाँ 'आजादी की खुशियाँ' मनाने जैसी कोई घटना नहीं है। 'मशालची' में भी मुसलमानों के चले जाने, उनके घरों को लूटने का, कट्टू को अपने दोस्त नूरे के चले जाने के दुःख आदि के अलावा और कुछ जिक्र तक नहीं है। स्कूल में कट्टू को दाखिल तो कर दिया जाता है, लेकिन उससे छुआछूत बरतने व उसे दूसरे छात्रों से अलग बिठा कर अपमानजनक व्यवहार करने का चित्रण है।

1947 का वर्ष गुजरने पर भी गाँवों में दलित जीवन स्थितियों में कोई अंतर नहीं आया है, बल्कि दलितों, जमींदारों व पुलिस के अत्याचार पहले से कुछ ज्यादा हो जाते हैं। परीक्षाओं में हमेशा प्रथम रहने वाले कट्टू के साथ प्राइमरी के बाद मिडिल स्कूल में भी वैसा ही छुआछूत का अपमानित सलूक किया जाता है। दलित मुहल्लों में अज्ञानता के कारण दलित स्त्रियों के आपसी कलह और लड़ाई-झगड़े का भी लेखक ने यथार्थ चित्रण किया है।

जैलदार द्वारा खेतों में बचनी को पकड़कर उसके साथ बलात्कार की कोशिश करने व बचनी द्वारा उसे घायल करके छूटकर भागने की घटना का चित्रण उपन्यास में किया गया है। इस चित्रण के द्वारा यहाँ लेखक ने जमींदारों द्वारा दलित स्त्रियों के दैनिक शोषण की व्यापकता को उजाड़ा है। बचनी तो विरोध करती है, लेकिन ज्यादातर औरतें विरोध नहीं कर पातीं और जमींदारों के इस क्रूर सलूक को अपनी जिंदगी की हकीकत मानकर बर्दाशत करती हैं।

कट्टू को स्कूल में प्रथम आने पर तथा सबसे अधिक मेधावी छात्र होने पर भी मॉनीटर न बनाया जाना, छुआछूत के भेदभाव को दर्शाता है।

पंजाब के गाँवों में जागृति फैलाने का काम अक्सर गाँव के स्कूल का मास्टर करता है। कट्टू के स्कूल में भी कट्टू और शमिंदर को एक कामरेड मास्टर समानता की प्रथा का विश्लेषण करते हुए सामाजिक-सांस्कृतिक आंदोलन में हिस्सा लेकर समाज बदलने की शिक्षा देता है।

दलित बच्चा पढ़-लिखकर नौकरी पाकर सामाजिक स्तर पर 'उच्च' वर्गों के बराबर न पहुँच जाए, इसलिए उस पर जान लेवा हमला किया जाना, इस हकीकत को लेखक ने दसवीं श्रेणी में पढ़ते कटटू की हत्या के प्रयास द्वारा उधेड़ा है। भारतीय रेलवे गैंगमैन कट्टू की जान बचाकर निर्धन वर्णों में मानवीय करुणा की व्याप्ति को रेखांकित करता है। गैंगमैन की सेवा से स्वस्थ होकर कट्टू माँ के पास ननिहाल चला जाता है।

कट्टू के ननिहाल में रहते हुए क्लब बनाकर जागृति फैलाने के सामूहिक प्रयास व संगठन द्वारा ही संघर्ष और मुक्ति के रास्ते को उपन्यास में चित्रित किया गया है। बाद में शहरी बस्ती में रहकर कट्टू जीवन अनुभवों द्वारा दलित मुक्ति का रास्ता तलाशता है और पंद्रह साल बाद किसान कार्यकर्त्ता रूप में मिला उसका बचपन का दोस्त शमिंदर उसे मुक्ति का रास्ता दिखलाता है। व्यवस्था के भीतर मिली रियायतों का उपयोग करते हुए आरक्षित सीट से कट्टू चुनाव लड़ता है और अपने ही बिरादरी भाइयों के हाथ शोषक वर्गों द्वारा कट्टू चुनाव होने से एक दिन पहले मरवा दिया जाता है। दलित वर्गों को शोषक जमींदारों द्वारा इस तरह अपने ही भाइयों व मुक्ति योद्धाओं के खिलाफ इस्तेमाल किया जाना एक वास्तविकता है। कट्टू के जीवन का यह दु:ख-भरा अंत इस कटु यथार्थ को 1985-86 में रेखांकित करता है कि दलित वर्ग अभी संघर्ष के रास्ते में सम्मिलित होकर आगे नहीं बढ़ा है। लेकिन आज स्थितियाँ बदली हैं।

उपन्यासकार ने 'मशालची' उपन्यास में पंजाबी ग्रामीण समाज में दलित जीवन के प्राय: सभी संदर्भों को तथ्यात्मक व कलात्मक रूप में प्रभावी ढंग से प्रस्तुत किया है। यह उपन्यास दलित जीवन की सभी सच्चाइयों और उसके सभी पहलुओं से रूबरू करवाता है।

प्रश्न 7. दलित जीवन की भीषण सच्चाई का 'मशालची' के माध्यम से विवेचन कीजिए।

अथवा

पाठशालाओं में जातिगत भेदभाव के कारण अपमान झेलते दलित बालकों की मनोवैज्ञानिक स्थिति को मशालची के माध्यम से रेखांकित कीजिए।

उत्तर– डॉ. गुरचरण सिंह राओ ने मशालची उपन्यास में दलित जीवन की भीषण सच्चाई को दिखाया है। डॉ. गुरचरण सिंह राओ पेशे से मेडिकल डॉक्टर थे, लेकिन उन्होंने एक सचेत कथाकार के रूप में अपनी पहचान बनाई। अपनी लेखन-प्रतिभा के साथ-साथ डॉ. राओ ने अपनी रचनाओं में बौद्धिक विमर्श को भी एक जरूरी हिस्सा बनाया है, विशेषत: दलित जीवन की वास्तविकता के चित्रण के लिए। डॉ. राओ एक सोद्देश्य लेखक के रूप में हमारे सामने आते हैं, जिनका उद्देश्य अपने लेखन के जरिए दलित वर्ग के जीवन-यथार्थ का एक सचेत दृष्टि से चित्रण करना तथा अपनी रचनाओं द्वारा अपने पाठकों को एक दिशा देना है। 'मशालची' उपन्यास में दलित जीवन की वास्तविकता के चित्रण द्वारा वे अपना यह उद्देश्य भली-भाँति पूरा करते हैं।

'मशालची' उपन्यास के आरंभ से अंत तक लगभग हर शब्द में दलित जीवन की व्यथा-कथा कही गई है। मनुष्य के जन्म से मृत्यु तक की पूरी कथा उन्होंने दलित पात्र कट्टू के द्वारा उपन्यास के आरंभ से अंत तक समेटी है। समाज के अन्य वर्गों की अपेक्षा दलित वर्ग का जीवन सर्वाधिक अभावयुक्त व दु:खों और कष्टों से भरा है। उसे जीवन में हर पल मुश्किलों व संघर्षों का सामना करना पड़ता है।

उपन्यास के आरंभ में दलित परिवार में जन्म का दृश्य है – कट्टू के पैदा होने पर न कोई गीत गाए जाते हैं, न डॉक्टर-नर्स बुलाए जाते हैं और न उसे अस्पताल ले जाया जाता है। बचनी के बेटा पैदा होने का भगतू को तो पता भी कुछ देर बाद लगता है और दलित परिवार में तो बेटे के जन्म की खुशी मनाने के लिए मुहल्ले में बाँटने के लिए गुड़ तक नहीं है। जमींदार के यहाँ

से गंदा काला गुड़ भी अपमानजनक तरीके से ही मिलता है। कट्टू बस ऐसे ही पलता जाता है और सात-आठ साल का हो जाता है।

शिक्षण संस्थाओं में व्यवहार—बचनी जिद करके कट्टू को स्कूल में दाखिल करवाती है—स्कूल सरकारी होने के कारण हेडमास्टर को कट्टू को दाखिल तो करना पड़ता है, लेकिन मानसिकता तो वही सामंती और जातिवादी है। इसलिए उसे अलग बिठाया जाता है और उससे छुआछूत का व्यवहार भी किया जाता है। जमींदारों के लड़के किसी भी बहाने उसे तंग करते व मारते हैं। मास्टर भी ऐसा ही व्यवहार करते हैं। तब भी शिक्षा को मुक्ति मार्ग समझ कर कट्टू पढ़ता चला जाता है और क्लास में गरीब जाट किसान का बेटा शमिंदर उसके साथ मानवीय व्यवहार करता है, बहुत शुरू में ही क्लास में मुसलमान लड़का नूरा उसका दोस्त था। कट्टू इन सब स्थितियों का सामना करते हुए दसवीं पास करने पर आरक्षण नीति में क्लर्क टाइपिस्ट की नौकरी आसानी से प्राप्त कर जाता है और उसकी माँ बचनी की जमींदारों की गुलामी से छूटने की इच्छा पूरी हो जाती है, लेकिन दलित वर्ग की जिंदगी कभी इतनी आसानी से सुख-सुविधाएँ नहीं पा सकती। कट्टू भी नौ सालों के लगातार दबावों भरे जीवन की कटुताओं को समेटे अब उतना सहनशील नहीं रह पाता, जितना स्कूल शिक्षा के आरंभिक वर्षों में वह रहता था। कट्टू को जमींदारों द्वारा पुलिस की मदद से मारने की योजना बनती है। उसे झूठे केस में फँसा कर वहशी पुलिस उसे पुलिस चौकी पर इतनी अधिक यंत्रणा देते हैं कि वह बेहोश हो जाता है। उसे बेहोशी की अवस्था में रेलवे लाइन पर फेंक दिया जाता है, जिससे कि वह बेहोशी की हालत में कटकर मर जाए और मामला आत्महत्या का बने। स्वयं झोपड़ी में रह रहे बुजुर्ग गैंगमैन की नजर उस पर पड़ जाती है और वह उसे बचा लेता है। लेकिन इस भयानक हादसे में कट्टू का पिता भगतू तो मर ही जाता है माँ बचनी विक्षिप्त हो जाती है। अंततः कट्टू की शिक्षा भी बीच में ही छूट जाती है और उसे गाँव के जमींदारों के यहाँ बाप की तरह ही मजदूरी करनी पड़ती है। शिक्षा द्वारा मुक्ति का न मिलना कट्टू और बचनी के सपने को चकनाचूर कर देता है। यही दलित जीवन की वास्तविकता है।

शहरी क्षेत्रों में दलित स्थिति—गाँवों की अपेक्षा शहरी क्षेत्र के दलित वर्ग के साथ सलूक में थोड़ा-सा फर्क है, इसका पता कट्टू को पंजाब से भाग कर यू.पी. चले आने व वहाँ के एक कस्बे में डाकिए के रूप में नौकरी करते हुए मजदूर बस्ती में रहने से चलता है। यहाँ बस्ती में अधिकारों के प्रति जागृति थोड़ी-सी ज्यादा है। यहाँ ट्रेड यूनियन की गतिविधि भी है, जो समाज में जनतांत्रिक अधिकारों संबंधी कुछ सजगता पैदा करती है। यहीं पर पंद्रह साल रहने के बाद कट्टू को अपने बचपन के स्कूल का दोस्त शमिंदर मिलता है, वह अब किसान कार्यकर्त्ता है और जो वामपंथी विचारों से जुड़ा है।

संसदीय प्रणाली में दलित भागीदारी—असेंबली चुनाव में शमिंदर की प्रेरणा पर कट्टू पंजाब के अनारक्षित क्षेत्र से और किसान यूनियन के रूप में शमिंदर चुनाव लड़ रहा है, दोनों एक-दूसरे की मदद कर रहे हैं। लेकिन कट्टू की बढ़ती लोकप्रियता इलाके के जमींदारों को बुरी लगती है। वे पहले उसे मनाने और उसके न मानने पर रास्ते से हटाने का षड्यंत्र रचते हैं और चुनाव से पहले एक चुनावी सभा में कुछ दलित वर्ग के लोगों द्वारा कट्टू को मरवा देते हैं। उपन्यास की कथा का यहीं अंत होता है। कट्टू के जन्म से उपन्यास शुरू और कट्टू की मृत्यु से उपन्यास का अंत होता है।

1939-40 से 1970-71 यानी तीस वर्ष के चित्रित सामाजिक जीवन के चित्रण से दलित जीवन की जो वास्तविकता उघड़ कर सामने आती है, वह कोई सौंदर्यमूलक चित्र प्रस्तुत न कर, दलित जीवन की सच्चाइयों का तथ्यात्मक विवरण प्रस्तुत करती है। पंजाब के ग्रामीण जीवन में जन्म से मृत्यु तक दलित वर्ग किन-किन स्थितियों से गुजरता है, उन सभी स्थितियों की वास्तविकता इस उपन्यास में चित्रित हुई है, जो लेखक का उद्देश्य भी था और जिसका चित्रण उपन्यास में बड़ी प्रभाविकता के साथ हुआ।

प्रश्न 8. स्वतंत्रता पूर्व और स्वतंत्रता के बाद दलित जीवन स्थितियों में कहाँ तक अंतर आया है, 'मशालची' के माध्यम से स्पष्ट कीजिए।

उत्तर– 'मशालची' उपन्यास में लेखक ने स्वतंत्रता से पहले और स्वतंत्रता के बाद दलित जीवन भोग रहे दलितों के संघर्ष का यथार्थ रूप बताया है। उपन्यास का आरंभ 1939 से होता है और अंत 1971 के आम चुनाव व असेंबली चुनाव के आस-पास होता है। 1935 से 1947 तक का काल अंग्रेजों का काल है और 1947 से लगभग 1971 तक कांग्रेस पार्टी के शासन का समय है। इसमें 1939 के आस-पास द्वितीय विश्वयुद्ध आरंभ होने की खबर और कट्टू के जन्म दोनों का चित्रण एक साथ हुआ है। इसके साथ ही गाँवों में दलितों से सरकारी अफसरों द्वारा बेगार करवाने का जिक्र है लेकिन बेगार उनसे गाँव के वर्चस्ववादी जमींदार भी करवाते हैं। जमींदार लोग दलित स्त्रियों का विशेषत: सुंदर दलित स्त्रियों का दैहिक शोषण भी करते हैं। जमींदार लोग इस क्रूरता को अपना हक मानते हैं और दलित स्त्रियों पर अपना अधिकार समझ उनकी अस्मिता को लूटते हैं।

1939 से 1947 के वर्ष में आठ वर्ष की आयु में कट्टू के स्कूल में दाखिल होने की घटना तक उपन्यास में ब्रिटिश उपनिवेशवादी शासनकाल का चित्रण है। अगस्त 1947 का चित्रण उपन्यास में गाँव से मुसलमानों के विस्थापन और उनके 'पाकिस्तान' चले जाने के दृश्यों तक सीमित है। यहाँ तक कि 'पाकिस्तान' कहाँ है और मुसलमान वहाँ क्यों जा रहे हैं, इस बात की भी सजगता गाँव के दलित वर्ग को नहीं है। उन लोगों को तो सिर्फ इतना ही पता है कि पाकिस्तान रातों-रात ही बना दिया है और इसके बाद कट्टू के दूसरी-तीसरी श्रेणी में होने अर्थात् 1950 के चित्रण में पिछले चित्रण से भिन्न कोई अंतर नजर नहीं आता। न सामाजिक स्तर पर न राजनीतिक स्तर पर और न आर्थिक स्तर पर। दलित वर्ग का शोषण और अपमान बदस्तूर जारी है, इसलिए उपन्यास का कोई पात्र 'आजादी' शब्द का इस्तेमाल ही नहीं करता। उपन्यास की कथा के घटनाक्रम में जैसे 1947 के बँटवारे और आजादी की ऐतिहासिक घटना का कोई मायना ही नहीं है। यहाँ तक कि दलित वर्ग से जुड़े सवालों पर डॉ. अम्बेडकर, महात्मा गाँधी या जवाहरलाल नेहरू किसी के भी विचार उभरकर सामने नहीं आते।

लेकिन उपन्यास में वर्णित संसदीय आम चुनाव या असेंबली, चुनाव में कट्टू की उम्मीदवारी और जमींदारों द्वारा दलित वर्ग के ही हाथों करवाई उसकी हत्या से इस राजनीतिक तंत्र में भी दलितों के शोषण और दमन व दलितों को मिले आरक्षण लाभों को भी ऊपरी और खोखला दिखाया है। यह जरूर है कि चुनाव के प्रसंग में राजनीतिक जीवन में दलितों की बढ़ती भागीदारी, उनमें पैदा होती राजनीतिक चेतना व सामाजिक सजगता के चित्रण द्वारा उपन्यासकार ने स्वतंत्रता के बाद

भी भारत में देर से ही सही, लेकिन दलित जागृति के संकेत जरूर दे दिए हैं। उपन्यास रचना के करीब दो दशक बाद तो स्थिति में और भी बदलाव आया है। दलित वर्ग पर अत्याचार तो अभी भी होते हैं, लेकिन अब दलितों की ओर से जन प्रतिरोध बढ़ रहा है। अब उन्होंने अपनी संगठन और एकता की शक्ति पहचानी है और अब किसी भी राज्य के किसी भी गाँव-शहर में जमींदारों व पुलिस के दमन को वे चुपचाप बर्दाश्त नहीं करते व जबर्दस्त प्रतिरोध करते हैं। जिसमें कई बार हिंसा की घटनाएँ भी होती हैं, जैसे अभी हाल में पंजाब के जालंधर के नजदीक तल्हण गाँव की घटनाओं में हुआ।

1947 की ऐतिहासिक घटना का 'मशालची' की कथा के घटनाक्रम में कोई विशेष चित्रण नहीं हुआ है और इसी से यह भी पता चलता है कि उपन्यासकार स्वयं भी इस ऐतिहासिक घटना को दलित जीवन संदर्भ में कोई महत्त्व नहीं देता।

अब कुछ सख्त कानून भी बने हैं पहले जिनका पालन नहीं होता था, लेकिन अब सख्ती से नियम व कानून लागू किए जा रहे हैं।

'मशालची' उपन्यास में डॉ. राओ ने स्वतंत्रता पूर्व और स्वतंत्रता के बाद दोनों ही स्थितियों में दलितों के लिए कोई विशेष अंतर न होने की भीषण वास्तविकता से रू-ब-रू किया है।

प्रश्न 9. 'मशालची' के माध्यम से दलित मुक्ति संघर्ष की दिशा और दशा का विस्तार से वर्णन कीजिए।

उत्तर– डॉ. गुरचन सिंह राओ (मशालची उपन्यास के लेखक) एक सजग और सचेत रचनाकार थे। उनकी साहित्य रचना केवल आत्माभिव्यक्ति नहीं थी, वह दलित वर्ग की वास्तविकताओं को चित्रित कर उनके लिए मुक्ति के रास्ते को तलाशने का हिस्सा थी। साहित्य रचना उन्होंने दलित मुक्ति की विश्व-दृष्टि से संपन्न होकर की, इसलिए 'मशालची' की भूमिका से लेकर उपन्यास के अंत तक उनकी विश्व-दृष्टि स्पष्ट नजर आती है। अपने उपन्यास लेखन का उद्देश्य वे उपन्यास के आरंभ के दो शब्द में कहते हैं–'बचपन की उपरोक्त (घूरे के ढेर को छानकर मोती तलाशने) रुचियों ने ही मुझे हमारे समान के 'राख' अथवा 'घूरा' बनाकर रखने तथा कथित निम्न वर्गों संबंधी यह उपन्यास लिखने के लिए मजबूर किया है'।

उपन्यास के आरंभ में ही लेखक ने उपन्यास के अंत में अपने ही वर्ग-भाइयों के हाथों मारे गए अपने नायक के दुखांत के लिए भी स्पष्टीकरण दिया है–स्थिति का कुत्सित व्यंग्य या सितम यही निपटता है कि न तो खुद कट्टू को ही, अपनों के हाथों मारे जाने की कोई आस-उम्मीद हो सकती है, बल्कि उसके अपने भी उसे जान से मारने के लिए सच्चे दिल से तैयार नहीं हो सकते। बस! उन बेचारे बेसमझों ने तो समय के जालिमों के कहने पर महज एक फालतू बेगार ही पूरी की है, तभी तो अंत समय उपन्यास का नायक अपनों की ही 'फूलों की वर्षा' से मरने से पहले, जैसे अपने हाथ में पकड़ी मशाल ऊँची करके, अपनों के ही पीछे छिपे बैठे सच्चे समाजवाद विरोधी तत्त्वों के घिनौने चेहरों को बेनकाब करने का प्रभाव देते दिखाया गया है।

लेखक ने इस बात को समझा और आत्मसात किया कि केवल नारेबाजी या झूठे आशावाद जिससे वह कट्टू की जीवन संघर्षों में जीत दिखा सकता था, उसकी बजाय दलित वर्ग के जीवन संदर्भों को उनके यथार्थ रूप में प्रस्तुत करना जरूरी है। चाहे यह यथार्थ कितना ही क्रूर, कटु व

कुत्सित क्यों न हो। लेखक ने यथार्थ की प्रस्तुति में तथ्यों को प्रस्तुत करते हुए उन्हें सत्य जैसी प्रमाणिकता प्रदान की है। किंतु लेखक ने उपन्यास के अंतिम कुछ पृष्ठों में दलित मुक्ति का जीवन-दर्शन प्रस्तुत किया है। उपन्यास के अंतिम छह अध्याय केवल असेंबली चुनाव के विवरण पर केंद्रित हैं और इन्हीं में दलित वर्ग की मुक्ति का विश्व-दर्शन अभिव्यक्त हुआ है। हालाँकि उपन्यास के कुछ और प्रसंगों में भी लेखक की जीवन-दृष्टि व्यक्त हुई है जैसे 1947 के सांप्रदायिक दंगों की व्याख्या करने में।

उपन्यास के छठे अध्याय के आरंभ में उपन्यासकार ने कहा कि 'यह कहना कोई अतिशयोक्ति नहीं' कि समूचे रूप में एशिया के लोग असंतुलित रुचियों के मालिक हैं। एक समय यह भाई-भाई होते हैं और दूसरे समय दूसरे के केश उखाड़ने लग जाते हैं। 1947 के सांप्रदायिक दंगों के संदर्भ में कही यह बात 'हिंदी-चीनी भाई-भाई' के माहौल पर भी लागू होती थी।

उपन्यासकार ने 1947 के सांप्रदायिक दंगों की आलोचना करते हुए सभी धर्मों के धार्मिक मूलवादी नेताओं को इनके लिए जिम्मेदार ठहराया है। भारतीय पंजाब में मुसलमानों के साथ क्या सलूक किया गया, इसके बारे में डॉ. राओ लिखते हैं–

"मुसलमानों की बहू-बेटियों को जिन्हें केवल दो दिन पहले हिंदू सिख अपनी ही बहू-बेटियाँ समझते थे, की इज्जत सरे-बाजार हिंदुओं और सिखों द्वारा लूटी गई। बाद में नौजवान लड़कियों को नंगा कर हल्लों के आगे जोता गया और मना करने वाली (स्त्रियाँ) की छातियाँ व गुप्तांगों को बेरहमी से काट डाला गया।"

पवित्र ग्रंथों व कुरान-शरीफ के श्रद्धालुओं ने धर्मों का वह जनाजा निकाला - जिसकी मिसाल संसार के किसी भी और देश या धर्म से बारीकी से ढूँढ़े भी नहीं मिलती।

'अपने जालिम अनुयायियों के साथ जैसे सन् 1947 में शुभ कर्मन बिना दोनों रोए के उसूल पर 'भले लोग' पूरे उतरे थे।'

लेखक के मानवीय व धर्म-निरपेक्षतावादी विचार इन पंक्तियों से स्पष्ट जाहिर होते हैं।

कट्टू की समाज में भेदभाव की स्थिति-संबंधी जागरूकता को लेखक ने इन शब्दों में व्यक्त किया है–'आहिस्ता आहिस्ता उसका यकीन पक्का हो गया लावारिस पड़ी जमीन पहले लोगों ने अपने लाठी के बल से घेर ली होगी और बाद में पुश्त-दर-पुश्त मिलीभगत चलती आई होगी। कभी वह सोचता - यह ऊँच-नीच का भेद भी तो आदमियों ने ही डाला होगा - वर्षों बाद जन्मे बच्चे की जात कौन-सा उसके माथे पर उकेरी होती है - या हर नया जन्मा बच्चा अ-धर्मी अथवा धर्महीन ही होता है - धर्म का संसार में आना मनुष्य के बाद का ही है.....'

इस प्रकार 'मशालची' के नायक को जीवन के विकास के भौतिकवादी विचार ज्यादा प्रभावित करते हैं, जो लेखक के अपने विचार हैं और जिन्हें लेखक ने उपन्यास की कथा के माध्यम से व्यक्त किया है। कट्टू को यह भी लगने लगता है कि देश के मजदूर और किसान लोग तो आज भी उतने ही गुलाम हैं, जितने अंग्रेजों के समय होते थे। क्या हम लोग सचमुच ही आजाद हैं?

आजादी संबंधी ऐसे ही कुछ और वाक्य उपन्यास में मिलते हैं। जैसे कट्टू द्वारा आंध्र प्रदेश और बिहार में दलितों पर हुए ठाकुरों/जमींदारों द्वारा किए भयानक अत्याचारों के समाचार पढ़े जाने पर एक दलित की यह प्रतिक्रिया-भगत सिंह और उधम सिंह आदि तो अंग्रेजों को ही रोते थे, यह अपने वाले चैन चुरावे तो उनके भी आगे निकलकर........

इन जमींदारों का किरदार संबंधी एक और दलित पात्र कहता है–'यही मुखबरियाँ करते होते थे अंग्रेजों के पास.... उन लोगों की जो अंग्रेजों को निकालना चाहते थे.... सराय वाले कर्तार सिंह (करतार सिंह सराया) आदि को इन्होंने ही तो फाँसी चढ़वाया था, मुखबरी करके।'

यू.पी. के कस्बे में रहने के दौरान कट्टू के भीतर और अधिक जागृति आती है और उसे भीतर से महसूस होने लगता है कि हम भारत के सभी तथाकथित छोटे लोग एक महायुद्ध करने जा रहे हैं, जिसके द्वारा हम मनु द्वारा बनाई भारतीय समाज की इमारत को ध्वस्त कर देंगे।

1965 के भारत-पाक युद्ध की भी लेखक कड़ी निंदा करता है। संभवत: उस समय लेखक युद्ध सेना में अधिकारी थे, एक फौजी के खत के जरिए लेखक ने कहा है कि ऐसा लगता है कि यह सब इंतहाई सितम हो रहे हैं। हमने हिंदुस्तान का और हिंदुस्तान ने पाकिस्तान का भला क्या बिगाड़ा है? हम भी गरीब हैं और हिंदुस्तानी भी गरीब हैं। हम भी गुलाम थे और हमारे साथ वह भी गुलाम रहे हैं। फिर ये भाई-भाई ही आपस में लड़-लड़ मरते हैं?

युद्ध संबंधी ऐसा साफ मानवीय दृष्टिकोण बहुत कम लेखकों में मिलता है।

उपन्यास रचना के काल में देश में नक्सलवादी आंदोलन भी उभरा, इस आंदोलन-संबंधी भी लेखक के सचेत विचार उपन्यास के माध्यम से व्यक्त हुए हैं–'जनतंत्र की मुछई भारत की प्रांतीय सरकारों ने नक्सलियों की असंतुष्टता के कारणों की पड़ताल करनी मुनासिब न समझी। नतीजन कई गरीब परिवारों के रोशन दिमाग बच्चे उस आंदोलन की बलि चढ़ गए। बदकिस्मती से नक्सली आंदोलन जन (साधारण की) आंदोलन न बन सका।'

उपन्यास के अंत तक केवल असेंबली चुनाव का विवरण है, जिसमें कट्टू ननिहाल के आरक्षित क्षेत्र से एक आजाद उम्मीदवार और शमिंदर के साथ के क्षेत्र से किसान यूनियन के नुमायंदे के रूप में चुनाव लड़ रहा है। दोनों में विचारधारात्मक स्तर पर एकता है और दोनों की चुनाव सभाओं में दलित विश्लेषक प्रो. बघेल सिंह बग्गा दलित प्रथा के ऐतिहासिक संदर्भों की व्याख्या करते हुए आधुनिक समय में दलित मुक्ति-संघर्ष और मुक्ति के प्रश्न पर लेखक के दृष्टिकोण का उसकी विश्व दृष्टि के रूप में व्यक्त करते हैं। लेखक की विश्व-दृष्टि को समझने के लिए उपन्यास का यह भाग महत्त्वपूर्ण है।

अपनी चुनाव सभाओं में पहले तो कट्टू भारत की राजनीतिक स्थिति पर अपनी दृष्टि स्पष्ट करता है। लेखक के अनुसार भारत की तीन रंगों वाली शासक पार्टी में बड़े-से-बड़े मक्कार, कमीने, चापलूस, जी-हजूरी, बेशर्म और ढीठ लोग भरे पड़े हैं। दो रंगी पार्टी व्यापारियों के हितों की पार्टी है और यह अपना त्रिशूलधारी विंग भी सांप्रदायिक दंगे करवाने के लिए तैयार रखती है। एक रंगी पार्टियों में वह नीले-पीले रंग की पार्टी को भूमिपति और जमींदारों की पार्टी बताता है। रक्तरंगी पार्टी को वह दो टुकड़ों में बँटी बताता है। कुल मिलाकर वह इन सभी पार्टियों को भारत के शोषक वर्ग और सत्ता का हिस्सा तथा दलित विरोधी पार्टियाँ घोषित करता है।

कट्टू अपनी उम्मीदवारी को किसान यूनियन से जोड़कर रखता है और अपना लक्ष्य आर्थिक और सामाजिक बराबरी में देखता है। परंपरा में वह करतार सिंह सराभा, भगत सिंह और सुभाष चंद्र बोस को प्रेरणा स्रोत मानता है। कामरेड के भीतर वाली जातिवादी प्रवृत्ति पर चोट करते हुए वह एक ऐसे प्रसिद्ध वामपंथी पंजाबी लेखक का उदाहरण देता है, जिसने खूब विद्रोही साहित्य लिखा, लेकिन उच्च जातीय लेखक की बेटी ने जब निम्न जाति के अपने पुरुष मित्र से शादी करनी चाही तो उसका (बेटी का) कत्ल करवा दिया।

चुनावों में कट्टू आरक्षण नीति पर भी चर्चा करता हुआ आरक्षण को दान-पुण्य मानकर हक मानते हुए अंततः इसे छोड़कर क्रांति के रास्ते पर चलने का आह्वान करता है।

क्रांति के लिए कट्टू मजदूर और किसान एकता का जोरदार अध्ययन और लेखन या माओ जैसे नेतृत्व की आकांक्षा व्यक्त करता है। जमींदार उसे नक्सलवादी कहकर अंततः चुनाव से एक दिन पहले चुनाव सभा में ही मरवा देते हैं।

डॉ. राओ ने 'मशालची' उपन्यास में दलित मुक्ति-संघर्ष की दिशा तो स्पष्ट की है साथ ही आदर्श से अधिक काम लिया है। किंतु उसकी दशा रूप में कट्टू की हत्या के साथ पराजय के दुखांत को उन्होंने अधिक यथार्थ माना है। जो खुद दलितों के हाथों कराई जाती है। 1971 के आसपास कट्टू जैसी क्रांति-दृष्टि लेकर दलित वर्ग की शुरू में पराजय होनी स्वाभाविक ही है, क्योंकि समाज का शक्ति-संतुलन बुरी तरह दलित विरोधी था। मशालची उपन्यास में पंजाबी ग्रामीण समाज के आर्थिक-सामाजिक संबंधों अर्थात् जमींदार व दलित वर्ग के संबंधों की वास्तविकता और दलित संघर्ष का यथार्थ रूप सामने आता है जो उपन्यास की एक बड़ी सफलता है।

प्रश्न 10. तेलुगू दलित उपन्यास की पृष्ठभूमि की चर्चा कीजिए।

उत्तर– आधुनिक काल की साहित्यिक विधाओं में उपन्यास विधा अपना एक विशेष स्थान बना चुकी है। यह विधा लोगों को अपनी ओर आकर्षित करती रही है। इस प्रकार कई दशाब्दियों से तेलुगू समाज के विद्वत्त लोगों को आकर्षित करने वाली यह विधा लगभग 135 सालों के बीच (1872-2007) कई सौ लेखकों के उपन्यासों के सृजन में सहायक बनी। सभी साहित्यिक विधाओं की भाँति यह उपन्यास विधा भी समाज में होने वाली हर एक घटना से स्पंदित एवं प्रेरित होकर, समय के अनुसार लोगों को चेतनाशील बनाती चली आ रही है। इस प्रकार यह विधा प्रगति-पथ पर चलते-चलते सन् 1980 तक आते-आते सभी सैद्धांतिक एवं प्रगतिवादी विचारों से हटकर स्त्रियों एवं दलितों के जीवन-विधान के चित्रण में एक विशेषता हासिल कर पाई। इसी दिशा में अग्रसर होते हुए डॉ. जी कल्याणराव ने 'अस्पृश्य वसंत' उपन्यास में सात पीढ़ियों के दलितों की जीवन पद्धतियों के चित्रण के साथ उनकी इतिहास परंपरा भी दर्शाने का सफल प्रयास किया है।

'दलित समस्याओं' के आधार पर प्रथम भारतीय उपन्यास श्री मुल्कराज आनंद रचित 'अनटचेबुल' को लिया जा सकता है। इसके अलावा मुंशी प्रेमचंद, टैगोर जैसी विभूतियों की कलम से भी दलित समस्याओं से प्रेरित साहित्य रचा गया है। तेलुगू के श्री तल्लाप्रगड़ सूर्यनारायण द्वारा रचित 'हेलावती' उपन्यास में दलित जीवन संबंधी धारणाओं का चित्रण अत्यधिक रूप से हुआ है। लेकिन उसमें कहीं इसके विपरीत क्रांति या विद्रोह के चिह्न नजर नहीं आते हैं। फिर भी प्रथम दलित उपन्यास दस्तक के रूप में इस उपन्यास को लिया जाता है। सामाजिक स्थिति गतियों के आधार पर देखा जाए तो यह जगत विदित सत्य है कि कई सदियों से दलित अत्यंत दयनीय स्थिति में हैं। इस दयनीयता को झेलने के शक्ति के अभाव में अधिकांश दलित इस्लाम या ईसाई धर्म की ओर आकर्षित हुए हैं। इन्हीं परिस्थितियों से प्रेरित होकर श्री तल्लाप्रगड़ सूर्यनारायण ने 'हेलावती' की रचना की है। इसी प्रकार वेंकट पार्वतीश्वर कवि ने दलितों के मंदिर-प्रवेश को लेकर सन् 1919 में 'मातृ-मंदिर' उपन्यास की रचना की है। इन दो उपन्यासों के पश्चात् संपूर्ण रूप से दलित की प्रगति की आकांक्षा को प्रधान इतिवृत्त के रूप में लेकर उन्नव लक्ष्मीनारायण ने

'मालपल्लि' की रचना की है। दलितों के जीवन में नए विकासात्मक चरणों का शुभारंभ इसी उपन्यास के द्वारा माना जा सकता है। इसके बाद उच्च वर्ग एवं दलित लोगों के बीच के अंतर को दर्शाते हुए, अछूत समस्या से उत्पन्न लोगों के बीच की दूरियों को दिखाने वाला उपन्यास सन् 1933 में आचार्य एन.जी.रंगा द्वारा रचित 'हरिजन नेता' है। सन् 1946 में अड़वि बापिराजु द्वारा रचित 'नरुड्ड' (नर) उपन्यास में भी दलितोद्धार संबंधी विचार व्यक्त हुए हैं। इसके बाद सन् 1948 में श्री विश्वनाथ सत्यनारायण रचित 'बद्धना सेनानी' उपन्यास में एक दलित व्यक्ति के जीवन आदर्शों को व्यक्त किया गया है। सन् 1949 में इल्लिंदु रंगनायकुलु ने अपने उपन्यास 'मल्लिका' द्वारा यह साबित किया है कि अछूत समस्या वेद एवं धर्म विरुद्ध है और इस समस्या के खिलाफ आवाज उठाने का संदेश इसमें व्यक्त हुआ है। सन् 1949 में ही अंतटि नरसिंहम् द्वारा रचित 'आदर्शम' उपन्यास में दलितों की शिक्षा संबंधी मान्यताओं का चित्रण हुआ है। इसके 10 साल बाद सन् 1960 में दलित जीवन पर केंद्रित उपन्यासों के इतिहास में मील का पत्थर माने जाने वाला उपन्यास 'बलिपीठमु' की रचना श्रीमति मुप्पाल रंगनायकम्मा ने की है। इसके बाद सुश्री लता की कलम से 'मिसेस कोकिला' उपन्यास निकला है। फिर श्री कप्पगंतुलु मल्लिकार्जुन राव द्वारा रचित 'थकधिम थकधिम तोलुबोम्मा' तथा डॉ. मुदिगोंड़ा शिव प्रसाद द्वारा रचित 'नव कल्याण', सुश्री रामलक्ष्मी रचित 'तपोभंगम' उपन्यासों ने विशेष ख्याति पाई है। इसके पश्चात् सन् 1970 में डॉ. केशवरेड्डी द्वारा रचित 'आखिरी गुड़िसा' (अंतिम झोपड़ी) तथा इन्हीं के द्वारा रचित एक और उपन्यास 'मूगवानि पिल्लनग्रोवि' में दलितों के जीवन की विसंगतियों का चित्रण किया गया है। सन् 1981 में श्री अक्किनेनि कुटुम्बराव ने 'सोराज्जम' (स्वतंत्रता) उपन्यास की रचना की है। सन् 1982 में डॉ. अंतटि नरसिंहम् रचित 'चीकट्लोकांति रेखलु' श्री वराह नरसिंहम प्रसाद रचित 'असुरगणम्' (सन् 1983) भी विशेष उल्लेखनीय उपन्यास है। इसी प्रकार सन् 1984 में डॉ. वि. आंजनेयुलु नायडू द्वारा रचित 'राकासि कोना', श्री दंड़ाल चंटब्बाई रचित 'अंतुलेनि अमावस्या', श्री भूपति रचित 'कुलकन्या', श्री आर नंदि रचित 'नैमिशरण्यम्' भी चर्चित उपन्यास हैं। सन् 1994 में श्री के.के. मीनन द्वारा रचित 'बाकी ब्रतुकुलु' सन् 1998 में श्री चिलकूरि देवपुत्र रचित 'पंचमम्' अत्यंत लोकप्रिय उपन्यासों के अंतर्गत लिए जा सकते हैं। इसी समय 'मादिग पल्ले', 'मी राज्यम मीरेलंड़ि', आदि कई उपन्यास दलित जीवन पर केंद्रित हैं। इस प्रकार कई उपन्यासकारों ने दलित जीवन से संबंधित अनेक विषयों को लेकर उपन्यासों का सृजन किया है। अब सन् 2000 में दलित उपन्यास साहित्य के विकास में जी. कल्याणराव द्वारा रचित 'अंटरानि वसंतमु' (अस्पृश्य वसंत) अत्यंत विचारोत्तेजक उपन्यास साबित हुआ है।

प्रश्न 11. जी. कल्याणराव का परिचय बताते हुए उनकी कृतियों को भी संक्षेप में बताइए।

उत्तर– जी. कल्याणराव का जन्म सन् 1945 में हुआ। इनके माता-पिता का नाम–बालनागम्मा और गंगोलु रामय्या था। उपन्यास 'अस्पृश्य वसंत' में वर्णित 'एन्नेलदिन्नि' गाँव 'शांबशिवपुर अग्रहार' उनका जन्म स्थान है। माता का देहांत लेखक की बाल्यावस्था में होने के कारण उनका लालन-पालन नाना-नानी के यहाँ हुआ। इन्होंने सागर विश्वविद्यालय से राजनीति शास्त्र में एम. ए. किया। वे कई सालों से नक्सलवादी आंदोलन से जुड़े हुए हैं। इस कारण सरकारी नौकरी में

दाखिल नहीं हो पाए। वे तेलुगू की प्रसिद्ध राजनीतिक पत्रिका 'अरूणतारा' के संपादक थे। बचपन में जब वे शांबशिवपुर गाँव में रहते थे तब अपने परिवार के लोगों द्वारा ही लोक-गीतों से उनका परिचय हुआ। जब आलकूस गाँव में बड़े हुए तो कम्युनिस्ट पार्टी के कार्यकर्त्ताओं से इनका परिचय हुआ। वे उनकी सभाओं में भी जाते थे। उस गाँव में तरिमेला नागिरेड्डी पुलिस से अपना बचाव करने के लिए इस गाँव में कुछ दिनों तक छिपे थे। इन नेताओं को ढूँढ़ती पुलिस ने कई मकानों को जला भी डाला था और कई बेकसूर लोगों को बंदी बनाया। लेखक का कहना है कि इस उपन्यास में वर्णित 'बंदूक की घटना' यहीं पर घटित घटना है। आंदोलनों के साथ-साथ ईसाई धर्म का प्रचार भी उस समय इस गाँव में हुआ था। जी. कल्याणराव कुछ दिनों तक प्रगतिशील लेखक संघ के सदस्य भी रहे। बाद में सन् 1970 में 'विप्लव रचयितल संघम' (क्रांतिकारी लेखक संगठन) से जुड़ गए और आज भी उसी संगठन से जुड़कर कई जन-आंदोलनों में हिस्सा ले रहे हैं। अतः जी. कल्याणराव न केवल तेलुगू के शीर्षक लेखक हैं बल्कि एक सक्रिय कार्यकर्त्ता भी हैं।

जी. कल्याणराव की कृतियाँ–जब वे दसवीं कक्षा में पढ़ रहे थे तभी इन्होंने 'ठाम, ठाम दोरा' (साहब) की नाटक की रचना कर उसका मंचन भी किया। कॉलेज में पढ़ते समय इन्हें 'ड्यूटी' नामक कहानी के लिए पुरस्कार भी मिला। इसके बाद उन्होंने दर्जनों कहानियाँ लिखीं। तेलुगू के नाटक के क्षेत्र में उनकी अपनी पहचान है। इनके द्वारा लिखा गया नाटक 'तोलिपोछु' तेलुगू नाटक को एक नया मोड़ मिला है। जिसके आधार पर तेलुगू में फिल्म भी बनी है। कुल 13 नाटक इन्होंने लिखे हैं। इन सबके अलावा उनका यह 'अस्पृश्य वसंत' उपन्यास दलित जीवन का प्रामाणिक दस्तावेज है। दूसरे शब्दों में दलित जीवन का महाकाव्य है।

प्रश्न 12. उपन्यास 'अस्पृश्य वसंत' की कथावस्तु का विश्लेषण कीजिए।

अथवा

'अस्पृश्य वसंत' की कथावस्तु पर प्रकाश डालिए।

उत्तर– जी. कल्याणराव 'अस्पृश्य वसंत' उपन्यास के आरंभ में लिखते हैं कि 'इस उपन्यास में मैंने खुद अपने आपको पहचानने की कोशिश की है। मेरे आस-पास के वातावरण को, मेरे अपनों को, अपने पूर्वजों को देखने का प्रयास मात्र किया है। बस यही किया है। सच कहा जाए तो मेरे अपने लोग एक अद्भुत संस्कृति के वारिस हैं। वे सभी उच्च कलाकार हैं। माँ की तरफ के तथा पिताजी की तरफ के लोग नुक्कड़ नाटक खेला करते थे। स्वयं अपने गानों को रचा करते थे।' इस प्रकार अपने पूर्वजों के इतिहास को उन्होंने इस उपन्यास के माध्यम से पुनः रचा है।

उपन्यास में जी. कल्याणराव ने सात पीढ़ियों के दलित इतिहास को चित्रित करने का प्रयास किया है। इस कहानी की प्रमुख पात्र रूतु है, जो छठी पीढ़ी की है। जब वह 60 वर्ष की हो गई, तो उसकी यादों के झरोखों से उपन्यास का इतिवृत्त शुरू होता है। आंध्र प्रदेश के नेल्लूरु जिले में कावलि के आस-पास 'एन्नेलदिन्नि' गाँव में पहली पीढ़ी का सिना सुब्बन्ना अपनी पत्नी सिना सुब्बी के साथ रहता था। वह जाति से दलित था, इसलिए वह उच्च जाति के लोगों के घरों में बेगारी किया करता था। यह बेगारी पीढ़ी-दर-पीढ़ी चलती रहती। सिना सुब्बन्ना का बेटा एल्लन्ना उस गाँव के मुखिया के यहाँ मुफ्त का नौकर रहा। एल्लन्ना का बेटा है एर्रेंकड़ और उसकी पत्नी का नाम है लिंगालू। इनका बेटा एल्लन्ना ही इस उपन्यास का मुख्य पात्र है। जब एल्लन्ना का

जन्म हुआ तब उसकी बुआ भूदेवी बहुत खुश हुई, क्योंकि वह निस्संतान थी, इसे ही उन्होंने अपना बेटा मान लिया। उसकी परवरिश अधिकांश उन्हीं के हाथों हुई। भूदेवी का पति एंकटनर्सु पेशे से जुलाहा था। लेकिन वह अपने पेशे को छोड़ कर आस-पास के गाँव घूमकर कपड़े बेचा करता था। भूदेवी अच्छी गायिका थी। गाने की सभी धुनों को एल्लन्ना ने अपनी बुआ से ही सीखा। जब ये छोटा था तभी इस गाँव में एर्रगोल्ललु (ग्वाले) आकर बस गए। वे तरह-तरह की रचनाएँ रचकर बीच सड़कों में गाते बजाते हुए खेला करते थे। एक बार रात के समय उनके गाने सुनकर एल्लन्ना उनके मुहल्ले पहुँच जाता है। वहाँ पर उच्च जाति के बच्चे खेलते रहते हैं। अचानक उच्च जाति के बच्चों ने इस अछूत बालक को देखा। देखते ही गुस्से में पत्थरों से उस बच्चे पर वार किया। इस हठात् परिणाम से भयभीत वह बच्चा उस गाँव से भाग निकलता है। भागते समय उसे सिर्फ अपनी जान बचाने की फिक्र रहती है और उसे कुछ याद नहीं रहता है और भागते-भागते वह दूसरे गाँव पक्कलदिन्नि पहुँच जाता है। वहाँ उरुमुला नागन्ना के नेतृत्व में 'उरुमुला' नाच को देखता है। जाने-अनजाने ही उसके पैर नाच में थिरकने लगते हैं। धीरे-धीरे उनके संग नाचते-नाचते वह अपने को बिल्कुल भूल जाता है। वह धीरे-धीरे नागन्ना की प्रशंसा भी पाता है। इस तरह पक्कलदिन्नि पहुँचने के बाद नागन्ना ने ही उसकी परवरिश की। अपनी राम कहानी एल्लन्ना नागन्ना को सुनाता है। नागन्ना कोई साधारण व्यक्ति नहीं है। वह उरुमुला नागन्ना है। तटीय आंध्रा, रायलसीमा जिलों में वह अपने नाच-गानों के लिए बहुत ही मशहूर है। वहाँ उसके तथा उसके साथियों के बिना 'गंगा का उत्सव' मनाया ही नहीं जाता। नागन्ना को इस विधा की दीक्षा देने वाले व्यक्ति उरुमुली चंद्रप्पा हैं। ढफली बजाने में चंद्रप्पा ने, नागन्ना को बहुत कुछ सिखाया है। 'टांगा के गीत' की गहराइयों को छूने में किन बातों पर ध्यान देना है, उन सभी सूक्ष्म विषयों की जानकारी नागन्ना ने सीख ली। इस दलित व्यक्ति चंद्रप्पा का गाँव धर्मापुर था जो अनंतपुर जिले में स्थित है। बचपन के दिनों में ही इसका परिचय नागन्ना की माँ के साथ होता है। इसके पीछे भी एक घटना घटी थी। जब नागन्ना बहुत ही छोटा था तो एक बार वहाँ बाढ़ आई थी। जान बचाने सारे लोग उच्च जाति के प्रांतों की ओर बढ़े। इन सबके नेता उस समय नागन्ना के पिता 'नारिगाड़' थे। दलित वर्ग के चमार, भंगी, डोम आदि सभी लोगों ने मिलकर जो अपना साहस दिखाया, उससे उच्च जाति के लोगों का शिकार नारिगाडु बना और वह गाँव के मुखिया द्वारा मारा जाता है। उसके जाने के बाद अपनी आजीविका के लिए नागन्ना की माँ बिल्कुल सड़क पर आ गई। इसी सिलसिले में उसका परिचय उरुमुला चंद्रप्पा के साथ हो जाता है। भले ही नागन्ना का जन्म एन्नलदिन्नि में हुआ हो, लेकिन पिता की मृत्यु के कारण उसका पालन-पोषण 'धर्मापुरम' में ही हुआ। वहीं चंद्रप्पा की परवरिश में नागन्ना बड़ा होता है और चंद्रप्पा को वह सिन्नब्बा (चाचा) कहकर पुकारने लगता है। चंद्रप्पा के गुजरने के बाद, नागप्पा अपने नए शिष्यों के साथ चंद्रप्पा की विद्या को आगे बढ़ाता रहा। माँ के मरने से पहले ही नागन्ना का विवाह रामुलु से हो जाता है। लेकिन बेटी को जन्म देते ही रामुलु भी गुजर जाती है। तब से अकेलेपन को दूर करने के लिए नागप्पा, पूरी तरह से अपनी कला को बढ़ाने में ही डूब जाता है। वह यहाँ-वहाँ घूमता हुआ आखिर पक्कलदिन्नी पहुँच जाता है। जब एल्लन्ना के मुँह से उसने एन्नलदिन्नी का नाम सुना तो, उसे अपने बीते जीवन की यादें ताजा हो जाती हैं। यहाँ भूदेवी भी, एल्लन्ना के जाने के बाद पागल-सी हो जाती है। जब भी देखो एक ही रट लगाती रहती है कि जिन उच्च जाति वालों ने एल्लन्ना

को यहाँ से भाग जाने के लिए बाध्य किया, उनका वह सर्वनाश कर देगी। इन बातों को सुनकर दलित जाति के मुखिया लोग डर जाते हैं। उन्हें लगने लगा न जाने आगे कौन-सी मुसीबतें आने वाली हैं। इसी विषय पर दलितों की गाँव में पंचायत भी होती है। तभी नागन्ना, एल्लन्ना को लेकर उस गाँव में प्रवेश करता है। एल्लन्ना को देख सभी खुश हो जाते हैं। वही नागन्ना अपने समवयस्क 'पिट्टोडु' को पहचान लेता है। वह यह भी जान लेता है कि पिट्टोडु उसका करीबी रिश्तेदार है। कुछ और बुजुर्ग लोगों को भी नागन्ना पहचान लेता है। अपने लोगों की कमी जो इतने दिनों से उसे सताई जा रही थी, अब दूर हो जाती है।

समय आगे बढ़ता रहता है अब एल्लन्ना ने अपने ही गाँव में एक कलाकार होने का नाम भी पा लिया। वह उसी गाँव की सुभद्रा से प्रेम कर, उसके नाम से भी कई गाने बनाकर गाने लगा। अब दोनों की शादी भी हो जाती है। शादी के बाद भी एल्लन्ना, सुभद्रा के संग भूदेवी के यहाँ ही रहने लगता है। अब एल्लन्ना और सुभद्रा का बेटा शिवय्या, आजकल सब का दुलारा बनता है।

लोक-साहित्य के संपूर्ण ज्ञान से ही एल्लन्ना ने नागप्पा को प्राप्त कर लिया था। नागन्ना के साथ मिलकर वह आस-पास के सभी गाँवों में अपनी कला का प्रदर्शन करने लगा था। इन गानों के जरिए दलित समाज में चेतना जागृत हुई है। लेकिन इस जागृति से उच्च जाति के लोगों में असंतोष पनपने लगा और वह मौके की तलाश में रहते कि कब इनकी आवाज बंद हो जाए और इन सबका बदला, समय आने पर उन्होंने लिया भी। लेकिन इस बीच उच्च जाति के लोगों के अत्याचारों को जानते हुए भी दलित चुप थे, क्योंकि उन्हें डर था कि कहीं इस बीच उन्हें अपने लोगों को खोना न पड़े। इस मानसिक डर को दूर करने का प्रयास नागन्ना अपने मित्र पिट्टोडु द्वारा करने में प्रयत्नशील रहा। लेकिन उस गाँव के मुखिया सोचते हैं कि अगर इनकी एकता को तोड़ा जा सके तो इनकी चेतना को नष्ट कर पाने में ये सफल होंगे। फिर भी दलितों ने अपना रास्ता नहीं छोड़ा। जहाँ भी ये लोग कला का प्रदर्शन पहले करते आए तो उस समय गाँव के बड़े लोगों को बुलावा भेजते थे। लेकिन अब इन लोगों ने अपनी ही बिरादरी के बुजुर्गों को उच्च आसन पर बिठाकर अपनी कला का प्रदर्शन प्रारंभ किया। इसे उच्च जाति के लोग सह नहीं पाए। एक बार 'दिब्बलमेट्टा' में इन लोगों ने अपनी कला को प्रदर्शित करने का फैसला किया। लेकिन उस गाँव के मुखिया अच्चिरेड्डी ने अपने अधिकार को जताते हुए इस कार्य को होने नहीं दिया। इस घटना से नागन्ना बड़े ही विचलित हुए और इस सदमे को बरदाश्त नहीं कर पाए और इसी कारण उनकी जीवन-लीला समाप्त हो जाती है। मरने से पहले ही इन्होंने कुछ नए गानों को एल्लन्ना को सिखा दिया था। उन गानों का संदेश था कि दलित वर्ग अपने जीवन की स्थिति-गतियों को जान सकें तथा उस जानकारी की दिशा में आगे बढ़ते हुए, गर्व के साथ जीने का प्रयास कर सकें। एल्लन्ना ने सोचा नागन्ना के इस संदेश को सभी लोगों तक पहुँचाना उसका कर्त्तव्य है। इसी कारण उसने घर छोड़कर जाने का निर्णय लिया था। जिन बातों को उसने जाना, जिन अनुभवों को उसने पाया, इन्हीं सब बातों को व्यक्त करने निमित्त एक वीर रसात्मक गाथा की रचना की। उसमें, उसने अपने गाँव के वर्णन के साथ अपनी जाति की दीनावस्था का चित्रण करते हुए उसी में उच्च जाति के अत्याचारों का वर्णन भी स्पष्ट रूप से चित्रित किया है। एक दिन वह पूरी रात गाता रहा। दूसरे दिन पत्नी से यह कह कर चल पड़ा है कि उसे कुछ छोटा-सा काम है, देखकर वापिस आ जाएगा। सुभद्रा जान नहीं पाती कि इस छोटे से काम के लिए उसे कितने साल इंतजार करना पड़ेगा।

'एन्नेलादिन्नि' से निकल कर एल्लन्ना कई गाँव घूमता रहता है। बहुत दिनों तक वह एक ही जगह ठहर नहीं पाता है। बीज बोने वाले किसानों का जीवन, मजदूरों की समस्याएँ, खेत-खलिहान आदि विषय पर उसके गीत इतिवृत्त रहे। उसके सभी गानों में कहीं-न-कहीं सुभद्रा का नाम तो रहता ही था। वह एक बार गुन्टरु प्रांत के आस-पास कई दिनों तक ठहर जाता है। वहाँ के सभी दलित जन, में बैरागी एर्रल्लन्ना को 'डोम बैरागी' नाम से पुकारने लगे थे। इस यात्रा में उसका परिचय कुम्हार जाति का 'पेदकोटीश्वरुडु' तथा 'एनादि वंश' के रमणय्या के साथ होता है। एल्लन्ना के सभी गानों को 'पेदकोटीश्वरुडु' ने अक्षर रूप दिया था और इन गानों के लिए यानादि रमणय्या ढफली बजाता था। उच्च जाति के 'पेदकोटीश्वरुडु' का इस तरह एल्लन्ना के साथ घूमना उस जाति के लोग सह नहीं पाए। फलतः उसे मार डालते हैं और उन कागजों को जला डालते हैं, जिसमें एल्लन्ना के गीत हैं। इस घटना के बाद एल्लन्ना उस गाँव को छोड़कर चला जाता है। लेकिन कभी-कभार वह 'पेदकोटय्या' की समाधि के दर्शन कर लौट जाता है।

यहाँ एल्लन्ना का बेटा शिवय्या बड़ा हो जाता है। विश्वास था कि कभी-न-कभी उसका पिता लौटेगा। बुआ सुभ्रदा, पिट्टोड भी एल्लन्ना की आस लिए हुए थे। वे एल्लन्ना के लौटने पर खुश हो जाते हैं। एल्लन्ना को याद करते-करते एल्लन्ना के माँ-बाप गुजर जाते हैं। नागन्ना और एल्लन्ना के प्रयासों के कारण इन दलितों को 'दय्यालदिब्बा' जमीन मिली थी। उसी जमीन को उपजाऊ बनाने में ये लोग लगे हुए थे। अचानक वहाँ पानी की समस्या सताने लगती है। उच्च जाति के खेत-खलिहानों के लिए ही पानी ठीक से मिल नहीं रहा था। ऐसी स्थिति में दलितों की समस्याओं का अंदाजा लगाया जा सकता है। चोरी-चुपके रात के समय ये लोग पानी लेते थे। जब यह बात उच्च जाति के लोगों को मालूम हो जाती है तो वे दलितों पर जबर्दस्त वार करते हैं और उनके साथ अन्याय करते हैं। ठीक उसी समय सुभद्रा इनसे टक्कर लेकर नाले के बाँध को तोड़ डालती है। इस विद्रोह को देख उच्च जाति के नेता अच्चिदेड्ड़ी भी चकित हो जाते हैं। उनमें एक लड़की थी जो गाने की शौकीन थी उसके सभी गानों में सुभद्रा का नाम था। तब सुभद्रा जान लेती है कि एल्लन्ना ने ही इस गाने को रचा होगा और गाया भी होगा। इस लड़की का नाम शशिरेखा है। शशिरेखा गाना तो गा लेती है, पर कृति-कर्त्ता को जान नहीं पाती है। समय के साथ यही शशिरेखा, शिवय्या की पत्नी बन जाती है। उसी समय भयंकर अकाल पड़ता है, एन्नलदिन्नि प्रांत भी उसका शिकार हो जाता है। सारा प्रदेश सूखे की चपेट में आ जाता है। गरीब किसान डर जाते हैं। दलितों की जिंदगी और भी बदतर हो जाती है। बचे हुए लोग गुजारे की खोज में दूसरे प्रांत की ओर निकल पड़ते हैं। यहाँ शिवय्या की स्थिति भी दयनीय बन चुकी थी। इस अकाल से एल्लन्ना भयभीत होकर अपने गाँव लौटना चाहता है। वह थका माँदा सुभद्रा के नाम का रट लगाते हुए गाँव के समीप आकर बैठ जाता है। पिता को पहचान कर शिवय्या अपने कंधों पर पिता को ढोते हुए अपने घर ले आता है। घर पहुँचते ही, सुभद्रा को देख उसी का नाम रटते-रटते मर जाता है। उसी की गोद में सुभद्रा भी चल बसती है।

शिवय्या उन दोनों को अलग किए बिना ही दोनों का एक साथ क्रिया-कर्म करता है। इसके बाद शिवय्या अपनी पत्नी के संग 'बकिंग हम' नाले के पास काम की खोज में चल पड़ता है। वहाँ मजदूरी के लिए सभी से विनती करता है। लेकिन उच्च जाति वाले उसका नाम और जात सुनते ही उसे पीटने लगते हैं क्योंकि वह दलित था, उसे कोई काम नहीं देना चाहता था। ठीक

इसी समय उसका परिचय मार्टिन से होता है। मार्टिन की सिफारिश से उसे काम मिल जाता है। शिवय्या के मन में उसके प्रति अत्यंत आदर की भावना रहती है। मार्टिन में प्रगतिशील विचार पहले से ही मौजूद थे। घर के लोगों से इसकी पटती नहीं थी। तब अंग्रेजी बाबू की सहायता से वह ईसाई धर्म ग्रहण करता है। तब से उनकी मदद से शिक्षा प्राप्त कर वह ईसाई धर्म के प्रचार में लगा रहता है। दलितों में चेतना जागृत करने की इच्छा से ही आर्थिक रूप से उनकी सहायता करने लगता है। शिवय्या उसका साथी-संगी बन जाता है। शिवय्या भी ईसाई धर्म से प्रभावित होकर सीमोन बन जाता है। ऐसे समय क्रिसमस के पहले दिन उच्च वर्ग के लोग मार्टिन को मार डालते हैं। उन्हें मार्टिन पर गुस्सा इसलिए था कि वह उनकी जमीन को सरकार की सहायता से दीन दलितों में बाँट रहे थे। मार्टिन की मृत्यु के बाद इनके निवास स्थान 'वसलपाडु' पर भी इन लोगों ने हमला कर दिया था। शिवय्या मारा जाता है और वहाँ के सभी लोग भी मारे जाते हैं, शशिरेखा भी बच्चे को जन्म देकर तुरंत मर जाती है। लेकिन उसका बच्चा अनाथालय पहुँचा दिया जाता है। उस अनाथालय के संचालक में एक अध्यापक नियुक्त होता है। उस दलित वंश का प्रथम शिक्षित व्यक्ति रूबेन ही है। अपने पूर्वजों के इतिहास को जानने के लिए वह हनुमकोन्ड़ा पहुँचता है। वहाँ उसे बहुत कुछ उनका इतिहास मिल जाता है। साथ-ही-साथ उसे उसकी अर्धांगिनी रूतु भी मिलती है। रूतु एक लेखिका भी है। वह दैव-संबंधी इतिवृत्त प्रधान रचनाएँ किया करती हैं। रूबेन एक अच्छा भक्त भी है और सामाजिक चेतना से जागृत व्यक्ति भी। एन्नेलदिन्नि गाँव में अध्यापक के तौर पर नियुक्त रामानुजम से रूबेन का परिचय होता है। दोनों के बीच कई बातों को लेकर चर्चाएँ होती थीं। जिन्हें रूतु भी सुन आत्मसात कर लेती है। विवाह के बाद रूतु नर्स की पढ़ाई करती है और रूबेन के अस्पताल में ही नर्स बन जाती है। रूबेन के जरिए, उसकी वंश-गाथा को जानकर वह वहीं एक घर बनवाती है। उस समय एन्नेलदिन्नि में कुछ गाँधीवादी लोग दलितोद्धार निमित्त कुछ कार्यक्रम करने लगते हैं। लेकिन उनके दिलों में दलितों के प्रति और उनके उद्धार के लिए कोई प्रेम-भावना नहीं दिखती थी। रामानुजम को यह सब बातें अच्छी नहीं लगती थी।

यहाँ इम्मानुएलु शिक्षित एवं संस्कारवान व्यक्ति बनता है। वह धीरे-धीरे कम्युनिस्ट पार्टी के नियमों के प्रति भी आकर्षित हो जाता है। इसकी पत्नी का नाम मेरी सुवार्ता है। कालांतर में इम्मानुएलु नक्सलवादी कार्यक्रमों में भाग लेने लगता है। घर वाले इस बात को जानते हुए भी इसका विरोध नहीं करते हैं। इम्मानुएलु अपने बेटे का नाम जेस्सी रखता है। धोबी इन लोगों की सहायता करते थे। तभी रामानुजम भी दलितों के उद्धार के लिए कई आंदोलन चलाते हैं। वह भी श्रीकाकुलम के नक्सलवादी आंदोलन में भाग लेने लगता है।

यहाँ जेस्सी भी बड़ा होकर प्रगतिवादी रचनाएँ लिखने लगता है। इन सबको पढ़कर रूतु प्रसन्न हो जाती है। जेस्सी अपनी बुआ की लड़की रूबी से प्यार करने लगता है। वे दोनों एक-दूसरे के विचारों को मान्यता देते हैं। जेस्सी आंदोलनकारी कार्यों में निमग्न हो जाता है और रूबी नारी उत्थान कार्यक्रमों में जुट जाती है। यह देख रूतु और रूबेन को उनकी बेटी और दामाद दोनों खरी-खोटी सुनाते हैं। रूबेन बुढ़ापे की उम्र में आ जाता है। मरने से पहले पोते जेस्सी को देखने की इच्छा रखता है। लेकिन देख नहीं पाता है। रूबेन की मृत्यु के बाद रूतु भी जेस्सी को अंतिम पत्र लिखकर विश्राम ले लेती है। संपूर्ण उपन्यास की कथा रूतु की यादों के सहारे ही चलती है। लेखक ने जिस तरह इस उपन्यास को लिखा है, वह शिल्पगत नवीनता के रूप में प्रशंसनीय है। इस प्रकार रूतु

की यादों से प्रारंभ होकर रूतु की यादों में ही समापन की दिशा में अग्रसर होते हुए दलितों की सात पीढ़ियों के लंबे इतिहास को चित्रित करने का प्रयास ही इस उपन्यास की विशिष्टता है।

प्रश्न 13. 'अस्पृश्य वसंत' उपन्यास की विशेषताओं की चर्चा कीजिए।

उत्तर– जी. कल्याणराव ने उपन्यास में दलित जीवन का अत्यंत प्रभावशाली व प्रमाणिक चित्रण किया है। उपन्यासकार जी. कल्याणराव ने तत्कालीन समाज में जिस प्रकार दलितों की जिंदगी को देखा, परखा और अनुभव किया है, उसी का जीता-जागता चित्रण इस उपन्यास में व्यक्त किया है। दलितों की जीवन-गतिविधियों का अपने पूर्वजों के उस शोषित वेदना का अपने परिवार, मित्र एवं अपने साथी-संगियों के उन सारे अनुभवों को, जहाँ से दलितों की जिंदगी का कोई भी कोना प्रस्तुत हो सके, इन सबका चित्रण यथार्थ की स्थिति गतियों के साथ जोड़ते हुए लेखक ने इस उपन्यास की रचना की है। यह संपूर्ण रूप से आंध्र के दलित समाज का दर्पण है। लेखक ने अपने उपन्यास के शीर्षक में भी नवीनता की सृष्टि की है। लेखक ने यहाँ 'वसंतम्' शब्द को अपनी जाति का प्रतीक माना है। तभी उपन्यास का शीर्षक 'अंटरानि वसंतमु' यानी 'अस्पृश्य वसंत' रखा है। इस तथ्य के बारे में स्वयं लेखक कहते हैं–

'यह वसंत तब भी निषिद्ध था
अब भी निषिद्ध है।
जन्म जात जाति निषिद्ध है,
मन चाह आंदोलन निषिद्ध है।
यह कल की बात हो सकती है।
आज की हो सकती है
समय चाहे कुछ भी हो।'

अपने मन की गहराइयों की परतों की सच्चाई को व्यक्त करने में उपन्यासकार को आशातीत सफलता मिली है। किसी भी रचना के लिए इतिवृत्त या प्रतिपाद्य विषय अत्यंत प्रमुख माना जाता है। उपन्यास के लेखक ने अपने प्रतिपाद्य विषय के बारे में बहुत कुछ सोचा है, शोध किया है। अपने शोध विषयक तथ्यों को उन्होंने किस प्रकार उपन्यास का अंश बनाया है, उनके द्वारा व्यक्त विचारों से इस प्रकार अवगत होता है–'मैं इस उपन्यास को तीन भागों में बाँटना चाहता था।... ... यह जो उपन्यास है, मेरे 'नोट्स' का दूसरा भाग है।....... मेरे पूर्वजों के इतिहास के पन्ने बहुत हैं, उन्हें बाहर लाना जरूरी है।' इस लोक-संस्कृति, लोक-कलाएँ, आदिम जाति का, आहार निमित्त अन्वेषण की प्रक्रियाएँ, भू-संपत्ति के आंदोलन, आत्म-गौरव के अंश, प्रकृति के साथ का स्नेह, काम के दौरान, काम से विमुक्ति पाते हुए थकान संबंधी इन सभी तथ्यों से जो भी स्वाभाविक शब्द निकलते हैं, उन शब्दों की लयात्मकता, गत्यात्मकता के साथ सभी का आँखों-देखा वर्णन उपन्यास में है। प्रसिद्ध आलोचक 'अरूणतारा' ने इस उपन्यास के बारे में लिखा है–'श्रीकाकुलम के नक्सलबाड़ी आंदोलन की प्रेरणा से आविर्भूत क्रांतिकारी लेखकों के उपन्यासों के अंतर्गत इस उपन्यास की नींव दृढ़ है। उसमें इतनी शैल्पिक सुंदरता व्यक्त हुई है, जो अत्यंत दुर्लभ है। कोई भी विषय जैसे गीत, भूमि, सड़क, नाटक, श्रम, संगीत आदि इन सबका संबंध अपने आप में इतना मजबूत है, इन तथ्यों की अभिव्यक्ति इस उपन्यास में हुई है। लगता है क्रांतिकारी साहित्य में ही नहीं बल्कि संपूर्ण तेलुगू साहित्य में भी ऐसी रचना अब तक रची ही नहीं गई है।'

प्रश्न 14. 'अस्पृश्य वसंत' में दलितों की अन्य धर्मों के प्रति आसक्ति की चर्चा कीजिए।

अथवा

'अस्पृश्य वसंत' उपन्यास में धर्म-परिवर्तन की स्थितियों को उजागर किया है। धर्म-परिवर्तन के कारणों की पड़ताल कीजिए।

उत्तर– इस गाँव के लोगों ने केवल जीवित रहने की एकमात्र आस के कारण ही उस समय ईसाई धर्म को स्वीकारा है। उपन्यास में गाँव में ऐसे कई घर देखने को मिल जाएँगे जिन्होंने मजबूरी के कारण ही ईसाई धर्म को स्वीकार किया होगा। ईसाई धर्म के लोग इन्हें जीने के साथ-साथ जीने के तौर-तरीके भी सिखाने लगे। शिक्षा की ओर मुख्य रूप से इनका ध्यान बँटाने का प्रयास इन्होंने किया था। उच्च जात के घमंडीपन के खिलाफ बगावत करने के लिए दलित जाति का चिन्नोड़ जो मार्टिन नाम से इस उपन्यास में जाना जाता है, सदा तैयार रहता है। वह जानता है कि भारत देश में ऐसे विचारों का स्वागत नहीं हो सकता है। फिर भी उसने अपना प्रयास नहीं छोड़ा है। अपने आत्मविश्वास को कहीं ठेस न पहुँचे, इसी उद्देश्य से उसने ईसाई धर्म को ग्रहण किया। वहीं रहकर उसी के लिए समर्पित भी होता है। वह एक ओर ईसाई धर्म का प्रचार करता था तथा दूसरी ओर अपने जाति के लोगों की समस्याओं को दूर करने का प्रयास भी करता था। इसी प्रयास के फलस्वरूप 'वलसपाडु' गाँव की थोड़ी-सी जमीन पर खेती करने के लिए अधिकार पा लेता है। वह इस जमीन को अपने जाति के लोगों तक पहुँचा पाता है। लेकिन इन दलितों के इस साहसी कृत्य को उच्च जाति वाले सह नहीं पाते हैं। वलसपाडु के पास रहने वाले दलितों पर हमला कर, वे कई लोगों को मार डालते हैं। इसमें मार्टिन भी घायल होकर मर जाता है। इसी बीच शिवय्या जो अब सिमोन बन चुका था, वह भी घायल हो जाता है। उसे इतना पीटा जाता है कि वह खड़ा नहीं हो पाता है। लेकिन उसे खड़े होकर मार्टिन के मृत देह को उठाकर दलित बस्ती की ओर चलने के लिए विवश किया जाता है। इस प्रकार इस उपन्यास में न जाने कितने अमानवीय दृश्य हैं, जिसके शिकार दलित होते हैं। इनके अलावा प्राकृतिक प्रकोप के शिकार को भी इसी शोषित वर्ग ने सहा है।

ऐसी भयानक परिस्थिति से गुजरते हुए इन लोगों के लिए ईसाई धर्म को स्वीकार करना आवश्यक हो गया था। सीमोन का बेटा रूबेन बचपन से ही ईसाई बन जाता है। ईसाई धर्म में पली-बड़ी हुई शिक्षित नारी रूतु से विवाह भी करता है। रूतु भी अपने धर्म के प्रचारार्थ कुछ उपदेशात्मक नीति कथाएँ लिखकर प्रकाशित किया करती थी।

ईसाई धर्म को केवल अछूत वर्ग ने ही स्वीकार नहीं किया, वरन् कई उच्च जाति के लोग भी इस धर्म में शामिल हुए थे। इसी गाँव के मुखिया का दामाद जो एक वकील है, अपनी वकालत को चलाने के लिए उन्हें अंग्रेजों की सहायता की आवश्यकता थी। इसी कारण उन्होंने ईसाई धर्म को स्वीकारा। इस उपन्यास की एक और विडम्बना यह दिखाई देती है कि कुछ उच्च जाति के जैसे जॉनपाल रेड्डी, येहोषुआ चौधरी आदि लोगों ने और अधिक संपत्ति पाने के लिए ईसाई धर्म को स्वीकारा है। इसी कारण कई उच्च कुल के लोग ईसाई धर्म को स्वीकारते हुए भी अपने नामों के आगे रेड्डी, चौधरी नामों को जोड़े रखते हैं। इसी कारण जिन दलितों ने ईसाई धर्म को अपनाया, उन्हीं पर अधिक वार भी हुआ करते थे, जिनका जिक्र इस उपन्यास में दिखाया गया है – समय

अत्यंत तेजी के साथ निकल रहा है। समय के साथ बदलाव भी। दलितों में चमारों पर काफी प्रहार भी होने लगे लेकिन यह बात कहीं दर्ज नहीं की गई कि कृष्णा जिले के ईसाई चौधरियों पर कहीं वार हुआ है या नेल्लूरू जिले के रेड्डी ईसाइयों पर वार होने के सबूत पाए गए हैं। इसके अलावा सरकारी दफ्तरों के ब्राह्मण ईसाइयों पर वार होने के उदाहरण भी नहीं मिलते हैं। इस प्रकार इस उपन्यास में चित्रित घटनाएँ कोरी कल्पनाएँ नहीं हैं, बल्कि यथार्थ घटनाएँ हैं।

प्रश्न 15. 'अस्पृश्य वसंत' उपन्यास में जाति आधारित सामाजिक एवं आर्थिक संदर्भों का यथार्थ चित्रण मिलता है। उदाहरण देकर स्पष्ट कीजिए।

उत्तर— इस उपन्यास में मूलतः जाति की समस्या को ही सामने रखा गया है। उपन्यास के केंद्र में 'ऐन्नेलदिन्नि' गाँव है। सभी गाँवों के समान इस गाँव की भी समस्या अछूत समस्या है। मूलतः उपन्यासकार ने इस उपन्यास के माध्यम से निम्न विश्लेषण प्रस्तुत किया है—

- दलितों के लिए आजीविका चलाने के रास्ते कुछ भी नहीं हैं। उन्हें जीना है तो उच्च वर्ग के इशारों पर ही नाचना है। इस तथ्य को नकारा नहीं जा सकता। फिर भी दलित वर्ग के लोग घोर दरिद्रता झेलते हुए भी अपने पूर्वजों से प्राप्त कलाओं को छोड़ नहीं पाते हैं। यह तथ्य भी उतना ही सत्य है।
- बदलते जीवन-संदर्भों में ये दलित वर्ग अपने आपको जीवित रखने के लिए दूसरे धर्म को स्वीकार करने के लिए विवश हो जाते हैं।
- दलितों को उच्च जाति के घरों की ओर जाना सख्त मना है, अगर किसी कारण चले भी गए तो उनका सही सलामत लौटना तो नामुमकिन ही है।
- समय के साथ-साथ उनमें एकता के भाव मजबूत होते हुए व्यक्त होते हैं।

इस गाँव में जनसंख्या, कुल एवं जाति की दृष्टि से चाहे जितने भी लोग क्यों न हों, लेकिन उनके बीच एक रेखा-सी खींची रहती है, जो वहाँ के लोगों को अलग कर देती है। इस रेखा के ऊपर उच्च वर्ग के सभी जाति के लोग रहते हैं, रेखा के नीचे दलित लोगों का स्थान है। चाहे कोई भी गाँव हो दलित लोगों को सभ्य समाज से कहीं दूर ही रहना है, यह एक सच्चाई है। इस सच्चाई को लेखक एक स्थान पर उद्घाटित करते हैं कि एक बार इस गाँव में बाढ़ आई। पानी ऊपर से नीचे की ओर बहता है, इस कारण बाढ़ का पानी अगर नीचे की ओर आ जाए तो दलितों की बस्ती का डूबना भी एक कड़वा सत्य है। उस समय इन लोगों ने अपनी विवशता इस प्रकार व्यक्त की है—'हमारी बस्ती का मिटना निश्चय है, ऊपर जाएँगे तो उच्च जाति के लोग मार डालेंगे, नीचे रहेंगे तो बाढ़ का पानी अपने अंदर समेट लेगा'। हर तरफ से दलितों को ही मुसीबत का सामना करना पड़ता है। इन लोगों की आर्थिक विसंगति की बात उठाते हुए लेखक कहते हैं, 'इस एन्नेलदिन्नि में अधिकांश जमीन तो सरकारी मुखिया के पास ही रहती है। थोड़ी बहुत जमीन रेड्डी जात के होने के बावजूद भी वे सभी इस मुखिया की जमीन में ही मिला दिया गया है। इस बात से भी दलित लोग अनभिज्ञ थे। बस इस जमीन के हकदार केवल मुखिया ही हैं।'

जहाँ दलितों की बात आती है तो यह कहना ही पड़ता है कि एन्नेलदिन्नि गाँव में बिना बेगारी किए उनका जीना तो दूभर ही है। उच्च कुल के खेत खलिहान की चौकीदारी में ही उनकी अधिकांश जिंदगी कट जाती है। इसके फलस्वरूप उन्हें जिंदा लाश की तरह रखने निमित्त थोड़ा-सा

अनाज दिया जाता है। इसके अलावा उच्च जाति के लोग दलितों की एकता को तोड़ने के प्रयत्न तो करते ही रहते हैं। यहाँ दलित लोग अपनी आजीविका चलाने के लिए ताड़ के पेड़ काटकर पैसे कमाते रहते हैं। इसी ताड़ के पेड़ों से उनकी जिंदगी बंधी हुई-सी दिखती है। इस उपन्यास में आद्यंत उपन्यासकार ने यही दिखाने का प्रयास किया है। कभी-कभी ये दलित लोग कुत्ते और गीदड़ के साथ भिड़ते हुए भी दिखते हैं।

जब एन्नेलदिन्नि गाँव अकाल का शिकार होता है तो वहाँ की सारी जनता कुछ काम पाने की खोज में दूसरे स्थान पर चली जाती हैं। उपन्यास का पात्र शिवय्या भी अपनी पत्नी को साथ लेकर मजदूरी करने के लिए चल पड़ता है। शिवय्या इस उपन्यास के पाँचवें पीढ़ी का युवक है। मजदूरी पाने के लिए वह वहाँ के मुखिया से याचना करता है वह तो उसका नाम, परिचय, जाति आदि विषयों का पता लगाते हैं। गाँव और जात का पता पाते ही मुखिया चिल्लाने लगता है। 'इस दलित जाति का व्यक्ति यहाँ काम माँगने आया है।' वह ऐसे चिल्लाने लगा जैसे कोई यहाँ आकर अमानुष कार्य की माँग कर रहा है। कुछ लोग तो उसे मारने के लिए दौड़े चले आते हैं। इस घटना को शिवय्या कुछ समझ नहीं पाता है। उसे इतना पता चल जाता है कि यहाँ कुछ देर और रुका तो उसकी जान जा सकती है। इस घटना से उनके शोषित सामाजिक संदर्भ का पता लग जाता है।

प्रश्न 16. राष्ट्रीय आंदोलन में दलितों की क्या भूमिका रही? 'अस्पृश्य वसंत' के संदर्भ में बताइए।

उत्तर– गाँधीजी ने अपने हरिजनोत्थान आंदोलन को स्वतंत्रता का एक हिस्सा बनाया था। जिस तरह राजा राममोहन राय या ब्रह्म समाज के सदस्य केवल दलितों के उद्धार के लिए कार्य करते थे, उसी तरह महात्मा गाँधी ने दलितों के उद्धार के लिए कोई कार्य नहीं किए। तेलुगू उपन्यासों में 'सामाजिक चेतना' नामक ग्रंथ में डॉ. संजीवम्मा का कथन है कि 'गाँधीजी जान गए थे कि जनसंख्या में अधिक भाग स्त्रियों का और दलित वर्गों का है। इस कारण इस सबको शामिल किए बिना यह राष्ट्रीय आंदोलन आगे नहीं बढ़ पाएगा।' इस अंश का प्रतिपादन उपन्यास में सर्वत्र दिखाई देता है। इस उपन्यास में गाँधीजी के सेवा कार्यक्रमों को आगे बढ़ाने वालों में उन लोगों के वारिस शामिल हैं, जिन्होंने दलितों की स्थिति को बदतर बनाया है। इनमें लिंगा रेड्डी, शिवा रेड्डी, अच्चि रेड्डी आदि लोग आते हैं। उनके द्वारा स्वीकृत कार्यों में पहला कार्य है, डोम और चमार जातियों के घर एवं गलियों को साफ करना तथा दूसरा कार्य है, उनके घरों का पानी-पीना। इन कार्यों को वे लोग ऐसे निभाते हैं, जिससे लोगों के दिखावेपन पर उपन्यासकार ने व्यंग्य किया है। इस उपन्यास में एक घटना घटित होती है कि एक दिन दलितों को आश्वासन दिया जाता है कि वे लोग इनका मंदिर प्रवेश कराने वाले हैं। एक जुलूस की तरह ये उच्च जाति के लोग दलितों को लेकर गाँव के बाहर स्थित शिवालय की तरफ चलते हैं। लेकिन दलितों ने जब देखा कि इनको ये लोग गाँव के बाहर वाले मंदिर ले जा रहे हैं तो उन्होंने आपत्ति उठाई। उनकी माँग रही कि गाँव के बीच जो विष्णु मंदिर है, उसमें प्रवेश किया जाए। दूसरा रास्ता न होने के कारण वे उन्हें उस मंदिर तक ले जाते हैं। लेकिन बाहर ही खड़ा कर समाज-सुधारक भाषण सुनाने लग जाते हैं। यहाँ तक स्वयं पुजारी उनके लिए प्रसाद भी वहीं ला देता है। प्रसाद पाने की धुन में ये लोग जल्दी से मंदिर में घुस जाते हैं। इस प्रकार इनका मंदिर प्रवेश अचानक हो जाता है। दलितों के

बाहर जाने के बाद वे इन्हीं लोगों से गोबर के पानी से मंदिर की शुद्धि करवाते हैं। इस घटना से ही पता लग जाता है कि इन लोगों में दलितों के विकास के प्रति कितनी सहानुभूति और कितना प्रेम है। इस संदर्भ में डॉ. संजवम्मा का कथन समीचीन प्रतीत होता है कि 'राष्ट्रीय आंदोलन राजनीतिक दृष्टि से तो सफलता प्राप्त कर चुका है, लेकिन स्वतंत्रता के बाद सामाजिक आंदोलन के कार्य लड़खड़ा गए हैं। जिन बातों पर विश्वास कर आंदोलन उठाए गए थे, उनमें से एक भी कार्यक्रम ठीक से चल नहीं सका। शिक्षितों की संख्या अधिक बढ़ नहीं सकी। आर्थिक व्यवस्था में कोई विशेष बदलाव नहीं आया। स्वतंत्रता प्राप्ति के बाद तो आर्थिक रूप से वर्ग-संघर्ष, जाति-संघर्ष और भी बढ़ते गए। कोई भी सुधारवादी आंदोलन, धन के बिना तो आगे नहीं बढ़ा है। इसी कारण दलितों का उद्धार, अछूत समस्या का उन्मूलन, अंधविश्वास एवं रूढ़िगत मान्यताओं का उन्मूलन आदि कार्यक्रम पूर्ण रूप से सफल नहीं हो पाए। इतना ही नहीं, कुछ विषय तो विकृत रूप धारण कर आज के सभ्य समाज में तांडव नृत्य कर रहे हैं।' यहाँ इस कथन से अंदाजा लगाया जा सकता है कि उस समय समाज में सुधारवादी आंदोलन की स्थिति क्या रही होगी।

प्रश्न 17. 'अस्पृश्य वसंत' उपन्यास के चरित्र चंद्रप्पा पर टिप्पणी कीजिए।

उत्तर– चंद्रप्पा 'अस्पृश्य वसंत' उपन्यास का प्रमुख पात्र है। वह रायलसीमा के अंनतपुरम जिले में स्थित 'धर्मापुरम' गाँव का निवासी है। वह एक दलित वंशज है। दलित कलाओं की प्रस्तुति में उसका विशिष्ट स्थान है। रायलसीमा का एक प्रसिद्ध लोक नाट्य है 'उरूमुल नृत्यमु'। चंद्रप्पा के लिए यह लोक नाट्य सर्वस्व है। इसी 'उरूमुल नृत्यमु' की आराधना में डूबे रहने के कारण चंद्रप्पा का नाम ही 'उरूमुल चंद्रप्पा' पड़ गया था। इस उरूमुल गाने को बजाने में उसने नागन्ना को कई बारीकियाँ भी सिखाई। गंगा-गीत गाने में वह माहिर था। उस गाने के सभी सुरों को चंद्रप्पा ने ही नागन्ना को सिखाया था। उस समय पुराणों का वक्र भाव ब्राह्मणों द्वारा साधारण जनता तक पहुँचता था। उसका सही ज्ञान चंद्रप्पा ने नागन्ना को समझाया था। इन बातों को सुनकर नागन्ना कहता है 'अरे ब्राह्मण लोगों ने तो इसका अर्थ ऐसा नहीं बताया था।' यहाँ पर इस कथन से यह पता चलता है कि चंद्रप्पा परिस्थितियों की गहराइयों को जानने में कितना सक्षम था। वह भोगे हुए यथार्थ को चित्रण के साथ वेद काल से शोषित वर्ग की स्थिति-गतियों को सच्चाई के साथ अभिव्यक्त किया करता था। दलितों के नजरियों से भारत की प्राचीन स्थितियों तथा पुराण के रहस्यों को जानने की क्षमता चंद्रप्पा में पाई जाती है। चंद्रप्पा के व्यक्तिगत जीवन की बातें इस कहानी में दिखाई नहीं देती हैं। लेखक ने चंद्रप्पा को परिवार के साथ नहीं, समाज के साथ जोड़ा है। इसी कारण वह अपने साथ उसे एकजुट बना सका, जो मेले आदि में जाकर अपनी कला को प्रदर्शित किया करते थे। नागन्ना को चंद्रप्पा अपने बराबर लोक-गीत एवं लोक-नृत्य प्रदर्शित करने वाला बनाना चाहता था। अपनी इच्छा की पूर्ति कर, चंद्रप्पा नागन्ना को एक सुंदर कलाकार बना पाता है।

प्रश्न 18. 'अस्पृश्य वसंत' उपन्यास के चरित्र नागन्ना और रूबेन के माध्यम से दलित जीवन की वास्तविकता पर प्रकाश डालिए।

उत्तर– उपन्यास में नारिगाडु और लच्चिमी का बेटा नागन्ना एक मुख्य पात्र के रूप में मौजूद रहता है। उसका जन्म 'एन्नेलदिन्नि' गाँव में होता है। नारिगाडु मजदूरी कर अपने परिवार का

पालन-पोषण करता है। जब एक बार पूरा गाँव बाढ़ का शिकार हो जाता है तो चमार मातय्या के संग मिलकर वह दलितों की सहायता करता है। अपने लोगों के प्रति प्रेम भावना रखने वाला नारिगाडु अंत में उस गाँव के मुखिया के हाथ अपनी जिंदगी खो देता है।

पिता की मृत्यु के बाद नागन्ना अपनी माँ को लेकर एन्नेलदिन्नि गाँव छोड़कर धर्मापुरम चला जाता है। वहाँ नागन्ना का परिचय उरूमुल चंद्रप्पा से होता है। इस प्रकार वह धर्मापुरम में ही बड़ा होता है। चंद्रप्पा के साथ रहकर 'उरूमुल नृत्य' सीखकर उरूमुल नागन्ना बन जाता है। चंद्रप्पा की मृत्यु के बाद खुद-ब-खुद इस कला के प्रदर्शन में अच्छा नाम कमाता है। किशोरावस्था में वह शादी करता है, लेकिन उसकी पत्नी मरी हुई बच्ची को जन्म देकर खुद भी मृत्यु का शिकार हो जाती है। इस घटना से नागन्ना को बड़ा सदमा पहुँचता है। एक प्रकार से वह जीवन से भयभीत हो जाता है। लेकिन इस स्थिति से उभरने के लिए वह नृत्य का सहारा लेता है। वह अपने थिरकते पैरों के साथ, डफली की गर्जना को जोड़कर निरंतर नए गानों के सृजन में अपने भूत एवं वर्तमान के अंधकारमय जीवन को भुलाने में समर्थ हो जाता है।

ऐसे ही घूमते-घूमते वह पक्कलदिन्नि गाँव पहुँचता है। वहाँ वह अपनी कला का प्रदर्शन करने लगता है। यहीं उसकी मित्रता एल्लन्ना से होती है। एल्लन्ना को साथ लेकर वह फिर एन्नेलदिन्नि गाँव पहुँचता है। वहीं एल्लन्ना को वह अपने जैसा कलाकार बनाने में तल्लीन हो जाता है। यहाँ आने के बाद नागन्ना जान लेता है कि उसके पिता के हत्यारे उस गाँव के मुखिया ही हैं।

नागन्ना को पुनः अपने बचपन की यादें सताती हैं। वह उच्च कुल के लोगों द्वारा दलितों पर किए गए अत्याचारों को भूल नहीं पाया, न ही अपने पिता के हत्यारों को ही भुला सका है। यहाँ आने के बाद उसने जाना कि उसका लक्ष्य क्या है? एक कलाकार के नाते वह इस गाँव के महार और चमार लोगों को एक ओर अपने लोक नृत्य एवं गीत सिखाता रहा और दूसरी तरफ इसी कला के माध्यम से उनमें चेतना जागृत करने का भरसक प्रयास करता रहा।

नागन्ना अब इस मौके की तलाश में रहने लगा कि किसी तरह वह अपने दलितों को खेत-खलिहान दिला सकेगा। इसकी ताक में ही रहते हुए वह उस गाँव के मुखिया के मन में एक डर पैदा कर पाता है कि एन्नेलदिन्नि का महार प्रांत भूतों का अड्डा है। इसी कारण मुखिया लोग न चाहते हुए भी वह जमीन दलित लोगों को खेती-बाड़ी करने के लिए दे देते हैं। यह एक प्रकार से नागन्ना और एल्लन्ना की जीत ही है। दलितों के भविष्य के लिए यह एक आशा की किरण है।

दलितों के कला प्रदर्शन द्वारा ही उस गाँव के लोगों का मनोरंजन होता था। उस समय उस गाँव में कोई भी कला गाँव के मुखियाओं की हाजिरी के बिना प्रारंभ नहीं होती थी। नागन्ना ने मरने से पहले अपनी आकांक्षाओं एवं आशाओं को लेकर एल्लन्ना को समझाने में उसने कोई कमी नहीं की है। इस प्रकार नागन्ना ने दलितों की स्वस्थ जिंदगी की कामना की। वह अपने जीवन के लक्ष्य को एल्लन्ना को समझाने में सफल हो पाया है। नागन्ना दलितों की मदद के लिए सदैव तैयार रहता था।

रूबेन—रूबेन 'अस्पृश्य वसंत' उपन्यास में दलित वंश परंपरा की छठी पीढ़ी का व्यक्ति है। शिवय्या उर्फ रीगोनु और शशिरेखा का इकलौता बेटा है। उच्च जाति के लोगों के अत्याचारों के कारण वकसपाडु बस्ती जब आग की लपटों से भस्म हो जाती है तो, ठीक उसी समय रूबेन का

जन्म होता है। माँ-बाप उस आग के शिकार हो जाते हैं तो इस बच्चे को अनाथाश्रम भेज दिया जाता है, जो दानकोंड़ा प्रांत में फ्रांसिस के द्वारा चलाया जा रहा था।

एल्लन्ना जो रूबेन का दादा है, अछूत समाज में चेतना जागृत करने की प्यास में ही चल बसता है। अब इसी का पोता रूबेन अपने दादा, परदादाओं की खोज में संलग्न रहता है। इसी तलाश में रूबेन को उस इलाके का पता चलता है, जिसे 'माला दिब्बा' (महार का स्थान) कहा जाता था। एल्लन्ना द्वारा रचित गीतों में इसका जिक्र बार-बार होता था। जब रूबेन को इसका पता चलता है तो उस स्थान से संबंधित वीरगाथाओं की कथाओं की जानकारी के साथ उस वीर रस को दलित लोगों में जगाने वाले विशेष व्यक्तियों के बारे में जैसे मातय्या, नारिगाडु की जीवनी को भी जानने का सुअवसर रूबेन को मिला था। इस चेतना को क्रियाशील बनाने वाले नागन्ना और एल्लन्ना की पूरी जानकारी प्राप्त करने में वह मग्न हो जाता है।

रूबेन की शादी अनाथाश्रम के संरक्षक फ्रांसिस की बेटी रूतु से होती है। रूबेन सुंदर एवं सुशिक्षित युवक है। अपने पूर्वजों की जानकारी हासिल करने के बाद, अपने परिवार के सदस्यों को अपने गाँव से यहाँ अपनी शादी में बुलाता है। इतना ही नहीं अपनी पत्नी को वलसपाडु और एन्नेलदिन्नी गाँव भी दिखाता है। इन सब की यादों को यादगार बनाने के लिए ये लोग एक घर भी बनाते हैं। रूतु की पहली संतान एन्नेलदिन्नी गाँव में ही जन्म लेती है।

रूबेन एक ओर अस्पताल में काम करते हुए दूसरी ओर दलितों के उद्धार के लिए निरंतर क्रियाशील रहता है। उसमें क्रांतिकारी व्यक्ति ही ज्यादा दिखाई देता है। वो क्रांतिकारी विचारधारा का नवयुवक है। अपने आपको जानने के लिए उसे काफी परिश्रम करना पड़ा है। उसने जीवन को समझा है। समाज को पढ़ चुका है। साहित्य और कलाओं की जानकारी प्राप्त की है।

वह अंग्रेजों के साथ काम करता था। एकाध को छोड़कर अन्य अंग्रेजों के प्रति उसके मन में गौरव की भावना नहीं थी। सरकारी कार्यालयों में, कचहरियों में, अस्पतालों के ब्राह्मणों के अत्याचारों को वह सह नहीं पाता था। वह स्वार्थवश धर्म बदलने वाले उच्च जाति के लोगों से तो और भी नफरत करता था। ऐसे लोगों के बारे में रूबेन कहता था कि 'ये लोग ईसा पर विश्वास रखकर यहाँ नहीं आते हैं, इन्हें तो पद और अधिकार चाहिए।'

एक बार उच्च जाति के रेड्डी ने अंग्रेजों को खुश करने के लिए उसने अपना धर्म बदल दिया था अब वह ईसाई बन गया था, उस ईसाई को ही सरकार एक स्कूल का प्रिंसिपल बना देती है तो गुस्से से वह कहता है 'क्या इन लोगों को महारों का ईसाई या चमारों का ईसाई नहीं मिला, जो रेड्डी ईसाई को लाकर यहाँ बिठा दिया।' रूबेन इस तरह उच्च वर्ग के स्वार्थीपन से घृणा करता था। रूबेन का परिचय रामनुजम से होता है जो प्रगतिशील विचार रखता है। रामानुजम की बातों से रूबेन जान पाता है कि किन-किन अत्याचारों से उसके पूर्वजों को गुजरना पड़ा था। इन्हें सर्व सामान्य बातों से दूर रखा जाता था। भगवान की प्रार्थना करने पर भी इन पर पाबंदियाँ रखी जाती थीं। मंदिर में प्रवेश पाने के लिए भी इन्हें संघर्ष करना पड़ा था। स्वतंत्रता आंदोलन के कार्यक्रमों में अस्पृश्य-निवारण एक मुद्दा था, जिसे गाँधी जी के नेतृत्व में आगे बढ़ाया गया। इन सबकी जानकारी भी रामनुजम से ही रूबेन लेता है। इन प्रगतिशील विचारों को रूबेन केवल अपने तक ही सीमित नहीं रखता, अपने बेटे इम्मानुएल और पोते जेस्सी में भी इनके बीज बोने में सफल हो जाता है। इसी कारण जब उनका पोता जेस्सी नक्सलवादी आंदोलन में कार्यरत रहा, तब उसने उसे रोकने का प्रयास नहीं किया।

रूबेन अपने पूर्वजों की बातें कभी भुला ही नहीं पाता है। इस कारण उसका नाम पुरानी पीढ़ी का व्यक्ति पड़ चुका था। यहाँ पुरानी पीढ़ी का विश्लेषण करते हुए लेखक कहते हैं, 'पुरानी पीढ़ी के व्यक्ति अर्थात् पुराने विषयों पर विश्वास रखने वाला व्यक्ति हो सकता है। रूबेन इसके बारे में शास्त्रपरक तर्क के आधार पर कई रहस्यात्मक नए तथ्यों को जान पाया था।' रूबेन कहा करता था, मेरे पूर्वजों ने जिसे खोया है उसी की खोज में मैं रहा हूँ। मेरी दादी ने मुझे बताया था कि मेरे दादा भी मेरी ही तरह सोचा करते थे। माँ ने बताया पिता भी इसी तरह खोज करते-करते गुजर गए हैं। उसके बाद दादी और माँ सब ने अपने में अपने अस्तित्व को खोजने का प्रयास किया है। मैं पूर्वजों की धरती में कदम रख पाया हूँ। उनकी जीवन की त्रासदी को जान पाया हूँ। रूबेन ने इस सब विषयों को डायरी में लिखकर संकलित किया है। रूबेन ने सोचा इन विषयों की जानकारी आने वाले कल के लिए आवश्यक है। इस प्रकार रूबेन पुरानी और नई पीढ़ी के बीच सीढ़ी समान प्रतीत होता है।

रूबेन के द्वारा व्यक्त किया गया यह कथन भी उसके चरित्र पर प्रकाश डालता है। 'ईसा मसीहा मेरा विश्वास है, संघर्ष मेरी जरूरत है, मेरा बच्चा सदियों पुराने संघर्ष का प्रतिरूप है, मेरे संतान का संघर्ष एक महतार या चमार के लिए दिखावे का नहीं है। यह आदर्श के लिए नहीं, जरूरत है। अछूत बन कर जन्मा हूँ। जन्मते ही दूर फेंका गया हूँ। लोगों द्वारा बहिष्कृत किया गया हूँ। इन सब विषयों को जानकर, समझते हुए समाधान ढूँढ़े और मेरे सामने रखा है।' रूबेन जानता है समाज में उसे कौन-सा स्थान मिला है। फिर भी वह सोचता है कि जीवन-संघर्ष के सामने जाति संघर्ष कोई कम नहीं है। रूबेन अपनी पत्नी से बहुत प्यार करता है। उनका प्यार एक आलौकिक प्यार है। कोई रूबेन जिस निस्तब्धता के साथ रूतु के जीवन में आया था, उसी निस्तब्धता के साथ चला भी गया था। लेकिन जाने वाले व्यक्ति चुपचाप नहीं जाते। वह बहुत सारा वसंत कई लोगों की जिंदगियों में बिखेरता चला गया है। रूबेन इस उपन्यास में लेखक की कल्पना का सुंदरतम रूप ही माना जा सकता है।

प्रश्न 19. 'अस्पृश्य वसंत' उपन्यास के एल्लन्ना और जेस्सी के चरित्र पर प्रकाश डालिए।

उत्तर– एर्रकेडु और लिंगालु का बेटा 'एल्लन्ना' इस उपन्यास की चौथी पीढ़ी का व्यक्ति है। लेकिन उसकी परवरिश बुआ भूदेवी ने ही की। बचपन से ही भूदेवी के गाने सुन-सुनकर एल्लन्ना बड़ा हुआ है। एल्लन्ना भूदेवी के गीत सुनते-सुनते खेलता था, गीत सुनते हुए खाना खाता था। लोरी-गीत सुनकर ही सोता था। भूदेवी की अपनी कोई संतान नहीं थी। इस कारण उसका पूरा प्यार एल्लन्ना को ही मिला। बाल्यकाल के दिन खाते-पीते, गाते-खेलते गुजरने लगे। एक दिन उस गाँव के ग्वाले कोई नाटक का अभिनय कर रहे थे। उस नाटक को देखने के लिए अनजाने में ही उसके कदम उच्च जाति की गली तक पहुँच गए। वहाँ के बच्चे इस अछूत बच्चे का यहाँ आना सह नहीं पाए। उन्होंने एल्लन्ना की खूब पिटाई की। डर के मारे एल्लन्ना भागता चला गया और पास के पक्कलदिन्नी गाँव पहुँच गया है। इस घटना ने उसकी पूरी जिंदगी को ही बदल दिया था। वहीं उसका परिचय उरूमुल नागन्ना से हुआ जो दलितों की सांस्कृतिक-कला में पारंगत था। नागन्ना ने ही उसे संभाला। एल्लन्ना द्वारा नागन्ना को एन्नेलदिन्नि गाँव की याद आई। इस कारण वह उसे लेकर एन्नेलदिन्नी गाँव पहुँचता है।

नागन्ना के पर्यवेक्षण व दिशा-निर्देशन में एल्लन्ना लोक-कलाओं के साथ पौराणिक कथाओं के अर्थों को भी जानने लगता है। एल्लन्ना भले ही पढ़ा-लिखा नहीं है, लेकिन भविष्य के स्वप्न देखने में कोई कसर नहीं छोड़ता है, इसी के साथ उसके दिल में दया एवं सहानुभूति के गुण भी हैं और दूसरे के साथ मिल-जुलकर रहने की आकांक्षा भी है। ये सारे गुण उसे जन्म से ही प्राप्त हैं। सभी विषयों में संपादित होकर उसने स्वयं गीतों की रचना भी की थी और गाता भी था। इसी कारण उसे गाने वाला और नाचने वाला एल्लन्ना के नाम से लोग जानने लगे। एल्लन्ना के सभी गीतों में गाँव का प्रतिबिंब दिखाई देता है। उस गाँव की गरीबी, भूख और अछूतपन के विषय सभी के दिलों को छू जाते थे। कहा जाता है जब वह नाटक में हिरण्यकश्यप पात्र को खेलने लगता था, तो ग्रामीण स्त्रियों के आने से लोग मना भी करते थे, क्योंकि इस प्रकार वह पात्रों में जी लेता था। नागन्ना के साथ मिलकर वह आस-पास के गाँवों में अपनी कला का प्रदर्शन कर खूब नाम कमा चुका था। वह अपने ही गाँव की सुभद्रा से प्यार कर शादी कर लेता है। तब से उसके हर एक गाने में सुभद्रा का नाम अवश्य ही जुड़ा रहता है। अपनी पत्नी को 'एन्नेल पिट्टा' (चाँद की चिड़िया), 'मुग्गुल कर्रा' (रंगोली की छड़ी) कहकर संबोधित कर अपना प्यार जताता था।

एल्लन्ना लोक-कला की अभिव्यक्ति में संपन्न तो था ही, उसके साथ वह प्रगतिशील विचारों से भी प्रेरित था। एन्नेलदिन्नी गाँव में अपने लोक-संगीत और लोक-नृत्य के जरिए लोगों में वह चेतना को जागृत करने वाला, कला तपस्वी भी था। वह नागन्ना के साथ मिलकर दलितों के लिए जमीन हासिल करने में सफल हुआ है। इस तरह कुछ हद तक बेरोजगारी से दलितों को मुक्त कराने में सफल हो पाया था। अपने गाँव के सभी मुखिया लोगों को छोड़ अपने ही दलित जाति के बुजर्गों को सम्मान दिलाने की आशा रखने वाले एक आदर्श व्यक्ति के रूप में वह जीवन में आगे बढ़ता है।

एल्लन्ना में एक और महत्त्वपूर्ण गुण था। वह है उसका स्वाभिमानी व्यक्तित्व। सदा वह अपने आत्म-सम्मान की रक्षा किया करता था। उसमें सभी समस्याओं एवं सभी लोगों से टक्कर लेने की शक्ति पाई जाती है।

जब नागन्ना मर जाता है, तब नागन्ना के सदाशय की पूर्ति के लिए मार्ग ढूँढ़ते हुए एन्नेलदिन्नी गाँव के बाहर वह कदम रखता है। इस महतर कार्य-साधना के लिए वह अपनी पत्नी तथा नवजात शिशु शिवय्या के लिए गीत गाकर सुनाता था। उन गीतों में दलितों की वेदना रहती थी। उनकी वेदना को प्राकृतिक विषयों के साथ जोड़कर दलितों की समस्याओं को लोगों के सामने रखा करता था। दलित जीवन से जुड़ी खेत-खलिहान की बातें, इनसे जुड़ी दलितों की जिंदगी, इन सभी तथ्यों को अपने गीतों में प्रतिबिंबित करता हुआ वह एक गाँव से दूसरे गाँव यात्रा करने लगता था। वह अपने गानों से हर बस्ती के दलितों को प्रेरित किया करता था। इसी कारण कई उसे 'महतार संन्यासी' के नाम से पुकारते थे। जहाँ कहीं भी उनके गानों में सुभद्रा रहती थी, ऐसा लगता था उसका हर अनुभव सुभद्रा को सुनाते हुए गाता रहता है।

प्रेम का उदात्त रूप एल्लन्ना के गानों में व्यक्त होता है। वर्षा की बूँदों में, गरजने वाले मेघों में, नदी-नालों के बहते पानी में, खेतों से उड़ने वाली हवाओं में, कोमल पत्तों में, मन में उठने वाली आशा की किरणों में, एन्नेलदिन्नी गाँव की चिड़ियों की सुर में निस्तब्धता में, नृत्य-संगीत में हर जगह उसने सुभद्रा को प्रतिबिंबित किया है। मानो इसके गानों से पूरी प्रकृति पुलकित हो उठी हो। इसी यात्रा के दौरान वह कुम्हार वेंकटेश्वर से परिचय पाता है। वेंकटेश्वर भी प्रगतिवादी

कवि है। उसी ने एल्लन्ना का डफली बजाने वाले चमार रमणय्या से परिचय कराया है। वहाँ एक बार अकाल पड़ता है तो एल्लन्ना को गाँव की याद आती है। उस समय गाँव के लोग अकाल के शिकार हो जाते हैं। थका-प्यासा एल्लन्ना अपनी अंतिम अवस्था में एन्नेलदिन्नी गाँव तक पहुँच जाता है। वहाँ उसका बेटा पिता को पहचान कर घर ले जाता है। वहीं उसकी अंतिम साँस निकलती है। इसे देख सुभद्रा के प्राण पखेरू भी उड़ जाते हैं। प्रेम की विलक्षण महत्ता को लेखक ने इन पात्रों के जरिए दिखाया है।

दलितों के उज्ज्वल भविष्य की उम्मीद रखने वाले एल्लन्ना के उदात्त विचार केवल एल्लन्ना तक ही सीमित नहीं रहे, बल्कि उसकी पत्नी सुभद्रा में भी दिखाई देते हैं। दोनों अमर प्रेमी बनकर इहलोक की यात्रा समाप्त कर लेते हैं। वह हमेशा खोज की दिशा में अग्रसर होने वाला कर्मयोगी है। वह दलित जाति के लिए अनमोल संपत्ति के समान है।

उपन्यास में जेस्सी के पात्र को लेखक ने बखूबी उभारा है। इम्मानुएल और मेरी सुवार्ता का इकलौता पुत्र जेस्सी है। जेस्सी रूबेन और रूतु का पोता है। जेस्सी दलित वंशजों की अंतिम पीढ़ी का वारिस है। बचपन में ही उसके पिता की मृत्यु हो जाती है। दादा-दादी के लाड़-प्यार से पल कर वह बड़ा होता है। बचपन से ही वह अपने पूर्वजों की कथाएँ सुनकर बड़ा हुआ है। उनके द्वारा सहे गए अत्याचारों से उसका दिल आक्रोश से भर उठा है। पिता के त्याग से उसका दिल पसीज जाता है। इस कारण दलितों के स्वस्थ जीवन का निदान ही ढूँढ़ता रहता है। निरंतर जेस्सी के दिलो-दिमाग में दलितों के स्वेच्छायुक्त जिंदगी की कामना के ख्वाब जगाए रहता है। इन्हीं विचारों में लीन जेस्सी घर-बार की याद नहीं रखता है। जीने की सुध उसे नहीं रहती है। सिर्फ वो दलितों के जीवन को सँवारने के बारे में सोचता रहता है।

एक दिन वह अपने दिल की बात परिवार वालों के सामने रखता है कि जिन परिस्थितियों के संघर्ष से उसके पूर्वज संघर्ष करते रहे, उसी लक्ष्य को पाने के लिए वह घर छोड़ कर जाना चाहता है। सभी लोग उसके विचारों का आदर करते हैं। हँसी-खुशी विदा करते हैं। उसकी कामना यही थी कि उनके पूर्वजों पर लगा हुआ अस्पृश्यता का कलंक सदा के लिए मिट जाए। जिस धरती पर उन्होंने जन्म लिया है, उस धरती पर वे लोग भी अधिकारपूर्वक, स्वतंत्र होकर जी सकें।

प्रश्न 20. 'अस्पृश्य वसंत' उपन्यास के पात्र 'रामनुजम' पर टिप्पणी लिखिए।

अथवा

'रामनुजम एक प्रगतिशील विचारों वाला नवयुवक है।' इस पर टिप्पणी कीजिए।

उत्तर– रामनुजम शिक्षित एवं प्रगतिशील विचारों वाला व्यक्ति है। पेशे से अध्यापक है। अत्याचारों को सहन नहीं कर सकता है। नैतिक आचरणों का पालन करने वाला व्यक्ति है। अनैतिक जहाँ कहीं भी होते देखता है सीधा उसका खंडन कर देता है। इसी कारण कभी भी एक नौकरी में टिका नहीं रह सका है। सांसारिक जीवन के बंधनों में वह बँधना नहीं चाहता है। वह इसे अपनी प्रगति में बाधक मानता है। सच्चे दिल से दलितों के उद्धार हेतु कार्यशील रहने वाला उदात्त व्यक्ति है।

वह दलितों की अत्याचार की दिशा में चलाए जाने वाले सभी आंदोलनों के प्रति विश्वास नहीं रखता है। जैसे गाँधी जी द्वारा प्रारंभ किए गए हरिजनोद्धार आंदोलन के प्रति वह विश्वास नहीं रखता। वह सोचता है कि सभी स्वतंत्रता आंदोलन में भागीदारी करते हुए स्वतंत्रता भले ही हासिल

कर लें, लेकिन दलितों की निजी जिंदगी में विशेष रूप से कोई प्रगति की संभावना नहीं हो पाएगी। रामानुजम कहता है, उस ब्राह्मण समाज ने दलितों को तो अस्पृश्य बना दिया है। अब गाँधी जी ने 'हरिजन' शब्द का प्रयोग कर उन्हें अनाथ भी बनने के लिए विवश कर दिया है। विचारों से पता चलता है कि उसके मन में दलितों के प्रति कितनी गौरव एवं सम्मान की भावना व प्रेम भी है। उच्च वर्ग द्वारा अपनाए जाने वाले शब्द जैसे 'पवित्रता' या 'शुद्धि' नामक शब्दों से उसे आपत्ति है। वह अपना तर्क यों प्रस्तुत करता है कि उच्च जाति के लोग कहते हैं, आंतरिक पवित्रता के लिए 'राम नाम स्मरण' आवश्यक है और बाह्य पवित्रता 'स्नान' से मिल सकती है। गौ माँस खाने वालों का ये लोग बहिष्कार करते हैं। वे कहते हैं, 'ऐसे लोग हिंदू ही नहीं हो सकते। उन्हें मंदिरों में जाना मना है क्योंकि वे पवित्र नहीं हैं।' इन बातों के खोखलेपन पर रामनुजम प्रश्न करता है। इस प्रकार दलितों की प्रगति में निरंतर आगे बढ़ने वाला व्यक्ति रामनुजम इम्मानुएल की मृत्यु के समय दिखाई नहीं देता है। उसके बाद पता चलता है कि वह यहाँ से श्रीकाकुलम जाकर नक्सलवादी आंदोलनों में भाग लेने चला गया है। उस समय कई शिक्षित व्यक्ति इस नक्सलवादी आंदोलनों में भाग लेने चले गए हैं। उन लोगों का यही विश्वास था कि समतामूलक समाज की स्थापना इस स्वार्थपूर्ण समाज में रहते हुए संभव नहीं है। लेखक ने रामनुजम को शिक्षित एवं प्रगतिशील विचारों वाला युवक दिखाया है। जो खोखली मर्यादाओं में विश्वास नहीं रखता।

प्रश्न 21. 'अस्पृश्य वसंत' उपन्यास के स्त्री-चरित्रों की विशेषताओं को स्पष्ट कीजिए।

अथवा

दलित जीवन के संघर्ष में सुभद्रा और रूतु जैसे स्त्री-पात्रों की महत्त्वपूर्ण भूमिका का परिचय दीजिए।

अथवा

अस्पृश्य वसंत के स्त्री पात्र पर संक्षिप्त टिप्पणी लिखिए।

[जून-2015, प्रश्न सं.-10 (क)]

उत्तर– उपन्यास के स्त्री पात्रों में रूतु एक महत्त्वपूर्ण पात्र है। वह रूबेन की सुंदर एवं सुशिक्षित पत्नी है। वह फ्रांसिस और मरिया की इकलौती बेटी है। उपन्यास में उसको छठी पीढ़ी की वारिस के रूप में दिखाया गया है। रूतु पति की आकांक्षा को समझने वाली पति के वंशजों की खोज में खुद को भी शामिल करती हुई चलती है। इतना ही नहीं पूर्वजों के इतिहास को भविष्य में आने वाली पीढ़ियों तक पहुँचाने में सतत् क्रियाशील रहने वाली कर्मठ नारी है। शिक्षा के साथ-साथ धार्मिक विषयों के प्रति भी आसक्ति रखती है। उसका विश्वास ही उसकी सदगति को निश्चित करता है। इसी उद्देश्य से प्रेरित होकर वह कई कहानियाँ लिखकर, समाज में भक्ति-भावना प्रसारित करने का प्रयास करती है। उसकी दृष्टि में धर्म का अर्थ है कर्त्तव्य जिसके आधार पर व्यक्ति के अंदर नैतिक बल आ जाता है। वह समतामूलक समाज के निर्माण की स्थापना के लिए इस प्रकार की दृष्टि पर विश्वास रखती है।

वह नर्स की ट्रेनिंग पाकर अपने पति के साथ ही अस्पताल में कार्यरत रहती है। शादी के बाद ससुराल के सभी रिश्तेदारों से मिल-जुलकर, सबसे प्यार पाती है। वह पति के गाँव एन्नेलदिन्नी

को ही अपना गाँव समझकर रहने के लिए तैयार हो जाती है। पति के पूर्वजों की याद में उसी गाँव में घर भी बनवाती है। इम्मानुएल का जन्म इसी गाँव में होता है।

रूतु समसामायिक परिस्थितियों से परिचय पाकर उसी के तद्नुकूल लोगों की सेवा के कार्यक्रमों में लीन रहा करती है। गाँधी जी द्वारा प्रारंभ किए गए हरिजनोद्धार संबंधी आंदोलन के बारे में पति एवं रामानुजम के बीच बातचीत द्वारा जान कर उनकी अच्छाई को समझने का प्रयास करती है। इतना ही नहीं डॉ. बाबासाहेब अम्बेडकर के विचारों से प्रभावित होकर उन्हें सक्रिय रूप देने में तत्पर रहा करती है।

वह एक संवेदनशील नारी है। दलितों पर होने वाले अत्याचारों को सुनकर वह द्रवीभूत हो जाती है। वह तत्कालीन परिस्थितियों में भी इन पर होने वाले अत्याचारों से संपादित होकर सोचती है 'कितने भीषण-कांड हो रहे हैं। लोगों में कितना घमंड आ गया है। संपूर्ण विज्ञान के कर्त्ता-धर्त्ता स्वयं को मानते हुए, जाति नाम की चादर ओढ़कर उसी नाम के कलम से राज करने पर तुले हैं। न जाने वह कितने लोगों के प्राणों का हरण कर रहे हैं।'

समय के साथ-साथ स्थितियों में भी परिवर्तन आता है, लेकिन दुख की बात है कि दलितों की स्थिति-गतियों में विशेष परिवर्तन नहीं आया है। समय ऐसा आ गया है कि आज का यह शोक-वर्ग जो कभी वेदों का सहारा लेकर, अपने धर्म की दुहाई दिया करता था, आज उसी वर्ग के लोग अपने पदों को बनाए रखने के स्वार्थ में अंग्रेजों के गुलाम होते जा रहे हैं। आज पूरा समाज उच्च कुल की धुरी पर टिका हुआ है। सभी पद और अधिकार उन लोगों तक ही सीमित रह गए हैं। इस प्रकार के कठोर सत्य से रूतु अवगत हो चुकी है।

रूतु ईसाई धर्म में पली है। उसने सुसंस्कृत ईसाई पुरुष पति के रूप में पाया है। ईसाई धर्म पर उसे अटूट विश्वास है। इतना होने के बावजूद अपने बेटे को आंदोलन की तरफ बढ़ते हुए देखकर भी वह उसे रोकती नहीं है। उसकी सोच है कि शायद उसका बेटा इस रास्ते पर जाकर समतामूलक समाज की स्थापना कर पाएगा। जब उसका बेटा मर जाता है तो वह विचलित नहीं होती है। उसके वीर मरण पर गर्व करती है। अपनी बहू को सांत्वना देती हुई कहती है 'मेरा बेटा समय की गति का प्रतीक है। आंदोलन को लेकर आगे बढ़ा, जुलूस का नेतृत्व करते हुए कदम बढ़ाता गया। अभी भी इस धरती से उसकी आवाज स्पष्ट सुनाई देती है। नींद से दूर इस आँखों के सामने चाँदनी बिखरती हुई उसकी आँखों की ज्योति दिखाई दे रही है।' ऐसे महान विचारों से प्रेरित रूतु का आत्म-बल सचमुच महान है। बेटे का गौरवगान करने वाली वह प्रगतिशील नारी भी है।

पोता जेस्सी को भी अपने पिता के कदमों में आगे बढ़ते देख वह चुप हो जाती है। नक्सलवादी आंदोलन में भाग लेता हुआ जब उसका पोता घर से दूर चला जाता है, तो वह सोचती है कि अब उसके आने तक, उसके पंख-पखेरू नहीं रहेंगे। इस कारण वह एक पत्र उसके नाम लिखती है। इस पत्र में सभी विषय उसके साथ-साथ नक्सलवादी आंदोलनों में भाग लेने वाले सब लोगों के लिए लिखा है। उस पत्र से उसका सहज संदेश इस प्रकार व्यक्त हुआ है—"हम लोग उलझन में थे कि हमारे पूर्वजों के किन संस्कारों को इम्मालुएल को दें, लेकिन इससे पहले ही उसने हमें आगे बढ़ने का रास्ता दिखाया है। उसने जिस क्रांति पर विश्वास किया उसी क्रांति को पुश्तैनी संपत्ति के रूप में वह अपने माँ-बाप और बच्चों के लिए छोड़ गया है। आप लोग आंदोलन को ही जीवन

का रूप मानकर चले हैं। इस आंदोलन द्वारा सुंदर भविष्य की कल्पना आपने की है, इस प्रकार की परवरिश में ही आप पले और बड़े हुए हैं। इसी क्रांति को आपने अपना कर्त्तव्य स्वीकारा है। इस क्रांति के कारण आगे आने वाली सभी समस्याओं का सामना करने की शक्ति आप लोगों में हैं। इसके लिए आप अपने प्राणों की आहुति देने में भी पीछे नहीं हटेंगे। इस प्रगति में जीत आपकी ही होगी। लड़ने वाले व्यक्ति कोई भी हों अपनी लड़ाई हारने के लिए नहीं लड़ते हैं। ऐसे कर्त्तव्यनिष्ठ व्यक्ति का अंत करना किसी के वश की बात नहीं है। आपका जीवन तो विकसित पौधा है। सुंदर आकाश के नक्षत्र से निकलने वाली क्रांति के समान है। यह शाश्वत भी है। आप नूतन मानव की कामना कर रहे हैं। नए समाज की चाह आप में है। इस ऐतिहासिक स्वप्न को यथार्थ में बदलने में आप प्रयत्न कर रहे हैं। इनका समग्र-रूप ही क्रांति का रूप है। प्रेम, त्यागमय संघर्ष ये सभी भावनाएँ इस समग्र सत्य की शाखाएँ हैं। आप अवश्य विजय रूपी अनुभव को प्राप्त कर सकेंगे। मेरा विश्वास कभी झूठा साबित नहीं होता है। आप अवश्य दुनिया जीतेंगे।" दार्शनिक तत्त्वों के प्रति वह सदा आकृष्ट रही है। वह अपने पति को निरंतर आश्वासन देती रहती थी कि 'समय कभी एक मोड़ पर रुक नहीं जाता है। न ही इस तरह आगे बढ़ता रहेगा। उसकी अपनी इच्छाएँ हैं। उसके अपने मोड़ हैं। यह होठों पर विकसित होने वाली मृदु मुस्कान नहीं है। हृदय को भेदने वाली पीड़ा भी हो सकती है। यह समय तो सुदीर्घ विश्वास है। इतना निश्चित है कि समय नहीं रुकेगा। इस हरियाली धरती पर भरपूर चाँदनी की वर्षा होगी। वह अंधकार को हर लेगी। समय ऐसा भी होता है, जीवन भी समय के समान ऐसा ही है। जीवन एक अनुभव है, जीवन एक यथार्थ है।' वह हर समय अपने पति को अपने लक्ष्य की ओर बढ़ने के लिए प्रेरित करती रहती। ऐसी गंभीर एवं सुंदर विचारों वाली रूतु की यादों से ही इस उपन्यास की कथा का क्रमिक विकास होता है। भविष्य की सुंदर कामना करने वाली नारी के रूप में रूतु का चारित्रिक विकास होता है। एक विशेष नारी के रूप में इस उपन्यास में रूतु अपना विशिष्ट स्थान पाती है। रूतु का चरित्र अविस्मरणीय है। इसमें रूतु को एक बेबाक पात्र के रूप में दिखाया है।

रूबी–रूबी रूतु की पोती है। जेस्सी से बेहद प्यार करती है। जेस्सी की लक्ष्य साधना को निरंतर प्रेरित कर, उसे आगे बढ़ने का हौसला देती रहती है। जेस्सी अगर क्रांतिकारी आंदोलनों में भाग लेता है तो रूबी स्त्रियों के जीवन में सुधार लाने के लिए सतत् प्रयास में लगी रहती है। माँ-बाप अपनी बेटी की शादी धनवान युवक से करना चाहते थे लेकिन वह जेस्सी से प्यार कर माँ-बाप के इरादों के खिलाफ जेस्सी से विवाह कर लेती है। विवाह करने के बावजूद भी वह पति को उसके लक्ष्य से दूर नहीं ले जाती बल्कि आदर्श पत्नी के रूप में उसे प्रेरणा देती रहती है। इस प्रकार स्वस्थ समाज के निर्माण द्वारा शोषित वर्गों की समस्याओं को दूर करने के लिए निरंतर अग्रसर होने वाली नारी के रूप में उसका चरित्र विकसित होता है।

भूदेवी–भूदेवी एर्रेंकड़ की बहन है। एल्लन्ना की बुआ है। उसका पति चीराला प्रांत का निवासी है। वह बचपन से अपने गानों के साथ एल्लन्ना को पालती है। एल्लन्ना उच्च वर्गीय लोगों द्वारा की गई पिटाई खाकर घर छोड़कर भाग जाता है, तो भूदेवी उसकी तलाश में दिन-रात एक कर देती है। जब जान पाती है कि उच्च जाति के लोगों ने उसे बेदर्दी से पीटा है, तो उन्हें मार डालने के लिए तैयार हो जाती है। इस उपन्यास में गानों के महत्त्व के साथ, कुछ पाने के लिए कुछ खोने की शक्ति का आरंभ भी इस पात्र के साथ ही प्रारंभ होते हैं। स्वयं उपन्यासकार कहते

हैं कि उनके जीवन में भूदेवी ही उनका पालन-पोषण करने वाली उनकी ताई है। बचपन में उपन्यासकार की माँ मर चुकी थी, इसी ताई की गोद में पलकर वह बड़े हुए थे। इस कारण भूदेवी पात्र को इस उपन्यास में सजीवता प्राप्त हुई है। उन्हें एक ममतामयी नारी के रूप में दिखाया गया है।

सुभद्रा—उपन्यास में सुभद्रा एल्लन्ना की पत्नी है, जो पिट्टोडु की बेटी है। इसका वर्णन उपन्यासकार अत्यंत सुंदर स्त्री के रूप में करते हैं। जब सुभद्रा किशोर अवस्था में थी तो एल्लन्ना सुभद्रा को 'मुग्गुल कर्रा' (रंगोली की छड़ी) कहकर उसकी प्रशंसा करता था। इस उपन्यास में सौंदर्य एवं साहस के प्रतिरूप सुभद्रा का चारित्रिक विकास पाया जाता है। यह कहा जाता है कि मधुर गीतों के पीछे अत्यंत दुखी करने वाली यादें छुपी रहती हैं। इसी के तद्नुरूप एल्लन्ना और सुभद्रा का प्यार भरा जीवन अत्यंत सुंदर होने के बावजूद भी वे सदा ही विरहावस्था में तपते रहे हैं। जब एल्लन्ना दलितों की उन्नति की खोज में निकलते समय अपनी पत्नी सुभद्रा से कहता है 'बस छोटा-सा काम है, आ जाऊँगा' लेकिन यह छोटा-सा विराम तब खत्म होता है, जब एल्लन्ना अपने अंतिम क्षण बिताने एन्नेलदिन्नी गाँव पहुँचा। तब तक वे दोनों हर पल एक दूसरे की याद में ही समय बिताते रहे। एल्लन्ना के वियोग में सुभद्रा भी यहाँ अपने दलितों की जिंदगी के खातिर मुखिया लोगों से टक्कर लेने के लिए सदा तत्पर रहा करती है। जब दलितों के खेत-खलिहान पानी के बिना सूखते गए तब वह चोरी-चुपके पानी अपने खेत-खलिहान में लाने में सफल हो गई थी, लेकिन जब मुखिया लोगों को इसका पता चला तो इस पर मार-पीट करने लगे। तब सुभद्रा ही सबके सामने खड़े होकर मुखिया लोगों की बोलती बंद कर देती है। सभी के सामने वह देवता तुल्य बन जाती है। लेकिन कभी भी उसने अपने को बड़प्पन का दर्जा नहीं दिया। निरंतर पति के इंतजार में राह देखने वाली पत्नी ही रही और अपने बेटे की परवरिश के लिए तरसने वाली माँ ही बनी रही। अपने पति की खोज करते-करते वह शशिरेखा को पाती है। शशिरेखा के गाँव में उसका पति रहता था और वहाँ के लोगों को गाने सिखाता था। बाद में यही शशिरेखा उसकी बहू और शिवय्या की पत्नी बनती है। जिन गानों को उसके पति ने शब्द दिए हैं, उनमें आद्यंत सुभद्रा के प्रति प्यार झलकता रहा है। इन प्यार-भरे गीतों में दलितों की जागृति की पुकार भी निहित है। इन्हीं गीतों को गाने वाली लड़की को ही सुभद्रा ने अपनी बहू बनाया। उपन्यासकार ने अपने स्त्री-पात्रों के द्वारा दलित जीवन की संपूर्ण सच्चाई को सबके सामने प्रस्तुत किया है।

प्रश्न पत्र

भारतीय भाषाओं में दलित साहित्य : एम.एच.डी.-20
जून, 2015

नोटः निम्नलिखित में से किन्हीं पाँच प्रश्नों के उत्तर दीजिए। सभी प्रश्नों के अंक समान हैं।

प्रश्न 1. 'वृक्ष' कविता में अभिव्यक्त दलित संवेदना की व्याख्या कीजिए।

उत्तर– देखें अध्याय-1, प्रश्न सं.-5

प्रश्न 2. "'खून का सवाल' कविता में दलित जीवन की त्रासद अभिव्यक्ति हुई है।" इस कथन के संदर्भ में कविता की व्याख्या कीजिए।

उत्तर– देखें अध्याय-1, प्रश्न सं.-12

प्रश्न 3. पठित कविताओं के आलोक में गुजराती दलित कविता की विशेषताएँ बताइए।

उत्तर– देखें अध्याय-1, प्रश्न सं.-18

प्रश्न 4. 'जब मैंने जाति छुपाई' कहानी की कथावस्तु की विवेचना कीजिए।

उत्तर– देखें अध्याय-2, प्रश्न सं.-4

प्रश्न 5. 'रोटले को नजर लग गई' कहानी के आधार पर गुजराती दलित कहानी में जोसेफ मेकवान के योगदान पर प्रकाश डालिए।

उत्तर– देखें अध्याय-2, प्रश्न सं.-19

प्रश्न 6. ओड़िया दलित कहानी का परिचय दीजिए।

उत्तर– ओडिया दलित कहानियों में हमें प्रायः दलित साहित्य में मिलने वाला विरोध का स्वर सुनाई देता है। ओडिया दलित कहानी में ओडिया समाज में विद्यमान जाति-प्रथा में हाशिए पर पड़े और अनपेक्षित अमानवीय जीवन जीने को मजबूर दलितों की वर्तमान अवस्था को आसानी से देखा जा सकता है। इन कहानियों की विषय-वस्तु अपने में काफी विस्तृत और विविधता लिए हुए है। इनमें जातीय उत्पीड़न, आर्थिक शोषण, लैंगिक प्रताड़ना तथा अन्य प्रकार की सामाजिक समस्याएँ देखने को मिलती हैं। दलित कहानी में दलित जीवन की सच्चाई बेहद यथार्थवादी नजरिए से अभिव्यक्त हुई है।

ओडिया दलित कहानी में यह बताया गया है कि किस प्रकार तथाकथित उच्च जाति के लोगों द्वारा दलित लगातार आज भी विभिन्न जातीय भेदभाव और उत्पीड़न के शिकार हो रहे हैं। दिन-रात के परिश्रम के बावजूद भी वे अपनी आजीविका किस प्रकार चलाते हैं अथवा शिक्षा प्राप्त कर पाते हैं। दलित कहानी दलितों को शिक्षा से वंचित रखने की भेदभाव की नीतियों को रेखांकित करती चलती है। केवल उच्च जाति के शिक्षक ही दलितों को शिक्षा से वंचित करने का प्रयास नहीं करते, अपितु नौकरशाही, पुलिस और अन्य सरकारी अधिकारी भी जातिगत आधार पर हमेशा दलितों का अहित करते हैं। दलित बच्चों को विद्यालय में सबसे पीछे बिठाया जाता है। डोम, घासी, चमार, चूड़ा, भंगी आदि जातिसूचक नाम लेकर उन्हें जातीय उत्पीड़न का शिकार बनाया जाता है। इसके अतिरिक्त छोटी से छोटी गलती पर भी इन बच्चों की जमकर पिटाई की जाती है। ऐसी ही कुछ और महत्त्वपूर्ण समस्याओं को ओडिया की दलित कहानी सबके सामने लाती है।

ओडिया की दलित कहानियों में 'उम्मीद अब भी बाकी है' तथा 'वर्णबोध और मधुबाबू की कहानी' अत्यंत महत्त्वपूर्ण कहानी है। इन दोनों कहानियों में यह बताया गया है कि कैसे आधुनिक भारत में स्वतंत्रता के कई वर्षों के बाद भी दलित समुदाय समाज में अपनी निम्न स्थिति के कारण शिक्षा प्राप्त करने के संविधान प्रदत्त मौलिक अधिकार से वंचित है। अत: ओडिया की दलित कहानी दलित जीवन के अनछुए पहलुओं और भावनाओं को भी बया करती है।

प्रश्न 7. कन्नड़ दलित कहानीकार देवनूर महादेव की कहानी 'अमावस' की विषय-वस्तु और संवेदना पर प्रकाश डालिए।

उत्तर– देखें अध्याय-3, प्रश्न सं.-17

प्रश्न 8. दलित आत्मकथा की विशेषताओं के आधार पर 'अक्करमाशी' की समीक्षा कीजिए।

उत्तर– मराठी दलित आत्मकथनों की परंपरा में जिन दलित आत्मकथनों ने समझ और संवेदना के नए शिखरों का निर्माण किया, उनमें 'बलूतं' (लेखक-दया पवार, हिंदी अनुवाद 'अछूत', अनुवादक - दामोदर खडसे), 'उपरा' (लेखक-लक्ष्मण माने), 'आठवणीचे पक्षी' (लेखक-प्र.ई. सोनकांबले, हिंदी अनुवाद-'यादों के पंछी', डॉ. सूर्यनारायण रणसुभे), उचल्या (लक्ष्मण गायकवाड़, हिंदी अनुवाद, 'उठाइगीर', डॉ. सूर्यनारायण रणसुभे), तराल-अंतराल (लेखक-शंकर राव खरात, हिंदी अनुवाद - डॉ. प्रथमवीर), 'अक्करमाशी' (लेखक-शरण कुमार लिंबाळे, हिंदी अनुवाद-सूर्यनारायण रणसुभे), 'जीवन हमारा' (लेखिका-बेबीताई कांबले), 'माइया जलमाची चित्तरकथा' (लेखिका-शांताबाई कांबले), 'दोहरा अभिशाप' (लेखिका-कौशल्या बैसंत्री), मरणकळा (लेखिका-जनबाई गिर्‍हे, हिंदी अनुवाद-मरण वेदना) जैसी रचनाएँ खास तौर पर उल्लेखनीय हैं। दलित आत्मकथन पारंपरिक साहित्यिक समझ के अनेक प्रहारों का केंद्र बने। लेकिन सच्चाई के बेलौस चित्रण और मानवतावादी समझ के बल पर ये आत्मकथन पाठकों के बीच न सिर्फ खासे लोकप्रिय साबित हुए, अपितु दलित मुक्ति प्रसंग के अनिवार्य संदर्भ भी बने। दलित स्त्री आत्मकथन एक और विशेष संदर्भ के कारण पाठकों के बीच चर्चित हुए। इनमें न केवल गरीबी और जातिदंश का चित्रण हुआ, बल्कि इनमें स्त्री त्रासदियों का भी मारक वर्णन हुआ।

इन आत्मकथनों के बीच 'अक्करमाशी' की मौजूदगी विशेष तौर पर उल्लेखनीय है। 'अक्करमाशी' यानी जारज पुत्र, अवैध संतान या भदेस भाषा में कहें तो दोगला वह भी दलित। यह आत्मकथन इस अवैध संतान की मर्मांतक पीड़ा, संघर्ष और मुकाम हासिल करने की विलक्षणता का दुर्लभ आख्यान है।

फिर देखें अध्याय-4, प्रश्न सं.-9

प्रश्न 9. 'मशालची' में चित्रित दलित जीवन का विवेचन कीजिए।
उत्तर– देखें अध्याय-5, प्रश्न सं.-6, 7

प्रश्न 10. निम्नलिखित में से किन्हीं दो पर टिप्पणियाँ लिखिए–
(क) अस्पृश्य वसंत के स्त्री पात्र
उत्तर– देखें अध्याय-5, प्रश्न सं.-21

(ख) 'परती जमीन' की कथावस्तु
उत्तर– देखें अध्याय-3, प्रश्न सं.-11

(ग) आत्मकथा 'जीवन हमारा'
उत्तर– देखें अध्याय-4, प्रश्न सं.-14

(घ) 'घोड़ा' कविता का यथार्थ
उत्तर– देखें अध्याय-1, प्रश्न सं.-14

"एक अच्छा 'रिश्ता'... हमेशा 'हवा' की तरह होना चाहिए, 'खामोश'... मगर हमेशा 'आसपास'"

भारतीय भाषाओं में दलित साहित्य : एम.एच.डी.-20
दिसम्बर, 2015

नोट: निम्नलिखित में से किन्हीं पाँच प्रश्नों के उत्तर दीजिए। सभी प्रश्नों के अंक समान हैं।

प्रश्न 1. तेलुगु दलित कविता 'गौरैया' की समीक्षा कीजिए।
उत्तर— देखें अध्याय-1, प्रश्न सं.-10

प्रश्न 2. दलित स्त्री चेतना के संदर्भ में 'माँ' कविता की व्याख्या कीजिए।
उत्तर— देखें अध्याय-1, प्रश्न सं.-6

प्रश्न 3. पंजाबी कवि द्वारका भारती की कविता 'आज का एकलव्य' के आधार पर यह स्पष्ट कीजिए कि इसमें मिथक और आधुनिकता का समावेश किस रूप में किया गया है।
उत्तर— देखें अध्याय-1, प्रश्न सं.-16

प्रश्न 4. 'अर्जुन डांगले की कहानी 'बुद्ध ही मरा पड़ा है' दलित समाज में उभरे अंतर्विरोधों को रेखांकित करती है।' इस कथन की समीक्षा कीजिए।
उत्तर— देखें अध्याय-2, प्रश्न सं.-8

प्रश्न 5. स्त्री चेतना के आधार पर उर्मिला पवार की कहानी 'कवच' का विश्लेषण प्रस्तुत कीजिए।
उत्तर— देखें अध्याय-2, प्रश्न सं.-14

प्रश्न 6. कन्नड़ दलित कहानी 'मोची की गंगा' का विश्लेषण प्रस्तुत कीजिए।
उत्तर— देखें अध्याय-3, प्रश्न सं.-19, 20

प्रश्न 7. ''जीवन हमारा' आत्मकथा दलित स्त्री के तिहरे शोषण को उजागर करता है।' विश्लेषण कीजिए।
उत्तर— देखें अध्याय-4, प्रश्न सं.-21

प्रश्न 8. तेलुगु उपन्यास 'अस्पृश्य वसंत' की कथावस्तु की विवेचना कीजिए।
उत्तर— देखें अध्याय-5, प्रश्न सं.-12

प्रश्न 9. पंजाबी अथवा मराठी दलित कहानी की विशेषताएँ बताइए।

उत्तर– दलित कहानी की विशिष्टता उस वास्तविक चिंता में है जो अपने समाज को उन परंपराओं से मुक्ति दिलाने में होती है जिसने उन्हें सदियों से भारतीय समाज की मुख्यधारा में अस्पृश्य और कमजोर बनाए रखा है। इसमें संदेह नहीं कि यह मुख्यतया वही वर्णवाद अथवा जातिवाद की परंपरा है जो भारतीय सामाजिक व्यवस्था में इनका निम्नतर स्थान तय कर देती है। भेदभाव और उत्पीड़न का स्वानुभव दलित कहानी के यथार्थ बोध की अभिव्यक्ति है। इसीलिए स्वानुभूति और सहानुभूति का प्रश्न दलित विमर्श के केंद्र में रहा है। कथावस्तु का चुनाव, घटना, चरित्र-चित्रण, देशकाल और सोद्देश्यता को दलित स्वानुभव प्रामाणिकता प्रदान करता है। दलित आत्मकथनों के माध्यम से स्वानुभव के व्यापक दायरे को आसानी से समझा जा सकता है। अर्थात् दलित साहित्य का स्वानुभव सामुदायिक अनुभव है जो असमानता, भेदभाव और उत्पीड़ित समुदाय की संवेदना को सचेत और चेतनाशील बनाता है। जो दर्द एवं पीड़ा उन लोगों ने सही है, उनकी यही सच्चाई कहानी में यथार्थ बन कर उभरी है। इसीलिए दलित लेखन में विचारधारा का बहुत महत्त्व है। उपेक्षित होने की पीड़ा, अपमानित होने का दंश, उत्पीड़ित किए जाने की यातना और वंचना का क्रूर अनुभव दलित कहानी की विशिष्टता है।

मराठी दलित कहानी दलितों के जीवन को समग्र प्रकार से समेटने का प्रयत्न करती है। तटस्थ निरीक्षण करते हुए दलित जीवन की यातना को पकड़ने का आज की कहानी में प्रामाणिक प्रयत्न हुआ है। मराठी कहानी दलित मनुष्य की अस्मिता की खोज करती है। यह एक ओर अभावग्रस्त जीवन की पीड़ा पर चोट करती है तो दूसरी ओर इस अभावग्रस्त स्थिति के लिए जिम्मेदार सामाजिक व्यवस्था पर भी प्रहार करती है। प्रसिद्ध समीक्षक डॉ. गंगाधर पानतावणे ने एक स्थान पर लिखा है कि खालिस जीवन की अभिव्यक्ति यहाँ होती है। प्रस्थापित व्यवस्था के प्रति 'नकार' और फिर उसी समय विशुद्ध मानवता का 'स्वीकार'–इन दोनों के बीच का द्वंद्व भी मराठी कहानियों में देखा जा सकता है।

प्रश्न 10. निम्नलिखित में से किन्हीं दो पर टिप्पणियाँ लिखिए–

(क) दलपत चौहान की कविता 'व्यथा'
उत्तर– देखें अध्याय-1, प्रश्न सं.-23

(ख) 'कवच' में स्त्री शोषण
उत्तर– देखें अध्याय-2, प्रश्न सं.-13

(ग) शरण कुमार लिंबाले
उत्तर– देखें अध्याय-4, प्रश्न सं.-4

(घ) 'मशालची' की कथावस्तु
उत्तर– देखें अध्याय-5, प्रश्न सं.-3

भारतीय भाषाओं में दलित साहित्य : एम.एच.डी.-20
जून, 2016

नोट: निम्नलिखित में से किन्हीं पाँच प्रश्नों के उत्तर दीजिए। सभी प्रश्नों के अंक समान हैं।

प्रश्न 1. तेलुगू दलित-कविता की विशेषताओं पर प्रकाश डालिए।

प्रश्न 2. ज्योति लांजेवार की 'माँ' कविता की विशेषता बताइए।

प्रश्न 3. किन्हीं दो पंजाबी दलित-कविता के औचित्य पर प्रकाश डालिए।

प्रश्न 4. 'बुद्ध ही मरा पड़ा है' कहानी की कथावस्तु पर विचार कीजिए।

प्रश्न 5. 'कवच' कहानी के आधार पर दलित स्त्री-जीवन के विभिन्न पक्षों को उद्घाटित कीजिए।

प्रश्न 6. 'गिद्धानुभूति' एक नए नायक के उद्भव की कथा है – इस कथन के बारे में अपने तर्क प्रस्तुत कीजिए।

प्रश्न 7. 'गाँव का कुआँ' में चित्रित दलित जीवन पर प्रकाश डालिए।

प्रश्न 8. कन्नड़ 'अमावस' कहानी में चित्रित विद्रोह के स्वरूप को रेखांकित कीजिए।

प्रश्न 9. 'जीवन हमारा' की केंद्रीय विषय-वस्तु पर प्रकाश डालिए।

प्रश्न 10. निम्नलिखित में से किन्हीं दो पर टिप्पणियाँ लिखिए–
(क) 'मशालची' की कथावस्तु
(ख) 'अक्करमाशी' का महत्त्व
(ग) चिदंबरम का चरित्र
(घ) द्वारका भारती

भारतीय भाषाओं में दलित साहित्य : एम.एच.डी.-20
दिसम्बर, 2016

नोट: निम्नलिखित में से किन्हीं पाँच प्रश्नों के उत्तर दीजिए। सभी प्रश्नों के अंक समान हैं।

प्रश्न 1. किन्हीं दो मराठी दलित कविताओं का परिचय दीजिए।

प्रश्न 2. 'आज का एकलव्य' कविता में अभिव्यक्त दलित संवेदना की व्याख्या कीजिए।

प्रश्न 3. बाबुराव बागूल की वैचारिकी पर प्रकाश डालिए।

प्रश्न 4. किन्हीं दो ओडिया दलित कहानियों की कथावस्तु पर विचार कीजिए।

प्रश्न 5. 'बिच्छू' कहानी का विश्लेषण कीजिए।

प्रश्न 6. 'अक्करमाशी' के महत्त्व को रेखांकित कीजिए।

प्रश्न 7. 'मशालची' में चित्रित दलित जीवन के संघर्ष की विवेचना कीजिए।

प्रश्न 8. 'अस्पृश्य वसंत' के स्त्री पात्रों का परिचय दीजिए।

प्रश्न 9. 'पड़' कविता का मूल्यांकन कीजिए।

प्रश्न 10. निम्नलिखित में से किन्हीं दो पर टिप्पणियाँ लिखिए–
(क) अर्जुन डांगले का व्यक्तित्व और कृतित्व
(ख) 'गाँव का कुआँ' की कथावस्तु
(ग) बेबीताई कांबले का जीवन
(घ) 'अमावस'

भारतीय भाषाओं में दलित साहित्य : एम.एच.डी.-20
जून, 2017

नोट: निम्नलिखित में से किन्हीं पाँच प्रश्नों के उत्तर दीजिए। सभी प्रश्नों के अंक समान हैं।

प्रश्न 1. स्त्री मुक्ति के संदर्भ में चल्लापल्ली स्वरूपा रानी के साहित्यिक योगदान को रेखांकित कीजिए।

प्रश्न 2. मराठी दलित रचनाकार दया पवार का दलित साहित्य के आंदोलन में क्या स्थान है? विवेचना कीजिए।

प्रश्न 3. गुजराती दलित कविता के उद्भव एवं विकास पर एक निबंध लिखिए।

प्रश्न 4. पंजाबी दलित साहित्य में द्वारका भारती के योगदान की चर्चा कीजिए।

प्रश्न 5. ओड़िया दलित साहित्य को समृद्ध करने में संजय कुमार बाग की भूमिका को स्पष्ट कीजिए।

प्रश्न 6. 'गाँव का कुआँ' कहानी की कथावस्तु का विवेचन कीजिए।

प्रश्न 7. उपन्यास विधा की दृष्टि से 'अस्पृश्य वसंत' की समीक्षा कीजिए।

प्रश्न 8. दलित स्त्री आंदोलन के संदर्भ में बेबीताई कांबले के महत्त्व को रेखांकित कीजिए।

प्रश्न 9. निम्नलिखित में से किन्हीं दो पर टिप्पणियाँ लिखिए—
(क) 'पड़' कविता का यथार्थ
(ख) शरण कुमार लिम्बाले
(ग) 'मोची की गंगा' की कथावस्तु
(घ) 'अमावस' कहानी का उद्देश्य

भारतीय भाषाओं में दलित साहित्य : एम.एच.डी.-20
दिसम्बर, 2017

नोटः निम्नलिखित में से किन्हीं पाँच प्रश्नों के उत्तर दीजिए। सभी प्रश्नों के अंक समान हैं।

प्रश्न 1. तेलुगु दलित साहित्य के उद्भव और विकास पर एक निबंध लिखिए।

प्रश्न 2. 'गिद्धानुभूति' कहानी के आधार पर गुजराती दलित कहानी में दशरथ परमार के योगदान पर प्रकाश डालिए।

प्रश्न 3. 'बिच्छू' कहानी की कथावस्तु की विवेचना कीजिए।

प्रश्न 4. गुजराती दलित कविता के विकास में दलपत चौहान के योगदान को रेखांकित कीजिए।

प्रश्न 5. मराठी दलित कविता में ज्योति लांजेवार के योगदान पर प्रकाश डालिए।

प्रश्न 6. 'खून का सवाल' कविता का विश्लेषण कीजिए।

प्रश्न 7. दलित आत्मकथा की विशेषताओं के आधार पर 'जीवन हमारा' की समीक्षा कीजिए।

प्रश्न 8. भारतीय दलित साहित्य के उद्भव और विकास पर प्रकाश डालिए।

प्रश्न 9. 'घोड़ा' कविता में वर्णित दलित जीवन की त्रासदी पर अपने विचार व्यक्त कीजिए।

प्रश्न 10. निम्नलिखित में से किन्हीं दो पर टिप्पणियाँ लिखिए–
(क) 'गौरैया' कविता का यथार्थ
(ख) 'बुद्ध ही मरा पड़ा है' की कथावस्तु
(ग) 'हड्डा रोडी और रेहडी' के पात्र
(घ) 'अस्पृश्य वसंत' की भाषा

भारतीय भाषाओं में दलित साहित्य : एम.एच.डी.-20
जून, 2018

नोट: निम्नलिखित में से किन्हीं पाँच प्रश्नों के उत्तर दीजिए। सभी प्रश्नों के अंक समान हैं।

प्रश्न 1. मराठी दलित साहित्य की पृष्ठभूमि पर प्रकाश डालते हुए उसकी वैचारिक प्रतिबद्धता को रेखांकित कीजिए।
उत्तर– देखें अध्याय-1, प्रश्न सं.-1, 2

प्रश्न 2. 'जब मैंने जाति छुपाई' कहानी की कथावस्तु का विश्लेषण कीजिए।
उत्तर– देखें अध्याय-2, प्रश्न सं.-4

प्रश्न 3. 'परती जमीन' कहानी में चित्रित दलित जीवन पर प्रकाश डालिए।
उत्तर– देखें अध्याय-3, प्रश्न सं.-11

प्रश्न 4. "'अक्करमाशी' यातना से मुक्ति का क्रांतिकारी दस्तावेज है" – इस कथन की समीक्षा कीजिए।
उत्तर– देखें अध्याय-4, प्रश्न सं.-8

प्रश्न 5. 'मशालची' में अभिव्यक्त दलित जीवन का विश्लेषण कीजिए।
उत्तर– देखें अध्याय-5, प्रश्न सं.-6, 7

प्रश्न 6. 'घोड़ा' कविता की मूल संवेदना पर प्रकाश डालिए।
उत्तर– देखें अध्याय-1, प्रश्न सं.-14

प्रश्न 7. 'रोटले को नजर लग गई' कहानी की कथावस्तु पर विचार कीजिए।
उत्तर– देखें अध्याय-2, प्रश्न सं.-19

प्रश्न 8. कन्नड़ दलित साहित्य की पृष्ठभूमि पर प्रकाश डालते हुए 'अमावस' कहानी की मूल संवेदना को उद्घाटित कीजिए।
उत्तर– देखें अध्याय-3, प्रश्न सं.-15, 17

प्रश्न 9. दलित समाज में उभरे आत्मबोध के कारणों का विवेचन कीजिए।
उत्तर– देखें अध्याय-4, प्रश्न सं.-19, 20

प्रश्न 10. निम्नलिखित में से किन्हीं दो पर टिप्पणियाँ लिखिए–
(क) 'अस्पृश्य वसंत' की कथावस्तु
उत्तर– देखें अध्याय-5, प्रश्न सं.-12

(ख) डॉ. गुरुचरण सिंह राओ का रचना संसार
उत्तर– देखें अध्याय-5, प्रश्न सं.-2

(ग) 'गौरैया' कविता में अभिव्यक्त दलित स्त्री की वेदना
उत्तर– देखें अध्याय-1, प्रश्न सं.-10

(घ) 'जीवन हमारा' में चित्रित नाना का व्यक्तित्व
उत्तर– देखें अध्याय-4, प्रश्न सं.-17

Feedback is the breakfast of Champions.
Ken Blanchard

You can Help other students.
"Inform any error or mistake in this book."

We and Universe
will reward you for Your Kind act.

Email at : feedback@gullybaba.com
or
WhatsApp on 9350849407

भारतीय भाषाओं में दलित साहित्य : एम.एच.डी.-20
दिसम्बर, 2018

नोट: निम्नलिखित में से किन्हीं पाँच प्रश्नों के उत्तर दीजिए। सभी प्रश्नों के अंक समान हैं।

प्रश्न 1. दया पवार की कविता 'वृक्ष' का विश्लेषण कीजिए।

प्रश्न 2. बाबूराम बागूल की दलित साहित्य-संबंधी अवधारणा को स्पष्ट कीजिए।

प्रश्न 3. 'मोची की गंगा' कहानी पर विचार कीजिए।

प्रश्न 4. जाति-उन्मूलन के संदर्भ में डॉ. भीमराव अम्बेडकर की वैचारिकी को रेखांकित कीजिए।

प्रश्न 5. 'अस्पृश्य वसंत' की कथावस्तु पर विचार कीजिए।

प्रश्न 6. 'खून का सवाल' कविता का मर्म उद्घाटित कीजिए।

प्रश्न 7. अर्जुन डांगले के जीवन और लेखन का परिचय दीजिए।

प्रश्न 8. 'बिच्छू' कहानी की कथावस्तु और संवेदना पर प्रकाश डालिए।

प्रश्न 9. "जीवन हमारा' में लेखिका ने दलित स्त्री के तिहरे शोषण को गहरी संवेदनशीलता और वैचारिकी के साथ उद्घाटित किया है" - इस कथन पर विचार कीजिए।

प्रश्न 10. निम्नलिखित में से किन्हीं दो पर टिप्पणियाँ लिखिए:
(क) 'आज का एकलव्य' कविता की भाषा
(ख) गुजराती दलित कहानी की पृष्ठभूमि
(ग) 'गाँव का कुआँ' कहानी में चिदंबरम का चरित्र
(घ) देवनूर महादेव का कृतित्व

भारतीय भाषाओं में दलित साहित्य : एम.एच.डी.-20
जून, 2019

नोट: निम्नलिखित में से किन्हीं पाँच प्रश्नों के उत्तर दीजिए। सभी प्रश्नों के अंक समान हैं।

प्रश्न 1. मराठी दलित कविता की वैचारिक प्रतिबद्धता पर प्रकाश डालिए।
उत्तर–देखें अध्याय-1, प्रश्न सं.-2 (पेज नं.-4)

प्रश्न 2. 'आज का एकलव्य' कविता की मूल संवेदना को स्पष्ट कीजिए।
उत्तर–देखें अध्याय-1, प्रश्न सं.-16 (पेज नं.-29)

प्रश्न 3. 'अस्पृश्य वसंत' उपन्यास में अभिव्यक्त जातीय यातना का विश्लेषण कीजिए।
उत्तर–देखें अध्याय-5, प्रश्न सं.-15 (पेज नं.-205)

प्रश्न 4. 'मशालची' में निहित दलित जीवन की स्थिति पर विचार कीजिए।
उत्तर–देखें अध्याय-5, प्रश्न सं.-6, 7 (पेज नं.-188, 190)

प्रश्न 5. बाबूराव बागूल की कहानी 'जब मैंने जाति छुपाई' की त्रासदी का विश्लेषण कीजिए।
उत्तर–देखें अध्याय-2, प्रश्न सं.-4 (पेज नं.-52)

प्रश्न 6. गुजराती दलित साहित्य के उद्भव और विकास पर प्रकाश डालिए।
उत्तर–देखें अध्याय-2, प्रश्न सं.-21 (पेज नं.-88)

प्रश्न 7. 'जीवन हमारा' आत्मकथा में अभिव्यक्त दलित मुक्ति की समस्या पर विचार कीजिए।
उत्तर–देखें अध्याय-4, प्रश्न सं.-15 (पेज नं.-165)

प्रश्न 8. 'अक्करमाशी' आत्मकथा में अभिव्यक्त दलित जीवन की चर्चा कीजिए।
उत्तर–देखें अध्याय-4, प्रश्न सं.-2, 3 (पेज नं.-149, 152)

प्रश्न 9. किसी दलित स्त्री की आत्मकथा में चित्रित त्रासद स्थितियों का वर्णन कीजिए।
उत्तर–देखें अध्याय-4, प्रश्न सं.-21 (पेज नं.-173)

प्रश्न 10. निम्नलिखित में से किन्हीं दो पर टिप्पणियाँ लिखिए–
(क) बाबूराव बागूल
उत्तर–देखें अध्याय-1, प्रश्न सं.-2 (पेज नं.-49)

(ख) 'बिच्छू' की मूल संवेदना
उत्तर–देखें अध्याय-3, प्रश्न सं.-24 (पेज नं.-138)

(ग) 'कवच' कहानी में दलित स्त्री चेतना
उत्तर–देखें अध्याय-2, प्रश्न सं.-14 (पेज नं.-77)

(घ) 'माँ' कविता में दलित का संघर्ष
उत्तर–देखें अध्याय-1, प्रश्न सं.-6 (पेज नं.-11)

ATTENTION IGNOU STUDENTS

Email at info@gullybaba.com
to Claim your FREE book

"How to pass IGNOU exams on time with Good Marks"

भारतीय भाषाओं में दलित साहित्य : एम.एच.डी.-20
दिसम्बर, 2019

नोट: निम्नलिखित में से किन्हीं पाँच प्रश्नों के उत्तर दीजिए। सभी प्रश्नों के अंक समान हैं।

प्रश्न 1. ज्योति लांजेवर की कविता 'माँ' में चित्रित दलित स्त्री के जीवन संघर्षों का विश्लेषण कीजिए।
उत्तर– देखें अध्याय-1, प्रश्न सं.-6 (पेज नं.-11)

प्रश्न 2. किन्हीं दो गुजराती दलित कविताओं में निहित दलित संवेदना पर प्रकाश डालिए।
उत्तर– देखें अध्याय-1, प्रश्न सं.-19, 23 (पेज नं.-34, 44)

प्रश्न 3. 'बिच्छू' कहानी में अस्मिता के लिए संघर्षरत नायक की चारित्रिक विशेषताएँ बताइए।
उत्तर– देखें अध्याय-3, प्रश्न सं.-25 (पेज नं.-139)

प्रश्न 4. उर्मिला पवार की कहानी 'कवच' में चित्रित दलित स्त्री जीवन पर प्रकाश डालिए।
उत्तर– देखें अध्याय-2, प्रश्न सं.-13 (पेज नं.-75)

प्रश्न 5. तेलुगु उपन्यास 'अस्पृश्य बसंत' में ऋतु का चरित्र चित्रण कीजिए।
उत्तर– देखें अध्याय-5, प्रश्न सं.-21 (पेज नं.-213)

प्रश्न 6. पंजाबी दलित साहित्य में 'मशालची' का स्थान निर्धारित कीजिए।
उत्तर– देखें अध्याय-5, प्रश्न सं.-1, 5 (पेज नं.-180, 187)

प्रश्न 7. किसी एक आत्मकथा में चित्रित ग्रामीण दलित जीवन की व्याख्या कीजिए।
उत्तर– देखें अध्याय-4, प्रश्न सं.-2 (पेज नं.-149)

प्रश्न 8. स्त्री संवेदना की दृष्टि से 'जीवन हमारा' का मूल्यांकन कीजिए।
उत्तर– देखें अध्याय-4, प्रश्न सं.-21 (पेज नं.-173)

प्रश्न 9. मराठी दलित साहित्य के उद्भव एवं विकास पर विचार कीजिए।
उत्तर— देखें अध्याय-1, प्रश्न सं.-1 (पेज नं.-2)

प्रश्न 10. निम्नलिखित में से किन्हीं दो पर टिप्पणियाँ लिखिए—
(क) 'वृक्ष' कविता
उत्तर— देखें अध्याय-1, प्रश्न सं.-5 (पेज नं.-7)

(ख) 'घोड़ा' की मूल संवेदना
उत्तर— देखें अध्याय-1, प्रश्न सं.-14 (पेज नं.-25)

(ग) 'माँ' कविता का कथ्य
उत्तर— देखें अध्याय-1, प्रश्न सं.-6 (पेज नं.-11)

(घ) गुजराती कविता 'पड़' की विशेषता बताइए।
उत्तर— देखें अध्याय-1, प्रश्न सं.-21 (पेज नं.-41)

www.ingramcontent.com/pod-product-compliance
Lightning Source LLC
LaVergne TN
LVHW021809060526
838201LV00058B/3306
* 9 7 8 9 3 8 5 5 3 3 4 1 9 *